2003

《中国农村住户调查年鉴——2003》

编 辑 委 员 会

中国农村住户调查年鉴

China Yearbook 2003 Rural Household Survey

国家统计局农村社会经济调查总队 编

中国统计出版社
China Statistics Press

(京)新登字041号

图书在版编目（CIP）数据

中国农村住户调查年鉴——2003
/国家统计局农村社会经济调查总队编.
-北京：中国统计出版社，2003.8
ISBN 7-5037-4201-1

Ⅰ.中…
Ⅱ.国…
Ⅲ.农村家庭收支调查-中国-2003-年鉴
Ⅳ.D422.7-54

中国版本图书馆CIP数据核字（2003）第056114号

中国农村住户调查年鉴——2003

作　　者/国家统计局农村社会经济调查总队编
责任编辑/杨映霜
E-mail/cbsebs@stats.gov.cn
封面设计/张建民
出版发行/中国统计出版社
通信地址/北京市西城区月坛南街75号
邮政编码/100826
办公地址/北京市丰台区西三环南路甲6号
电　　话/（010）63459084　63266600-22500（发行部）
印　　刷/科伦克三莱印务（北京）有限公司
经　　销/新华书店
开　　本/880×1230毫米　1/16
字　　数/580千字
印　　张/21.25
印　　数/1—3000
版　　别/2003年7月第1版
版　　次/2003年7月北京第1次印刷
书　　号/ISBN 7-5037-4201-1/D·138
定　　价/98.00元

编者说明

一、《中国农村住户调查年鉴—2003》是一部全面反映中国农村居民生产、收入、消费和积累的资料性年鉴，收录了1978年改革开放以来的历史数据和2002年中国农村住户调查的主要数据，以及历史重要年份各省（区、市）按纯收入分组、按农户收入五等分分组和按三个经济地带、西部开发12省（区）分组的主要数据。

二、全书内容分成六个部分：1. 综述；2. 综合资料；3. 主要年份分组资料；4. 各省（区、市）主要年份农村居民收支情况；5. 2002年农村住户调查主要情况；6. 中国农村住户调查简介。

三、为了保持历史资料原貌，不同历史时期按纯收入分组的资料仍使用了当时的分组标识，未对分组的组距和组数进行调整。

四、本书所收录的资料来源于国家统计局开展的“农村住户抽样调查”，全国资料均未包括香港、澳门特别行政区和台湾省。

五、本年鉴数据保留两位小数，部分数据合计由于单位取舍不同而产生的计算误差均未作调整。

六、本年鉴各表中有关全表的注解均在表上方，对表中部分指标的注解则在表下方。带续表的资料中对部分指标的注解则在最后一张续表的下方。

七、本年鉴的符号使用说明：“…”表示数据不足本表最小单位数；“空格”表示该统计指标数据不详或无该项统计；“#”表示其中的主要项；“*”表示本表下有注解。

目录

第一部分　综　述

第二部分　综合资料

第三部分 主要年份分组资料

第四部分 各地区主要年份农村居民收支情况

第五部分 2002年各地区农村住户主要情况

第六部分 农村住户调查简介

1 综述

2002年农民收入

2002年农民人均纯收入为2476元，比上年同期增加109元，扣除价格因素的影响，实际增长4.8%。主要特点是：

1. **农民收入增长主要靠外出务工。**2002年，农民务工得到的收入人均为438.2元，比上年同期增加45.6元，增长11.6%。务工收入增加对全年农民人均纯收入增长的贡献率为41.8%。务工收入增加主要是由于外出务工的劳动力人数增加。2002年，外出打工时间半年以上的劳动力比上年增加12.2%，占农村劳动力的比重达12.3%。

2. **家庭从事农业生产经营得到的收入保持稳定。**2001年，由于粮食价格的回升，农民从事农业生产经营得到的收入扭转了持续三年下降的局面，2002年，在粮食、生猪等主要农产品价格下降的情况下，农民从事农业生产经营得到的收入保持了稳定。2002年农民从事农业生产经营得到的收入人均为1135元，比上年增加8.5元，增长0.8%。

2002年，农民从事农业生产经营得到的收入保持稳定，主要是由于从事林业、渔业生产经营收入的增加，与上年相比，分别增加3.4元和3.3元，增长15.5%和11.5%。而从事种植业、牧业生产经营得到的收入分别比上年减少0.2%和0.6%。

3. **家庭从事二三产业生产经营的收入平稳增长。**近年来，农民从事二三产业生产经营得到的收入保持了持续平稳增长的局面。2002年，从事二三产业生产经营得到的收入人均为351.5元，比上年增加18.5元，增长5.5%。

4. **农民税费负担进一步减轻。**2002年，农民的税费负担人均为78.7元，比上年减少12.5元，下降13.7%，税费负担占当年农民人均纯收入的比重为3.2%。由于税费负担下降，直接拉动农民收入增长0.5个百分点。

图1　农民收入来源结构比较

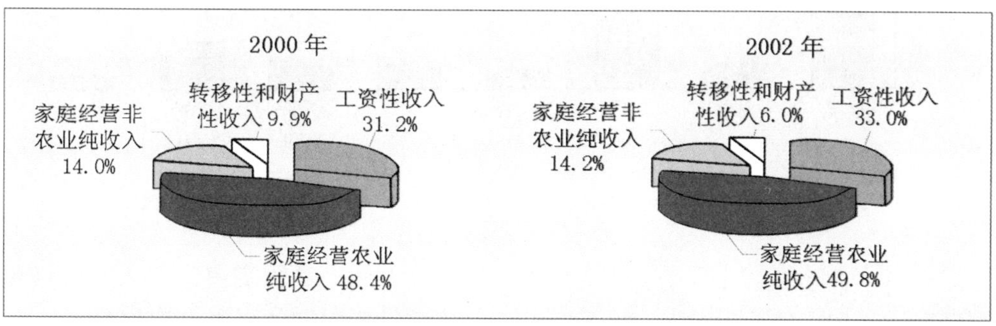

2002年农村居民消费

2002年农村居民生活消费支出人均为1834.3元，比上年同期增加93.2元，考虑价格下降因素的影响，实际增长5.8%，增速提高2.4个百分点。主要情况如下：

1. **食品消费：**2002年农民的食品支出人均848.4元，比上年增加16元，增长1.9%。食品支出占生活消费支出的比重（恩格尔系数）为46.2%，比上年下降1.5个百分点。其中，在外饮食支出人均为89.6元，比上年增加15元，增长20.1%。在外饮食消费支出大幅增长主要是由于农民外出务工人数增加。

2. **住房支出：**2002年农民的住房支出人均为300.2元，比上年增加21.1元，增长7.6%。2002年末人均住房面积26.5平方米，比上年增加0.8平方米，增长3.1%。其中，钢筋混凝土结构面积为7.7平方米，比上年增长10.8%。

3. **交通、通讯费支出：**2002年农民交通、通讯费支出人均为128.5元，比上年增加19.7元，增长18.1%。其中，购买交通和通讯工具支出人均分别比上年增长17.6%和23%。2002年农民每百户拥有摩托车28.1辆，比上年增加3.4辆；移动电话13.7部，比上年增加5.6部。

4. **文教娱乐费支出：**2002年农民用于文教娱乐用品及服务支出人均为210.3元，比上年增加17.7元，增长9.2%。其中，学杂费支出人均为160.1元，比上年增加14.9元，增长10.2%。学杂费支出增加额占农民生活消费支出增加额的16%。

5. **家庭设备及用品支出：**2002年农民用于家庭设备用品及服务的支出为80.4元，比上年增加

3.4元，增长4.4%。其中，购买耐用消费品的支出人均为28.8元，比上年增加3.1元，增长12%。2002年末农村居民每百户拥有电冰箱14.8台，比上年增加1.3台；洗衣机31.8台，比上年增加1.9台；电风扇134.3台，比上年增加4.8台。

6. **医疗保健支出**：2002年农民用于医疗保健的支出人均为103.9元，比上年增加7.3元，增长7.6%。

7. **中部地区农户生活消费支出增长较快**：从东中西部地区看，2002年东、中、西部地区农民人均生活消费支出分别为2344元、1659.7元和1381.8元，分别比上年增长4.7%、5.4%和4.5%。中部地区农民消费支出增速比上年提高1.7个百分点，西部地区农民消费支出增速比上年提高0.6个百分点，而东部地区农民消费支出增速比上年下降1.1个百分点。

8. **低收入农户生活消费支出增长缓慢**：从农户收入5等分分组资料看，低收入组农户人均生活消费支出为1006.4元，增长1.4%；中低收入组农户人均生活消费支出1310.3元，增长2.9%；中等收入组农户人均生活消费支出1645元，增长5.3%；中高收入组农户人均生活消费支出2086.6元，增长7.2%；高收入组农户人均生活消费支出3500.1元，增长5.8%。

图2　农村居民生活消费支出结构比较

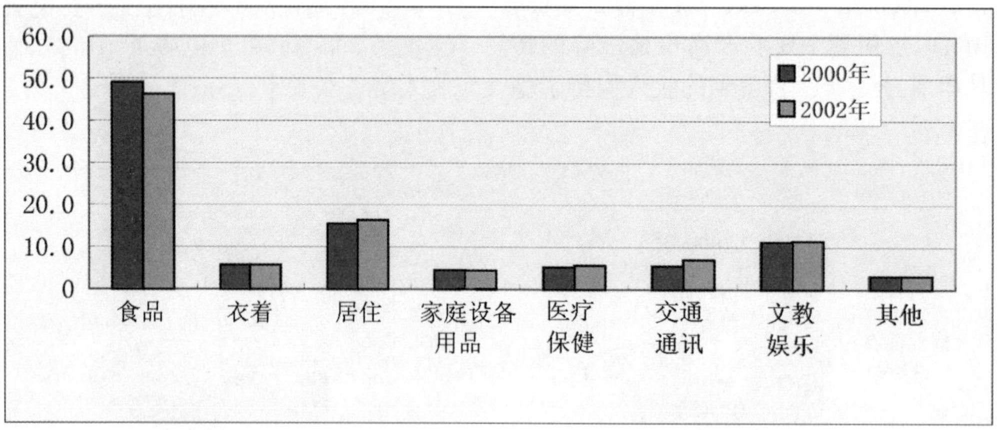

2002年农村居民生产投入

2002年农民人均生产投入816.5元，比上年增加42.5元，考虑生产资料价格因素的影响，实际增长5%。主要情况是：

1. **农户增加的生产投入主要用于农业。**农户农业生产费用支出人均为643.4元，比上年增加30.8元，增长5%，农业生产费用支出增加额占当年生产投入增加额的72.5%。其中，种植业支出人均为333.4元，比上年增加12.2元，增长3.8%；牧业支出人均为279.3元，比上年增加14.8元，增长5.6%。

2. **农户二三产业生产投入平稳增长。**农户用于二、三产业的生产投入人均为87.6元，比上年增加4.3元，增长5.1%。其中，工业生产支出人均23元，比上年增长4.4%，建筑业生产支出人均7.3元，增长24.5%，交通、运输和邮电业支出人均27.8元，增长5%，批发和零售贸易、餐饮业支出人均14.6元，增长5.4%。

3. **生产性固定资产投入增加较快。**农民购置生产性固定资产支出人均为85.5元，增加7.4元，增长9.4%。其中，购置农林牧副渔业机械支出人均22.3元，与上年基本持平；购置运输机械支出人均为26.9元，比上年增加1.3元，增长5.2%；购买产品畜和役畜人均支出分别为9.9元和10元，分别比上年增加2.4元和1.7元，增长31.7%和20%。

4. **农业户生产投入增加，非农户生产投入减少。**纯农业户生产投入人均为1311.5元，比上年增加129元，增长10.9%；农业兼业户为778.2元，增加32.2，增长4.3%；非农兼业户为543.7元，增加16.7元，增长3.2%；非农业户为909.7元，比上年减少64元，减少6.6%。农业户生产投入增加主要是农业生产投入增加，非农户生产投入减少主要是因为减少了对农业、工业和交通运输业的投入。

5. **粮食主产区农户生产投入增速快于全国平均水平。**粮食主产区农户人均生产投入876.8元，比上年增加 53.8 元，增长 6.5%，投入水平比全国平均水平高 60.3 元，增加额多 11.3 元，增长速度快 1.5 个百分点。增加的投入主要用于种植业和牧业，用于牧业和种植业的投入分别为 307 元和 374 元，分别比上年增加 21 元和 16.6 元，增长 7.3%和 4.7%，农牧业生产投入共增加 37.6 元，占生产费用支出增加总额的 69.9%。

6. 中西部地区农户生产投入增幅快于东部地区。东部地区农户生产投入人均 878 元，比上年增加 18 元，增长 2.1%；中部地区人均为 813 元，增加 64 元，增长 8.6%；西部地区人均为 739 元，增加 41 元，增长 5.9%。

图 3　2000 年以来农户生产投入情况

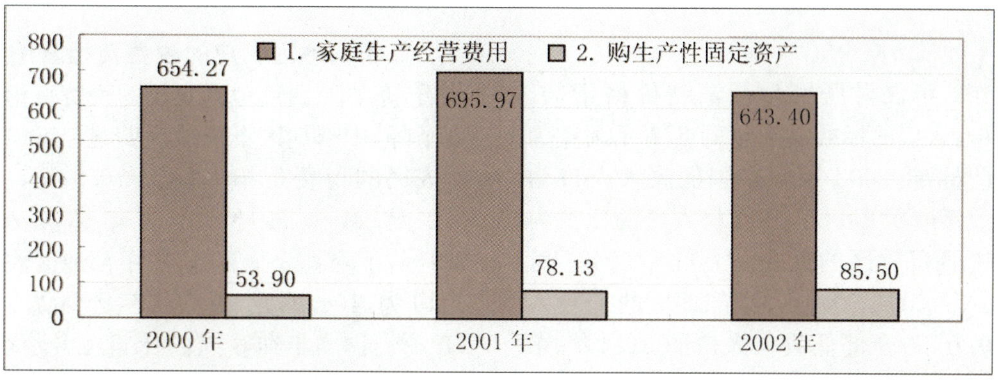

2002 年农村贫困

2002 年底全国农村绝对贫困人口为 2820 万，比上年减少 107 万，贫困发生率为 3.0%。初步解决温饱但还不稳定的农村低收入人口为 5825 万，比上年减少 277 万，低收入人口占农村人口的比重为 6.2%。

一、绝对贫困人口减少 107 万

根据 2002 年农村居民生活消费价格指数，2002 年农村绝对贫困标准由上年的 630 元调整为 627 元。按此标准，2002 年底我国农村绝对贫困人口为 2820 万，比上年减少 107 万，贫困发生率为 3.0%，比上年下降 0.1 个百分点。主要特点是：

1. 中西部地区贫困人口减少较多。中西部地区由于国家的扶贫支持和有利于农业生产的气候条件的影响，农村贫困状况有较大程度的缓解，2002 年中部地区共有 108 万人脱贫，西部地区有 70 万人脱贫。而东部地区由于部分省遭受较为严重的自然灾害，如河北、山东等地，致使贫困人口增加了 71 万人。

图 4　农村贫困发生率(%)

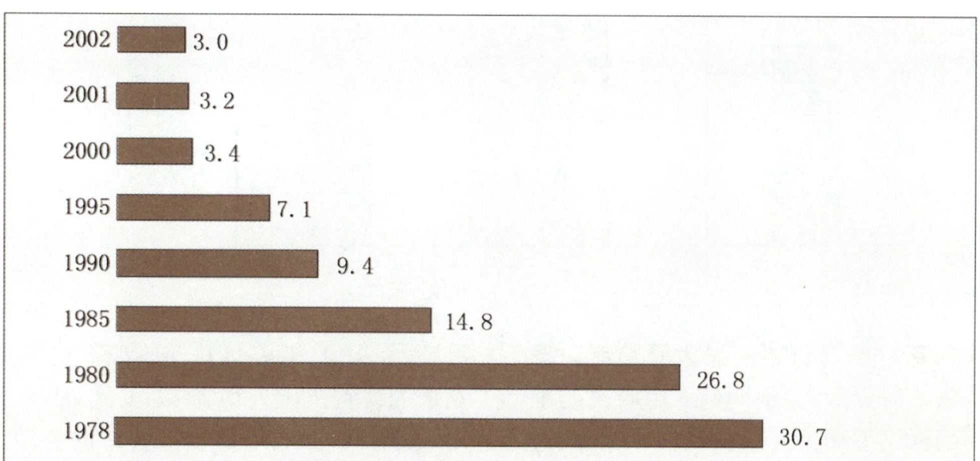

2. 剩余贫困人口主要集中在西部地区和粮食主产区。2002 年西部开发 12 省的贫困人口共 1742 万，占全国农村贫困人口的 61.8%；粮食主产区贫困人口 1554 万，占全国农村贫困人口的

55.1%。

3.**从分省情况来看，**北京、天津、上海、江苏、浙江、福建、山东、广东8省市的贫困发生率降至1%以下；河北、辽宁、吉林、黑龙江、安徽、江西、河南、湖北、湖南、广西、海南、重庆、四川13个省区农村贫困发生率在2－5%之间。山西、云南、陕西、甘肃、宁夏、新疆6省区农村贫困发生率在5－10%之间；内蒙、贵州、西藏、青海4省区农村贫困发生率在10%以上。

二、低收入人口减少277万

根据2002年农村居民生活消费价格指数，2002年低收入人口的标准由上年的872元调整为869元。按此标准，2002年底全国低收入人口为5825万，比上年减少277万，占农村人口的比重为6.2%。其中，西部地区的低收入人口为2945万，占全部低收入人口的50.6%；中部地区的低收入人口为1829万，占全部低收入人口的31.4%；东部地区的低收入人口为1051万，占全部低收入人口的18.0%。

2002年农民"减负"

2002年农民税费负担人均为78.7元，比上年减少12.5元，减少13.7%，对2002年农民收入增长的直接贡献率为0.5个百分点。税费负担占当年农民人均纯收入的比重为3.2%，比上年下降0.7个百分点。这是"九五"以来农民税费负担占收入比重最低、减幅最大的一年。主要特点是：

1.**税费改革试点地区农民税费负担明显下降。**2002年，已实行农村税费改革试点的20个省(区、市)农民的税费负担人均为87元，比上年同期减少16.6元，下降16.1%，对农民增收的直接贡献率为0.7个百分点，减少的金额和幅度超过全国平均水平。而未实行农村税费改革试点的地区，农民的税费负担人均为55.1元，比上年减少0.4元，下降0.7%。

2.**不同地区农户的税费负担普遍下降。**分地区看，东、中、西部地区农民的税费负担均有不同程度下降，中部地区下降最为明显。2002年，东部地区农民的税费负担人均为70.9元，比上年减少6.2元，减少8.1%，占当年纯收入的比重为2.1%，下降0.3个百分点；中部地区农民税费负担人均为104.2元，比上年减少22.3元，减少17.6%，占当年纯收入的比重4.6%，下降1.2个百分点；西部地区农民人均税费负担人均为54.9元，比上年减少8.9元，减少13.9%，占当年纯收入的比重为3.1%，下降0.7个百分点。

3.**粮食主产区农民税费负担减少较多。**2002年，粮食主产区农民人均税费负担为98.3元，占当年纯收入的比重为4.0%，下降0.9个百分点。比上年减少17.8元，减少15.4%，比全国平均多减少5元。对粮食主产区农民增收的直接贡献率为0.7个百分点。

图5 农民税费支出情况(元/人)

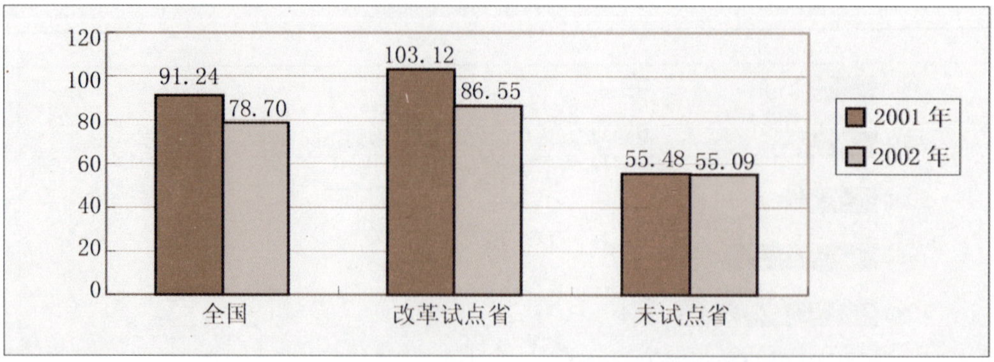

4.**中等收入农户是"减负"的最大受益者。**按农户人均纯收入5等分分组，不同收入组农民的税费负担均有不同程度下降，中等收入农户下降最为明显，是"减负"的最大受益者。2002年，低收入农户的税费负担人均为60元，比上年减少10.2元，下降14.5%；中低收入农户的税费负担人均为71.3元，比上年减少11元，下降13.4%；中等收入农户的税费负担人均为81.1元，比上年减少14.7元，下降15.4%；中高收入农户的税费负担人均为91.3元，比上年减少11.3元，下降11%；高收入农户的税费负担人均为95.7元，比上年减少16.4元，下降14.6%。

5. **存在的主要问题。**一是以农业收入为主的农户负担较重。2002年，纯农户的税费负担人均为115.7元，以农业收入为主的兼业户人均为81.8元，以非农业收入为主的兼业户人均为62.1元，非农户人均为49.5元，纯农户的税费负担是非农户的一倍多。二是低收入农户的税费负担过重。2002年，低收入农户的税费人均为60元，占当年纯收入的比重达7%。

近五年来农民收入增长情况

五年来，党和政府把增加农民收入作为农村工作的中心任务，对农业和农村经济结构实行战略性结构调整，克服了农业增产不增收、严重自然灾害、亚洲金融危机等许多困难，农民收入由1997年的人均2090元提高到2002年的人均2476元，收入提高386元，年均增加77元，扣除价格上涨因素的影响，年均实际增长3.8%。主要特点是：

一、近两年农民收入增长速度回升

从1997年到2000年，农民收入增长速度持续下降，1997年增长4.6%，1998年增长4.3%，1999年增长3.8%，2000年增长2.1%，四年间，增长速度由1996年的9%下降到2000年的2.1%，下降了近7个百分点。2001、2002年农民收入增长速度回升，2001年增长4.2%，增速比上年回升2.1个百分点，2002年增长4.8%，增速比上年回升0.6个百分点。

图6　1978—2002年农民收入增长情况

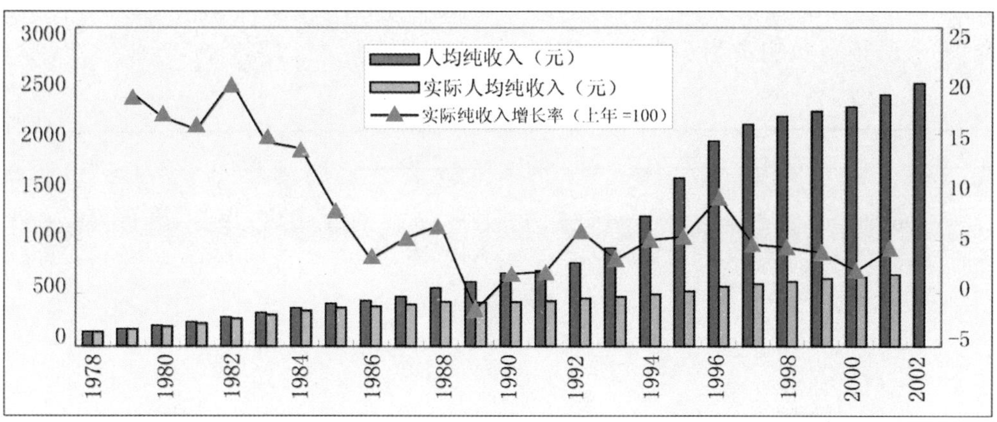

二、农民经营农业得到的收入持续下降局面基本扭转

1998年以来，受农产品市场价格持续下降的影响，农民经营农业得到的收入连续三年下降。农民经营农业得到的收入1998年为1192元，比上年减少28元，下降2.3%；1999年为1139元，比上年减少53元，下降4.5%，2000年为1091元，比上年减少48元，下降4.2%。持续下降的局面在2001年被扭转，2001年农民经营农业得到的收入为1126元，比上年增加48元，增长4.2%；2002年为1135元，比上年增加8.5元，增长0.8%。

三、工资性收入持续增长

五年来，农民的工资性收入持续增长，由1997年的人均515元提高到2002年的840元，平均每年增加65元，年均增长10.3%，农民收入增长的贡献率达84%。包括在乡镇企业就业收入、在本地务工收入和外出打工收入的工资性收入，已成为农民收入增长的主要来源。

四、收入来源趋向多样化

一是家庭生产经营收入所占比重迅速下降。1997年之前，家庭生产经营收入占农民收入的比重一般保持在70—75%。1998年后，农民收入的来源日益多样化，家庭生产经营收入在农民收入中的比重迅速下降。1998年为67.8%，1999年为65.5%，2000年为63.3%，2001年为61.7%，2002年进一步下降为60%，五年下降10个百分点。

二是种植业收入在农业收入中的比重下降，林、牧、渔业收入比重上升。1997年，农业收入中种植业收入占77.3%，林业收入占1.6%，牧业收入占16.8%，渔业收入占1.7%，其他农业占2.6%。2002年，农业收入中种植业收入占71.2%，林业收入占2.2%，牧业收入占18.6%，渔业收入占2.8%，其他农业占5.2%，种植业收入所占比重下降了6.1个百分点。

图 7　1997—2002 年农民家庭经营纯收入构成变化

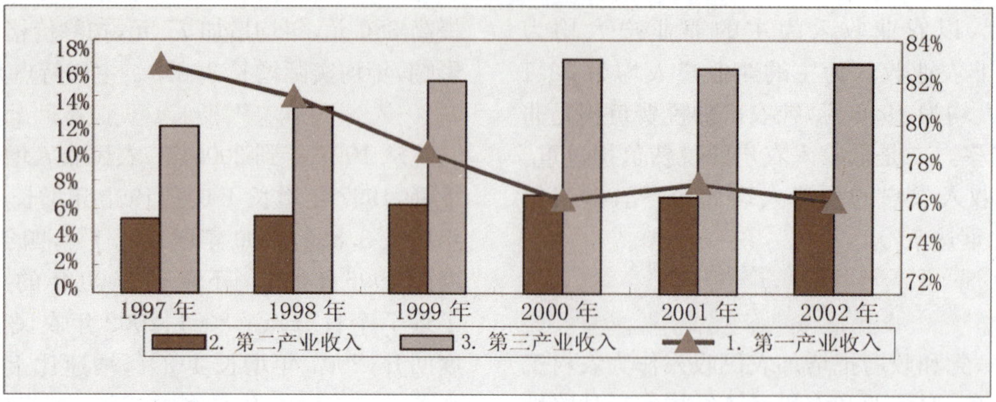

五、农民税费负担明显减轻

自农村经济体制改革以来，农民的税费负担逐年增加，增长速度快于收入增长的速度，税费负担逐年加重。1997 年，农民的税费负担达到历史最高点，人均为 108 元，税费负担占当年农民人均纯收入的比重达 5.2%。1998 年后，农民的税费负担开始逐年下降，且下降的幅度逐年增大，农民税费负担明显减轻。2002 年，农民的税费负担人均为 78.7 元，比 1997 年减少 29.3 元，平均每年减少 5.9 元，减少 6.1%。

图 8　1997—2002 年农民税费支出情况

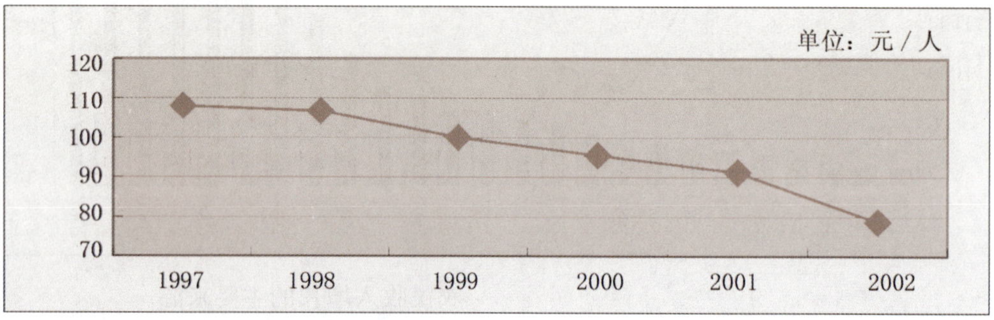

近五年来农民生活显著改善

1997 年以来，农村居民生活消费水平不断提高，生活质量继续改善。主要情况是：

一、生活消费支出年均增长 3%

图 9　1978—2002 年农村居民生活消费增长情况

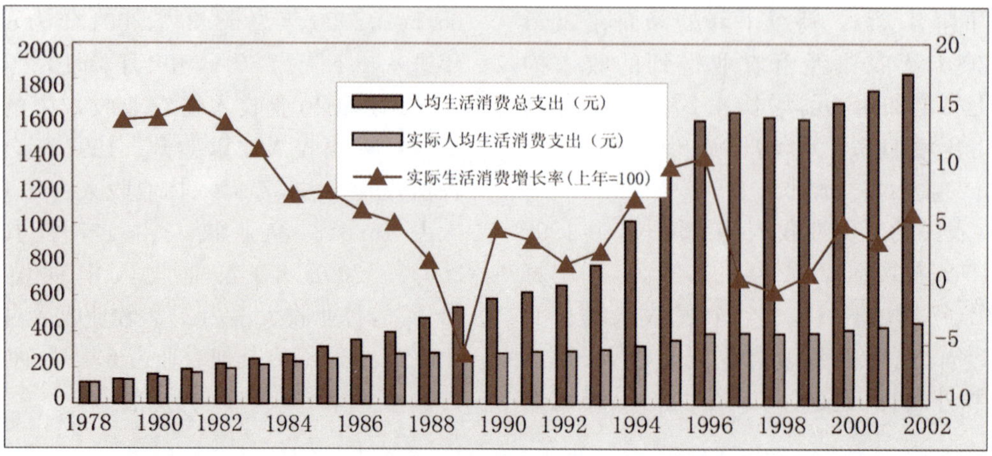

2002年，农村居民人均生活消费支出1834元，比1997年增加217元，年均增加43元，扣除价格因素的影响，年均实际增长3%。同期农民收入年均增加77元，实际增长3.8%。农村居民生活消费支出的增长速度与收入的增长速度基本同步。

二、恩格尔系数下降，消费结构继续优化

农村居民生活消费支出水平提高，而且消费结构不断优化。2002年，农村居民食品消费支出占生活消费支出的比重（恩格尔系数）为46.2%，比1997年下降8.9个百分点，平均每年下降1.8个百分点。1997年，农村居民生活消费支出的结构序列为吃、住、文教娱乐、穿、家庭设备及服务、医疗保健、交通通讯和其他，2002年转变为吃、住、文教娱乐、交通通讯、穿、医疗保健、家庭设备及服务和其他。消费层次较高的交通通讯和医疗保健支出在消费支出结构序列中位置提前，农村居民的消费结构进一步优化，向享受型、发展型结构转变。

图10 1997—2002年农村居民恩格尔系数变化

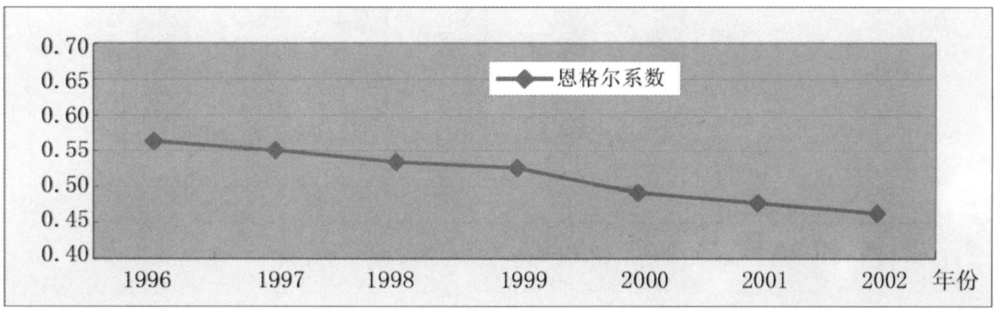

三、消费质量明显改善

1. **食品消费质量提高。**食品消费质量提高表现为主食消费减少，有利于身体健康的食品消费增加。2002年农民人均消费粮食235公斤，比1997年减少6.1%；豆类食品5.8公斤，比1997年增加11.5%；植物油5.8公斤，比1997年增加23.4%；奶及奶制品1.2公斤，比1997年增加26.3%；水产品4.4公斤，比上年增加7.9%；水果及其制品18.8公斤，比1997年增加5.6%。

图11 1997和2002年农民家庭拥有主要耐用消费品（台、辆/百户）

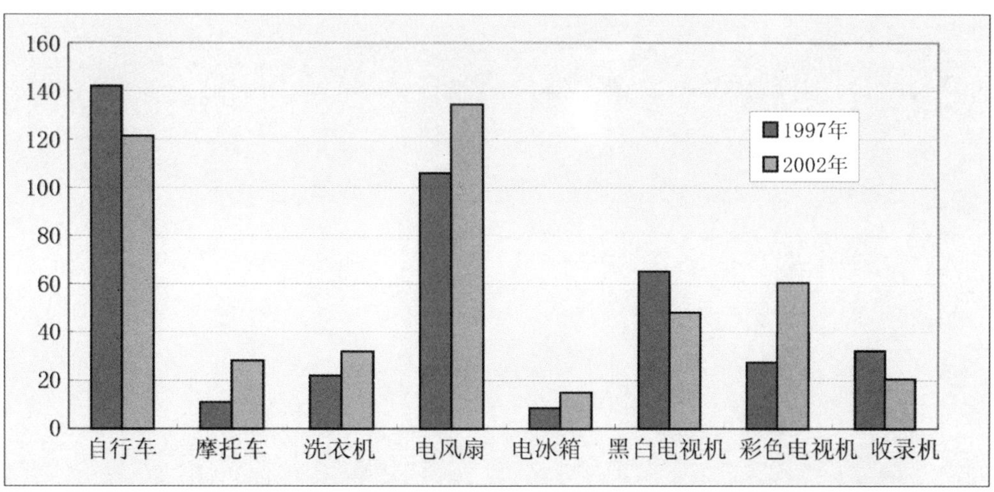

2. **高档耐用消费品在普通百姓家庭迅速普及。**2002年农村居民平均每百户拥有彩色电视机60.5台，比1997年增加33.2台，增加一倍多；电冰箱14.8台，比1997年增加6.3台，增长74.1%；洗衣机31.8台，比1997年增加9.9台，增长45.2%；电风扇134.3台，比1997年增加28.4台，增长26.8%。现代家庭生活的许多耐用消费品，如电话、移动电话、空调、电脑等也进入了农民家庭。

2002 年，农民每百户拥有电话机 40.8 部、空调 2.3 台、组合音响 9.7 台。3. **住房条件明显改善。**一是住房面积增加、质量提高。2002 年农村居民人均住房面积为 26.5 平方米，比 1997 年增加 4 平方米，增长 17.8%。其中：砖木及钢筋混凝土结构住房面积 21.6 平方米，比 1997 年增加 4.6 平方米，增长 27.1%。二是住房更加卫生和舒适。2002 年，88%农户居住的住房拥有卫生设备；68%农户饮用安全饮用水；40%农户的住房拥有取暖设备。

图 12　1997—2002 年农村居民住房情况（平方米/人）

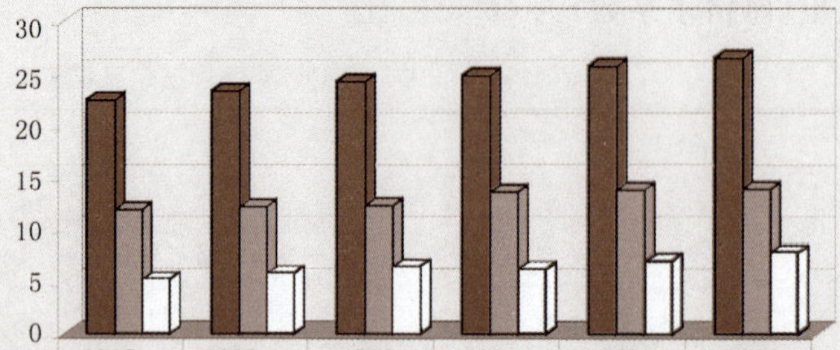

	1997	1998	1999	2000	2001	2002
■年末住房面积	22.45	23.31	24.23	24.82	25.73	26.53
■#. 砖木住房	11.86	12.16	12.28	13.61	13.82	13.88
□#. 钢筋混凝土住房	5.11	5.72	6.35	6.15	6.94	7.69

4. **精神生活日益充实。**2002 年，农村居民用于文教娱乐的支出人均 210 元，比 1997 年增长 41.9%。

四、各地区农村居民生活普遍改善

2002 年，东部地区农村居民人均生活消费支出 2344 元，比 1997 年增加 335 元，年均增加 67 元，增长 3.1%；中部地区农村居民人均生活消费支出 1660 元，比 1997 年增加 162 元，年均增加 32 元，增长 2.1%；西部地区农村居民人均生活消费支出 1382 元，比 1997 年增加 143 元，年均增加 30 元，增长 2.2%。

2

综合资料

2—1 农村居民家庭人口状况

年份	调查户数（户）	常住人口（人/户）	劳动力（人/户）	整劳动力（人/户）	劳动力负担人口（人/劳动力）
1978	6095	5.74	2.27		2.53
1980	15914	5.54	2.45		2.26
1985	66642	5.12	2.95	2.39	1.74
1990	66960	4.80	2.92	2.45	1.64
1991	67410	4.71	2.83	2.41	1.67
1992	67490	4.67	2.83	2.42	1.65
1993	67570	4.59	2.87	2.44	1.60
1994	67420	4.54	2.89	2.46	1.57
1995	67340	4.48	2.88	2.44	1.56
1996	67610	4.42	2.84	2.40	1.55
1997	67680	4.35	2.79	2.21	1.56
1998	68300	4.30	2.78	2.16	1.55
1999	67430	4.25	2.77	2.11	1.53
2000	68116	4.20	2.76	2.07	1.52
2001	68190	4.15	2.73	2.02	1.52
2002	68190	4.13	2.76	1.99	1.50

2—2 农村居民家庭劳动力文化状况

单位：%

年份	不识字或识字很少	小学程度	初中程度	高中程度	中专程度	大专及大专以上
1985	27.87	37.13	27.69	6.96	0.29	0.06
1990	20.73	38.86	32.84	6.96	0.51	0.10
1991	16.91	39.54	35.23	7.60	0.59	0.13
1992	16.20	39.05	36.21	7.82	0.60	0.12
1993	15.29	38.21	37.43	8.20	0.70	0.17
1994	14.68	37.19	38.59	8.51	0.82	0.21
1995	13.47	36.62	40.10	8.61	0.96	0.24
1996	11.23	35.52	42.83	8.91	1.20	0.31
1997	10.10	35.11	44.31	8.91	1.24	0.33
1998	9.56	34.48	44.98	9.15	1.46	0.37
1999	8.96	33.66	46.05	9.37	1.57	0.39
2000	8.09	32.22	48.07	9.31	1.83	0.48
2001	7.87	31.14	48.89	9.65	1.94	0.51
2002	7.59	30.63	49.33	9.81	2.09	0.56

2—3 农村居民家庭房屋情况

年 份	新建房屋面积（平方米/人）	砖木结构	钢筋混凝土结构	新建房屋价值（元/平方米）	年末住房面积（平方米/人）	砖木结构	钢筋混凝土结构	年末住房价值（元/平方米）
1978					8.10			
1980					9.40			17.03
1985	1.08	0.70	0.09	40.17	14.70	7.47	0.31	26.76
1990	0.82	0.47	0.23	92.32	17.83	9.84	1.22	44.60
1991	0.91	0.53	0.26	101.02	18.49	10.41	1.59	56.55
1992	0.74	0.40	0.23	111.20	18.88	10.74	1.81	60.11
1993	0.66	0.34	0.20	124.55	20.71	11.78	2.26	73.36
1994	0.73	0.36	0.24	152.38	20.22	11.53	2.67	83.16
1995	0.78	0.37	0.33	200.30	21.01	11.91	3.10	101.64
1996	0.96	0.40	0.46	219.52	21.69	11.69	4.44	133.87
1997	0.94	0.36	0.50	221.95	22.45	11.86	5.11	149.70
1998	0.83	0.31	0.45	227.40	23.31	12.16	5.72	152.95
1999	0.83	0.29	0.48	239.49	24.23	12.28	6.35	157.57
2000	0.87	0.36	0.47	260.23	24.82	13.61	6.15	187.41
2001	0.84	0.34	0.45	263.45	25.73	13.82	6.94	196.12
2002	0.86	0.30	0.51	295.61	26.53	13.88	7.69	202.78

2—4 农村居民家庭经营耕地情况

年 份	耕地面积（亩/人）	自留地	园地面积（亩/人）	牧草地面积（亩/人）	山地面积（亩/人）	养殖水面面积（亩/人）
1978		0.14				
1980		0.15			0.04	
1985	2.07	0.20			0.52	0.02
1990	2.10	0.18			0.42	0.02
1991	2.18	0.16			0.33	0.02
1992	2.06	0.16			0.33	0.02
1993	2.17	0.15			0.40	0.02
1994	2.18	0.14			0.43	0.02
1995	2.17	0.16			0.44	0.02
1996	2.30	0.18			0.46	0.02
1997	2.07	0.12			0.43	0.02
1998	2.06	0.13			0.43	0.02
1999	2.07	0.09			0.47	0.02
2000	1.98	0.09	0.06	3.28	0.28	0.03
2001	1.99	0.08	0.06	3.83	0.28	0.03
2002	2.00	0.08	0.07	4.51	0.28	0.03

2—5 农村居民家庭年末拥有主要生产性固定资产数量

单位:平均每百户

年 份	汽 车（辆）	大中型拖拉机（台）	小型和手扶拖拉机（台）	机动脱粒机（台）	收割机（台）
1985	0.25	0.35	2.71	1.91	
1990	0.28	0.45	5.30	3.55	
1991	0.24	0.51	6.61	3.85	
1992	0.28	0.55	7.25	4.16	
1993	0.33	0.64	8.40	5.30	
1994	0.40	0.79	8.77	5.15	
1995	0.51	0.77	9.93	6.33	
1996	0.78	0.99	12.46	6.87	
1997	0.82	1.39	14.26	7.41	
1998	1.01	1.22	14.34	8.58	
1999	1.09	1.44	16.28	8.35	
2000	1.32	1.41	16.72	9.59	1.23
2001	1.20	1.50	17.41	9.28	1.24
2002	1.29	1.53	18.48	9.62	1.19

年 份	农用动力机械（台）	胶轮大车（辆）	水 泵（台）	役畜（头）	产品畜（头）
1985		5.49	1.69	57.15	32.12
1990		7.89	3.86	57.27	30.91
1991		8.24	4.73	53.93	28.73
1992		8.67	5.48	52.95	30.07
1993		9.60	8.54	59.98	53.15
1994		9.32	7.90	58.79	56.70
1995		9.29	9.07	55.99	50.72
1996		8.78	10.97	54.99	56.26
1997		8.83	12.12	55.58	52.72
1998		8.52	13.73	48.39	52.20
1999		7.87	14.02	45.02	54.08
2000	11.60	13.26	17.73	41.75	41.56
2001	13.09	14.52	19.92	39.67	54.65
2002	13.69	14.31	21.53	39.38	56.43

2—6 农村居民家庭主要农产品出售量

单位:公斤/人

年 份	粮 食	棉 花	油 料	麻类	糖 料	烟 叶	蔬 菜
1980							
1985	123.49	4.13	14.37	2.80	57.87	2.25	53.76
1990	180.24	4.31	12.87	1.56	70.64	2.67	65.07
1991	179.44	5.54	13.22	1.32	74.46	3.17	68.70
1992	165.89	4.16	11.27	1.18	86.80	3.58	75.58
1993	159.35	3.26	10.48	0.86	82.87	3.19	77.73
1994	188.53	4.01	10.68	0.50	62.22	2.02	72.68
1995	179.20	4.31	12.02	0.73	56.66	2.21	79.96
1996	203.47	3.90	11.64	0.83	68.65	3.07	97.00
1997	228.01	5.12	11.13	0.57	75.82	4.45	106.22
1998	227.53	5.10	12.39	0.41	81.69	2.33	108.72
1999	243.34	4.43	15.59	0.28	86.30	2.42	111.66
2000	264.74	5.59	18.43	0.47	76.36	2.73	132.07
2001	268.04	7.05	18.31	0.44	62.42	2.42	132.94
2002	281.15	6.94	18.47	0.64	93.59	2.59	143.77

年 份	水 果	猪 肉	牛羊肉	牛羊奶	家 禽	禽 蛋	水产品
1980		8.94	0.32		0.61	1.07	
1985	6.78	16.27	1.09	1.02	1.00	2.21	1.74
1990	13.17	17.84	1.26	1.68	1.45	1.89	2.05
1991	15.74	20.07	1.66	1.91	2.18	2.65	2.92
1992	16.92	21.17	1.58	1.85	2.23	2.90	3.21
1993	19.60	23.80	1.88	1.76	2.41	2.89	3.10
1994	22.64	23.31	2.04	1.81	2.30	3.35	2.97
1995	24.28	24.17	2.11	1.90	2.42	3.54	2.94
1996	29.78	25.73	3.69	2.55	2.45	2.58	3.27
1997	36.21	26.08	4.09	2.76	2.99	3.76	4.50
1998	38.51	23.04	2.71	2.60	2.42	3.57	4.31
1999	43.17	28.41	3.71	3.00	3.41	3.57	6.20
2000	46.43	30.19	4.46	2.67	4.60	6.32	5.82
2001	48.21	30.86	5.07	3.65	5.03	5.96	6.53
2002	49.06	32.30	5.23	4.87	6.01	6.54	8.04

注:1994—1996 年因调查制度变化,无猪、羊、牛肉出售量调查数据。

2—7 农村居民家庭主要食品消费量

单位:公斤/人

年 份	粮 食	1.细 粮	2.粗 粮	食用油	1.植物油	2.动物油	蔬 菜	水 果
1978	247.83	122.50	125.33	1.97	1.30	0.67	141.50	
1980	257.16	162.92	94.24	2.48	1.40	1.08	127.21	
1985	257.45	208.83	48.62	4.04	2.60	1.44	131.13	3.40
1990	262.08	215.02	47.06	5.17	3.54	1.63	134.00	5.89
1991	255.58	213.82	41.76	5.65	3.85	1.80	126.97	6.79
1992	250.50	210.63	39.87	5.85	4.07	1.78	129.12	7.54
1993	251.83	221.02	45.00	5.66	4.06	1.60	107.43	13.02
1994	257.57	211.98	48.58	5.66	4.11	1.55	107.86	12.58
1995	260.07	210.74	48.18	5.80	4.25	1.55	104.62	13.01
1996	256.19	206.51	49.68	6.07	4.48	1.59	106.26	15.63
1997	250.67	208.89	41.78	6.16	4.73	1.43	107.21	17.77
1998	248.90	208.97	40.31	6.13	4.59	1.54	108.96	19.24
1999	247.45	206.18	41.27	6.17	4.58	1.59	108.89	18.35
2000	250.23	207.10	43.13	7.06	5.45	1.61	111.98	18.31
2001	238.62	199.70	38.92	7.03	5.51	1.52	109.30	20.33
2002	236.50	199.42	37.08	7.53	5.77	1.76	110.55	18.77

年 份	猪牛羊肉	#猪肉	牛羊奶	家禽	蛋及蛋制品	*水产品	食糖	酒类
1978	5.75	5.17		0.25	0.79	0.84	0.73	1.22
1980	7.74	7.26		0.66	1.20	1.10	1.06	1.89
1985	10.97	10.32	0.75	1.03	2.05	1.64	1.46	4.37
1990	11.34	10.54	1.08	1.25	2.41	2.13	1.50	6.14
1991	12.15	11.19	1.34	1.34	2.73	2.21	1.40	6.38
1992	11.83	10.88	1.46	1.49	2.85	2.25	1.54	6.56
1993	11.68	10.86	0.85	1.62	2.88	2.76	1.43	6.53
1994	11.00	10.23	0.67	1.63	3.03	2.96	1.34	6.03
1995	11.29	10.58	0.64	1.83	3.22	3.36	1.28	6.53
1996	12.90	11.85	0.80	1.93	3.35	3.68	1.37	7.11
1997	12.72	11.46	0.95	2.36	4.08	3.75	1.35	7.13
1998	13.20	11.89	0.93	2.33	4.11	3.66	1.40	6.98
1999	13.87	12.70	0.96	2.48	4.28	3.82	1.46	6.98
2000	14.41	13.28	1.06	2.81	4.77	3.92	1.28	7.02
2001	14.50	13.35	1.20	2.87	4.72	4.12	1.43	7.10
2002	14.87	13.70	1.19	2.91	4.66	4.36	1.64	7.50

注:1993年以前的水产品量为鱼虾量。

2—8 农村居民家庭主要建筑材料购买量

年　份	水　泥 （公斤/户）	木　材 （立方米）	钢　材 （公斤/户）	水泥预制件 （件/户）	玻　璃 （平方米/户）	砖　瓦 （块/户）
1985	88.20	0.14	5.14	1.28	0.27	672.09
1990	171.78	0.09	11.15	1.10	0.33	901.16
1991	177.21	0.08	10.77	0.95	0.36	844.08
1992	154.35	0.07	9.89	1.03	0.31	746.38
1993	111.94	0.12	7.29	0.83	0.30	589.87
1994	154.60	0.15	11.46	0.97	0.30	758.16
1995	187.79	0.15	13.91	1.44	0.33	818.15
1996	236.67	0.37	16.70	1.72	0.40	937.16
1997	254.82	0.13	18.88	1.88	0.49	926.74
1998	264.99	0.10	19.33	1.50	0.29	817.60
1999	285.11	0.11	24.89	1.83	0.52	865.44
2000	302.74	0.25	24.01	1.87	0.40	896.50
2001	310.70	0.41	24.40	1.65	0.32	878.29
2002	335.99	0.19	26.45	1.67	0.27	929.88

2—9 农村居民家庭主要生产资料购买量

单位:公斤/户

年　份	化　肥	饼　肥	农　药	农用薄膜	生产用燃料	生产用种籽	生产用饲料
1985	375.63	17.09	2.92	0.85	73.04		
1990	494.08	7.58	3.33	1.39	77.14		
1991	521.70	8.58	3.92	1.76	75.03		
1992	496.96	6.80	3.87	1.93	76.17		
1993	531.86	3.47	4.39	2.04	87.37		
1994	531.86	3.47	4.39	2.04	87.37		
1995	569.50	4.19	5.70	2.51	97.98		
1996	590.04	5.25	6.58	3.14	120.49		
1997	566.41	4.03	6.58	3.14	110.96		
1998	551.84	3.90	6.30	3.31	83.58		
1999	547.66	5.21	7.20	2.96	86.72		
2000	545.78	7.54	9.80	4.00	90.83	30.72	324.82
2001	554.27	9.00	10.16	4.05	84.80	31.33	370.19
2002	552.39	8.81	10.02	3.60	90.38	29.67	404.06

注:1999 年以前生产用燃料包括生产用汽油、生产用柴油和生产用煤。

2—10 农村居民家庭主要耐用品拥有量

单位:平均每百户

年 份	自行车（辆）	摩托车（辆）	洗衣机（台）	电风扇（台）	电冰箱（台）	空调机（台）	抽油烟机（台）	热水器（台）
1978	30.75							
1980	36.87							
1985	80.64		1.90	9.66	0.06			
1990	118.33	0.89	9.12	41.36	1.22			
1991	121.64	1.10	10.99	53.30	1.64			
1992	125.66	1.42	12.23	60.08	2.17			
1993	133.39	2.14	13.82	71.79	3.05	0.05	0.27	
1994	136.50	3.19	15.30	80.91	4.00	0.09	0.38	
1995	147.02	4.91	16.90	88.96	5.15	0.18	0.61	
1996	139.12	8.40	20.54	100.46	7.27	0.29	0.89	
1997	141.95	10.89	21.87	105.93	8.49	0.38	2.31	
1998	137.15	13.52	22.81	111.59	9.25	0.58	1.66	
1999	136.85	16.49	24.32	116.07	10.64	0.74	2.33	
2000	120.48	21.94	28.58	122.62	12.31	1.32	2.75	5.13
2001	120.83	24.71	29.94	129.42	13.59	1.70	3.15	5.80
2002	121.32	28.07	31.80	134.26	14.83	2.29	3.58	6.70

年 份	黑白电视机（台）	彩色电视机（台）	收录机（台）	照相机（台）	家用计算机（台）	电话机（部）	移动电话（部）	组合音响（台）
1978								
1980	0.39							
1985	10.94	0.80	4.33					
1990	39.72	4.72	17.83	0.70				
1991	47.53	6.44	19.64	0.87				
1992	52.44	8.08	20.95	1.00				
1993	58.30	10.86	24.24	0.99				
1994	61.77	13.52	26.08	1.16				
1995	63.81	16.92	28.25	1.42				
1996	65.06	22.91	31.15	1.94				
1997	65.12	27.32	32.02	2.06				
1998	63.57	32.59	32.36	2.22				
1999	62.35	38.24	31.99	2.69				
2000	52.97	48.74	21.58	3.12	0.47	26.38	4.32	7.76
2001	50.74	54.41	20.74	3.23	0.69	34.11	8.06	8.67
2002	48.14	60.45	20.41	3.34	1.10	40.77	13.67	9.73

2—11 农村居民总收入

单位:元/人

年 份	总收入	一、工资性收入	二、家庭经营收入	三、财产性收入	四、转移性收入
1978	151.79	88.38	54.01		9.40
1980	216.93	106.38	87.44		23.11
1985	547.31	72.15	445.25		29.91
1990	990.38	138.80	815.79		35.79
1991	1046.10	151.92	854.70		39.48
1992	1155.38	184.38	925.71		45.29
1993	1333.82	194.51	1083.58	7.02	48.71
1994	1789.38	262.98	1442.68	28.55	55.17
1995	2337.87	353.70	1877.42	40.98	65.77
1996	2806.73	450.84	2233.72	42.59	79.58
1997	2977.20	514.56	2346.68	23.60	92.36
1998	2995.48	573.56	2286.84	30.36	104.72
1999	2987.44	630.25	2211.57	31.54	114.08
2000	3146.21	702.30	2251.28	45.04	147.59
2001	3306.92	771.90	2325.23	46.97	162.82
2002	3448.62	840.22	2380.51	50.68	177.21

2—12 农村居民总收入构成

单位:%

年份	总收入	一、工资性收入	二、家庭经营收入	三、财产性收入	四、转移性收入
1978	100.00	58.23	35.58		6.19
1980	100.00	49.04	40.31		10.65
1985	100.00	13.18	81.35		5.46
1990	100.00	14.01	82.37		3.61
1991	100.00	14.52	81.70		3.77
1992	100.00	15.96	80.12		3.92
1993	100.00	14.58	81.24	0.53	3.65
1994	100.00	14.70	80.62	1.60	3.08
1995	100.00	15.13	80.30	1.75	2.81
1996	100.00	16.06	79.58	1.52	2.84
1997	100.00	17.28	78.82	0.79	3.10
1998	100.00	19.15	76.34	1.01	3.50
1999	100.00	21.10	74.03	1.06	3.82
2000	100.00	22.32	71.56	1.43	4.69
2001	100.00	23.34	70.31	1.42	4.92
2002	100.00	24.36	69.03	1.47	5.14

2—13 农村居民家庭经营总收入

单位:元/人

年份	家庭经营收入	1.农业收入	#种植业收入	2.林业收入	3.牧业收入	4.渔业收入	5.工业收入	6.建筑业收入
1978	54.01	20.44	17.30		30.37			
1980	87.44	30.46	25.17		48.41			
1985	445.25	283.45	268.74	7.39	104.03	5.70	4.25	8.00
1990	815.79	531.14	512.75	8.48	185.72	10.23	13.23	12.65
1991	854.70	545.42	525.72	9.76	204.54	11.46	13.27	12.39
1992	925.71	577.33	556.25	11.31	226.23	13.46	14.87	15.45
1993	1083.58	650.98	634.73	15.12	251.34	16.32	16.48	20.69
1994	1442.68	891.57	863.54	15.77	336.35	21.03	20.18	27.64
1995	1877.42	1188.11	1155.52	16.52	420.82	26.86	26.90	38.54
1996	2233.72	1419.58	1376.37	19.10	475.19	31.73	36.76	50.55
1997	2346.67	1407.87	1364.24	21.94	555.41	34.54	41.41	59.86
1998	2286.81	1362.33	1319.06	21.11	511.98	38.68	44.89	58.04
1999	2211.57	1305.21	1261.72	24.58	459.98	42.36	44.16	66.18
2000	2251.28	1231.69	1177.68	27.89	502.82	48.25	79.61	54.10
2001	2325.23	1269.07	1209.70	27.38	541.40	51.86	81.58	52.65
2002	2380.51	1279.81	1217.26	31.39	553.43	60.12	90.58	53.97

年份	7.交通运输业、邮电业收入	8.批发和零售贸易、餐饮业收入	9.社会服务业收入	10.文教卫生业收入	11.其他收入	第一产业收入	第二产业收入	*第三产业收入
1978					3.20	50.81		3.20
1980					8.57	78.87		8.57
1985	12.58	8.72	3.95		7.19	400.56	12.25	32.44
1990	21.21	14.81	7.71		10.61	735.57	25.88	54.34
1991	21.47	15.92	8.12		12.35	771.18	25.66	57.86
1992	25.97	18.92	9.49		12.68	828.33	30.32	67.06
1993	31.11	25.45	13.04		43.05	933.76	37.17	112.65
1994	36.83	35.16	17.07		41.08	1264.72	47.82	130.14
1995	47.62	43.73	20.30		48.02	1652.31	65.44	159.67
1996	61.50	56.11	26.09		57.11	1945.60	87.31	200.81
1997	70.06	70.75	29.06		55.78	2019.75	101.27	225.65
1998	72.14	82.25	33.93		61.46	1934.10	102.93	249.78
1999	80.49	87.94	37.49		63.18	1832.13	110.34	269.10
2000	96.63	96.19	32.94	8.29	72.87	1810.65	133.71	306.92
2001	95.77	95.92	35.23	8.87	65.50	1889.71	134.23	301.29
2002	102.54	102.98	36.36	9.72	59.62	1924.75	144.55	311.22

注:1978和1980年的第三产业收入为第二产业收入和第三产业收入合计。

2—14 农村居民家庭经营总收入构成

单位:%

年 份	家庭经营收 入	1.农 业收 入	#种植业收 入	2.林 业收 入	3.牧 业收 入	4.渔 业收 入	5.工 业收 入	6.建筑业收 入
1978	100.00	37.85	32.03		56.23			
1980	100.00	34.84	28.79		55.36			
1985	100.00	63.66	60.36	1.66	23.36	1.28	0.95	1.80
1990	100.00	65.11	62.85	1.04	22.77	1.25	1.62	1.55
1991	100.00	63.81	61.51	1.14	23.93	1.34	1.55	1.45
1992	100.00	62.37	60.09	1.22	24.44	1.45	1.61	1.67
1993	100.00	60.08	58.58	1.40	23.20	1.51	1.52	1.91
1994	100.00	61.80	59.86	1.09	23.31	1.46	1.40	1.92
1995	100.00	63.28	61.55	0.88	22.41	1.43	1.43	2.05
1996	100.00	63.55	61.62	0.86	21.27	1.42	1.65	2.26
1997	100.00	59.99	58.14	0.93	23.67	1.47	1.76	2.55
1998	100.00	59.57	57.68	0.92	22.39	1.69	1.96	2.54
1999	100.00	59.02	57.05	1.11	20.80	1.92	2.00	2.99
2000	100.00	54.71	52.31	1.24	22.33	2.14	3.54	2.40
2001	100.00	54.58	52.02	1.18	23.28	2.23	3.51	2.26
2002	100.00	53.76	51.13	1.32	23.25	2.53	3.81	2.27

年 份	7.交通运输业、邮电业收入	8.批发和零售贸易、餐饮业收入	9.社 会服务业收 入	10.文 教卫生业收 入	11.其 他收 入	第一产业收 入	第二产业收 入	第三产业收 入
1978					5.92	94.08		5.92
1980					9.80	90.20		9.80
1985	2.83	1.96	0.89		1.61	89.96	2.75	7.29
1990	2.60	1.82	0.95		1.30	90.17	3.17	6.66
1991	2.51	1.86	0.95		1.44	90.23	3.00	6.77
1992	2.81	2.04	1.03		1.37	89.48	3.28	7.24
1993	2.87	2.35	1.20		3.97	86.17	3.43	10.40
1994	2.55	2.44	1.18		2.85	87.66	3.31	9.02
1995	2.54	2.33	1.08		2.56	88.01	3.49	8.50
1996	2.75	2.51	1.17		2.56	87.10	3.91	8.99
1997	2.99	3.01	1.24		2.38	86.07	4.32	9.62
1998	3.15	3.60	1.48		2.69	84.58	4.50	10.92
1999	3.64	3.98	1.70		2.86	82.84	4.99	12.17
2000	4.29	4.27	1.46	0.37	3.24	80.43	5.94	13.63
2001	4.12	4.13	1.52	0.38	2.82	81.27	5.77	12.96
2002	4.31	4.33	1.53	0.41	2.50	80.85	6.07	13.07

2—15 农村居民现金收入

单位:元/人

年 份	现金收入	一、工资性收入	二、家庭经营收入	三、财产性收入	四、转移性收入
1978	63.88	25.38	29.71		8.79
1980	113.12	40.23	57.38		15.51
1985	357.39	68.89	251.68		36.82
1990	676.67	136.43	481.19		59.05
1991	736.84	148.88	523.29		64.67
1992	808.16	179.42	552.78		75.96
1993	910.15	192.83	629.56		87.76
1994	1233.48	261.59	868.96	28.88	74.05
1995	1595.56	352.88	1116.73	38.19	87.76
1996	1927.10	447.43	1322.63	44.70	112.34
1997	2131.21	512.39	1446.86	45.16	126.80
1998	2163.61	573.69	1393.33	54.92	141.67
1999	2206.69	628.43	1380.23	43.46	154.57
2000	2381.60	700.41	1498.81	38.89	143.49
2001	2534.70	769.77	1565.51	41.05	158.37
2002	2712.95	839.17	1653.65	47.65	172.48

2—16 农村居民现金收入构成

单位:%

年 份	现金收入	一、工资性收入	二、家庭经营收入	三、财产性收入	四、转移性收入
1978	100.00	39.73	46.51		13.76
1980	100.00	35.56	50.72		13.71
1985	100.00	19.28	70.42		10.30
1990	100.00	20.16	71.11		8.73
1991	100.00	20.21	71.02		8.78
1992	100.00	22.20	68.40		9.40
1993	100.00	21.19	69.17		9.64
1994	100.00	21.21	70.45	2.34	6.00
1995	100.00	22.12	69.99	2.39	5.50
1996	100.00	23.22	68.63	2.32	5.83
1997	100.00	24.04	67.89	2.12	5.95
1998	100.00	26.52	64.40	2.54	6.55
1999	100.00	28.48	62.55	1.97	7.00
2000	100.00	29.41	62.93	1.63	6.02
2001	100.00	30.37	61.76	1.62	6.25
2002	100.00	30.93	60.95	1.76	6.36

2—17 农村居民家庭经营现金收入

单位:元/人

年 份	家庭经营现金收入	1.出售产品收入	农业收入	#种植业收入	牧业收入	2.工业加工费	3.建筑业收入	4.交通运输业、邮电业收入
1978	29.71	26.73						
1980	57.38	48.61						
1985	251.68	213.56	122.79	111.25	75.22		7.67	12.13
1990	481.19	408.49	248.63	235.20	137.26	6.93	12.46	20.89
1991	523.29	446.92	269.04	254.41	153.55	7.70	12.26	21.11
1992	552.78	462.67	265.71	250.88	169.48	8.73	15.18	25.34
1993	629.56	486.33	265.59	253.98	187.81	10.21	20.63	31.22
1994	868.96	688.07	394.55	385.01	257.40	13.88	27.64	36.83
1995	1116.73	891.28	522.78	512.11	322.45	17.42	38.57	47.62
1996	1322.67	1029.31	617.08	603.69	356.40	24.10	50.54	61.49
1997	1446.86	1109.34	635.59	624.53	414.58	27.48	59.83	70.03
1998	1393.32	1029.30	602.55	593.99	362.95	29.77	58.04	72.14
1999	1380.24	984.63	583.84	574.32	335.61	32.92	66.18	80.49
2000	1498.81	1066.64	600.61	593.56	383.54	65.46	54.10	96.63
2001	1565.51	1133.33	636.52	628.02	414.79	66.91	52.65	95.77
2002	1653.65	1199.19	667.74	656.93	437.29	75.03	53.97	102.54

年 份	5.批发和零售贸易、餐饮业收入	6.社会服务业收入	7.文教卫生业收入	8.其他家庭经营收入	第一产业收入	第二产业收入	*第三产业收入
1978				2.98	26.73		2.98
1980				8.77	48.61		8.77
1985	8.50	3.87		5.95	213.56	7.67	30.45
1990	14.65	7.64		10.13	408.49	19.39	53.31
1991	15.63	7.98		11.69	446.92	19.96	56.41
1992	18.52	9.32		13.02	462.67	23.91	66.2
1993	25.44	12.92		42.81	486.33	30.84	112.39
1994	35.06	17.05		50.43	688.07	41.52	139.37
1995	43.66	20.30		57.88	891.28	55.99	169.46
1996	56.10	26.10		75.03	1029.31	74.64	218.72
1997	70.75	29.06		80.37	1109.34	87.31	250.21
1998	82.25	33.93		87.89	1029.30	87.81	276.21
1999	87.94	37.49		90.59	984.63	99.10	296.51
2000	96.19	32.94	8.29	78.56	1066.64	119.56	312.61
2001	95.92	35.23	8.87	76.83	1133.33	119.56	312.62
2002	102.98	36.36	9.72	73.87	1199.19	129.00	325.47

注:1978 和 1980 年第三产业收入为第二、第三产业收入合计。

2—18　农村居民家庭经营现金收入构成

单位:%

年　份	家庭经营现金收入	1.出售产品收　入	农　业收　入	#种植业收　入	牧　业收　入	2.工　业加工费	3.建筑业收　入	4.交通运输业、邮电业收入
1978	100.00	89.97						
1980	100.00	84.72						
1985	100.00	84.85	48.79	44.20	29.89		3.05	4.82
1990	100.00	84.89	51.67	48.88	28.53	1.44	2.59	4.34
1991	100.00	85.41	51.41	48.62	29.34	1.47	2.34	4.03
1992	100.00	83.70	48.07	45.39	30.66	1.58	2.75	4.58
1993	100.00	77.25	42.19	40.34	29.83	1.62	3.28	4.96
1994	100.00	79.18	45.40	44.31	29.62	1.60	3.18	4.24
1995	100.00	79.81	46.81	45.86	28.87	1.56	3.45	4.26
1996	100.00	77.82	46.65	45.64	26.95	1.82	3.82	4.65
1997	100.00	76.67	43.93	43.16	28.65	1.90	4.14	4.84
1998	100.00	73.87	43.25	42.63	26.05	2.14	4.17	5.18
1999	100.00	71.34	42.30	41.61	24.32	2.39	4.79	5.83
2000	100.00	71.17	40.07	39.60	25.59	4.37	3.61	6.45
2001	100.00	72.39	40.66	40.12	26.50	4.27	3.36	6.12
2002	100.00	72.52	40.38	39.73	26.44	4.54	3.26	6.20

年　份	5.批发和零售贸易、餐饮业收入	6.社　会服务业收　入	7.文　教卫生业收　入	8.其他家庭经营收入	第一产业收　　入	第二产业收　　入	第三产业收　　入
1978				10.03	89.97		10.03
1980				15.28	84.72		15.28
1985	3.38	1.54		2.36	84.85	3.05	12.10
1990	3.04	1.59		2.11	84.89	4.03	11.08
1991	2.99	1.52		2.23	85.41	3.81	10.78
1992	3.35	1.69		2.36	83.70	4.33	11.98
1993	4.04	2.05		6.80	77.25	4.90	17.85
1994	4.03	1.96		5.80	79.18	4.78	16.04
1995	3.91	1.82		5.18	79.81	5.01	15.17
1996	4.24	1.97		5.67	77.82	5.64	16.54
1997	4.89	2.01		5.55	76.67	6.03	17.29
1998	5.90	2.44		6.31	73.87	6.30	19.82
1999	6.37	2.72		6.56	71.34	7.18	21.48
2000	6.42	2.20	0.55	5.24	71.17	7.98	20.86
2001	6.13	2.25	0.57	4.91	72.39	7.64	19.97
2002	6.23	2.20	0.59	4.47	72.52	7.80	19.68

2—19 农村居民纯收入

(按收入来源分)

单位:元/人

年 份	纯收入	一、工资性收入	二、家庭经营纯收入	三、财产性收入	四、转移性收入
1978	133.57	88.26	35.79		9.52
1980	191.33	106.38	62.55		22.40
1985	397.60	72.15	295.98		29.47
1990	686.31	138.80	518.55		28.96
1991	708.55	151.92	523.59		33.04
1992	783.99	184.38	561.57		38.04
1993	921.62	194.51	678.48	7.02	41.61
1994	1220.98	262.98	881.86	28.55	47.59
1995	1577.74	353.70	1125.79	40.98	57.27
1996	1926.07	450.84	1362.45	42.59	70.19
1997	2090.13	514.56	1472.72	23.60	79.25
1998	2161.98	573.58	1466.00	30.37	92.03
1999	2210.34	630.26	1448.36	31.55	100.17
2000	2253.42	702.30	1427.27	45.04	78.81
2001	2366.40	771.90	1459.63	46.97	87.90
2002	2475.63	840.22	1486.54	50.68	98.19

2—20 农村居民纯收入构成

(按收入来源分)

单位:%

年 份	纯 收 入	一、工资性收入	二、家庭经营纯收入	三、财产性收入	四、转移性收入
1978	100.00	66.08	26.79		7.13
1980	100.00	55.60	32.69		11.71
1985	100.00	18.15	74.44		7.41
1990	100.00	20.22	75.56		4.22
1991	100.00	21.44	73.90		4.66
1992	100.00	23.52	71.63		4.85
1993	100.00	21.11	73.62	0.76	4.51
1994	100.00	21.54	72.23	2.34	3.90
1995	100.00	22.42	71.35	2.60	3.63
1996	100.00	23.41	70.74	2.21	3.64
1997	100.00	24.62	70.46	1.13	3.79
1998	100.00	26.53	67.81	1.40	4.26
1999	100.00	28.51	65.53	1.43	4.53
2000	100.00	31.17	63.34	2.00	3.50
2001	100.00	32.62	61.68	1.98	3.71
2002	100.00	33.94	60.05	2.05	3.97

2—21 农村居民纯收入

（按收入性质分） 单位：元/人

年份	纯收入	一、生产性纯收入	1. 第一产业纯收入	2. 第二产业纯收入	3. 第三产业纯收入	二、非生产性纯收入
1978	133.57	122.86	113.47		9.39	10.71
1980	191.33	168.93	149.62		19.31	22.40
1985	397.60	367.69	298.28	29.47	39.94	29.91
1990	686.31	657.35	510.86	70.68	75.81	28.96
1991	708.55	675.51	516.90	78.77	79.84	33.04
1992	783.99	745.95	543.74	104.42	97.79	38.04
1993	921.62	872.99	589.57	149.46	133.96	48.63
1994	1220.98	1144.83	780.91	210.14	153.78	76.15
1995	1577.74	1479.49	996.51	287.24	195.74	98.25
1996	1926.07	1813.29	1192.61	372.37	248.31	112.78
1997	2090.13	1987.27	1267.69	437.78	281.80	102.86
1998	2161.98	2039.58	1237.44	498.92	303.22	122.40
1999	2210.34	2078.62	1180.02	564.30	334.30	131.72
2000	2253.42	2129.58	1125.34	488.89	515.35	123.84
2001	2366.40	2231.58	1165.17	532.61	533.80	134.82
2002	2475.63	2326.76	1167.79	586.87	572.10	148.87

2—22 农村居民纯收入构成

（按收入性质分） 单位：%

年份	纯收入	一、生产性纯收入	1. 第一产业纯收入	2. 第二产业纯收入	3. 第三产业纯收入	二、非生产性纯收入
1978	100.00	91.98	84.95		7.03	8.02
1980	100.00	88.29	78.20		10.09	11.71
1985	100.00	92.48	75.02	7.41	10.05	7.52
1990	100.00	95.78	74.44	10.30	11.05	4.22
1991	100.00	95.34	72.95	11.12	11.27	4.66
1992	100.00	95.15	69.36	13.32	12.47	4.85
1993	100.00	94.72	63.97	16.22	14.54	5.28
1994	100.00	93.76	63.96	17.21	12.59	6.24
1995	100.00	93.77	63.16	18.21	12.41	6.23
1996	100.00	94.14	61.92	19.33	12.89	5.86
1997	100.00	95.08	60.65	20.95	13.48	4.92
1998	100.00	94.34	57.24	23.08	14.03	5.66
1999	100.00	94.04	53.39	25.53	15.12	5.96
2000	100.00	94.50	49.94	21.70	22.84	5.50
2001	100.00	94.30	49.24	22.51	22.56	5.70
2002	100.00	93.99	47.17	23.71	23.11	6.01

2—23 农村居民纯收入

（按收入形态分） 单位：元/人

年份	纯 收 入	现金纯收入	实物纯收入
1978	133.57	55.99	77.58
1980	191.33	94.37	96.96
1985	397.60	250.89	146.71
1990	686.31	439.72	246.59
1991	708.55	467.58	240.97
1992	783.99	508.48	275.51
1993	921.62	571.20	350.42
1994	1220.98	791.77	429.21
1995	1577.74	987.01	590.73
1996	1926.07	1218.67	707.40
1997	2090.13	1403.67	686.46
1998	2161.98	1455.68	706.30
1999	2210.34	1538.24	672.10
2000	2253.42	1648.67	604.75
2001	2366.40	1748.03	618.37
2002	2475.63	1899.78	575.85

2—24 农村居民纯收入构成

（按收入形态分） 单位：%

年份	纯 收 入	现金纯收入	实物纯收入
1978	100.00	41.92	58.08
1980	100.00	49.32	50.68
1985	100.00	63.10	36.90
1990	100.00	64.07	35.93
1991	100.00	65.99	34.01
1992	100.00	64.86	35.14
1993	100.00	61.98	38.02
1994	100.00	64.85	35.15
1995	100.00	62.56	37.44
1996	100.00	63.27	36.73
1997	100.00	67.16	32.84
1998	100.00	67.33	32.67
1999	100.00	69.59	30.41
2000	100.00	73.16	26.84
2001	100.00	73.87	26.13
2002	100.00	76.74	23.26

2—25 农村居民家庭经营纯收入

单位:元/人

年 份	家庭经营纯收入	1.农业纯收入	种植业	2.林业纯收入	3.牧业纯收入	4.渔业纯收入	5.工业纯收入	6.建筑业纯收入
1978	35.79	17.87	15.15		15.90			
1980	62.55	26.25	21.93		30.06			
1985	295.98	202.10	191.46	6.16	51.96	3.59	2.18	7.41
1990	518.55	344.59	330.11	7.53	96.81	7.11	9.15	12.18
1991	523.59	338.70	323.53	8.48	105.18	8.19	8.56	11.90
1992	561.57	354.52	337.91	9.60	113.88	8.86	9.34	14.81
1993	678.48	448.41	438.83	12.64	96.83	9.18	8.05	18.25
1994	881.86	610.46	590.43	12.91	112.33	10.96	10.84	25.18
1995	1125.79	799.44	775.12	13.52	127.81	15.69	13.63	34.53
1996	1362.45	955.08	924.40	16.13	158.56	17.52	19.84	44.74
1997	1472.72	976.15	943.01	19.37	203.47	20.98	24.48	53.47
1998	1466.00	962.76	927.25	18.67	188.53	22.44	27.32	52.78
1999	1448.36	918.27	882.09	21.58	174.30	24.80	29.95	61.18
2000	1427.27	833.93	783.64	22.44	207.35	26.95	52.67	46.73
2001	1459.63	863.62	809.56	22.10	211.96	28.87	54.57	45.43
2002	1486.54	866.67	808.07	25.53	210.62	32.17	63.29	45.28

年 份	7.交通运输业、邮电业收入	8.批发和零售贸易、餐饮业收入	9.社会服务业收入	10.文教卫生业收入	11.其他收入	第一产业收入	第二产业收入	*第三产业收入
1978					2.02	33.77		2.02
1980					6.24	56.31		6.24
1985	8.47	6.13	3.27		4.71	263.81	9.59	22.58
1990	13.45	12.69	6.55		8.49	456.04	21.33	41.18
1991	13.60	12.63	6.70		9.65	460.55	20.46	42.58
1992	16.66	15.62	7.90		10.38	486.86	24.15	50.56
1993	16.13	19.31	11.06		38.72	567.06	26.30	85.22
1994	20.85	27.52	14.29		36.52	746.66	36.02	99.18
1995	27.76	34.26	17.18		41.97	956.46	48.16	121.17
1996	36.00	44.09	21.97		48.52	1147.29	64.58	150.58
1997	46.20	55.25	25.33		48.02	1219.97	77.95	174.80
1998	50.24	62.33	30.02		50.91	1192.40	80.10	193.50
1999	56.73	74.82	34.01		52.72	1138.95	91.13	218.28
2000	63.63	78.54	28.09	6.86	60.08	1090.67	99.40	237.20
2001	63.17	78.84	30.12	7.56	53.38	1126.54	100.01	233.08
2002	69.38	85.56	31.36	7.99	48.68	1135.00	108.57	242.97

注:1978和1980年第三产业收入为第二、第三产业收入合计。

2—26 农村居民家庭经营纯收入构成

单位：%

年 份	家庭经营纯收入	1.农业纯收入	种植业	2.林业纯收入	3.牧业纯收入	4.渔业纯收入	5.工业纯收入	6.建筑业纯收入
1978	100.00	49.92	42.33		44.43			
1980	100.00	41.97	35.06		48.06			
1985	100.00	68.28	64.69	2.08	17.55	1.21	0.74	2.50
1990	100.00	66.45	63.66	1.45	18.67	1.37	1.76	2.35
1991	100.00	64.69	61.79	1.62	20.09	1.56	1.63	2.27
1992	100.00	63.13	60.17	1.71	20.28	1.58	1.66	2.64
1993	100.01	66.09	64.68	1.86	14.27	1.35	1.19	2.69
1994	100.00	69.22	66.95	1.46	12.74	1.24	1.23	2.86
1995	100.00	71.01	68.85	1.20	11.35	1.39	1.21	3.07
1996	100.00	70.10	67.85	1.18	11.64	1.29	1.46	3.28
1997	100.00	66.28	64.03	1.32	13.82	1.42	1.66	3.63
1998	100.00	65.67	63.25	1.27	12.86	1.53	1.86	3.60
1999	100.00	63.40	60.90	1.49	12.03	1.71	2.07	4.22
2000	100.00	58.43	54.90	1.57	14.53	1.89	3.69	3.27
2001	100.00	59.17	55.46	1.51	14.52	1.98	3.74	3.11
2002	100.00	58.30	54.36	1.72	14.17	2.16	4.26	3.05

年 份	7.交通运输业、邮电业收入	8.批发和零售贸易、餐饮业收入	9.社会服务业收入	10.文教卫生业收入	11.其他收入	第一产业收入	第二产业收入	第三产业收入
1978					5.64	94.36		5.64
1980					9.98	90.02		9.98
1985	2.86	2.07	1.10		1.59	89.13	3.24	7.63
1990	2.59	2.45	1.26		1.64	87.95	4.11	7.94
1991	2.60	2.41	1.28		1.84	87.96	3.91	8.13
1992	2.97	2.78	1.41		1.85	86.70	4.30	9.00
1993	2.38	2.85	1.63		5.71	83.58	3.88	12.56
1994	2.36	3.12	1.62		4.14	84.67	4.08	11.25
1995	2.47	3.04	1.53		3.73	84.96	4.28	10.76
1996	2.64	3.24	1.61		3.56	84.21	4.74	11.05
1997	3.14	3.75	1.72		3.26	82.84	5.29	11.87
1998	3.43	4.25	2.05		3.47	81.34	5.46	13.20
1999	3.92	5.17	2.35		3.64	78.64	6.29	15.07
2000	4.46	5.50	1.97	0.48	4.21	76.42	6.96	16.62
2001	4.33	5.40	2.06	0.52	3.66	77.18	6.85	15.97
2002	4.67	5.76	2.11	0.54	3.27	76.35	7.30	16.34

2—27 农村居民纯收入及增长情况

年份	纯收入		扣除价格因素影响后的纯收入		指数 1978年=100	以1978年为基年增长率	基尼系数
	(元/人)	比上年增长%	(元/人)	比上年增长%	(%)	(%)	
1978	133.57		133.57		100.0		0.2124
1980	191.33	19.5	186.76	16.6	139.0	17.9	0.2407
1985	397.60	11.9	383.05	7.8	268.9	15.2	0.2267
1990	686.31	14.1	612.34	1.8	311.2	9.9	0.3099
1991	708.55	3.2	700.04	2.0	317.4	9.3	0.3072
1992	783.99	10.6	750.35	5.9	336.2	9.0	0.3134
1993	921.62	17.6	809.08	3.2	346.9	8.6	0.3292
1994	1220.98	32.5	967.98	5.0	364.4	8.4	0.3210
1995	1577.74	29.8	1285.69	5.3	383.7	8.2	0.3415
1996	1926.07	22.1	1719.74	9.0	418.2	8.3	0.3229
1997	2090.13	8.5	2054.73	4.6	437.4	8.2	0.3285
1998	2161.98	3.4	2180.10	4.3	456.2	8.0	0.3369
1999	2210.34	2.2	2244.14	3.8	473.5	7.8	0.3361
2000	2253.42	1.9	2256.76	2.1	483.5	7.5	0.3536
2001	2366.40	5.0	2348.06	4.2	503.8	7.3	0.3603
2002	2475.63	4.6	2472.31	4.8	528.0	7.5	0.3646

2—28 农村居民生活消费支出及生活质量状况

年份	生活消费支出	扣除价格因素影响后的生活消费支出		恩格尔系数	摄取热量(千卡/人日)	摄取脂肪(克/人日)	摄取蛋白(克/人日)
	(元/人)	(元/人)	比上年增长%				
1978	116.06	116.87		0.6771			
1980	162.21	171.94	27.8	0.6177	2324.57	32.74	57.80
1985	317.42	341.54	24.7	0.5779	2454.63	39.79	59.62
1990	584.63	610.94	14.1	0.5880	2541.67	43.16	61.54
1991	619.79	634.05	8.5	0.5761	2506.42	45.06	60.39
1992	659.21	690.19	11.4	0.5755	2406.48	36.80	64.52
1993	769.65	875.09	32.7	0.5806	2555.96	41.24	69.40
1994	1016.81	1254.74	63.0	0.5886	2455.70	38.79	66.36
1995	1310.36	1539.67	51.4	0.5862	2482.22	39.60	66.92
1996	1572.08	1696.27	29.5	0.5634	2510.41	42.77	67.33
1997	1617.15	1657.58	5.4	0.5505	2509.46	43.41	70.02
1998	1590.33	1574.43	—2.6	0.5343	2528.26	44.19	69.15
1999	1577.42	1553.76	—2.3	0.5256	2506.60	46.26	68.84
2000	1670.13	1668.46	5.8	0.4913	2605.14	49.56	71.26
2001	1741.09	1755.02	5.1	0.4771	2542.81	49.47	70.07
2002	1834.31	1826.97	4.9	0.4625	2591.36	52.02	71.09

2—29 农村居民总支出

单位:元/人

年 份	总支出	一、家庭经营费用支出	二、购置生产性固定资产支出	三、税 费 支 出	四、生活消费支 出	五、财产性支 出	六、转移性支 出
1978	135.82	16.79		0.24	116.06		2.73
1980	196.23	25.32		0.28	162.21		8.42
1985	485.51	121.39	18.70	18.43	317.42		9.57
1990	903.47	241.09	20.29	38.66	584.63		18.80
1991	979.64	267.27	26.61	42.69	619.79		23.28
1992	1055.91	292.28	28.78	48.39	659.01		27.45
1993	1211.18	330.03	40.29	46.76	769.65		24.45
1994	1635.53	458.57	46.13	67.79	1016.81		46.23
1995	2138.33	621.71	62.33	88.65	1310.36		55.28
1996	2535.16	709.42	63.79	107.39	1572.08		82.48
1997	2536.79	706.27	59.98	108.02	1617.15		45.37
1998	2457.17	652.48	54.31	106.70	1590.33		53.35
1999	2390.37	599.72	57.63	99.98	1577.42		55.62
2000	2652.42	654.27	63.90	95.52	1670.13	19.74	148.86
2001	2779.96	695.97	78.13	91.24	1741.09	10.82	162.71
2002	2923.60	731.01	85.50	78.70	1834.31	10.46	183.62

2—30 农村居民总支出构成

单位:%

年 份	总支出	一、家庭经营费用支出	二、购置生产性固定资产支出	三、税 费 支 出	四、生活消费支 出	五、财产性支 出	六、转移性支 出
1978	100.00	12.36		0.18	85.45		2.01
1980	100.00	12.90		0.14	82.66		4.29
1985	100.00	25.00	3.85	3.80	65.38		1.97
1990	100.00	26.68	2.25	4.28	64.71		2.08
1991	100.00	27.28	2.72	4.36	63.27		2.38
1992	100.00	27.68	2.73	4.58	62.41		2.60
1993	100.00	27.25	3.33	3.86	63.55		2.02
1994	100.00	28.04	2.82	4.14	62.17		2.83
1995	100.00	29.07	2.91	4.15	61.28		2.59
1996	100.00	27.98	2.52	4.24	62.01		3.25
1997	100.00	27.84	2.36	4.26	63.75		1.79
1998	100.00	26.55	2.21	4.34	64.72		2.17
1999	100.00	25.09	2.41	4.18	65.99		2.33
2000	100.00	24.67	2.41	3.60	62.97	0.74	5.61
2001	100.00	25.04	2.81	3.28	62.63	0.39	5.85
2002	100.00	25.00	2.92	2.69	62.74	0.36	6.28

2—31 农村居民家庭经营费用支出

单位:元/人

地　区	家庭经营费用支出	1.农　业支　出	#种植业支　出	2.林　业支　出	3.牧　业支　出	4.渔　业支　出	5.工　业支　出	6.建筑业支　出
1978	16.79	1.58	1.31		13.05			
1980	25.32	5.92	2.66		17.64			
1985	121.39	59.52	55.95	0.95	48.37	1.90	1.71	0.29
1990	241.09	130.40	126.49	0.95	88.91	3.12	4.08	0.47
1991	267.27	142.88	138.35	1.28	99.36	3.27	4.71	0.49
1992	292.28	150.95	146.48	1.71	112.35	4.60	5.53	0.64
1993	330.03	165.34	159.89	2.02	126.11	5.83	6.96	2.01
1994	458.57	229.86	223.32	2.34	183.18	8.23	7.64	2.01
1995	621.71	321.49	314.65	2.48	242.36	9.24	10.98	3.32
1996	709.42	378.21	368.00	2.42	257.81	11.59	13.78	4.73
1997	706.27	348.88	340.41	2.08	284.39	10.96	13.68	5.16
1998	652.48	317.63	311.46	1.94	257.12	12.91	13.96	4.18
1999	599.72	304.05	298.31	2.35	224.48	13.80	11.16	3.93
2000	654.27	315.83	312.88	4.33	234.61	16.92	21.39	5.85
2001	695.97	325.50	321.24	4.24	264.48	18.46	21.99	5.87
2002	731.01	336.61	333.40	4.77	279.31	22.77	22.96	7.31

地　区	7.交通运输、邮电业支出	8.批发和零售贸易、餐饮业支出	9.社　会服务业支　出	10.文　教卫生业支　出	11.其　他支　出	第一产业支　出	第二产业支　出	*第三产业支　出
1978					2.16	14.63		2.16
1980					1.76	23.56		1.76
1985	3.64	2.27	0.55		2.19	110.74	2.00	8.65
1990	7.76	2.12	0.94		2.34	223.38	4.55	13.16
1991	7.87	3.29	1.14		2.98	246.79	5.20	15.28
1992	9.31	3.30	1.28		2.61	269.61	6.17	16.50
1993	11.88	4.87	1.57		3.44	299.30	8.97	21.76
1994	13.07	6.25	2.27		3.72	423.61	9.65	25.31
1995	16.43	7.84	2.58		4.99	575.57	14.30	31.84
1996	20.77	9.80	3.36		6.95	650.03	18.51	40.88
1997	19.28	12.52	3.02		6.30	646.31	18.84	41.12
1998	17.41	15.84	3.11		8.38	589.60	18.14	44.74
1999	18.67	10.31	2.73		8.24	544.68	15.09	39.95
2000	26.21	14.02	3.85	1.14	10.12	571.69	27.24	55.34
2001	26.49	13.88	4.15	1.06	9.85	612.68	27.86	55.43
2002	27.83	14.62	4.20	1.45	9.18	643.46	30.27	57.28

注:1978年和1980年第三产业支出为第二、第三产业支出合计。

2—32 农村居民家庭经营费用支出构成

单位:%

地区	家庭经营费用支出	1.农业支出	#种植业支出	2.林业支出	3.牧业支出	4.渔业支出	5.工业支出	6.建筑业支出
1978	100.00	9.41	7.80		77.72			
1980	100.00	23.38	10.51		69.67			
1985	100.00	49.03	46.09	0.78	39.85	1.57	1.41	0.24
1990	100.00	54.09	52.47	0.39	36.88	1.29	1.69	0.19
1991	100.00	53.46	51.76	0.48	37.18	1.22	1.76	0.18
1992	100.00	51.65	50.12	0.59	38.44	1.57	1.89	0.22
1993	100.00	50.10	48.45	0.61	38.21	1.77	2.11	0.61
1994	100.00	50.13	48.70	0.51	39.95	1.79	1.67	0.44
1995	100.00	51.71	50.61	0.40	38.98	1.49	1.77	0.53
1996	100.00	53.31	51.87	0.34	36.34	1.63	1.94	0.67
1997	100.00	49.40	48.20	0.29	40.27	1.55	1.94	0.73
1998	100.00	48.68	47.73	0.30	39.41	1.98	2.14	0.64
1999	100.00	50.70	49.74	0.39	37.43	2.30	1.86	0.66
2000	100.00	48.27	47.82	0.66	35.86	2.59	3.27	0.89
2001	100.00	46.77	46.16	0.61	38.00	2.65	3.16	0.84
2002	100.00	46.05	45.61	0.65	38.21	3.11	3.14	1.00

地区	7.交通运输、邮电业支出	8.批发和零售贸易、餐饮业支出	9.社会服务业支出	10.文教卫生业支出	11.其他支出	第一产业支出	第二产业支出	第三产业支出
1978					12.86	87.14		12.86
1980					6.95	93.05		6.95
1985	3.00	1.87	0.45		1.80	91.23	1.65	7.13
1990	3.22	0.88	0.39		0.97	92.65	1.89	5.46
1991	2.94	1.23	0.43		1.11	92.34	1.95	5.72
1992	3.19	1.13	0.44		0.89	92.24	2.11	5.65
1993	3.60	1.48	0.48		1.04	90.69	2.72	6.59
1994	2.85	1.36	0.50		0.81	92.38	2.10	5.52
1995	2.64	1.26	0.41		0.80	92.58	2.30	5.12
1996	2.93	1.38	0.47		0.98	91.63	2.61	5.76
1997	2.73	1.77	0.43		0.89	91.51	2.67	5.82
1998	2.67	2.43	0.48		1.28	90.36	2.78	6.86
1999	3.11	1.72	0.46		1.37	90.82	2.52	6.66
2000	4.01	2.14	0.59	0.17	1.55	87.38	4.16	8.46
2001	3.81	1.99	0.60	0.15	1.42	88.03	4.00	7.96
2002	3.81	2.00	0.57	0.20	1.26	88.02	4.14	7.84

2—33 农村居民生活消费支出

单位:元/人

年份	生活消费支出	一、食品支出		二、衣着支出	三、居住支出
		主食支出	副食支出		
1978	116.06	78.58	51.33	24.67	14.74	11.95
1980	162.21	100.19	60.56	35.27	19.99	22.46
1985	317.42	183.43	83.24	73.01	30.77	57.87
1990	584.63	343.76	135.47	146.09	45.44	101.37
1991	619.79	357.06	132.86	155.72	51.05	102.30
1992	659.01	379.26	139.56	167.04	52.51	104.89
1993	769.65	446.83	167.96	195.16	55.33	106.79
1994	1016.81	598.47	241.44	256.11	70.32	142.34
1995	1310.36	768.19	316.72	316.40	89.79	182.21
1996	1572.08	885.49	360.84	359.08	113.77	219.06
1997	1617.15	890.28	329.01	381.50	109.41	233.23
1998	1590.33	849.64	303.45	364.11	98.06	239.62
1999	1577.42	829.02	285.48	352.65	92.04	232.69
2000	1670.13	820.52	248.45	365.53	95.95	258.34
2001	1741.09	830.72	246.62	365.30	98.68	279.06
2002	1834.31	848.35	238.93	372.05	105.00	300.16

年份	四、家庭设备用品及服务支出	五、医疗保健支出	六、交通通讯支出	七、文教娱乐用品及服务支出	八、其他支出
1978					10.79
1980	4.14	3.42	0.59	8.25	3.17
1985	16.19	7.67	5.58	12.36	3.55
1990	30.90	19.02	8.42	31.38	4.34
1991	35.27	22.31	10.32	36.44	5.04
1992	36.67	24.15	12.23	43.77	5.53
1993	44.67	27.17	17.41	58.38	13.07
1994	55.46	32.07	24.02	75.11	19.02
1995	68.48	42.48	33.76	102.39	23.06
1996	84.22	58.26	47.08	132.46	31.74
1997	85.41	62.45	53.92	148.18	34.27
1998	81.92	68.13	60.68	159.41	32.87
1999	82.27	70.02	68.73	168.33	34.32
2000	75.45	87.57	93.13	186.71	52.46
2001	76.98	96.61	109.98	192.64	56.42
2002	80.35	103.94	128.53	210.31	57.67

2—34 农村居民生活消费支出构成

单位:%

年 份	生活消费支出	一、食品支出	主食支出	副食支出	二、衣着支出	三、居住支出
1978	100.00	67.71	44.23	21.26	12.70	10.30
1980	100.00	61.77	37.33	21.74	12.32	13.85
1985	100.00	57.79	26.22	23.00	9.69	18.23
1990	100.00	58.80	23.17	24.99	7.77	17.34
1991	100.00	57.61	21.44	25.12	8.24	16.51
1992	100.00	57.55	21.18	25.35	7.97	15.92
1993	100.00	58.06	21.82	25.36	7.19	13.88
1994	100.00	58.86	23.74	25.19	6.92	14.00
1995	100.00	58.62	24.17	24.15	6.85	13.91
1996	100.00	56.33	22.95	22.84	7.24	13.93
1997	100.00	55.05	20.35	23.59	6.77	14.42
1998	100.00	53.43	19.08	22.90	6.17	15.07
1999	100.00	52.56	18.10	22.36	5.83	14.75
2000	100.00	49.13	14.88	21.89	5.75	15.47
2001	100.00	47.71	14.16	20.98	5.67	16.03
2002	100.00	46.25	13.03	20.28	5.72	16.36

年 份	四、家庭设备用品及服务支出	五、医疗保健支出	六、交通通讯支出	七、文教娱乐用品及服务支出	八、其他支出
1978					9.30
1980	2.55	2.11	0.36	5.09	1.95
1985	5.10	2.42	1.76	3.89	1.12
1990	5.29	3.25	1.44	5.37	0.74
1991	5.69	3.60	1.67	5.88	0.81
1992	5.56	3.66	1.86	6.64	0.84
1993	5.80	3.53	2.26	7.59	1.70
1994	5.45	3.15	2.36	7.39	1.87
1995	5.23	3.24	2.58	7.81	1.76
1996	5.36	3.71	2.99	8.43	2.02
1997	5.28	3.86	3.33	9.16	2.12
1998	5.15	4.28	3.82	10.02	2.07
1999	5.22	4.44	4.36	10.67	2.18
2000	4.52	5.24	5.58	11.18	3.14
2001	4.42	5.55	6.32	11.06	3.24
2002	4.38	5.67	7.01	11.47	3.14

2—35 农村居民现金支出

单位:元/人

年 份	现金支出	一、家庭经营费用支出	二、购置生产性固定资产支出	三、税 费支 出	四、生活消费支 出	五、财产性支 出	六、转移性支 出
1978	60.81	7.43		0.23	47.64		5.51
1980	107.02	13.81		0.24	83.83		9.14
1985	331.23	79.99	18.94	16.35	194.68		21.27
1990	639.06	162.90	20.46	33.37	374.74		47.59
1991	713.40	188.39	26.70	36.19	404.74		57.38
1992	769.21	206.46	29.75	41.09	431.37		60.54
1993	869.48	241.16	34.52	42.06	490.14		61.6
1994	1156.00	327.82	46.05	59.16	648.19		74.78
1995	1545.81	454.74	62.32	76.96	859.43		92.36
1996	1887.49	523.97	63.79	94.45	1076.22		129.06
1997	1959.75	539.93	59.98	97.81	1126.28		135.75
1998	1930.98	511.66	54.31	98.00	1128.16		138.85
1999	1917.23	470.73	57.63	93.06	1144.61		151.2
2000	2140.37	544.49	63.91	89.81	1284.74	9.82	147.60
2001	2284.62	584.80	78.13	86.35	1364.08	10.80	160.46
2002	2437.72	617.41	85.50	75.58	1467.62	10.29	181.34

2—36 农村居民现金支出构成

单位:%

年 份	现金支出	一、家庭经营费用支出	二、购置生产性固定资产支出	三、税 费支 出	四、生活消费支 出	五、财产性支 出	六、转移性支 出
1978	100.00	12.22		0.38	78.34		9.06
1980	100.00	12.90		0.22	78.33		8.54
1985	100.00	24.15	5.72	4.94	58.77		6.42
1990	100.00	25.49	3.20	5.22	58.64		7.45
1991	100.00	26.41	3.74	5.07	56.73		8.04
1992	100.00	26.84	3.87	5.34	56.08		7.87
1993	100.00	27.74	3.97	4.84	56.37		7.08
1994	100.00	28.36	3.98	5.12	56.07		6.47
1995	100.00	29.42	4.03	4.98	55.60		5.97
1996	100.00	27.76	3.38	5.00	57.02		6.84
1997	100.00	27.55	3.06	4.99	57.47		6.93
1998	100.00	26.50	2.81	5.08	58.42		7.19
1999	100.00	24.55	3.01	4.85	59.70		7.89
2000	100.00	25.44	2.99	4.20	60.02	0.46	6.90
2001	100.00	25.60	3.42	3.78	59.71	0.47	7.02
2002	100.00	25.33	3.51	3.10	60.20	0.42	7.44

2—37 农村居民家庭经营费用现金支出

单位:元/人

年份	家庭经营费用现金支出	1.农业支出	种植业	2.林业支出	3.牧业支出	4.渔业支出	5.工业支出	6.建筑业支出
1978	7.43							
1980	14.05							
1985	79.99	43.09	39.66	0.86	24.18	1.72	1.73	0.28
1990	162.90	99.46	95.86	0.76	43.18	3.02	3.81	0.42
1991	188.39	112.84	108.57	1.06	52.07	3.14	4.60	0.46
1992	206.46	118.75	114.48	1.04	61.01	4.17	5.33	0.58
1993	241.16	133.11	127.77	1.78	70.71	5.66	6.87	1.97
1994	327.82	182.75	176.87	1.97	101.83	7.85	7.54	1.93
1995	454.74	261.41	254.81	2.12	138.30	8.82	10.60	3.22
1996	523.97	313.69	303.84	2.09	141.59	11.06	13.29	4.51
1997	539.93	298.41	290.04	1.93	172.32	10.42	13.47	5.08
1998	511.66	277.42	271.30	1.83	159.82	12.50	13.35	4.14
1999	470.73	269.07	263.38	2.28	132.81	13.45	11.12	3.88
2000	544.49	286.54	283.94	4.16	155.66	16.53	21.27	5.77
2001	584.80	296.59	292.47	4.01	183.69	18.12	21.91	5.82
2002	617.41	309.69	306.48	4.57	194.18	22.24	22.92	7.28

年份	7.交通运输、邮电业支出	8.批发和零售贸易、餐饮业支出	9.社会服务业支出	10.文教卫生业支出	11.其他支出	第一产业支出	第二产业支出	第三产业支出
1978								
1980								
1985	3.44	2.17	0.53		1.99	69.85	2.01	8.13
1990	7.46	2.01	0.90		1.88	146.42	4.23	12.25
1991	7.67	3.09	1.05		2.41	169.11	5.06	14.22
1992	8.86	3.12	1.14		2.46	184.97	5.91	15.58
1993	11.80	4.75	1.52		2.99	211.26	8.84	21.06
1994	12.94	6.07	2.07		2.87	294.40	9.47	23.95
1995	16.26	7.38	2.47		4.16	410.65	13.82	30.27
1996	20.38	9.63	3.28		4.45	468.43	17.80	37.74
1997	19.20	12.37	2.96		3.77	483.08	18.55	38.30
1998	17.37	15.78	3.05		6.40	451.57	17.49	42.60
1999	18.65	10.25	2.72		6.50	417.61	15.00	38.12
2000	26.18	13.92	3.83	1.14	9.49	462.89	27.04	54.56
2001	26.42	13.74	4.14	1.06	9.30	502.41	27.73	54.66
2002	27.80	14.54	4.18	1.45	8.56	530.68	30.20	56.53

注:1978 年和 1980 年第三产业现金支出为第二、第三产业现金支出合计。

2—38 农村居民家庭经营费用现金支出构成

单位:%

年份	家庭经营费用现金支出	1.农业支出	种植业	2.林业支出	3.牧业支出	4.渔业支出	5.工业支出	6.建筑业支出
1978	100.00							
1980	100.00							
1985	100.00	53.87	49.58	1.08	30.23	2.15	2.16	0.35
1990	100.00	61.06	58.85	0.47	26.51	1.85	2.34	0.26
1991	100.00	59.90	57.63	0.56	27.64	1.67	2.44	0.24
1992	100.00	57.52	55.45	0.50	29.55	2.02	2.58	0.28
1993	100.00	55.20	52.98	0.74	29.32	2.35	2.85	0.82
1994	100.00	55.75	53.95	0.60	31.06	2.39	2.30	0.59
1995	100.00	57.49	56.03	0.47	30.41	1.94	2.33	0.71
1996	100.00	59.87	57.99	0.40	27.02	2.11	2.54	0.86
1997	100.00	55.27	53.72	0.36	31.92	1.93	2.49	0.94
1998	100.00	54.22	53.02	0.36	31.24	2.44	2.61	0.81
1999	100.00	57.16	55.95	0.48	28.21	2.86	2.36	0.82
2000	100.00	52.63	52.15	0.76	28.59	3.04	3.91	1.06
2001	100.00	50.72	50.01	0.69	31.41	3.10	3.75	1.00
2002	100.00	50.16	49.64	0.74	31.45	3.60	3.71	1.18

年份	7.交通运输、邮电业支出	8.批发和零售贸易、餐饮业支出	9.社会服务业支出	10.文教卫生业支出	11.其他支出	第一产业支出	第二产业支出	第三产业支出
1978								
1980								
1985	4.30	2.71	0.66		2.49	87.32	2.51	10.16
1990	4.58	1.23	0.55		1.15	89.88	2.60	7.52
1991	4.07	1.64	0.56		1.28	89.77	2.69	7.55
1992	4.29	1.51	0.55		1.19	89.59	2.86	7.55
1993	4.89	1.97	0.63		1.24	87.60	3.67	8.73
1994	3.95	1.85	0.63		0.88	89.81	2.89	7.31
1995	3.58	1.62	0.54		0.91	90.30	3.04	6.66
1996	3.89	1.84	0.63		0.85	89.40	3.40	7.20
1997	3.56	2.29	0.55		0.70	89.47	3.44	7.09
1998	3.39	3.08	0.60		1.25	88.26	3.42	8.33
1999	3.96	2.18	0.58		1.38	88.72	3.19	8.10
2000	4.81	2.56	0.70	0.21	1.74	85.01	4.97	10.02
2001	4.52	2.35	0.71	0.18	1.59	85.91	4.74	9.35
2002	4.50	2.35	0.68	0.23	1.39	85.95	4.89	9.16

2—39 农村居民生活消费现金支出

单位:元/人

年 份	生活消费现金支出	一、食品支出	主 食	副 食	二、衣着支出	三、居住支出	住 房
1978	47.64						
1980	83.83	31.36			19.84	14.48	11.36
1985	194.68	76.56	12.67	38.61	30.13	42.83	38.66
1990	374.74	155.85	17.50	80.29	44.03	81.15	68.50
1991	404.74	164.40	15.38	86.32	49.69	81.81	67.77
1992	431.37	175.73	16.77	92.84	51.18	82.80	67.01
1993	490.14	198.02	19.86	105.02	54.75	78.20	55.75
1994	648.19	264.01	29.43	139.96	69.67	109.24	78.80
1995	859.43	353.22	45.80	184.43	88.66	147.86	108.53
1996	1076.22	423.80	52.12	215.97	112.70	186.24	135.06
1997	1126.28	435.74	44.40	225.62	108.31	198.25	139.55
1998	1128.16	428.90	42.70	216.85	97.04	199.35	137.29
1999	1144.61	425.98	41.77	207.22	91.48	203.60	137.75
2000	1284.74	464.26	47.05	220.53	95.18	231.06	164.30
2001	1364.08	484.47	48.18	227.12	97.95	249.84	177.51
2002	1467.62	510.96	48.38	234.18	104.54	271.50	197.31

年 份	燃 料	四、家庭设备用品及服务	五、医疗保健支出	六、交通通讯支出	交通费	七、文教娱乐用品及服务	八、其他商品及服务支出
1978							
1980	2.77	3.18	3.30	0.58		8.01	3.08
1985	3.92	16.06	7.65	5.59	1.70	12.34	3.52
1990	7.05	30.74	18.98	8.41	3.93	31.33	4.25
1991	7.41	34.83	22.31	10.32	4.48	36.31	5.07
1992	7.94	36.22	24.11	12.15	5.22	43.71	5.47
1993	9.35	44.35	26.12	17.40	7.29	58.25	13.05
1994	12.67	55.09	32.06	24.01	8.36	75.09	19.02
1995	15.53	68.08	42.47	33.73	10.79	102.35	23.06
1996	20.55	83.96	58.26	47.07	14.86	132.46	31.73
1997	21.88	85.16	62.45	53.92	16.06	148.18	34.27
1998	21.87	81.77	68.13	60.68	17.25	159.41	32.88
1999	22.70	82.14	70.02	68.73	18.69	168.33	34.33
2000	30.24	74.37	87.57	93.13	26.73	186.71	52.46
2001	32.70	76.17	96.61	109.98	29.22	192.64	56.42
2002	33.36	80.17	103.94	128.53	31.84	210.31	57.67

2—40 农村居民生活消费现金支出构成

单位:%

年 份	生活消费现金支出	一、食品支出	主 食	副 食	二、衣着支出	三、居住支出	住 房
1978	100.00						
1980	100.00	37.41			23.67	17.27	13.55
1985	100.00	39.33	6.51	19.83	15.48	22.00	19.86
1990	100.00	41.59	4.67	21.43	11.75	21.66	18.28
1991	100.00	40.62	3.80	21.33	12.28	20.21	16.74
1992	100.00	40.74	3.89	21.52	11.86	19.19	15.53
1993	100.00	40.40	4.05	21.43	11.17	15.95	11.37
1994	100.00	40.73	4.54	21.59	10.75	16.85	12.16
1995	100.00	41.10	5.33	21.46	10.32	17.20	12.63
1996	100.00	39.38	4.84	20.07	10.47	17.31	12.55
1997	100.00	38.69	3.94	20.03	9.62	17.60	12.39
1998	100.00	38.02	3.78	19.22	8.60	17.67	12.17
1999	100.00	37.22	3.65	18.10	7.99	17.79	12.03
2000	100.00	36.14	3.66	17.17	7.41	17.98	12.79
2001	100.00	35.52	3.53	16.65	7.18	18.32	13.01
2002	100.00	34.82	3.30	15.96	7.12	18.50	13.44

年 份	燃 料	四、家庭设备用品及服务	五、医疗保健支出	六、交通通讯支出	交通费	七、文教娱乐用品及服务	八、其他商品及服务支出
1978							
1980	3.30	3.79	3.94	0.69		9.56	3.67
1985	2.01	8.25	3.93	2.87	0.87	6.34	1.81
1990	1.88	8.20	5.06	2.24	1.05	8.36	1.13
1991	1.83	8.61	5.51	2.55	1.11	8.97	1.25
1992	1.84	8.40	5.59	2.82	1.21	10.13	1.27
1993	1.91	9.05	5.33	3.55	1.49	11.88	2.66
1994	1.95	8.50	4.95	3.70	1.29	11.58	2.93
1995	1.81	7.92	4.94	3.92	1.26	11.91	2.68
1996	1.91	7.80	5.41	4.37	1.38	12.31	2.95
1997	1.94	7.56	5.54	4.79	1.43	13.16	3.04
1998	1.94	7.25	6.04	5.38	1.53	14.13	2.91
1999	1.98	7.18	6.12	6.00	1.63	14.71	3.00
2000	2.35	5.79	6.82	7.25	2.08	14.53	4.08
2001	2.40	5.58	7.08	8.06	2.14	14.12	4.14
2002	2.27	5.46	7.08	8.76	2.17	14.33	3.93

2—41 农村极端贫困状况

年 份	贫困线(元/人)	贫困发生率(%)	贫困规模(万人)
1978	100	30.7	25000
1980	130	26.8	22000
1981	142	18.5	15200
1982	164	17.5	14500
1983	179	16.2	13500
1984	200	15.1	12800
1985	206	14.8	12500
1986	213	15.5	13100
1987	227	14.3	12200
1988	236	11.1	9600
1989	259	11.6	10200
1990	300	9.4	8500
1992	317	8.8	8000
1994	440	7.7	7000
1995	530	7.1	6540
1997	640	5.4	4962
1998	635	4.6	4210
1999	625	3.7	3412
2000	625	3.4	3209
2001	630	3.2	2827
2002	627	3.0	2820

3

主要年份分组资料

一、按纯收入分组

3—1　1980年农村居民家庭基本情况

项　　目	单　位	60元以下	60—80元	80—100元	100—150元	150—200元
一、农户所占比重	%	0.94	2.55	5.72	25.60	24.98
二、常住人口	人/户	5.60	6.26	6.16	5.98	5.65
三、劳动力人数	人/户	2.65	2.80	2.32	2.75	2.61
劳动力负担人口	人/劳动力	2.11	2.24	2.66	2.17	2.16
四、经营耕地面积	亩/人	0.27	0.27	0.23	0.20	0.18
#自留地面积	亩/人	0.14	0.18	0.16	0.14	0.13
五、年末使用房屋面积	平方米/人	8.81	8.40	9.25	10.24	11.34
六、收入						
1.总收入	元/人	64.82	86.91	108.47	146.86	198.88
#家庭经营收入	元/人	30.71	40.73	50.33	66.32	85.92
2.纯收入	元/人	52.66	72.68	91.84	126.35	174.00
3.现金收入	元/人	34.22	38.64	47.59	68.40	98.25
七、支出						
1.总支出	元/人	93.56	100.77	113.41	143.26	183.63
#生产费用支出	元/人	12.04	14.13	16.47	20.20	24.58
生活消费支出	元/人	79.08	84.03	93.96	118.11	151.51
2.现金支出	元/人	41.67	44.50	50.09	68.78	94.33
#生产费用支出	元/人	6.91	7.46	8.61	10.74	13.52
生活消费支出	元/人	32.31	33.93	38.28	53.08	73.34
八、主要食品消费量						
粮食	公斤/人	185.85	203.12	218.78	248.55	273.30
蔬菜	公斤/人	65.23	78.66	91.66	110.52	128.09
食用油	公斤/人	1.03	1.26	1.57	2.09	2.79
猪牛羊肉	公斤/人	2.99	3.44	4.12	5.64	7.47
家禽	公斤/人	0.21	0.26	0.32	0.43	0.61
禽蛋	公斤/人	0.49	0.55	0.56	0.72	1.00
食糖	公斤/人	0.39	0.45	0.53	0.70	0.95
酒	公斤/人	0.49	0.63	0.98	1.37	1.85

3－1 续表

项　　　目	单　位	200—250 元	250—300 元	300—500 元	500 元以上
一、农户所占比重	%	17.33	9.96	11.30	1.62
二、常住人口	人/户	5.30	5.07	4.67	4.10
三、劳动力人数	人/户	2.64	2.68	2.71	2.64
劳动力负担人口	人/劳动力	2.01	1.89	1.72	1.55
四、经营耕地面积	亩/人	0.18	0.18	0.18	0.18
＃自留地面积	亩/人	0.13	0.14	0.14	0.15
五、年末使用房屋面积	平方米/人	12.51	13.43	15.00	17.15
六、收入					
1.总收入	元/人	254.44	304.98	402.48	641.34
＃家庭经营收入	元/人	106.14	115.42	133.64	147.94
2.纯收入	元/人	223.44	271.88	365.27	600.42
3.现金收入	元/人	134.39	168.10	241.59	408.96
七、支出					
1.总支出	元/人	226.45	265.64	331.75	475.44
＃生产费用支出	元/人	30.70	32.74	36.87	40.61
生活消费支出	元/人	185.14	218.90	273.48	395.20
2.现金支出	元/人	125.21	157.61	212.30	240.08
＃生产费用支出	元/人	17.27	18.38	21.02	25.08
生活消费支出	元/人	97.15	124.33	169.76	275.66
八、主要食品消费量					
粮食	公斤/人	299.90	308.96	312.36	327.78
蔬菜	公斤/人	143.10	154.59	163.34	181.35
食用油	公斤/人	3.25	4.05	4.38	5.14
猪牛羊肉	公斤/人	8.90	10.60	12.66	16.15
家禽	公斤/人	0.84	0.97	1.15	1.40
禽蛋	公斤/人	1.28	1.95	2.21	2.78
食糖	公斤/人	1.26	1.49	2.14	3.33
酒	公斤/人	2.23	2.68	3.38	4.83

3—2 1985年农村居民家庭基本情况

项　　目	单　位	100元以下	100—150元	150—200元	200—300元
一、农户所占比重	%	0.95	3.35	7.85	25.64
二、常住人口	人/户	5.24	5.47	5.55	5.41
三、劳动力人数	人/户	2.60	2.80	2.93	2.98
劳动力负担人口	人/劳动力	2.02	1.95	1.89	1.82
四、经营耕地面积	亩/人	3.11	2.40	2.07	1.95
#承包耕地面积	亩/人	2.68	2.11	1.81	1.71
五、年内新建房屋面积	平方米/人	0.76	0.42	0.51	0.66
六、年末住房面积	平方米/人	10.08	10.19	11.11	12.77
#砖木结构面积	平方米/人	3.13	3.17	3.73	5.15
年末使用房屋价值	元/平方米	20.09	19.06	19.73	21.62
七、年末生产性固定资产原值	元/户	921.24	639.85	609.71	638.32
八、收入					
1.总收入	元/人	229.74	232.30	281.85	372.78
2.纯收入	元/人	72.23	133.28	179.79	252.36
3.现金收入	元/人	143.91	123.18	153.84	215.59
九、支出					
1.总支出	元/人	351.02	270.21	294.80	360.11
#家庭经营费用支出	元/人	122.03	75.16	78.23	93.64
生活消费支出	元/人	179.15	169.90	191.13	236.17
2.现金支出	元/人	222.19	148.89	166.87	216.12
#家庭经营费用支出	元/人	78.68	41.89	45.10	56.29
生活消费支出	元/人	91.71	80.10	92.78	123.37
十、主要食品消费量					
粮食	公斤/人	213.14	209.13	222.93	243.94
蔬菜	公斤/人	88.03	87.27	95.25	116.73
食用油	公斤/人	2.63	2.41	2.66	3.28
猪牛羊肉	公斤/人	4.89	5.65	6.81	8.92
家禽	公斤/人	0.29	0.38	0.50	0.69
禽蛋	公斤/人	1.22	0.90	1.04	1.38
食糖	公斤/人	0.50	0.56	0.76	1.03
酒	公斤/人	1.65	1.61	2.15	2.84

3—2 续表 1

项　　目	单　位	300—400 元	400—500 元	500—600 元	600—800 元
一、农户所占比重	%	24.10	15.94	9.13	7.99
二、常住人口	人/户	5.24	4.97	4.77	4.53
三、劳动力人数	人/户	2.99	2.95	2.94	2.89
劳动力负担人口	人/劳动力	1.75	1.68	1.62	1.57
四、经营耕地面积	亩/人	1.95	2.08	2.17	2.24
#承包耕地面积	亩/人	1.74	1.85	1.92	1.97
五、年内新建房屋面积	平方米/人	1.04	1.25	1.52	2.00
六、年末住房面积	平方米/人	14.62	16.12	17.31	19.13
#砖木结构面积	平方米/人	7.18	9.02	10.27	12.41
年末使用房屋价值	元/平方米	24.82	27.98	32.04	35.18
七、年末生产性固定资产原值	元/户	711.96	807.10	900.05	919.46
八、收入					
1.总收入	元/人	492.88	614.52	735.57	907.21
2.纯收入	元/人	347.67	444.23	542.39	680.55
3.现金收入	元/人	308.30	412.30	518.85	681.39
九、支出					
1.总支出	元/人	450.71	541.91	631.64	757.15
#家庭经营费用支出	元/人	113.33	133.04	150.64	179.99
生活消费支出	元/人	297.26	357.01	419.79	502.27
2.现金支出	元/人	292.89	375.49	461.94	586.9
#家庭经营费用支出	元/人	72.60	88.25	104.05	129.84
生活消费支出	元/人	170.58	222.19	280.31	363.74
十、主要食品消费量					
粮食	公斤/人	265.58	275.73	279.01	275.24
蔬菜	公斤/人	133.70	146.09	153.13	157.07
食用油	公斤/人	4.08	4.64	5.07	5.38
猪牛羊肉	公斤/人	10.83	12.28	13.87	14.86
家禽	公斤/人	0.99	1.20	1.39	1.69
禽蛋	公斤/人	1.90	2.49	2.89	3.43
食糖	公斤/人	1.36	1.66	1.88	2.30
酒	公斤/人	3.66	4.66	5.60	7.01

3—2 续表 2

指　　标	单　位	800—1000 元	1000—1500 元	1500—2000 元	2000 元以上
一、农户所占比重	%	2.85	1.76	0.29	0.15
二、常住人口	人/户	4.25	4.14	4.27	3.72
三、劳动力人数	人/户	2.81	2.84	2.93	2.58
劳动力负担人口	人/劳动力	1.51	1.46	1.46	1.44
四、经营耕地面积	亩/人	2.32	2.25	1.78	1.35
#承包耕地面积	亩/人	2.07	2.00	1.47	1.07
五、年内新建房屋面积	平方米/人	2.42	3.09	4.38	4.38
六、年末住房面积	平方米/人	20.76	22.78	22.77	27.84
#砖木结构面积	平方米/人	14.73	17.16	17.24	9.85
年末使用房屋价值	元/平方米	40.52	46.54	56.28	66.52
七、年末生产性固定资产原值	元/户	1108.10	1768.32	2245.90	2776.44
八、收入					
1.总收入	元/人	1143.84	1536.90	2276.65	3077.84
2.纯收入	元/人	878.86	1157.21	1686.62	2538.17
3.现金收入	元/人	905.12	1281.10	2035.76	2863.48
九、支出					
1.总支出	元/人	932.15	1242.16	1845.75	2448.55
#家庭经营费用支出	元/人	210.54	305.32	502.22	444.55
生活消费支出	元/人	614.79	756.29	1080.91	1461.72
2.现金支出	元/人	757.79	1068.65	1681.66	2412.89
#家庭经营费用支出	元/人	159.86	247.55	449.49	398.96
生活消费支出	元/人	472.65	619.06	940.86	1345.24
十、主要食品消费量					
粮食	公斤/人	278.34	276.92	263.58	242.44
蔬菜	公斤/人	157.74	158.17	160.84	171.32
食用油	公斤/人	5.64	5.97	6.07	6.00
猪牛羊肉	公斤/人	16.72	18.28	19.22	22.66
家禽	公斤/人	2.02	2.77	3.93	6.97
禽蛋	公斤/人	4.24	4.67	5.29	4.96
食糖	公斤/人	2.69	3.26	3.51	6.33
酒	公斤/人	9.33	10.93	13.46	24.27

3—3 1990年农村居民家庭基本情况

项　　目	单　位	100元以下	100—150元	150—200元	200—300元
一、农户所占比重	%	0.30	0.49	1.29	6.56
二、常住人口	人/户	3.47	5.02	5.12	5.35
三、劳动力人数	人/户	2.05	2.66	2.76	3.00
劳动力负担人口	人/劳动力	1.69	1.89	1.86	1.78
四、经营耕地面积	亩/人	3.28	2.36	1.98	1.87
#承包耕地面积	亩/人	2.99	2.10	1.74	1.64
五、年内新建房屋面积	平方米/人	0.82	0.15	0.16	0.37
六、年末住房面积	平方米/人	13.55	12.53	11.76	12.61
#砖木结构面积	平方米/人	4.93	4.65	4.00	5.05
七、年末使用房屋价值	元/平方米	36.75	30.09	28.50	28.70
八、年末生产性					
固定资产原值	元/户	1484.10	1416.37	950.83	1051.44
九、收入					
1.总收入	元/人	447.43	378.00	368.17	444.77
2.纯收入	元/人	66.13	133.10	181.22	257.69
3.现金收入	元/人	263.74	221.08	198.65	241.71
十、支出					
1.总支出	元/人	744.50	534.62	448.90	498.07
#家庭经营费用支出	元/人	298.61	179.79	140.32	143.84
生活消费支出	元/人	363.67	295.09	269.21	311.24
2.现金支出	元/人	520.86	330.29	261.66	290.46
#家庭经营费用支出	元/人	210.64	109.81	82.55	82.50
生活消费支出	元/人	220.66	157.20	135.00	158.42
十一、主要食品消费量					
粮食	公斤/人	220.36	217.12	208.91	224.99
蔬菜	公斤/人	105.12	87.07	81.76	91.12
食用油	公斤/人	4.15	3.29	3.00	3.25
猪牛羊肉	公斤/人	1.75	0.99	1.08	1.64
家禽	公斤/人	0.49	0.37	0.43	0.47
禽蛋	公斤/人	1.65	1.30	1.27	1.17
食糖	公斤/人	0.80	0.68	0.74	0.80
酒	公斤/人	3.46	3.01	2.13	2.47

3—3 续表 1

项　　　目	单　位	300—400 元	400—500 元	500—600 元	600—800 元
一、农户所占比重	%	12.04	14.37	13.94	20.80
二、常住人口	人/户	5.25	5.04	4.93	4.79
三、劳动力人数	人/户	2.99	2.97	2.96	2.92
劳动力负担人口	人/劳动力	1.76	1.70	1.67	1.64
四、经营耕地面积	亩/人	1.71	1.76	1.75	1.84
＃承包耕地面积	亩/人	1.49	1.55	1.54	1.62
五、年内新建房屋面积	平方米/人	0.40	0.50	0.60	0.77
六、年末住房面积	平方米/人	13.89	15.48	16.87	18.56
＃砖木结构面积	平方米/人	6.19	7.55	8.84	10.52
七、年末使用房屋价值	元/平方米	30.32	33.01	44.66	36.75
八、年末生产性					
固定资产原值	元/户	1007.18	1053.44	1125.19	1233.34
九、收入					
1.总收入	元/人	561.29	688.75	814.03	1000.57
2.纯收入	元/人	351.91	450.07	548.15	691.94
3.现金收入	元/人	313.77	405.24	507.46	662.23
十、支出					
1.总支出	元/人	573.42	672.06	774.30	910.58
＃家庭经营费用支出	元/人	163.16	186.45	209.01	244.76
生活消费支出	元/人	363.52	429.63	500.93	590.65
2.现金支出	元/人	342.21	418.95	507.67	628.54
＃家庭经营费用支出	元/人	97.31	113.22	133.39	161.88
生活消费支出	元/人	188.77	236.74	291.53	367.10
十一、主要食品消费量					
粮食	公斤/人	241.08	259.09	272.82	284.59
蔬菜	公斤/人	106.91	121.11	130.71	144.45
食用油	公斤/人	3.75	4.42	4.87	5.56
猪牛羊肉	公斤/人	1.79	1.59	1.51	1.85
家禽	公斤/人	0.62	0.84	1.03	1.30
禽蛋	公斤/人	1.43	1.78	1.96	2.51
食糖	公斤/人	0.93	1.14	1.32	1.59
酒	公斤/人	3.20	4.02	5.19	6.76

3—3 续表 2

项　　目	单　位	800—1000 元	1000—1500 元	1500—2000 元	2000 元以上
一、农户所占比重	%	12.49	12.25	3.48	1.99
二、常住人口	人/户	4.55	4.27	4.04	3.78
三、劳动力人数	人/户	2.86	2.82	2.79	2.72
劳动力负担人口	人/劳动力	1.59	1.51	1.45	1.39
四、经营耕地面积	亩/人	1.98	2.15	2.28	2.28
#承包耕地面积	亩/人	1.76	1.92	2.04	2.07
五、年内新建房屋面积	平方米/人	1.12	1.51	2.36	3.20
六、年末住房面积	平方米/人	20.33	22.94	27.38	32.83
#砖木结构面积	平方米/人	12.29	14.84	18.39	23.88
七、年末使用房屋价值	元/平方米	30.09	28.50	28.70	30.32
八、年末生产性					
固定资产原值	元/户	1349.84	1599.58	2019.11	2362.32
九、收入					
1.总收入	元/人	1254.18	1637.08	2293.27	3397.65
2.纯收入	元/人	889.36	1195.78	1714.42	2611.61
3.现金收入	元/人	886.46	1236.24	1881.58	2952.71
十、支出					
1.总支出	元/人	1112.26	1381.35	1887.23	2656.42
#家庭经营费用支出	元/人	291.50	353.98	471.73	648.50
生活消费支出	元/人	723.20	902.50	1240.14	1754.46
2.现金支出	元/人	820.61	1084.66	1598.83	2362.16
#家庭经营费用支出	元/人	202.08	261.47	384.82	559.93
生活消费支出	元/人	485.59	654.16	978.97	1461.34
十一、主要食品消费量					
粮食	公斤/人	291.04	288.07	282.96	287.24
蔬菜	公斤/人	157.29	162.81	164.46	164.55
食用油	公斤/人	6.30	6.96	7.54	7.97
猪牛羊肉	公斤/人	2.05	2.52	1.55	2.97
家禽	公斤/人	1.61	2.09	3.18	4.57
禽蛋	公斤/人	3.03	4.01	4.93	6.38
食糖	公斤/人	1.95	2.22	2.75	3.37
酒	公斤/人	8.14	10.39	13.07	15.86

3—4　1995 年农村居民家庭基本情况

指　　　标	单　位	100 元以下	100—200 元	200—300 元	300—400 元	400—500 元
一、农户所占比重	%	0.21	0.36	0.78	1.47	2.30
二、常住人口	人/户	4.82	5.19	5.21	5.29	5.13
三、劳动力人数	人/户	2.84	3.08	3.04	3.10	2.99
劳动力负担人口	人/劳动力	1.70	1.69	1.71	1.71	1.72
四、经营耕地面积	亩/人	5.24	3.92	3.25	2.75	2.42
＃承包耕地面积	亩/人	4.42	3.15	2.41	2.33	2.05
五、年内新建房屋面积	平方米/人	0.82	0.29	0.42	0.42	0.22
六、年末住房面积	平方米/人	16.16	17.85	14.22	14.39	15.38
＃砖木结构面积	平方米/人	6.74	4.92	5.49	5.10	6.01
七、年末住房价值	元/平方米	122.85	53.80	64.71	60.35	60.60
八、年末生产性						
固定资产原值	元/户	6695.34	5119.31	3506.17	2885.46	2654.76
九、收入						
1. 总收入	元/人	1367.43	939.76	865.03	898.23	954.73
2. 纯收入	元/人	—77.21	152.98	258.66	353.39	451.59
3. 现金收入	元/人	1081.58	627.63	537.01	524.39	545.11
十、支出						
1. 总支出	元/人	2743.70	1546.24	1367.59	1226.57	1214.05
＃家庭经营费用支出	元/人	1122.96	615.76	482.73	443.20	410.31
生活消费支出	元/人	1150.96	732.08	702.17	672.89	708.55
2. 现金支出	元/人	2059.01	1087.92	903.31	752.88	713.49
＃家庭经营费用支出	元/人	959.01	475.32	339.25	300.75	265.94
生活消费支出	元/人	675.51	416.10	384.69	339.08	353.32
十一、主要食品消费量						
粮食	公斤/人	287.42	218.35	209.43	211.57	214.67
蔬菜	公斤/人	83.28	59.30	58.93	62.48	154.51
食用油	公斤/人	5.35	4.47	4.07	4.27	3.93
猪牛羊肉	公斤/人	7.28	5.62	6.37	7.42	7.86
家禽	公斤/人	0.75	0.51	0.66	0.58	0.62
禽蛋	公斤/人	2.56	1.67	1.51	1.25	1.31
食糖	公斤/人	1.06	0.97	0.90	0.85	0.96
酒	公斤/人	6.23	3.97	3.47	2.99	3.09

3-4 续表 1

指　　　标	单 位	500—600 元	600—800 元	800—1000 元	1000—1200 元	1200—1300 元
一、农户所占比重	%	3.37	9.54	11.63	11.83	5.38
二、常住人口	人/户	5.05	4.91	4.75	4.63	4.54
三、劳动力人数	人/户	3.02	3.00	2.96	2.92	2.90
劳动力负担人口	人/劳动力	1.67	1.64	1.60	1.59	1.57
四、经营耕地面积	亩/人	2.19	2.18	2.07	2.11	2.03
#承包耕地面积	亩/人	1.91	1.87	1.85	1.91	1.84
五、年内新建房屋面积	平方米/人	0.42	0.59	0.59	0.60	0.67
六、年末住房面积	平方米/人	16.06	17.21	18.07	19.43	19.80
#砖木结构面积	平方米/人	6.30	8.07	9.25	10.97	12.05
七、年末住房价值	元/平方米	57.72	62.01	70.40	73.76	83.19
八、年末生产性						
固定资产原值	元/户	2411.36	2440.61	2398.33	2377.51	2434.94
九、收入						
1. 总收入	元/人	1064.76	1242.54	1491.25	1739.62	1917.82
2. 纯收入	元/人	550.98	704.74	902.15	1097.03	1248.25
3. 现金收入	元/人	604.14	710.56	862.94	1044.33	1165.48
十、支出						
1. 总支出	元/人	1286.62	1399.36	1528.74	1696.34	1809.53
#家庭经营费用支出	元/人	418.35	435.86	475.66	519.07	539.64
生活消费支出	元/人	745.37	832.34	909.91	1019.75	1106.61
2. 现金支出	元/人	766.87	826.18	954.09	1099.15	1204.19
#家庭经营费用支出	元/人	269.58	276.20	307.85	346.80	371.79
生活消费支出	元/人	382.73	424.30	498.48	586.35	651.23
十一、主要食品消费量						
粮食	公斤/人	223.46	228.31	239.81	252.20	262.90
蔬菜	公斤/人	74.48	82.92	92.05	99.44	105.38
食用油	公斤/人	4.15	4.40	4.98	5.36	5.61
猪牛羊肉	公斤/人	8.45	9.41	9.99	10.24	10.22
家禽	公斤/人	0.84	0.84	1.03	1.26	1.47
禽蛋	公斤/人	1.48	1.79	2.14	2.50	2.88
食糖	公斤/人	1.00	0.90	1.00	1.16	1.25
酒	公斤/人	3.55	3.84	4.27	4.99	5.59

3—4 续表 2

指　　标	单　位	1300—1500 元	1500—1700 元	1700—2000 元	2000—2500 元	2500—3000 元
一、农户所占比重	%	9.74	7.92	9.39	10.29	5.89
二、常住人口	人/户	4.51	4.40	4.31	4.19	4.05
三、劳动力人数	人/户	2.90	2.84	2.84	2.79	2.76
劳动力负担人口	人/劳动力	1.56	1.55	1.52	1.50	1.47
四、经营耕地面积	亩/人	2.00	2.21	2.11	2.24	2.16
#承包耕地面积	亩/人	1.80	2.03	1.92	2.05	1.98
五、年内新建房屋面积	平方米/人	0.65	0.76	0.90	0.98	1.25
六、年末住房面积	平方米/人	20.30	22.06	22.22	23.95	26.44
#砖木结构面积	平方米/人	12.05	13.43	13.83	14.86	16.35
七、年末住房价值	元/平方米	84.44	84.07	104.49	121.54	138.96
八、年末生产性						
固定资产原值	元/户	2530.25	2643.71	2799.74	2966.62	3137.98
九、收入						
1.总收入	元/人	2112.53	2396.31	2691.32	3165.30	3733.04
2.纯收入	元/人	1396.76	1596.02	1839.23	2228.63	2723.07
3.现金收入	元/人	1334.86	1578.28	1820.15	2244.78	2779.56
十、支出						
1.总支出	元/人	1947.95	2167.06	2443.58	2700.02	3067.91
#家庭经营费用支出	元/人	578.82	650.29	699.42	772.06	835.40
生活消费支出	元/人	1175.29	1301.92	1501.90	1662.18	1937.67
2.现金支出	元/人	1327.56	1535.31	1747.04	2071.05	2472.02
#家庭经营费用支出	元/人	402.95	466.74	514.23	596.15	666.28
生活消费支出	元/人	713.70	831.16	964.26	1168.87	1438.97
十一、主要食品消费量						
粮食	公斤/人	264.19	268.99	272.89	274.86	274.56
蔬菜	公斤/人	110.22	117.33	120.78	125.73	128.47
食用油	公斤/人	5.97	6.12	6.52	6.98	7.39
猪牛羊肉	公斤/人	11.24	11.52	12.24	13.07	14.16
家禽	公斤/人	1.61	1.80	2.28	2.53	3.17
禽蛋	公斤/人	3.12	3.51	4.06	4.72	5.00
食糖	公斤/人	1.25	1.37	1.44	1.62	1.68
酒	公斤/人	5.88	6.53	7.49	8.55	10.49

3－4 续表 3

指　　标	单　位	3000—3500 元	3500—4000 元	4000—4500 元	4500—5000 元	5000 元以上
一、农户所占比重	%	3.49	1.95	1.34	0.86	2.26
二、常住人口	人/户	3.97	3.83	3.73	3.61	3.52
三、劳动力人数	人/户	2.75	2.75	2.68	2.65	2.64
劳动力负担人口	人/劳动力	1.44	1.39	1.39	1.36	1.33
四、经营耕地面积	亩/人	2.12	1.99	3.01	2.52	13.52
＃承包耕地面积	亩/人	1.89	1.80	2.88	2.36	2.14
五、年内新建房屋面积	平方米/人	1.34	1.60	1.19	2.07	2.35
六、年末住房面积	平方米/人	27.35	30.07	31.05	34.17	38.82
＃砖木结构面积	平方米/人	16.57	18.13	19.05	20.23	23.70
七、年末使用房屋价值	元/平方米	165.10	185.29	183.34	211.74	219.95
八、年末生产性						
固定资产原值	元/户	3357.98	3571.49	3790.24	3480.29	5712.43
九、收入						
1. 总收入	元/人	4277.65	4807.92	5603.63	6269.24	8646.85
2. 纯收入	元/人	3223.40	3726.78	4233.57	4740.43	6833.26
3. 现金收入	元/人	3279.24	4145.72	4567.61	5331.19	7487.03
十、支出						
1. 总支出	元/人	3409.38	3730.80	4424.25	5010.66	6558.45
＃家庭经营费用支出	元/人	875.78	902.96	1167.95	1313.97	1540.17
生活消费支出	元/人	2223.12	2487.94	2867.76	3310.35	4292.22
2. 现金支出	元/人	2846.42	3213.20	3888.37	4531.12	6169.22
＃家庭经营费用支出	元/人	724.07	767.61	1019.76	1190.19	1444.07
生活消费支出	元/人	1727.63	1996.60	2355.23	2819.10	3794.05
十一、主要食品消费量						
粮食	公斤/人	272.01	280.78	282.47	274.66	274.46
蔬菜	公斤/人	128.01	124.00	126.66	122.86	123.38
食用油	公斤/人	7.56	7.62	8.12	7.65	8.23
猪牛羊肉	公斤/人	15.07	15.74	17.32	18.72	19.93
家禽	公斤/人	3.69	4.35	5.06	5.82	6.70
禽蛋	公斤/人	5.54	5.80	6.25	6.17	6.97
食糖	公斤/人	1.92	2.07	2.05	2.28	2.73
酒	公斤/人	12.17	13.12	15.15	16.41	19.57

3—5 2000年农村居民家庭基本情况

指　　标	单位	100元以下	100—200元	200—300元	300—400元	400—500元
一、农户所占比重	%	0.31	0.20	0.43	0.69	1.01
二、常住人口	人/户	4.08	4.67	5.01	4.96	4.83
三、劳动力人数	人/户	2.70	2.79	2.96	2.99	2.89
劳动力负担人口	人/劳动力	1.51	1.67	1.70	1.66	1.67
四、经营耕地面积	亩/人	3.59	2.89	2.72	2.51	2.54
#承包耕地面积	亩/人	0.13	0.17	0.15	0.11	0.12
五、年内新建房屋面积	平方米/人	0.74	1.06	0.67	0.36	0.82
六、年末住房面积	平方米/人	22.53	15.81	15.04	15.68	16.39
#砖木结构面积	平方米/人	11.20	7.17	6.41	7.21	6.82
七、年末住房价值	元/平方米	172.32	135.47	135.11	124.57	123.27
八、年末生产性						
固定资产原值	元/户	15997.34	3918.70	6204.01	4844.03	4453.34
九、收入						
1.总收入	元/人	2391.98	916.27	938.39	993.50	1044.30
2.纯收入	元/人	—561.64	155.33	253.31	352.89	454.42
3.现金收入	元/人	2083.24	664.59	628.71	665.80	667.33
十、支出						
1.总支出	元/人	4637.18	1794.84	1505.83	1486.80	1484.51
#家庭经营费用支出	元/人	2418.04	564.77	485.37	449.50	430.40
生活消费支出	元/人	1605.60	987.20	815.76	850.20	883.38
2.现金支出	元/人	3964.57	1353.97	1084.32	1080.91	1072.56
#家庭经营费用支出	元/人	2133.32	411.90	368.60	347.70	327.57
生活消费支出	元/人	1293.62	724.80	542.64	569.52	585.31
十一、主要食品消费量						
粮食	公斤/人	239.20	207.44	210.69	215.12	216.17
蔬菜	公斤/人	90.50	63.83	50.68	58.19	71.10
食用油	公斤/人	6.70	3.92	4.64	4.74	4.91
猪牛羊肉	公斤/人	13.24	9.48	8.57	8.38	9.35
家禽	公斤/人	2.18	0.63	0.86	0.89	0.91
禽蛋	公斤/人	5.62	2.85	2.15	2.09	2.12
食糖	公斤/人	1.14	0.60	0.75	0.75	0.73
酒	公斤/人	10.15	5.90	4.29	4.25	3.65

3—5 续表 1

指　　标	单　位	500—600 元	600—800 元	800—1000 元	1000—2000 元	1200—1300 元
一、农户所占比重	%	1.37	4.44	5.72	6.75	3.75
二、常住人口	人/户	4.90	4.84	4.74	4.63	4.53
三、劳动力人数	人/户	2.91	2.89	2.91	2.88	2.86
劳动力负担人口	人/劳动力	1.68	1.67	1.63	1.61	1.58
四、经营耕地面积	亩/人	2.02	1.99	1.97	1.97	1.91
#承包耕地面积	亩/人	0.10	0.10	0.10	0.10	0.09
五、年内新建房屋面积	平方米/人	0.32	0.42	0.55	0.50	0.54
六、年末住房面积	平方米/人	16.83	17.20	18.65	20.06	21.09
#砖木结构面积	平方米/人	7.02	7.84	8.89	10.22	11.50
七、年末住房价值	元/平方米	120.13	120.99	125.97	130.72	136.27
八、年末生产性						
固定资产原值	元/户	4447.78	4100.49	3748.27	4003.75	3969.41
九、收入						
1.总收入	元/人	1150.62	1260.44	1531.41	1743.57	1907.50
2.纯收入	元/人	552.11	684.05	879.15	1076.17	1221.43
3.现金收入	元/人	707.89	783.25	978.17	1125.53	1250.53
十、支出						
1.总支出	元/人	1424.47	1476.43	1634.97	1755.66	1830.87
#家庭经营费用支出	元/人	431.16	397.97	455.75	461.16	475.12
生活消费支出	元/人	831.92	901.17	982.26	1091.91	1132.76
2.现金支出	元/人	999.19	1025.79	1157.74	1234.34	1327.46
#家庭经营费用支出	元/人	319.78	287.78	340.00	347.07	362.95
生活消费支出	元/人	530.05	573.83	635.24	697.13	755.66
十一、主要食品消费量						
粮食	公斤/人	213.17	222.96	231.60	235.61	240.89
蔬菜	公斤/人	70.66	78.11	84.74	93.04	99.54
食用油	公斤/人	4.75	5.35	5.43	5.86	6.27
猪牛羊肉	公斤/人	10.04	10.85	11.65	12.64	12.77
家禽	公斤/人	0.97	1.06	1.34	1.45	1.73
禽蛋	公斤/人	2.19	2.36	3.11	3.18	3.50
食糖	公斤/人	0.81	0.82	0.99	1.09	1.09
酒	公斤/人	3.68	3.98	4.46	4.89	4.96

3—5 续表 2

指　　标	单　位	1300—1500 元	1500—1700 元	1700—2000 元	2000—2500 元	2500—3000 元
一、农户所占比重	%	7.42	7.48	10.45	14.53	10.29
二、常住人口	人/户	4.48	4.36	4.25	4.14	4.02
三、劳动力人数	人/户	2.83	2.79	2.78	2.75	2.72
劳动力负担人口	人/劳动力	1.58	1.56	1.53	1.50	1.47
四、经营耕地面积	亩/人	1.91	1.96	1.91	1.98	2.01
＃承包耕地面积	亩/人	0.08	0.12	0.09	0.08	0.08
五、年内新建房屋面积	平方米/人	0.67	0.78	0.71	0.90	0.98
六、年末住房面积	平方米/人	21.67	22.88	23.68	25.05	26.71
＃砖木结构面积	平方米/人	11.74	12.79	13.69	14.69	15.69
七、年末住房价值	元/平方米	138.65	147.61	154.22	167.30	178.77
八、年末生产性						
固定资产原值	元/户	3924.64	3928.69	3935.42	4163.57	4607.59
九、收入						
1.总收入	元/人	2102.54	2349.36	2635.71	3116.22	3691.41
2.纯收入	元/人	1373.37	1563.27	1810.51	2188.73	2679.68
3.现金收入	元/人	1413.40	1619.49	1882.39	2299.58	2820.51
十、支出						
1.总支出	元/人	1948.04	2118.45	2271.60	2578.81	2896.77
＃家庭经营费用支出	元/人	502.98	546.41	570.39	641.06	700.46
生活消费支出	元/人	1209.46	1315.95	1425.54	1621.86	1843.11
2.现金支出	元/人	1441.26	1596.97	1753.61	2057.13	2365.64
＃家庭经营费用支出	元/人	387.22	429.08	460.81	532.72	594.80
生活消费支出	元/人	831.06	925.75	1032.01	1224.43	1436.99
十一、主要食品消费量						
粮食	公斤/人	242.97	247.65	254.59	256.95	264.64
蔬菜	公斤/人	105.77	112.61	115.28	120.63	125.22
食用油	公斤/人	6.40	6.91	7.22	5.35	5.43
猪牛羊肉	公斤/人	13.31	13.78	13.97	14.57	15.85
家禽	公斤/人	2.02	2.17	2.61	2.84	3.40
禽蛋	公斤/人	3.93	4.29	4.72	5.41	6.08
食糖	公斤/人	1.14	1.20	1.30	1.29	1.46
酒	公斤/人	5.42	5.73	6.45	7.03	7.90

3—5 续表 3

指　　标	单　位	3000—3500 元	3500—4000 元	4000—4500 元	4500—5000 元	5000 元以上
一、农户所占比重	%	7.11	4.76	3.44	2.40	7.45
二、常住人口	人/户	3.85	3.79	3.73	3.61	3.39
三、劳动力人数	人/户	2.70	2.69	2.66	2.62	2.52
劳动力负担人口	人/劳动力	1.42	1.41	1.40	1.38	1.35
四、经营耕地面积	亩/人	1.94	1.97	1.98	2.07	1.95
#承包耕地面积	亩/人	0.08	0.09	0.07	0.11	0.08
五、年内新建房屋面积	平方米/人	1.07	1.02	1.48	1.63	1.99
六、年末住房面积	平方米/人	28.95	30.66	32.79	35.48	41.25
#砖木结构面积	平方米/人	16.76	17.29	18.04	19.05	21.29
七、年末住房价值	元/平方米	198.14	214.60	224.54	240.49	297.90
八、年末生产性						
固定资产原值	元/户	4326.35	5839.16	5425.91	5947.67	8642.03
九、收入						
1.总收入	元/人	4254.29	4852.71	5379.94	6015.56	9395.03
2.纯收入	元/人	3166.82	3656.03	4148.12	4616.14	7199.54
3.现金收入	元/人	3346.90	3908.79	4396.72	4947.82	8236.90
十、支出						
1.总支出	元/人	3286.86	3666.24	4036.33	4338.13	6510.95
#家庭经营费用支出	元/人	752.56	815.40	835.88	954.67	1527.46
生活消费支出	元/人	2142.20	2377.72	2690.40	2883.05	4098.63
2.现金支出	元/人	2751.18	3145.02	3507.00	3805.25	5973.86
#家庭经营费用支出	元/人	644.22	716.99	745.59	860.67	1422.51
生活消费支出	元/人	1735.31	1972.82	2270.94	2465.05	3697.27
十一、主要食品消费量						
粮食	公斤/人	261.89	260.95	268.13	266.57	262.79
蔬菜	公斤/人	128.67	132.14	138.13	137.71	140.81
食用油	公斤/人	5.86	6.27	6.40	6.91	7.22
猪牛羊肉	公斤/人	16.70	18.01	18.86	19.62	22.26
家禽	公斤/人	4.08	4.51	5.18	5.01	7.03
禽蛋	公斤/人	6.73	6.63	7.06	7.63	9.06
食糖	公斤/人	1.49	1.47	1.74	1.63	1.93
酒	公斤/人	9.54	9.69	11.23	12.11	13.78

3－6　2002年农村居民家庭基本情况

指　　标	单　位	100元以下	100—200元	200—300元	300—400元	400—500元
一、农户所占比重	%	0.44	0.20	0.29	0.49	0.77
二、常住人口	人/户	3.92	4.33	4.64	4.80	4.87
三、劳动力人数	人/户	2.47	2.54	2.68	2.75	2.82
劳动力负担人口	人/劳动力	1.58	1.70	1.74	1.75	1.72
四、经营耕地面积	亩/人	5.50	3.13	2.72	2.38	2.16
#承包耕地面积	亩/人	0.07	0.14	0.10	0.12	0.10
五、年内新建房屋面积	平方米/人	0.78	0.25	0.54	0.63	0.53
六、年末住房面积	平方米/人	21.30	19.02	17.00	17.62	16.95
#砖木结构面积	平方米/人	11.64	8.98	7.55	7.50	7.08
七、年末住房价值	元/平方米	226.30	215.51	167.88	133.38	130.97
八、年末生产性						
固定资产原值	元/户	18119.28	10426.99	7018.89	5347.35	5404.99
九、收入						
1.总收入	元/人	2693.92	1486.13	1192.11	1045.40	1085.28
2.纯收入	元/人	－625.71	154.27	254.93	354.79	453.28
3.现金收入	元/人	2628.09	1115.74	875.34	676.23	686.99
十、支出						
1.总支出	元/人	5424.53	2500.72	1944.13	1575.28	1485.85
#家庭经营费用支出	元/人	2731.73	1013.92	723.70	501.90	485.84
生活消费支出	元/人	1700.58	1088.67	990.37	912.10	825.54
2.现金支出	元/人	4946.30	2048.60	1508.47	1143.04	1070.55
#家庭经营费用支出	元/人	2562.35	826.10	552.08	347.17	353.95
生活消费支出	元/人	1394.13	827.47	729.41	637.67	545.30
十一、主要食品消费量						
粮食	公斤/人	213.25	190.62	201.22	207.34	194.10
蔬菜	公斤/人	100.08	78.49	69.57	61.74	67.56
食用油	公斤/人	6.62	5.40	4.80	5.02	4.65
水果	公斤/人	18.80	9.60	16.47	8.11	9.86
猪牛羊肉	公斤/人	13.03	10.22	8.49	9.13	9.92
牛羊奶	公斤/人	0.83	0.69	0.78	1.21	0.90
家禽	公斤/人	2.26	1.63	0.97	0.94	0.93
禽蛋	公斤/人	7.73	2.53	2.09	2.04	1.80
食糖	公斤/人	1.09	0.91	0.93	0.92	1.51
酒	公斤/人	12.07	7.08	5.92	4.28	3.85
水产品	公斤/人	3.03	2.28	1.32	1.33	1.13

3—6 续表 1

指　　　标	单　位	500—600 元	600—800 元	800—1000 元	1000—2000 元	1200—1300 元
一、农户所占比重	%	1.22	4.01	5.08	6.23	3.25
二、常住人口	人/户	4.91	4.81	4.68	4.58	4.47
三、劳动力人数	人/户	2.89	2.89	2.83	2.83	2.80
劳动力负担人口	人/劳动力	1.70	1.66	1.65	1.62	1.60
四、经营耕地面积	亩/人	2.00	1.92	1.92	1.87	1.95
#承包耕地面积	亩/人	0.13	0.09	0.09	0.08	0.08
五、年内新建房屋面积	平方米/人	0.51	0.48	0.50	0.46	0.55
六、年末住房面积	平方米/人	17.56	18.47	19.65	20.79	21.86
#砖木结构面积	平方米/人	7.47	8.25	9.54	10.65	11.15
七、年末住房价值	元/平方米	130.44	131.98	138.85	146.00	147.87
八、年末生产性						
固定资产原值	元/户	4351.65	4297.67	4295.23	4322.71	4238.05
九、收入						
1.总收入	元/人	1141.46	1285.77	1518.43	1778.32	1952.66
2.纯收入	元/人	552.47	704.63	902.37	1100.62	1250.76
3.现金收入	元/人	692.46	806.86	970.60	1173.03	1307.20
十、支出						
1.总支出	元/人	1388.26	1479.14	1615.59	1798.72	1899.38
#家庭经营费用支出	元/人	434.53	431.74	460.66	505.46	518.74
生活消费支出	元/人	809.31	886.10	982.86	1091.87	1172.40
2.现金支出	元/人	972.82	1045.45	1155.69	1323.06	1410.11
#家庭经营费用支出	元/人	317.59	317.86	342.94	382.01	394.12
生活消费支出	元/人	514.97	571.41	644.74	743.50	811.59
十一、主要食品消费量						
粮食	公斤/人	199.31	211.26	218.36	221.58	223.69
蔬菜	公斤/人	64.15	76.76	86.83	95.13	101.09
食用油	公斤/人	5.35	5.47	6.15	6.01	6.53
水果	公斤/人	9.39	10.40	12.66	12.96	13.16
猪牛羊肉	公斤/人	10.37	10.90	12.00	13.23	13.30
牛羊奶	公斤/人	1.42	1.21	1.01	0.82	0.81
家禽	公斤/人	0.92	1.22	1.40	1.66	1.84
禽蛋	公斤/人	1.82	2.05	2.47	3.34	3.22
食糖	公斤/人	0.87	0.90	1.39	1.17	1.60
酒	公斤/人	3.82	3.95	4.34	4.92	5.19
水产品	公斤/人	0.93	1.20	1.46	1.87	2.07

3—6 续表 2

指　　标	单　位	1300—1500 元	1500—1700 元	1700—2000 元	2000—2500 元	2500—3000 元
一、农户所占比重	%	6.82	6.77	9.50	14.14	10.20
二、常住人口	人/户	4.39	4.37	4.23	4.13	4.00
三、劳动力人数	人/户	2.80	2.77	2.77	2.76	2.74
劳动力负担人口	人/劳动力	1.57	1.58	1.53	1.50	1.46
四、经营耕地面积	亩/人	1.91	1.85	2.30	1.99	2.04
#承包耕地面积	亩/人	0.08	0.08	0.07	0.08	0.07
五、年内新建房屋面积	平方米/人	0.65	0.65	0.62	0.86	0.81
六、年末住房面积	平方米/人	22.51	23.63	24.72	26.18	27.71
#砖木结构面积	平方米/人	11.63	12.69	13.61	14.41	15.40
七、年末住房价值	元/平方米	153.93	161.08	164.13	179.78	194.29
八、年末生产性						
固定资产原值	元/户	4224.01	4357.83	4388.56	4498.01	4972.37
九、收入						
1.总收入	元/人	2120.33	2334.75	2648.12	3117.07	3729.13
2.纯收入	元/人	1399.98	1599.75	1847.71	2237.49	2734.30
3.现金收入	元/人	1450.14	1636.21	1906.93	2356.28	2918.12
十、支出						
1.总支出	元/人	1977.85	2141.50	2315.94	2650.27	3026.96
#家庭经营费用支出	元/人	535.39	545.30	594.41	648.71	736.14
生活消费支出	元/人	1221.33	1361.97	1452.28	1696.08	1920.12
2.现金支出	元/人	1488.92	1653.88	1809.72	2142.73	2526.71
#家庭经营费用支出	元/人	413.57	428.99	475.40	535.66	623.20
生活消费支出	元/人	857.80	994.63	1069.89	1306.31	1538.68
十一、主要食品消费量						
粮食	公斤/人	228.01	229.08	236.23	246.39	242.43
蔬菜	公斤/人	100.28	108.01	112.42	116.50	120.93
食用油	公斤/人	6.71	6.89	7.56	8.74	7.93
水果	公斤/人	14.27	15.48	16.02	18.46	20.88
猪牛羊肉	公斤/人	13.17	13.56	14.04	14.63	15.46
牛羊奶	公斤/人	0.71	0.96	0.77	1.03	0.95
家禽	公斤/人	1.90	2.22	2.46	2.77	3.27
禽蛋	公斤/人	3.68	3.79	4.15	4.94	5.33
食糖	公斤/人	1.24	1.49	1.50	1.61	1.75
酒	公斤/人	5.67	5.73	6.13	8.51	8.18
水产品	公斤/人	2.39	3.05	3.21	3.82	4.81

3－6 续表 3

指　　标	单　位	3000－3500 元	3500－4000 元	4000－4500 元	4500－5000 元	5000 元以上
一、农户所占比重	%	7.63	5.61	3.98	3.09	10.26
二、常住人口	人/户	3.78	3.78	3.73	3.60	3.42
三、劳动力人数	人/户	2.69	2.66	2.68	2.60	2.53
劳动力负担人口	人/劳动力	1.41	1.42	1.39	1.38	1.35
四、经营耕地面积	亩/人	2.17	2.20	2.11	2.08	1.88
＃承包耕地面积	亩/人	0.07	0.08	0.07	0.08	0.07
五、年内新建房屋面积	平方米/人	1.13	1.06	1.22	1.47	1.89
六、年末住房面积	平方米/人	29.92	31.25	33.41	35.06	42.20
＃砖木结构面积	平方米/人	16.41	16.98	17.78	17.84	19.94
七、年末住房价值	元/平方米	210.91	227.95	249.45	261.18	334.93
八、年末生产性						
固定资产原值	元/户	5179.71	5304.43	6202.31	6021.30	9059.30
九、收入						
1. 总收入	元/人	4313.17	4875.74	5559.42	6123.78	9737.95
2. 纯收入	元/人	3230.91	3730.76	4235.21	4738.40	7656.88
3. 现金收入	元/人	3454.62	4002.64	4686.78	5225.52	8780.29
十、支出						
1. 总支出	元/人	3399.63	3767.39	4208.31	4604.99	6969.20
＃家庭经营费用支出	元/人	802.04	846.70	986.69	1050.32	1636.05
生活消费支出	元/人	2189.69	2432.54	2681.88	2970.69	4365.01
2. 现金支出	元/人	2893.41	3269.39	3714.20	4125.40	6515.55
＃家庭经营费用支出	元/人	689.17	739.12	878.65	958.06	1551.42
生活消费支出	元/人	1802.01	2048.58	2302.63	2592.09	4009.02
十一、主要食品消费量						
粮食	公斤/人	245.19	247.90	249.49	252.13	246.90
蔬菜	公斤/人	128.08	129.47	128.37	126.76	126.47
食用油	公斤/人	8.14	7.97	9.04	8.88	9.14
水果	公斤/人	23.05	24.25	26.48	29.38	32.53
猪牛羊肉	公斤/人	16.37	17.02	17.69	18.41	21.51
牛羊奶	公斤/人	0.95	1.22	1.50	2.02	3.36
家禽	公斤/人	3.61	4.07	4.27	5.02	6.47
禽蛋	公斤/人	5.76	6.12	6.49	6.30	7.96
食糖	公斤/人	1.61	2.63	1.69	1.63	2.85
酒	公斤/人	8.34	9.83	10.74	10.83	13.35
水产品	公斤/人	5.44	6.73	7.40	8.91	11.90

二、按农户收入五等分分组

3－7　2002年农村居民家庭基本情况

单位：元/人

指　　标	单　位	低收入户	中低收入户	中等收入户	中高收入户	高收入户
一、常住人口	人/户	4.66	4.36	4.15	3.92	3.56
二、劳动力人数	人/户	2.83	2.78	2.76	2.71	2.59
劳动力负担人口	人/劳动力	1.65	1.57	1.50	1.45	1.37
三、劳动力文化程度						
1.文盲或半文盲人数	%	11.84	8.10	6.25	5.26	4.27
2.小学程度人数	%	34.91	32.54	30.51	28.32	26.02
3.初中程度人数	%	44.78	49.31	51.37	52.52	50.70
4.高中程度人数	%	7.17	8.51	9.77	10.88	13.40
5.中专程度人数	%	1.04	1.28	1.75	2.43	4.17
6.大专及以上人数	%	0.27	0.26	0.35	0.59	1.44
四、年末生产性						
固定资产原值	元/户	4758.17	4333.61	4445.58	5122.28	7447.01
五、年内新建房屋面积	平方米/人	0.50	0.62	0.82	0.97	1.53
#砖木结构面积	平方米/人	0.22	0.21	0.32	0.35	0.42
六、年内新建房屋价值	元/平方米	241.44	233.20	239.51	265.30	405.37
七、年末住房面积	平方米/人	19.62	23.28	25.97	28.89	37.61
#砖木结构面积	平方米/人	9.49	12.28	14.36	15.96	18.74
八、年末住房价值	元/平方米	142.55	157.34	177.26	205.05	294.42
九、经营耕地面积	亩/人	2.02	2.08	1.95	2.10	2.02
#自留地面积	亩/人	0.09	0.08	0.07	0.07	0.07
十、经营山地面积	亩/人	0.35	0.29	0.27	0.25	0.19
十一、主要农产品消费量						
粮食	公斤/人	215.40	229.72	244.07	243.57	248.77
蔬菜	公斤/人	85.77	105.41	115.84	124.83	127.36
食用油	公斤/人	5.85	7.04	8.31	8.02	8.89
食糖	公斤/人	1.16	1.41	1.62	1.78	2.43
卷烟	盒/人	16.09	19.72	22.45	25.49	32.51
水果	公斤/人	12.10	15.03	17.82	22.00	29.58
猪肉	公斤/人	10.95	12.48	13.51	14.86	17.75
牛羊肉	公斤/人	1.04	1.00	1.00	1.13	1.80
牛羊奶	公斤/人	0.97	0.84	0.95	0.94	2.47
家禽	公斤/人	1.42	2.12	2.73	3.51	5.40
禽蛋	公斤/人	2.72	3.79	4.75	5.61	7.11
水产品	公斤/人	1.57	2.77	3.71	5.27	9.69

3－7续表1 单位:元/人

指　　标	低收入户	中低收入户	中等收入户	中高收入户	高收入户
一、总收入	1551.79	2288.33	3025.17	4075.60	7567.22
1.工资性收入	226.38	454.17	716.18	1098.31	2392.27
2.家庭经营收入	1250.03	1721.14	2147.64	2742.26	4537.65
3.财产性收入	7.23	14.80	24.72	40.06	193.27
4.转移性收入	68.15	98.22	136.63	194.97	444.03
二、纯收入	857.14	1547.54	2164.11	3030.45	5895.63
1.工资性收入	226.38	454.17	716.18	1098.31	2392.27
2.家庭经营收入	599.81	1033.53	1359.36	1790.70	3013.07
(1)农业收入	469.58	720.83	882.94	1086.13	1295.75
＃种植业收入	426.89	668.28	827.25	1025.57	1207.78
(2)林业收入	11.62	18.69	23.97	28.22	50.98
(3)牧业收入	51.44	146.64	198.29	257.12	461.88
(4)渔业收入	1.42	7.97	14.18	25.62	133.70
(5)工业收入	8.77	20.05	34.55	65.04	220.00
(6)建筑业收入	7.41	19.37	35.98	54.58	127.35
(7)交通、运输和邮电业收入	8.24	21.48	38.62	69.95	243.90
(8)批发零售贸易餐饮业收入	14.06	31.04	57.40	100.80	262.00
(9)社会服务业收入	6.36	14.52	25.06	38.94	83.70
(10)文教卫生业收入	1.40	2.93	5.82	8.56	24.77
(11)其他家庭经营收入	19.51	30.02	42.56	55.75	109.05
3.财产性收入	7.23	14.80	24.72	40.06	193.27
4.转移性收入	23.72	45.04	63.85	101.38	297.02
三、现金收入	1022.42	1593.81	2266.13	3242.85	6645.55
1.工资性现金收入	226.16	453.71	715.65	1096.84	2389.30
2.家庭经营现金收入	724.19	1033.35	1396.88	1920.02	3632.95
3.财产性收入	7.10	12.11	21.37	35.89	187.66
4转移性收入	64.98	94.64	132.22	190.09	435.64

3—7 续表 2

单位:元/人

指　　标	低收入户	中低收入户	中等收入户	中高收入户	高收入户
一、总支出	1725.44	2093.55	2581.46	3259.33	5533.63
1.家庭经营费用支出	522.21	549.98	635.77	773.27	1289.64
2.购置生产性固定资产支出	59.73	49.91	60.97	88.60	187.81
3.税费支出	59.97	71.33	81.05	91.26	95.65
4.生活消费支出	1006.35	1310.33	1645.04	2086.61	3500.08
(1)食品支出	562.37	686.76	808.99	949.52	1354.31
(2)衣着支出	56.75	74.23	93.98	122.86	198.89
(3)居住支出	127.56	174.75	244.14	336.15	704.75
(4)家庭设备用品及服务支出	38.95	52.83	67.77	93.32	168.51
(5)医疗保健支出	57.54	74.88	90.73	116.49	201.72
(6)交通通讯支出	41.76	67.65	100.50	153.64	321.40
(7)文教娱乐用品及服务支出	97.36	145.50	193.28	246.81	416.88
(8)其他商品及服务支出	24.07	33.74	45.65	67.83	133.63
5.财产性支出	4.62	5.32	7.70	12.88	24.92
6.转移性支出	72.55	106.68	150.93	206.71	435.54
二、现金支出	1268.46	1601.77	2073.91	2758.31	5059.08
1.家庭经营费用支出	399.05	430.91	521.12	661.34	1194.60
2.购买生产性固定资产支出	59.73	49.91	60.97	88.60	187.81
3.税费支出	57.27	68.23	77.92	87.92	92.20
4.生活消费支出	676.60	941.79	1256.75	1703.42	3130.61
(1)食品支出	257.36	347.68	451.97	598.69	1014.25
(2)衣着支出	56.45	73.74	93.61	122.32	198.25
(3)居住支出	103.18	145.86	213.35	304.61	676.42
(4)家庭设备用品及服务支出	38.89	52.74	67.66	93.04	168.06
(5)医疗保健支出	57.54	74.88	90.73	116.49	201.72
(6)交通通讯支出	41.76	67.65	100.50	153.64	321.40
(7)文教娱乐用品及服务支出	97.36	145.50	193.28	246.81	416.88
(8)其他商品及服务支出	24.07	33.74	45.65	67.83	133.63
5.财产性支出	4.14	5.24	7.64	12.76	24.85
6.转移性支出	71.67	105.69	149.50	204.27	429.01

三、按三个经济地带及西部12省、区分组

3—8 1980年农村居民家庭基本情况

项目	单位	全国	东部地区	中部地区	西部地区	西部12省、区
一、调查户数	户	15914	5658	5687	4569	5539
二、常住人口	人/户	5.54	5.50	5.64	5.46	5.57
三、劳动力人数	人/户	2.45	2.52	2.34	2.52	2.52
劳动力负担人口	人/劳动力	2.26	2.18	2.41	2.17	2.21
四、年末使用房屋面积	平方米/人	11.59	11.77	11.00	12.13	11.60
五、年末使用房屋价值	元/平方米	17.03	22.47	15.61	12.11	12.62
六、经营耕地面积	亩/人	0.19	0.14	0.23	0.20	0.23
#自留地面积	亩/人	0.15	0.10	0.17	0.15	0.14
七、收入						
1.总收入	元/人	216.93	262.86	202.27	199.00	200.43
(1)工资性收入	元/人	106.38	120.01	98.14	88.67	85.98
(2)家庭经营收入	元/人	87.44	101.97	79.33	89.11	93.34
(3)财产性和转移性收入	元/人	23.11	40.89	24.80	21.22	20.51
2.纯收入	元/人	191.33	232.24	180.98	171.63	172.67
(1)工资性收入	元/人	106.38	120.01	98.14	88.67	85.98
(2)家庭经营收入	元/人	62.55	71.82	59.22	62.24	66.68
(3)财产性和转移性收入	元/人	22.40	40.41	23.62	20.72	20.01
3.现金收入	元/人	113.12	141.14	102.45	91.70	104.87
(1)工资性收入	元/人	40.23	54.82	33.97	26.99	31.47
(2)家庭经营收入	元/人	57.38	64.21	50.72	47.56	53.57
(3)财产性和转移性收入	元/人	15.51	22.11	17.76	17.15	19.83
八、支出						
1.总支出	元/人	196.23	221.29	184.62	179.38	184.37
(1)家庭经营费用支出	元/人	25.32	28.51	20.93	26.98	27.83
(2)税费支出	元/人	0.28	0.15	0.31	0.39	0.42
(3)生活消费支出	元/人	162.21	182.00	156.25	145.17	149.38
(4)财产性和转移性支出	元/人	8.42	10.63	7.13	6.84	6.74
2.现金支出	元/人	107.02	123.07	97.03	88.50	89.40
(1)家庭经营费用支出	元/人	13.81	14.28	12.07	14.83	14.84
(2)税费支出	元/人	0.24	0.15	0.22	0.35	0.33
(3)生活消费支出	元/人	83.83	97.46	76.92	66.82	67.88
(4)财产性和转移性支出	元/人	9.14	11.18	7.81	6.50	6.35

3—9 1985年农村居民家庭基本情况

指　　标	单　位	全国	东部地区	中部地区	西部地区	西部12省、区
一、调查户数	户	66642	25126	24660	16856	20996
二、常住人口	人/户	5.12	4.98	5.12	5.35	5.41
三、整、半劳动力	人/户	2.95	2.93	2.91	3.01	3.03
劳动力负担人口	人/劳动力	1.74	1.70	1.76	1.78	1.79
四、劳动力文化程度						
1.不识字或识字很少	%	27.87	22.12	25.42	39.68	35.93
2.小学程度	%	37.13	38.92	37.16	34.50	36.11
3.初中程度	%	27.69	30.35	29.44	21.33	22.76
4.高中程度	%	6.96	8.18	9.39	12.86	4.93
5.中专程度	%	0.29	0.34	0.40	0.52	0.24
6.大专及以上	%	0.06	0.09	0.08	0.10	0.03
五、年末生产性						
固定资产原值	元/户	792.53	634.66	897.63	874.11	831.28
六、年内新建房屋面积	平方米/人	1.08	1.22	1.12	0.84	0.81
#砖木结构面积	平方米/人	0.70	0.92	0.79	0.28	0.29
#生活用房面积	平方米/人	0.91	1.09	0.92	0.65	0.63
七、年内新建房屋价值	元/平方米	40.17	51.70	35.94	24.86	26.32
八、年末住房面积	平方米/人	14.71	15.83	14.54	13.37	13.14
#砖木结构面积	平方米/人	7.47	10.76	7.33	3.10	3.09
九、年末使用房屋价值	元/平方米	26.76	35.42	24.34	17.81	18.15
十、经营耕地面积	亩/人	2.07	1.49	2.66	2.03	2.31
#自留地面积	亩/人	0.20	0.13	0.23	0.23	0.25
十一、经营山地面积	亩/人	0.52	0.33	0.63	0.62	0.59
十二、主要农产品消费量						
粮食	公斤/人	257.45	250.43	278.62	237.51	241.88
蔬菜	公斤/人	131.13	129.11	142.08	118.57	120.21
棉花	公斤/人	0.42	0.51	0.46	0.25	0.26
食用油	公斤/人	4.04	3.91	4.53	3.53	3.57
食糖	公斤/人	1.46	1.97	1.19	1.11	1.11
卷烟	盒/人	23.72	26.04	25.81	17.58	16.93
水果	公斤/人	3.00	3.64	2.64	4.10	3.76
猪肉	公斤/人	3.40	9.86	9.94	11.49	11.66
牛羊肉	公斤/人	0.65	0.33	0.34	1.51	1.34
牛羊奶	公斤/人	0.75	0.05	0.24	2.44	2.16
家禽	公斤/人	1.03	1.44	0.97	0.55	0.76
禽蛋	公斤/人	2.05	2.57	2.10	1.23	1.22
水产品	公斤/人	1.64	3.12	1.20	0.17	0.34

注:1990年以前水产品消费量为鱼虾消费量。

3—9 续表

单位:元/人

指　　标	全国	东部地区	中部地区	西部地区	西部12省、区
一、收入					
1.总收入	547.31	617.30	530.68	437.16	449.23
(1)工资性收入	72.15	112.45	52.33	40.32	39.08
(2)家庭经营收入	445.25	476.15	456.41	373.83	389.11
(3)财产性和转移性收入	29.91	28.70	21.94	23.01	21.04
2.纯收入	397.60	452.16	377.83	313.42	316.18
(1)工资性收入	72.15	112.45	52.33	40.32	39.08
(2)家庭经营收入	295.98	310.81	303.55	250.10	257.02
(3)财产性和转移性收入	29.47	28.90	21.95	23.00	20.08
3.现金收入	357.39	445.26	340.77	258.19	263.80
(1)工资性收入	68.89	108.75	50.48	40.35	38.38
(2)家庭经营收入	251.68	296.41	254.15	184.68	193.58
(3)财产性和转移性收入	36.82	40.10	36.14	33.16	31.84
二、支出					
1.总支出	485.51	555.68	481.20	393.36	406.25
(1)家庭经营费用支出	121.39	138.73	118.22	101.43	105.08
(2)购置生产性固定资产支出	18.70	16.76	22.89	15.20	16.16
(3)税费支出	18.43	17.97	24.02	11.23	11.44
(4)生活消费支出	317.42	370.80	306.57	258.45	266.72
(5)财产性和转移性支出	9.57	11.42	9.50	7.05	6.85
2.现金支出	331.23	412.07	319.23	235.43	241.04
(1)家庭经营费用支出	79.99	100.25	75.04	58.47	59.56
(2)购置生产性固定资产支出	18.94	16.97	23.28	15.25	16.02
(3)税费支出	16.35	14.84	22.29	10.11	10.29
(4)生活消费支出	194.68	256.26	175.46	136.46	139.64
(5)财产性和转移性支出	21.27	23.75	23.16	15.14	15.53

注:1985年购置生产性固定资产支出中包括“开发性生产投资”。

3—10 1990年农村居民家庭基本情况

指　　标	单　位	全国	东部地区	中部地区	西部地区	西部12省、区
一、调查户数	户	66960	25520	24510	16930	21070
二、常住人口	人/户	4.80	4.68	4.76	5.04	5.10
三、劳动力人数	人/户	2.92	2.89	2.88	3.02	3.02
劳动力负担人口	人/劳动力	1.64	1.62	1.65	1.67	1.69
四、劳动力文化程度						
1.不识字或识字很少	%	20.73	15.61	17.94	32.76	28.63
2.小学程度	%	38.86	39.34	38.70	39.61	39.67
3.初中程度	%	32.84	36.13	35.21	25.75	26.34
4.高中程度	%	6.96	8.07	8.89	4.75	5.00
5.中专程度	%	0.51	0.69	0.61	0.32	0.32
6.大专及以上	%	0.10	0.15	0.10	0.05	0.07
五、年末生产性						
固定资产原值	元/户	1258.06	1124.97	1323.71	1363.62	1405.33
六、年内新建房屋面积	平方米/人	0.82	0.97	0.83	0.60	0.57
#砖木结构面积	平方米/人	0.47	0.61	0.51	0.23	0.22
#生活用房面积	平方米/人	0.69	0.89	0.69	0.49	0.47
七、年内新建房屋价值	元/平方米	92.32	121.42	77.95	54.09	57.39
八、年末住房面积	平方米/人	17.83	19.61	17.59	15.67	15.37
#砖木结构面积	平方米/人	9.84	13.35	10.33	4.25	4.29
九、年末使用房屋价值	元/平方米	44.60	62.05	39.50	25.01	2.04
十、经营耕地面积	亩/人	2.10	1.45	2.72	2.16	2.42
#自留地面积	亩/人	0.18	0.11	0.21	0.22	0.22
十一、经营山地面积	亩/人	0.42	0.34	0.45	0.48	0.49
十二、主要农产品消费情况						
粮食	公斤/人	262.08	250.24	287.19	244.32	244.06
蔬菜	公斤/人	134.00	131.19	147.77	119.11	122.77
食用油	公斤/人	5.17	5.13	5.70	4.51	4.55
食糖	公斤/人	1.50	1.94	1.34	1.10	1.11
卷烟	盒/人	27.98	29.99	29.95	22.49	20.99
水果	公斤/人	5.89	6.98	4.25	6.62	5.98
猪肉	公斤/人	10.54	9.85	9.91	12.36	12.32
牛羊肉	公斤/人	0.80	0.48	0.52	1.65	1.51
牛羊奶	公斤/人	1.08	0.09	0.29	3.55	3.11
家禽	公斤/人	1.25	1.86	1.04	0.73	0.96
禽蛋	公斤/人	2.41	3.01	2.53	1.42	1.42
水产品	公斤/人	2.13	4.17	1.42	0.24	0.39

3—10 续表 1

单位:元/人

指　　标	全国	东部地区	中部地区	西部地区	西部 12 省、区
一、收入					
1. 总收入	990.38	1176.23	951.77	783.29	810.91
(1)工资性收入	138.80	236.95	85.73	74.03	70.50
(2)家庭经营收入	815.79	892.81	838.14	677.60	708.99
(3)财产性和转移性收入	35.79	46.47	27.90	31.65	31.42
2. 纯收入	686.31	847.63	632.88	533.76	552.70
(1)工资性收入	138.80	236.95	95.73	74.03	70.50
(2)家庭经营收入	518.55	572.05	525.68	434.04	457.50
(3)财产性和转移性收入	28.96	38.63	21.47	25.69	24.70
3. 现金收入	676.67	867.42	625.52	479.86	494.68
(1)工资性收入	136.43	232.86	83.61	73.75	70.17
(2)家庭经营收入	481.19	566.22	487.17	354.13	373.40
(3)财产性和转移性收入	59.05	68.34	54.74	51.98	51.11
二、支出					
1. 总支出	903.47	1038.72	874.01	724.13	742.33
(1)家庭经营费用支出	241.09	261.70	242.66	202.50	210.39
(2)购置生产性固定资产支出	20.29	19.40	20.41	20.84	20.58
(3)税费支出	38.66	37.23	51.21	23.02	23.01
(4)生活消费支出	584.63	696.60	543.23	463.99	475.17
(5)财产性和转移性支出	18.80	23.79	16.50	13.78	13.18
2. 现金支出	639.06	810.73	601.09	450.90	461.86
(1)家庭经营费用支出	162.90	198.89	156.87	120.82	126.65
(2)购置生产性固定资产支出	20.46	20.20	20.35	20.92	20.66
(3)税费支出	33.37	30.96	45.08	20.73	20.74
(4)生活消费支出	374.74	503.82	328.01	258.12	283.12
(5)财产性和转移性支出	47.59	56.86	50.78	30.31	30.69

3—11 1995年农村居民家庭基本情况

指　　标	单　位	全国	东部地区	中部地区	西部地区	西部12省、区
一、调查户数	户	67340	25600	24350	17390	21450
二、常住人口	人/户	4.48	4.38	4.38	4.78	4.80
三、劳动力人数	人/户	2.88	2.85	2.83	3.30	2.99
劳动力负担人口	人/劳动力	1.56	1.54	1.55	1.45	1.61
四、劳动力文化程度						
1.不识字或识字很少	%	13.47	9.18	11.05	22.66	20.21
2.小学程度	%	36.62	35.13	36.27	39.17	39.43
3.初中程度	%	40.11	43.97	42.47	31.57	33.20
4.高中程度	%	8.61	9.95	9.21	5.93	6.47
5.中专程度	%	0.96	1.40	0.78	0.56	0.59
6.大专及以上	%	0.24	0.37	0.21	0.11	0.10
五、年末生产性						
固定资产原值	元/户	2774.27	2693.39	2732.72	2951.53	2972.87
六、年内新建房屋面积	平方米/人	0.78	0.87	0.79	0.66	0.67
#砖木结构面积	平方米/人	0.37	0.35	0.43	0.30	0.32
#生活用房面积	平方米/人	0.68	0.77	0.69	0.54	0.55
七、年内新建房屋价值	元/平方米	200.30	255.97	165.69	154.55	158.57
八、年末住房面积	平方米/人	21.01	23.52	20.27	18.59	18.29
#砖木结构面积	平方米/人	11.91	15.46	12.84	5.92	6.12
九、年末使用房屋价值	元/平方米	101.64	146.29	81.56	55.18	57.13
十、经营耕地面积	亩/人	2.17	1.42	2.88	2.27	2.54
#自留地面积	亩/人	0.16	0.10	0.18	0.20	0.21
十一、经营山地面积	亩/人	0.40	0.31	0.38	0.69	0.62
十二、主要农产品消费情况						
粮食	公斤/人	258.92	247.78	282.07	244.24	245.53
蔬菜	公斤/人	104.62	107.09	110.31	94.00	103.01
食用油	公斤/人	5.80	5.67	6.38	5.23	5.09
食糖	公斤/人	1.28	1.52	1.20	1.06	1.06
卷烟	盒/人	24.60	25.02	26.27	21.88	20.94
水果	公斤/人	13.01	15.83	12.50	9.87	9.62
猪肉	公斤/人	10.58	10.23	9.44	12.53	12.40
牛羊肉	公斤/人	0.71	0.48	0.35	1.47	1.27
牛羊奶	公斤/人	0.64	0.20	0.16	1.86	1.55
家禽	公斤/人	1.83	2.91	1.38	0.97	1.25
禽蛋	公斤/人	3.22	4.36	3.34	1.52	1.58
水产品	公斤/人	3.36	6.10	2.73	0.47	0.69

3—11 续表

单位:元/人

指　　标	全国	东部地区	中部地区	西部地区	西部12省、区
一、收入					
1.总收入	2337.87	2944.29	2182.26	1719.00	1789.26
(1)工资性收入	353.70	635.10	219.01	146.69	149.37
(2)家庭经营收入	1877.42	2165.06	1878.38	1487.94	1554.18
(3)财产性收入	40.98	50.90	39.30	29.73	29.56
(4)转移性收入	65.77	93.23	45.57	54.64	56.15
2.纯收入	1577.74	2127.23	1402.69	1060.69	1116.78
(1)工资性收入	353.70	635.10	219.01	146.69	149.37
(2)家庭经营收入	1125.79	1358.78	1105.84	836.92	889.55
(3)财产性收入	40.98	50.91	39.31	29.72	29.56
(4)转移性收入	57.27	82.44	38.53	47.36	48.30
3.现金收入	1595.56	2152.90	1407.24	1084.94	1147.50
(1)工资性收入	352.88	633.56	218.54	146.41	149.12
(2)家庭经营收入	1116.73	1359.02	1081.60	834.77	891.79
(3)财产性收入	38.19	42.96	36.47	33.98	35.00
(4)转移性收入	87.76	117.36	70.63	69.78	71.59
二、支出					
1.总支出	2138.33	2571.25	2031.68	1690.83	1745.51
(1)家庭经营费用支出	621.71	677.56	618.02	551.06	564.32
(2)购置生产性固定资产支出	62.33	59.89	65.46	61.60	62.60
(3)税费支出	88.65	87.74	112.91	58.74	59.01
(4)生活消费支出	1310.36	1670.77	1187.19	981.96	1022.95
(5)财产性和转移性支出	55.28	75.29	48.10	37.47	36.63
2.现金支出	1545.81	1969.58	1459.76	1084.24	1144.43
(1)家庭经营费用支出	454.74	522.67	452.19	366.31	385.96
(2)购买生产性固定资产支出	62.33	59.89	65.46	61.60	62.60
(3)税费支出	76.96	66.62	107.05	52.32	52.52
(4)生活消费支出	859.43	1201.18	742.07	548.74	586.90
(5)财产性和转移性支出	92.35	119.22	92.99	55.27	56.45

3—12 2000年农村居民家庭基本情况

指　　标	单位	全国	东部地区	中部地区	西部地区	西部12省、区
一、调查户数	户	68116	25750	24726	17640	21986
二、常住人口	人/户	4.20	4.09	4.11	4.49	4.49
三、劳动力人数	人/户	2.76	2.74	2.76	2.81	2.83
劳动力负担人口	人/劳动力	1.52	1.49	1.49	1.60	1.59
四、劳动力文化程度						
1.不识字或识字很少	%	8.09	4.75	5.88	15.91	13.97
2.小学程度	%	32.22	29.51	30.48	38.47	37.57
3.初中程度	%	48.07	51.68	51.92	37.62	39.69
4.高中程度	%	9.31	11.05	9.57	6.47	7.08
5.中专程度	%	1.83	2.39	1.72	1.19	1.36
6.大专及以上	%	0.48	0.63	0.43	0.33	0.33
五、年末生产性						
固定资产原值	元/户	4673.06	5149.15	4219.55	4613.76	4750.36
六、年内新建房屋面积	平方米/人	0.87	1.02	0.81	0.74	0.78
#砖木结构面积	平方米/人	0.36	0.43	0.33	0.28	0.32
七、年内新建房屋价值	元/平方米	260.23	321.60	224.50	198.98	205.65
八、年末住房面积	平方米/人	24.82	27.67	24.17	21.87	21.62
#砖木结构面积	平方米/人	13.61	16.77	14.52	8.23	8.30
九、年末住房价值	元/平方米	187.41	249.03	156.39	127.75	128.03
十、经营耕地面积	亩/人	1.98	1.31	2.8	1.83	2.23
#自留地面积	亩/人	0.09	0.06	0.09	0.13	0.12
十一、经营山地面积	亩/人	0.28	0.23	0.29	0.35	0.38
十二、主要农产品消费情况						
粮食	公斤/人	250.23	237.67	270.91	240.39	240.77
蔬菜	公斤/人	111.98	108.37	108.03	102.93	103.02
食用油	公斤/人	7.06	7.82	6.96	5.86	6.18
食糖	公斤/人	1.28	1.39	1.23	1.20	1.20
卷烟	盒/人	26.36	24.32	24.71	22.17	21.13
水果	公斤/人	18.31	21.65	17.63	14.74	14.79
猪肉	公斤/人	13.28	12.12	13.82	13.73	15.79
牛羊肉	公斤/人	1.13	0.64	0.69	2.22	2.09
牛羊奶	公斤/人	1.06	0.57	0.72	2.14	2.30
家禽	公斤/人	2.81	3.19	3.53	1.32	1.98
禽蛋	公斤/人	4.77	6.08	5.45	1.88	2.24
水产品	公斤/人	3.92	7.02	3.16	0.77	1.07

3—12 续表

单位:元/人

指　　标	全国	东部地区	中部地区	西部地区	西部 12 省、区
一、收入					
1. 总收入	3146.21	4033.91	2974.98	2375.44	2496.42
(1)工资性收入	702.30	1223.08	554.75	388.77	390.93
(2)家庭经营收入	2251.28	2539.41	2262.83	1853.53	1976.01
(3)财产性收入	45.04	70.19	27.49	34.15	31.23
(4)转移性收入	147.59	201.23	129.61	98.99	98.25
2. 纯收入	2253.42	3063.27	2077.07	1592.66	1661.03
(1)工资性收入	702.30	1223.08	554.25	388.77	390.93
(2)家庭经营收入	1427.27	1652.11	1439.55	1112.71	1182.43
(3)财产性收入	45.05	70.08	27.49	34.15	31.22
(4)转移性收入	78.81	117.89	55.27	57.03	56.44
3. 现金收入	2381.60	3340.51	2136.97	1610.34	1722.50
(1)工资性收入	700.41	1219.31	553.93	388.00	390.31
(2)家庭经营收入	1498.81	1861.65	1435.86	1097.38	1210.64
(3)财产性收入	38.89	64.21	19.95	29.53	26.18
(4)转移性收入	143.49	195.34	127.23	95.43	95.37
二、支出					
1. 总支出	2652.42	3198.97	2516.57	2100.36	2211.35
(1)家庭经营费用支出	654.27	725.30	621.13	602.37	643.57
(2)购置生产性固定资产支出	63.91	68.98	62.07	59.53	63.64
(3)税费支出	95.52	77.90	133.71	69.93	79.45
(4)生活消费支出	1670.13	2116.08	1518.04	1272.60	1325.85
(5)财产性支出	19.73	20.43	26.34	10.34	12.12
(6)转移性支出	148.87	190.28	155.28	85.59	86.72
2. 现金支出	2140.37	2772.52	1971.08	1517.44	1621.29
(1)家庭经营费用支出	544.49	649.64	511.23	447.41	483.47
(2)购置生产性固定资产支出	63.91	68.98	62.07	59.53	63.64
(3)税费支出	89.81	69.61	129.82	65.34	74.40
(4)生活消费支出	1284.74	1784.18	1103.21	853.89	907.03
(5)财产性支出	9.82	11.30	10.61	6.83	7.08
(6)转移性支出	147.60	188.81	154.14	84.44	85.67

3—13　2002年农村居民家庭基本情况

指　　标	单　位	全国	东部地区	中部地区	西部地区	西部12省、区
一、调查户数	户	68190	25750	24750	17690	22060
二、常住人口	人/户	4.13	4.02	4.05	4.40	4.40
三、劳动力人数	人/户	2.76	2.74	2.76	2.77	2.82
劳动力负担人口	人/劳动力	1.50	1.47	1.47	1.59	1.56
四、劳动力文化程度						
1.不识字或识字很少	%	7.59	4.71	5.48	14.65	12.74
2.小学程度	%	30.63	27.70	28.78	37.40	36.30
3.初中程度	%	49.33	52.30	53.35	39.47	41.67
4.高中程度	%	9.81	11.74	10.01	6.76	7.43
5.中专程度	%	2.09	2.77	1.89	1.38	1.55
6.大专及以上	%	0.56	0.79	0.49	0.34	0.36
五、年末生产性						
固定资产原值	元/户	5221.33	5534.56	5047.76	5008.22	5357.60
六、年内新建房屋面积	平方米/人	0.86	0.91	0.88	0.76	0.76
#砖木结构面积	平方米/人	0.30	0.30	0.34	0.24	0.24
七、年内新建房屋价值	元/平方米	295.61	393.66	234.23	231.30	229.43
八、年末住房面积	平方米/人	26.53	29.65	25.83	23.30	23.01
#砖木结构面积	平方米/人	13.88	16.63	15.01	8.78	8.79
九、年末住房价值	元/平方米	202.78	271.30	169.22	135.61	137.64
十、经营耕地面积	亩/人	2.00	1.33	2.86	1.77	2.18
#自留地面积	亩/人	0.08	0.06	0.07	0.12	0.11
十一、经营山地面积	亩/人	0.28	0.26	0.26	0.33	0.36
十二、主要农产品消费情况						
粮食	公斤/人	236.50	230.31	247.97	229.93	228.22
蔬菜	公斤/人	110.55	104.55	126.06	98.53	98.72
食用油	公斤/人	7.53	7.84	7.80	6.78	6.53
食糖	公斤/人	1.64	1.71	1.70	1.48	1.46
卷烟	盒/人	22.75	22.86	23.84	21.21	20.25
水果	公斤/人	18.77	20.38	18.24	17.30	16.61
猪肉	公斤/人	13.70	12.77	12.47	16.53	16.13
牛羊肉	公斤/人	1.17	0.66	0.84	2.28	2.15
奶及奶制品	公斤/人	1.19	1.08	0.55	2.18	2.01
家禽	公斤/人	2.91	4.42	2.35	1.63	2.21
蛋及蛋制品	公斤/人	4.66	5.82	5.31	2.27	2.25
水产品	公斤/人	4.36	7.56	3.80	0.82	1.19

3—13续表 单位:元/人

指　　标	全国	东部地区	中部地区	西部地区	西部12省、区
一、收入					
1.总收入	3448.62	4472.39	3258.58	2598.04	2718.13
(1)工资性收入	840.22	1482.37	665.33	472.41	483.87
(2)家庭经营收入	2380.51	2658.20	2416.81	1964.51	2076.21
(3)财产性收入	50.68	87.36	29.00	34.96	30.80
(4)转移性收入	177.21	244.46	147.44	126.16	127.25
2.纯收入	2475.63	3404.19	2274.78	1765.59	1820.86
(1)工资性收入	840.22	1482.37	665.33	472.41	483.87
(2)家庭经营收入	1486.54	1689.63	1514.36	1180.65	1230.52
(3)财产性收入	50.68	87.36	29.00	34.96	30.80
(4)转移性收入	98.19	144.83	66.09	77.57	75.67
3.现金收入	2712.95	3873.62	2412.01	1822.69	1928.18
(1)工资性收入	839.17	1480.60	664.63	471.89	483.44
(2)家庭经营收入	1653.65	2070.79	1577.69	1196.95	1293.51
(3)财产性收入	47.65	84.29	24.89	32.74	28.57
(4)转移性收入	172.48	237.94	144.80	121.11	122.66
二、支出					
1.总支出	2923.60	3543.73	2779.96	2284.85	2412.11
(1)家庭经营费用支出	731.01	804.87	715.27	653.09	707.20
(2)购置生产性固定资产支出	85.50	73.20	97.78	86.01	93.43
(3)税费支出	78.70	71.90	104.18	54.89	57.36
(4)生活消费支出	1834.31	2344.01	1659.66	1381.78	1438.90
(5)财产性支出	10.46	10.86	13.73	6.33	6.85
(6)转移性支出	183.62	238.89	189.34	102.75	108.37
2.现金支出	2437.72	3150.02	2263.31	1715.48	1833.06
(1)家庭经营费用支出	617.41	733.04	599.16	487.17	532.83
(2)购买生产性固定资产支出	85.50	73.20	97.78	86.01	93.43
(3)税费支出	75.58	67.75	102.07	51.84	53.98
(4)生活消费支出	1467.62	2028.42	1264.80	983.43	1039.43
(5)财产性支出	10.29	10.36	13.73	5.76	6.40
(6)转移性支出	181.32	237.25	185.77	101.27	106.99

4

各地区主要年份农村居民收支情况

4—1 1980年农村居民总收入

单位:元/人

地 区	总 收 入	一、工资性收入	二、家庭经营收入	三、财产性和转移性收入
全国总计	**216.93**	**106.38**	**87.44**	**23.11**
北 京	316.01	184.45	72.55	59.01
天 津	293.16	183.11	57.85	52.20
河 北	193.39	96.92	62.78	33.69
山 西	164.17	90.97	47.69	25.51
内蒙古	202.14	74.98	110.58	16.58
辽 宁	299.37	122.23	110.35	66.79
吉 林	263.29	113.23	122.20	27.86
黑龙江	225.86	134.66	73.16	18.04
上 海	430.47	196.05	84.19	150.23
江 苏	252.48	117.91	92.81	41.76
浙 江	249.66	125.11	93.16	31.39
安 徽	220.84	96.44	87.89	36.51
福 建	194.98	81.80	89.13	24.05
江 西	202.37	99.59	83.72	19.06
山 东	225.09	119.01	73.80	32.28
河 南	184.37	87.51	67.19	29.67
湖 北	182.81	94.52	66.30	21.99
湖 南	253.29	104.21	121.98	27.10
广 东	306.61	118.08	151.40	37.13
广 西	209.93	74.39	117.26	18.28
四 川	224.31	100.44	103.62	20.25
贵 州	189.46	66.60	101.87	20.99
云 南	170.69	77.11	76.10	17.48
西 藏				
陕 西	157.85	69.21	61.99	26.65
甘 肃	169.17	91.20	56.08	21.89
青 海				
宁 夏	186.79	81.84	76.27	28.68
新 疆	219.21	127.87	65.35	25.99

4—2 1980年农村居民总收入构成

单位：%

地区	总收入	一、工资性收入	二、家庭经营收入	二、财产性和转移性收入
全国总计	**100.00**	**49.04**	**40.31**	**10.65**
北京	100.00	58.37	22.96	18.67
天津	100.00	62.46	19.73	17.81
河北	100.00	50.12	32.46	17.42
山西	100.00	55.41	29.05	15.54
内蒙古	100.00	37.09	54.70	8.20
辽宁	100.00	40.83	36.86	22.31
吉林	100.00	43.01	46.41	10.58
黑龙江	100.00	59.62	32.39	7.99
上海	100.00	45.54	19.56	34.90
江苏	100.00	46.70	36.76	16.54
浙江	100.00	50.11	37.31	12.57
安徽	100.00	43.67	39.80	16.53
福建	100.00	41.95	45.71	12.33
江西	100.00	49.21	41.37	9.42
山东	100.00	52.87	32.79	14.34
河南	100.00	47.46	36.44	16.09
湖北	100.00	51.70	36.27	12.03
湖南	100.00	41.14	48.16	10.70
广东	100.00	38.51	49.38	12.11
广西	100.00	35.44	55.86	8.71
四川	100.00	44.78	46.19	9.03
贵州	100.00	35.15	53.77	11.08
云南	100.00	45.18	44.58	10.24
西藏				
陕西	100.00	43.85	39.27	16.88
甘肃	100.00	53.91	33.15	12.94
青海				
宁夏	100.00	43.81	40.83	15.35
新疆	100.00	58.33	29.81	11.86

4—3 1980年农村居民家庭经营收入

单位:元/人

地区	家庭经营收入	1. 农、林业收入	2. 牧业收入	3. 其他家庭收入
全国总计	**87.44**	**30.46**	**48.41**	**8.57**
北京	72.55	15.94	53.87	2.74
天津	57.85	21.70	32.36	3.79
河北	62.78	24.14	31.52	7.12
山西	47.69	17.64	22.92	7.13
内蒙古	110.58	51.60	52.28	6.70
辽宁	110.35	44.93	54.45	10.98
吉林	122.20	58.95	57.63	5.63
黑龙江	73.16	28.65	42.03	2.49
上海	84.19	23.36	58.35	2.48
江苏	92.81	29.28	58.16	5.37
浙江	93.16	30.98	47.33	14.85
安徽	87.89	33.34	46.08	8.48
福建	89.13	27.15	49.64	12.34
江西	83.72	25.83	49.34	8.56
山东	73.80	21.40	45.37	7.03
河南	67.19	22.97	34.52	9.70
湖北	66.30	18.75	41.74	5.81
湖南	121.98	38.20	74.84	8.95
广东	151.40	50.23	80.29	20.89
广西	117.26	42.35	66.04	8.88
四川	103.62	30.93	64.57	8.12
贵州	101.87	38.09	47.73	16.05
云南	76.10	23.68	46.18	6.25
西藏				
陕西	61.99	23.68	33.54	4.77
甘肃	56.08	26.45	22.41	7.22
青海				
宁夏	76.27	41.79	21.51	12.97
新疆	65.35	33.78	25.00	6.57

4—4 1980年农村居民家庭经营收入构成

单位:%

地　区	家庭经营收入	1.农、林业收入	2.牧业收入	3.其他家庭收入
全国总计	**100.00**	**34.84**	**55.36**	**9.80**
北　京	100.00	21.97	74.25	3.78
天　津	100.00	37.51	55.94	6.55
河　北	100.00	38.45	50.21	11.34
山　西	100.00	36.99	48.06	14.95
内蒙古	100.00	46.66	47.28	6.06
辽　宁	100.00	40.71	49.34	9.95
吉　林	100.00	48.24	47.16	4.61
黑龙江	100.00	39.15	57.44	3.40
上　海	100.00	27.74	69.31	2.95
江　苏	100.00	31.55	62.67	5.79
浙　江	100.00	33.25	50.81	15.94
安　徽	100.00	37.93	52.42	9.65
福　建	100.00	30.46	55.70	13.84
江　西	100.00	30.85	58.93	10.22
山　东	100.00	29.00	61.48	9.53
河　南	100.00	34.19	51.37	14.44
湖　北	100.00	28.28	62.96	8.76
湖　南	100.00	31.31	61.35	7.34
广　东	100.00	33.17	53.03	13.80
广　西	100.00	36.11	56.32	7.57
四　川	100.00	29.85	62.32	7.84
贵　州	100.00	37.39	46.85	15.76
云　南	100.00	31.11	60.68	8.21
西　藏				
陕　西	100.00	38.20	54.11	7.69
甘　肃	100.00	53.91	33.15	12.94
青　海				
宁　夏	100.00	54.79	28.21	17.01
新　疆	100.00	51.69	38.26	10.05

4—5 1980年农村居民现金收入

单位:元/人

地区	现金收入	一、工资性收入	二、家庭经营收入	三、财产性和转移性收入
全国总计	**113.12**	**40.23**	**57.38**	**15.51**
北京	202.59	116.60	56.15	29.84
天津	158.44	78.39	50.69	29.36
河北	110.08	38.74	44.92	26.42
山西	86.08	32.83	33.50	19.75
内蒙古	99.99	32.80	53.93	13.26
辽宁	163.88	69.21	54.12	40.55
吉林	112.00	32.87	59.42	19.71
黑龙江	115.29	52.38	50.25	12.66
上海	274.71	169.11	63.82	41.78
江苏	153.57	60.92	72.51	20.14
浙江				
安徽	113.51	32.84	63.08	17.59
福建	111.88	38.87	59.26	13.75
江西	91.98	32.07	47.49	12.42
山东	141.15	60.61	60.97	19.57
河南	110.60	31.69	54.89	24.02
湖北	86.22	29.83	40.73	15.66
湖南	115.59	27.00	68.33	20.26
广东	186.03	66.69	95.54	23.80
广西	101.24	18.18	70.91	12.15
四川	103.08	28.46	58.40	16.22
贵州	81.80	18.00	47.39	16.41
云南	79.35	23.48	41.51	14.36
西藏				
陕西	67.11	16.71	29.18	21.22
甘肃	85.76	34.06	29.46	22.24
青海				
宁夏	89.30	24.23	40.88	24.19
新疆	112.84	66.55	32.51	13.78

4—6 1980年农村居民现金收入构成

单位:%

地区	现金收入	一、工资性收入	二、家庭经营收入	三、财产性和转移性收入
全国总计	**100.00**	**35.56**	**50.72**	**13.71**
北京	100.00	57.55	27.72	14.73
天津	100.00	49.48	31.99	18.53
河北	100.00	35.19	40.81	24.00
山西	100.00	38.14	38.92	22.94
内蒙古	100.00	32.80	53.94	13.26
辽宁	100.00	42.23	33.02	24.74
吉林	100.00	29.35	53.05	17.60
黑龙江	100.00	45.43	43.59	10.98
上海	100.00	61.56	23.23	15.21
江苏	100.00	39.67	47.22	13.11
浙江				
安徽	100.00	28.93	55.57	15.50
福建	100.00	34.74	52.97	12.29
江西	100.00	34.87	51.63	13.50
山东	100.00	42.94	43.20	13.86
河南	100.00	28.65	49.63	21.72
湖北	100.00	34.60	47.24	18.16
湖南	100.00	23.36	59.11	17.53
广东	100.00	35.85	51.36	12.79
广西	100.00	17.96	70.04	12.00
四川	100.00	27.61	56.66	15.74
贵州	100.00	22.00	57.93	20.06
云南	100.00	29.59	52.31	18.10
西藏				
陕西	100.00	24.90	43.48	31.62
甘肃	100.00	39.72	34.35	25.93
青海				
宁夏	100.00	27.13	45.78	27.09
新疆	100.00	58.98	28.81	12.21

4—7 1980年农村居民家庭经营现金收入

单位:元/人

地　　区	家庭经营现金收入	一、出售农产品收入	二、其它家庭经营收入
全国总计	**57.38**	**48.61**	**8.77**
北　　京	56.15	54.53	1.62
天　　津	50.69	44.91	5.78
河　　北	44.92	38.66	6.26
山　　西	33.50	28.05	5.45
内 蒙 古	53.93	49.68	4.25
			0.00
辽　　宁	54.12	45.99	8.13
吉　　林	59.42	57.08	2.34
黑 龙 江	50.25	49.12	1.13
			0.00
上　　海	63.82	61.32	2.50
江　　苏	72.51	66.54	5.97
浙　　江			0.00
安　　徽	63.08	57.89	5.19
福　　建	59.26	51.49	7.77
江　　西	47.49	41.66	5.83
山　　东	60.97	56.16	4.81
			0.00
河　　南	54.89	48.80	6.09
湖　　北	40.73	36.26	4.47
湖　　南	68.33	61.36	6.97
广　　东	95.54	78.51	17.03
广　　西	70.91	64.17	6.74
			0.00
四　　川	58.40	53.49	4.91
贵　　州	47.39	39.70	7.69
云　　南	41.51	37.62	3.89
西　　藏			0.00
			0.00
陕　　西	29.18	25.87	3.31
甘　　肃	29.46	23.33	6.13
青　　海			0.00
宁　　夏	40.88	31.18	9.70
新　　疆	32.51	26.56	5.95

4－8 1980年农村居民家庭经营现金收入构成

单位：%

地 区	家庭经营现金收入	一、出售农产品收入	二、其它家庭经营收入
全国总计	**100.00**	**84.72**	**15.28**
北 京	100.00	97.11	2.89
天 津	100.00	88.60	11.40
河 北	100.00	86.06	13.94
山 西	100.00	83.73	16.27
内蒙古	100.00	92.12	7.88
辽 宁	100.00	84.98	15.02
吉 林	100.00	96.06	3.94
黑龙江	100.00	97.75	2.25
上 海	100.00	96.08	3.92
江 苏	100.00	91.77	8.23
浙 江			
安 徽	100.00	91.77	8.23
福 建	100.00	86.89	13.11
江 西	100.00	87.72	12.28
山 东	100.00	92.11	7.89
河 南	100.00	88.91	11.09
湖 北	100.00	89.03	10.97
湖 南	100.00	89.80	10.20
广 东	100.00	82.18	17.82
广 西	100.00	90.49	9.51
四 川	100.00	91.59	8.41
贵 州	100.00	83.77	16.23
云 南	100.00	90.63	9.37
西 藏			
陕 西	100.00	88.66	11.34
甘 肃	100.00	79.19	20.81
青 海			
宁 夏	100.00	76.27	23.73
新 疆	100.00	81.70	18.30

4—9 1980年农村居民纯收入

单位:元/人

地 区	纯 收 入	一、工资性收入	二、家庭经营纯收入	三、财产性和转移性收入
全国总计	**191.33**	**106.38**	**62.55**	**22.40**
北 京	290.46	184.45	47.00	59.01
天 津	277.92	183.11	42.61	52.20
河 北	175.78	96.92	45.17	33.69
山 西	155.78	90.97	39.30	25.51
内 蒙 古	181.32	74.98	90.30	16.04
辽 宁	273.02	122.23	84.00	66.79
吉 林	236.30	113.23	95.21	27.86
黑 龙 江	205.38	134.66	52.79	17.93
上 海	397.35	196.05	51.07	150.23
江 苏	217.94	117.91	58.29	41.74
浙 江	219.18	125.11	62.78	31.29
安 徽	184.82	96.44	59.61	28.77
福 建	171.74	81.80	66.82	23.12
江 西	180.94	99.59	62.41	18.94
山 东	194.33	119.01	43.90	31.42
河 南	160.78	87.51	45.38	27.89
湖 北	169.88	94.42	53.51	21.95
湖 南	219.71	104.21	88.51	26.99
广 东	274.37	118.08	120.20	36.09
广 西	173.68	74.39	81.57	17.72
四 川	187.90	100.44	67.59	19.87
贵 州	161.46	66.90	75.11	19.45
云 南	150.12	77.11	55.56	17.45
西 藏				
陕 西	142.49	69.21	46.69	26.59
甘 肃	153.33	91.20	40.30	21.83
青 海				
宁 夏	178.06	81.84	67.61	28.61
新 疆	198.01	127.87	46.84	23.30

4－10 1980年农村居民纯收入构成

单位：%

地　区	纯收入	一、工资性收入	二. 家庭经营纯收入	三、财产性和转移性收入
全国总计	**100.00**	**55.60**	**32.69**	**11.71**
北　京	100.00	63.50	16.18	20.32
天　津	100.00	65.89	15.33	18.78
河　北	100.00	55.14	25.70	19.17
山　西	100.00	58.40	25.23	16.38
内蒙古	100.00	41.35	49.80	8.85
辽　宁	100.00	44.77	30.77	24.46
吉　林	100.00	47.92	40.29	11.79
黑龙江	100.00	65.57	25.70	8.73
上　海	100.00	49.34	12.85	37.81
江　苏	100.00	54.10	26.75	19.15
浙　江	100.00	57.08	28.64	14.28
安　徽	100.00	52.18	32.25	15.57
福　建	100.00	47.63	38.91	13.46
江　西	100.00	55.04	34.49	10.47
山　东	100.00	61.24	22.59	16.17
河　南	100.00	54.43	28.22	17.35
湖　北	100.00	55.58	31.50	12.92
湖　南	100.00	47.43	40.28	12.28
广　东	100.00	43.04	43.81	13.15
广　西	100.00	42.83	46.97	10.20
四　川	100.00	53.45	35.97	10.57
贵　州	100.00	41.43	46.52	12.05
云　南	100.00	51.37	37.01	11.62
西　藏				
陕　西	100.00	48.57	32.77	18.66
甘　肃	100.00	59.48	26.28	14.24
青　海				
宁　夏	100.00	45.96	37.97	16.07
新　疆	100.00	64.58	23.66	11.77

4—11　1980年农村居民总支出

单位:元/人

地　　区	总 支 出	一、家庭经营费用支出	二、交纳税金	三、生活消费支　　出	四、财产性和转移性支出
全国总计	**196.23**	**25.32**	**0.28**	**162.21**	**8.42**
北　　京	287.71	25.55		252.67	9.49
天　　津	250.66	15.24		208.37	27.05
河　　北	166.02	17.57	0.04	142.01	6.40
山　　西	148.96	8.35	0.04	134.38	6.19
内 蒙 古	183.37	20.15	0.67	156.60	5.95
辽　　宁	276.30	26.32	0.03	228.14	21.81
吉　　林	253.24	26.16	0.01	216.25	10.82
黑 龙 江	193.73	20.37	0.10	164.13	9.13
上　　海	375.15	33.03	0.09	321.83	20.20
江　　苏	241.50	34.53	0.01	194.71	12.25
浙　　江	233.64	30.45	0.03	191.88	11.28
安　　徽	206.24	35.49	0.53	162.94	7.28
福　　建	186.10	22.87	0.37	157.67	5.19
江　　西	184.04	20.72	0.71	156.01	6.60
山　　东	185.10	30.71	0.05	145.91	8.43
河　　南	164.48	23.50	0.09	135.51	5.38
湖　　北	172.83	12.52	0.41	152.74	7.16
湖　　南	236.13	32.91	0.67	192.85	9.70
广　　东	266.86	31.72	0.52	222.22	12.40
广　　西	192.81	35.88	0.37	151.11	5.45
四　　川	202.38	36.02	0.39	159.44	6.53
贵　　州	174.98	27.23	0.77	139.25	7.73
云　　南	152.55	20.27	0.30	124.56	7.42
西　　藏					
陕　　西	161.63	15.14	0.22	139.83	6.44
甘　　肃	146.74	15.81	0.03	126.64	4.26
青　　海					
宁　　夏	151.95	8.69	0.04	135.45	7.77
新　　疆	181.35	20.42	0.78	150.62	9.53

4—12 1980年农村居民总支出构成

单位:%

地 区	总支出	一、家庭经营费用支出	二、交纳税金	三、生活消费支出	四、财产性和转移性支出
全国总计	**100.00**	**12.90**	**0.14**	**82.66**	**4.29**
北 京	100.00	8.88		87.82	3.30
天 津	100.00	6.08		83.13	10.79
河 北	100.00	10.58	0.02	85.54	3.85
山 西	100.00	5.61	0.03	90.21	4.16
内蒙古	100.00	10.99	0.37	85.40	3.24
辽 宁	100.00	9.53	0.01	82.57	7.89
吉 林	100.00	10.33	0.00	85.39	4.27
黑龙江	100.00	10.51	0.05	84.72	4.71
上 海	100.00	8.80	0.02	85.79	5.38
江 苏	100.00	14.30	0.00	80.63	5.07
浙 江	100.00	13.03	0.01	82.13	4.83
安 徽	100.00	17.21	0.26	79.01	3.53
福 建	100.00	12.29	0.20	84.72	2.79
江 西	100.00	11.26	0.39	84.77	3.59
山 东	100.00	16.59	0.03	78.83	4.55
河 南	100.00	14.29	0.05	82.39	3.27
湖 北	100.00	7.24	0.24	88.38	4.14
湖 南	100.00	13.94	0.28	81.67	4.11
广 东	100.00	11.89	0.19	83.27	4.65
广 西	100.00	18.61	0.19	78.37	2.83
四 川	100.00	17.80	0.19	78.78	3.23
贵 州	100.00	15.56	0.44	79.58	4.42
云 南	100.00	13.29	0.20	81.65	4.86
西 藏					
陕 西	100.00	9.37	0.14	86.51	3.98
甘 肃	100.00	10.77	0.02	86.30	2.90
青 海					
宁 夏	100.00	5.72	0.03	89.14	5.11
新 疆	100.00	11.26	0.43	83.05	5.26

4—13 1980年农村居民家庭经营费用支出

单位：元/人

地区	家庭经营费用支出	一、农业支出	二、牧业支出	三、其他经营费用支出
全国总计	**25.32**	**5.92**	**17.64**	**1.76**
北京	25.55	1.15	20.29	4.11
天津	15.24	2.83	12.10	0.31
河北	17.57	3.81	12.89	0.87
山西	8.35	2.48	5.02	0.85
内蒙古	20.15	7.18	11.02	1.95
辽宁	26.32	4.10	21.22	1.00
吉林	26.16	4.38	20.32	1.46
黑龙江	20.37	5.13	14.01	1.23
上海	33.03	3.05	28.65	1.33
江苏	34.53	3.59	29.88	1.06
浙江	30.45	7.28	20.61	2.56
安徽	35.49	18.55	13.24	3.70
福建	22.87	7.60	13.44	1.83
江西	20.72	4.88	14.06	1.78
山东	30.71	7.42	22.37	0.92
河南	23.50	7.48	14.08	1.94
湖北	12.52	3.64	8.22	0.66
湖南	32.91	3.88	27.58	1.45
广东	31.72	9.38	19.97	2.37
广西	35.88	4.28	30.58	1.02
四川	36.02	5.52	26.36	4.14
贵州	27.23	9.03	17.02	1.18
云南	20.27	2.60	16.74	0.93
西藏				
陕西	15.14	5.04	9.00	1.10
甘肃	15.81	7.30	8.17	0.34
青海				
宁夏	8.69	4.72	3.53	0.44
新疆	20.42	9.26	8.88	2.28

4—14 1980年农村居民家庭经营费用支出构成

单位：%

地 区	家庭经营费用支出	一、农业支出	二、牧业支出	三、其他经营费用支出
全国总计	**100.00**	**23.38**	**69.67**	**6.95**
北 京	100.00	4.50	79.41	16.09
天 津	100.00	18.57	79.40	2.03
河 北	100.00	21.68	73.36	4.95
山 西	100.00	29.70	60.12	10.18
内蒙古	100.00	35.63	54.69	9.68
辽 宁	100.00	15.58	80.62	3.80
吉 林	100.00	16.74	77.68	5.58
黑龙江	100.00	25.18	68.78	6.04
上 海	100.00	9.23	86.74	4.03
江 苏	100.00	10.40	86.53	3.07
浙 江	100.00	23.91	67.68	8.41
安 徽	100.00	52.27	37.31	10.43
福 建	100.00	33.23	58.77	8.00
江 西	100.00	23.55	67.86	8.59
山 东	100.00	24.16	72.84	3.00
河 南	100.00	31.83	59.91	8.26
湖 北	100.00	29.07	65.65	5.27
湖 南	100.00	11.79	83.80	4.41
广 东	100.00	29.57	62.96	7.47
广 西	100.00	11.93	85.23	2.84
四 川	100.00	15.32	73.18	11.49
贵 州	100.00	33.16	62.50	4.33
云 南	100.00	12.83	82.59	4.59
西 藏				
陕 西	100.00	33.29	59.45	7.27
甘 肃	100.00	46.17	51.68	2.15
青 海				
宁 夏	100.00	54.32	40.62	5.06
新 疆	100.00	45.35	43.49	11.17

4—15 1980年农村居民生活消费支出

单位:元/人

地　区	生活消费支出	一、食品支出	主食支出	副食支出	二、衣着支出	三、居住支出
全国总计	**162.21**	**100.19**	**60.56**	**35.27**	**19.99**	**22.46**
北　京	252.67	135.84	71.52	41.78	32.65	38.66
天　津	208.37	118.91	70.22	28.71	31.67	30.95
河　北	142.01	79.80	54.85	20.84	19.88	22.95
山　西	134.38	80.62	54.75	20.12	20.95	15.59
内蒙古	156.60	102.60	56.81	39.65	21.74	11.62
辽　宁	228.14	128.93	59.15	60.59	30.85	33.03
吉　林	216.25	140.17	72.61	51.78	27.71	24.86
黑龙江	164.13	95.76	58.97	34.90	27.57	18.34
上　海	321.83	170.24	71.25	77.74	36.68	72.07
江　苏	194.71	113.19	62.13	38.74	24.70	33.40
浙　江	191.88	109.30	65.35	31.49	22.86	38.25
安　徽	162.94	87.78	58.88	33.10	19.14	36.89
福　建	157.67	99.73	59.34	35.20	16.31	25.15
江　西	156.01	97.50	63.16	31.67	15.82	25.83
山　东	145.91	80.14	49.65	26.90	24.00	21.45
河　南	135.51	78.67	53.96	19.12	18.66	21.68
湖　北	152.74	98.56	61.15	35.84	17.89	20.52
湖　南	192.85	127.91	67.17	52.19	20.46	27.29
广　东	222.22	134.49	62.58	56.89	19.94	40.24
广　西	151.11	96.62	51.83	41.17	14.16	22.62
四　川	159.44	111.91	60.99	43.48	17.70	15.13
贵　州	139.25	96.74	50.02	35.02	14.73	16.46
云　南	124.56	87.07	51.33	27.80	12.49	16.06
西　藏						
陕　西	139.83	83.75	52.66	22.96	18.19	22.18
甘　肃	126.64	81.55	60.29	20.92	17.05	13.82
青　海						
宁　夏	135.45	86.12	64.11	21.79	19.48	14.67
新　疆	150.62	90.80	54.57	35.94	31.44	13.19

4—15 续表

单位:元/人

地 区	四、家庭设备用品及服务支出	五、医疗保健支出	六、交通和通讯支出	七、文化教育用品及服务支出	八、其他商品及服务支出
全国总计	**4.14**	**3.42**	**0.59**	**8.25**	**3.17**
北 京	8.25	8.48	1.12	19.64	8.03
天 津	4.84	4.98	0.69	11.63	4.70
河 北	3.54	3.63	0.44	8.32	3.45
山 西	3.17	3.24	0.36	7.34	3.11
内 蒙 古	3.70	3.81	0.57	8.99	3.57
辽 宁	6.30	6.50	1.01	15.43	6.09
吉 林	4.52	4.57	0.25	9.72	4.45
黑 龙 江	4.05	4.16	0.59	9.74	3.92
上 海	7.97	8.13	0.78	18.14	7.82
江 苏	4.09	4.25	0.78	10.36	3.94
浙 江	3.79	3.92	0.67	9.45	3.64
安 徽	3.19	3.36	0.83	8.71	3.04
福 建	2.73	2.88	0.74	7.54	2.59
江 西	2.93	3.05	0.58	7.49	2.81
山 东	3.73	3.82	0.44	8.70	3.63
河 南	2.95	3.04	0.46	7.19	2.86
湖 北	2.69	2.81	0.61	7.08	2.58
湖 南	3.05	3.15	0.51	7.54	2.94
广 东	4.82	5.00	0.91	12.19	4.63
广 西	3.21	3.30	0.44	7.65	3.11
四 川	2.45	2.58	0.64	6.71	2.32
贵 州	1.72	1.86	0.72	5.45	1.57
云 南	1.51	1.59	0.36	4.02	1.46
西 藏					
陕 西	2.81	2.90	0.44	6.85	2.71
甘 肃	2.46	2.56	0.50	6.33	2.37
青 海					
宁 夏	2.68	2.77	0.47	6.68	2.58
新 疆	2.66	2.76	0.50	6.72	2.55

4—16 1980年农村居民生活消费支出构成

单位:%

地区	生活消费支出	一、食品支出			二、衣着支出	三、居住支出
			主食支出	副食支出		
全国总计	**100.00**	**61.77**	**37.33**	**21.74**	**12.32**	**13.85**
北京	100.00	53.76	28.31	16.54	12.92	15.30
天津	100.00	57.07	33.70	13.78	15.20	14.85
河北	100.00	56.19	38.62	14.68	14.00	16.16
山西	100.00	59.99	40.74	14.97	15.59	11.60
内蒙古	100.00	65.52	36.28	25.32	13.88	7.42
辽宁	100.00	56.51	25.93	26.56	13.52	14.48
吉林	100.00	64.82	33.58	23.94	12.81	11.50
黑龙江	100.00	58.34	35.93	21.26	16.80	11.17
上海	100.00	52.90	22.14	24.16	11.40	22.39
江苏	100.00	58.13	31.91	19.90	12.69	17.15
浙江	100.00	56.96	34.06	16.41	11.91	19.93
安徽	100.00	53.87	36.14	20.31	11.75	22.64
福建	100.00	63.25	37.64	22.33	10.34	15.95
江西	100.00	62.50	40.48	20.30	10.14	16.56
山东	100.00	54.92	34.03	18.44	16.45	14.70
河南	100.00	58.05	39.82	14.11	13.77	16.00
湖北	100.00	64.53	40.04	23.46	11.71	13.43
湖南	100.00	66.33	34.83	27.06	10.61	14.15
广东	100.00	60.52	28.16	25.60	8.97	18.11
广西	100.00	63.94	34.30	27.25	9.37	14.97
四川	100.00	70.19	38.25	27.27	11.10	9.49
贵州	100.00	69.47	35.92	25.15	10.58	11.82
云南	100.00	69.90	41.21	22.32	10.03	12.89
西藏						
陕西	100.00	59.89	37.66	16.42	13.01	15.86
甘肃	100.00	64.40	47.61	16.52	13.46	10.91
青海						
宁夏	100.00	63.58	47.33	16.09	14.38	10.83
新疆	100.00	60.28	36.23	23.86	20.87	8.76

4—16 续表

单位：%

地　区	四、家庭设备用品及服务支出	五、医疗保健支出	六、交通和通讯支出	七、文化教育用品及服务支出	八、其他商品及服务支出
全国总计	**2.55**	**2.11**	**0.36**	**5.09**	**1.95**
北　京	3.27	3.36	0.44	7.77	3.18
天　津	2.32	2.39	0.33	5.58	2.26
河　北	2.49	2.56	0.31	5.86	2.43
山　西	2.36	2.41	0.27	5.46	2.31
内蒙古	2.36	2.43	0.36	5.74	2.28
辽　宁	2.76	2.85	0.44	6.76	2.67
吉　林	2.09	2.11	0.12	4.49	2.06
黑龙江	2.47	2.53	0.36	5.93	2.39
上　海	2.48	2.53	0.24	5.64	2.43
江　苏	2.10	2.18	0.40	5.32	2.02
浙　江	1.98	2.04	0.35	4.92	1.90
安　徽	1.96	2.06	0.51	5.35	1.87
福　建	1.73	1.83	0.47	4.78	1.64
江　西	1.88	1.96	0.37	4.80	1.80
山　东	2.56	2.62	0.30	5.96	2.49
河　南	2.18	2.24	0.34	5.31	2.11
湖　北	1.76	1.84	0.40	4.64	1.69
湖　南	1.58	1.63	0.26	3.91	1.52
广　东	2.17	2.25	0.41	5.49	2.08
广　西	2.12	2.18	0.29	5.06	2.06
四　川	1.54	1.62	0.40	4.21	1.46
贵　州	1.24	1.34	0.52	3.91	1.13
云　南	1.21	1.28	0.29	3.23	1.17
西　藏					
陕　西	2.01	2.07	0.31	4.90	1.94
甘　肃	1.94	2.02	0.39	5.00	1.87
青　海					
宁　夏	1.98	2.05	0.35	4.93	1.90
新　疆	1.77	1.83	0.33	4.46	1.69

4—17 1980年农村居民现金支出

单位:元/人

地区	现金支出	一、生产费用支出	二、交纳税金	三、生活消费现金支出	四、财产性和转移性支出
全国总计	**107.02**	**13.81**	**0.24**	**83.83**	**9.14**
北京	203.46	14.16		179.67	9.63
天津	155.19	6.31		122.31	26.57
河北	99.39	6.01	0.04	80.79	12.55
山西	81.22	4.54	0.04	71.27	5.37
内蒙古	87.87	11.83	0.07	69.58	6.39
辽宁	164.15	10.91	0.03	131.97	21.24
吉林	114.39	12.85	0.01	88.50	13.03
黑龙江	105.68	10.47	0.08	84.98	10.15
上海	273.66	19.88	0.09	233.55	20.19
江苏	152.19	19.84	0.01	119.94	12.40
浙江					
安徽	114.41	20.42	0.15	84.37	9.47
福建	105.82	16.62	0.37	83.50	5.33
江西	84.19	8.96	0.66	67.97	6.60
山东	117.76	12.39	0.04	92.39	12.94
河南	99.98	16.05	0.10	77.62	6.21
湖北	87.46	7.32	0.40	71.30	8.44
湖南	112.96	15.35	0.67	85.76	11.18
广东	165.75	28.01	0.52	124.30	12.92
广西	97.42	16.91	0.37	74.58	5.56
四川	100.57	20.01	0.39	73.84	6.33
贵州	79.75	14.75	0.51	57.78	6.71
云南	73.21	10.58	0.30	55.19	7.14
西藏					
陕西	78.59	6.63	0.22	65.57	6.17
甘肃	79.75	9.69	0.03	62.84	7.19
青海					
宁夏	78.39	3.89	0.04	66.71	7.75
新疆	97.31	5.30	0.79	79.53	11.69

4—18 1980年农村居民现金支出构成

单位：%

地区	现金支出	一、生产费用支出	二、交纳税金	三、生活消费现金支出	四、财产性和转移性支出
全国总计	**100.00**	**12.90**	**0.22**	**78.33**	**8.54**
北京	100.00	6.96		88.31	4.73
天津	100.00	4.07		78.81	17.12
河北	100.00	6.05	0.04	81.29	12.63
山西	100.00	5.59	0.05	87.75	6.61
内蒙古	100.00	13.46	0.08	79.19	7.27
辽宁	100.00	6.65	0.02	80.40	12.94
吉林	100.00	11.23	0.01	77.37	11.39
黑龙江	100.00	9.91	0.08	80.41	9.60
上海	100.02	7.26	0.03	85.34	7.38
江苏	100.00	13.04	0.01	78.81	8.15
浙江					
安徽	100.00	17.85	0.13	73.74	8.28
福建	100.00	15.71	0.35	78.91	5.04
江西	100.00	10.64	0.78	80.73	7.84
山东	100.00	10.52	0.03	78.46	10.99
河南	100.00	16.05	0.10	77.64	6.21
湖北	100.00	8.37	0.46	81.52	9.65
湖南	100.00	13.59	0.59	75.92	9.90
广东	100.00	16.90	0.31	74.99	7.79
广西	100.00	17.36	0.38	76.56	5.71
四川	100.00	19.90	0.39	73.42	6.29
贵州	100.00	18.50	0.64	72.45	8.41
云南	100.00	14.45	0.41	75.39	9.75
西藏					
陕西	100.00	8.44	0.28	83.43	7.85
甘肃	100.00	12.15	0.04	78.80	9.02
青海					
宁夏	100.00	4.96	0.05	85.10	9.89
新疆	100.00	5.45	0.81	81.73	12.01

4—19 1980年农村居民生活消费现金支出

单位：元/人

地区	生活消费现金支出	一、食品支出	二、衣着支出	三、居住支出	四、家庭设备用品及服务支出	五、医疗保健支出	六、交通通讯支出	七、文化教育用品及服务支出	八、其他商品及服务支出
全国总计	**83.83**	**31.36**	**19.84**	**14.48**	**3.18**	**3.30**	**0.58**	**8.01**	**3.08**
北京	179.67	69.55	32.26	35.86	7.55	7.77	1.12	18.24	7.32
天津	122.31	49.77	30.76	17.39	4.35	4.49	0.69	10.65	4.21
河北	80.79	26.55	19.23	17.02	3.26	3.35	0.44	7.77	3.17
山西	71.27	22.36	20.11	11.94	3.10	3.17	0.36	7.20	3.03
内蒙古	69.58	20.34	21.73	6.43	3.79	3.90	0.57	9.16	3.66
辽宁	131.97	46.30	30.75	20.32	6.15	6.36	1.01	15.14	5.94
吉林	88.52	26.85	27.56	11.46	4.38	4.42	0.19	9.31	4.35
黑龙江	84.98	23.89	27.52	11.62	3.95	4.06	0.59	9.54	3.81
上海	233.50	97.07	35.15	62.21	7.22	7.38	0.78	16.63	7.06
江苏	119.94	47.65	24.44	25.24	3.97	4.11	0.73	9.98	3.82
浙江									
安徽	84.37	29.62	18.62	18.04	2.99	3.15	0.83	8.30	2.82
福建	83.50	37.61	16.30	13.13	2.73	2.88	0.74	7.53	2.58
江西	67.97	22.71	15.53	13.78	2.76	2.87	0.56	7.10	2.66
山东	92.39	32.36	23.46	16.37	3.70	3.79	0.44	8.65	3.62
河南	77.62	24.98	18.44	17.81	2.93	3.02	0.46	7.14	2.84
湖北	71.30	25.67	17.52	12.87	2.58	2.71	0.61	6.87	2.47
湖南	85.76	36.41	20.35	12.29	2.95	3.06	0.51	7.35	2.84
广东	124.30	53.48	19.85	23.76	4.75	4.93	0.91	12.05	4.57
广西	74.58	32.33	14.16	10.39	3.21	3.30	0.44	7.64	3.11
四川	73.84	32.70	17.54	9.09	2.42	2.55	0.64	6.63	2.27
贵州	57.78	24.85	14.38	8.01	1.56	1.71	0.72	5.14	1.41
云南	55.19	26.60	12.36	7.45	1.48	1.56	0.36	3.96	1.42
西藏									
陕西	65.57	19.89	17.84	12.19	2.80	2.89	0.44	6.83	2.69
甘肃	62.84	21.19	16.38	11.68	2.34	2.44	0.50	6.08	2.23
青海									
宁夏	66.71	20.69	19.43	11.79	2.60	2.70	0.47	6.52	2.51
新疆	79.53	24.64	30.21	9.89	2.58	2.68	0.50	6.56	2.47

4—20 1980 年农村居民生活消费现金支出构成

单位：%

地区	生活消费现金支出	一、食品支出	二、衣着支出	三、居住支出	四、家庭设备用品及服务支出	五、医疗保健支出	六、交通通讯支出	七、文化教育用品及服务支出	八、其他商品及服务支出
全国总计	**100.00**	**37.41**	**23.67**	**17.27**	**3.79**	**3.94**	**0.69**	**9.56**	**3.67**
北京	100.00	38.71	17.96	19.96	4.20	4.32	0.62	10.15	4.07
天津	100.00	40.69	25.15	14.22	3.56	3.67	0.56	8.71	3.44
河北	100.00	32.86	23.80	21.07	4.04	4.15	0.54	9.62	3.92
山西	100.00	31.37	28.22	16.75	4.35	4.45	0.51	10.10	4.25
内蒙古	100.00	29.23	31.23	9.24	5.45	5.61	0.82	13.16	5.26
辽宁	100.00	35.08	23.30	15.40	4.66	4.82	0.77	11.47	4.50
吉林	100.00	30.33	31.13	12.95	4.95	4.99	0.21	10.52	4.91
黑龙江	100.00	28.11	32.38	13.67	4.65	4.78	0.69	11.23	4.48
上海	100.00	41.57	15.05	26.64	3.09	3.16	0.33	7.12	3.02
江苏	100.00	39.73	20.38	21.04	3.31	3.43	0.61	8.32	3.18
浙江									
安徽	100.00	35.11	22.07	21.38	3.54	3.73	0.98	9.84	3.34
福建	100.00	45.04	19.52	15.72	3.27	3.45	0.89	9.02	3.09
江西	100.00	33.41	22.85	20.27	4.06	4.22	0.82	10.45	3.91
山东	100.00	35.03	25.39	17.72	4.00	4.10	0.48	9.36	3.92
河南	100.00	32.18	23.76	22.95	3.77	3.89	0.59	9.20	3.66
湖北	100.00	36.00	24.57	18.05	3.62	3.80	0.86	9.64	3.46
湖南	100.00	42.46	23.73	14.33	3.44	3.57	0.59	8.57	3.31
广东	100.00	43.02	15.97	19.12	3.82	3.97	0.73	9.69	3.68
广西	100.00	43.35	18.99	13.93	4.30	4.42	0.59	10.24	4.17
四川	100.00	44.28	23.75	12.31	3.28	3.45	0.87	8.98	3.07
贵州	100.00	43.01	24.89	13.86	2.70	2.96	1.25	8.90	2.44
云南	100.00	48.20	22.40	13.50	2.68	2.83	0.65	7.18	2.57
西藏									
陕西	100.00	30.33	27.21	18.59	4.27	4.41	0.67	10.42	4.10
甘肃	100.00	33.72	26.07	18.59	3.72	3.88	0.80	9.68	3.55
青海									
宁夏	100.00	31.01	29.13	17.67	3.90	4.05	0.70	9.77	3.76
新疆	100.00	30.98	37.99	12.44	3.24	3.37	0.63	8.25	3.11

4—21 1985年农村居民总收入

单位:元/人

地区	总收入	一、工资性收入	二、家庭经营收入	三、财产性和转移性收入
全国总计	**547.31**	**72.15**	**445.25**	**29.91**
北京	939.70	438.78	459.30	41.62
天津	721.99	210.17	466.00	45.82
河北	529.22	88.71	412.49	28.02
山西	463.69	110.18	330.09	23.42
内蒙古	518.25	36.68	472.26	9.31
辽宁	685.44	143.22	522.44	19.78
吉林	645.60	53.18	572.23	20.19
黑龙江	623.94	52.82	559.57	11.55
上海	1036.24	430.38	553.17	52.69
江苏	676.59	135.09	502.90	38.60
浙江	711.13	162.60	523.05	25.48
安徽	526.63	35.76	460.94	29.93
福建	542.42	73.73	442.45	26.24
江西	494.17	52.75	418.67	22.75
山东	587.93	80.94	489.01	17.98
河南	455.75	44.55	390.00	21.20
湖北	565.49	50.36	479.20	35.93
湖南	553.70	53.89	484.68	15.13
广东	671.44	77.44	549.35	44.65
广西	420.28	27.49	379.24	13.55
四川	455.79	47.23	389.61	18.95
贵州	394.14	27.25	351.41	15.48
云南	446.52	36.21	378.36	31.95
西藏	463.77	20.58	414.41	28.78
陕西	399.92	38.69	339.35	21.88
甘肃	358.25	40.10	290.85	27.30
青海	463.98	58.57	381.44	23.97
宁夏	438.38	65.00	348.05	25.33
新疆	594.15	38.26	530.09	25.80

4—22 1985年农村居民总收入构成

单位:%

地 区	总收入	一、工资性收入	二、家庭经营收入	三、财产性和转移性收入
全国总计	**100.00**	**13.18**	**81.35**	**5.46**
北 京	100.00	46.69	48.88	4.43
天 津	100.00	29.11	64.54	6.35
河 北	100.00	16.76	77.94	5.29
山 西	100.00	23.76	71.19	5.05
内蒙古	100.00	7.08	91.13	1.80
辽 宁	100.00	20.89	76.22	2.89
吉 林	100.00	8.24	88.64	3.13
黑龙江	100.00	8.47	89.68	1.85
上 海	100.00	41.53	53.38	5.08
江 苏	100.00	19.97	74.33	5.71
浙 江	100.00	22.87	73.55	3.58
安 徽	100.00	6.79	87.53	5.68
福 建	100.00	13.59	81.57	4.84
江 西	100.00	10.67	84.72	4.60
山 东	100.00	13.77	83.17	3.06
河 南	100.00	9.78	85.57	4.65
湖 北	100.00	8.91	84.74	6.35
湖 南	100.00	9.73	87.53	2.73
广 东	100.00	11.53	81.82	6.65
广 西	100.00	6.54	90.24	3.22
四 川	100.00	10.36	85.48	4.16
贵 州	100.00	6.91	89.16	3.93
云 南	100.00	8.11	84.74	7.16
西 藏	100.00	4.44	89.36	6.21
陕 西	100.00	9.67	84.85	5.47
甘 肃	100.00	11.19	81.19	7.62
青 海	100.00	12.62	82.21	5.17
宁 夏	100.00	14.83	79.39	5.78
新 疆	100.00	6.44	89.22	4.34

4—23 1985年农村居民家庭经营总收入

单位:元/人

地区	家庭经营收入	1.农业收入	种植业收入	2.林业收入	3.牧业收入	4.渔业收入	5.工业收入	6.建筑业收入
全国合计	**445.25**	**283.45**	**268.74**	**7.39**	**104.03**	**5.70**	**4.25**	**8.00**
北京	459.30	231.39	223.20	6.80	126.29	0.93	5.62	13.00
天津	466.00	287.17	273.48	1.00	114.92	2.35	0.92	13.90
河北	412.49	298.57	279.24	2.37	67.23	0.97	4.45	8.96
山西	330.09	209.15	198.89	4.28	45.31	0.01	2.90	4.70
内蒙古	472.26	338.95	332.95	1.65	115.45	0.43	1.17	2.44
辽宁	522.44	333.44	318.57	2.56	114.99	7.49	7.63	12.34
吉林	572.23	419.70	409.72	1.86	105.47	1.09	1.19	5.12
黑龙江	559.57	420.48	411.69	0.73	88.21	9.45	1.57	1.94
上海	553.17	308.87	299.01	0.46	210.90	3.50		5.53
江苏	502.90	314.67	294.88	5.02	119.84	10.74	6.83	13.35
浙江	523.05	307.43	272.52	21.65	124.23	12.28	6.40	10.60
安徽	460.94	324.58	311.71	6.22	83.58	4.22	1.93	5.48
福建	442.45	244.57	229.44	12.29	122.39	7.55	6.26	7.07
江西	418.67	253.87	239.74	18.28	111.25	5.52	4.42	5.18
山东	489.01	336.48	318.35	5.45	91.59	2.45	3.15	9.26
河南	390.00	300.22	286.14	4.34	51.31	1.09	1.63	7.85
湖北	479.20	312.96	302.14	7.59	98.19	11.28	7.26	7.11
湖南	484.68	270.84	251.01	15.34	145.95	8.85	8.36	7.19
广东	549.35	272.19	251.12	10.81	165.64	35.15	4.67	18.47
广西	379.24	188.89	174.18	8.60	133.31	4.23	9.39	5.13
四川	389.61	228.74	219.21	6.56	122.35	1.21	3.46	6.80
贵州	351.41	204.37	192.18	7.16	102.31	0.97	3.11	4.88
云南	378.36	212.59	200.85	8.31	117.11	2.02	5.14	7.98
西藏	414.41	246.05	219.83	11.56	99.79	0.04	0.07	18.83
陕西	339.35	234.57	223.44	5.01	65.70	0.12	1.20	8.04
甘肃	290.85	199.06	192.03	4.53	54.14		1.96	8.03
青海	381.44	202.73	197.28	2.08	125.56	0.06	4.48	3.85
宁夏	348.05	251.96	244.42	6.51	58.68	1.01	2.38	5.54
新疆	530.09	387.59	372.99	7.93	92.82	0.15	2.14	4.56

4－23续表 单位:元/人

地　区	7.交通运输业、邮电业收入	8.批发和零售贸易、餐饮业收入	9.社会服务业收入	10.其他家庭经营收入	第一产业收　入	第二产业收　入	第三产业收　入
全国合计	**12.58**	**8.72**	**3.95**	**7.19**	**400.56**	**12.25**	**32.44**
北　京	56.43	5.13	4.54	9.18	365.40	18.62	75.28
天　津	20.35	12.16	4.77	8.46	405.44	14.82	45.74
河　北	10.17	9.53	3.99	6.25	369.14	13.41	29.94
山　西	42.38	7.41	4.52	9.43	258.75	7.60	63.74
内蒙古	5.22	3.09	2.13	1.74	456.47	3.61	12.18
辽　宁	22.81	9.24	3.57	8.37	458.48	19.97	43.99
吉　林	14.28	6.76	2.62	14.15	528.11	6.31	37.81
黑龙江	16.82	6.61	2.37	11.39	518.87	3.51	37.19
上　海	8.10	4.07	2.74	9.00	523.73	5.53	23.91
江　苏	12.26	6.67	5.47	8.06	450.26	20.18	32.46
浙　江	14.56	10.28	6.05	9.57	465.59	17.00	40.46
安　徽	11.35	13.44	4.09	6.05	418.60	7.41	34.93
福　建	15.81	10.80	6.81	8.91	386.79	13.33	42.33
江　西	6.98	5.24	3.09	4.84	388.92	9.60	20.15
山　东	12.00	13.20	4.92	10.51	435.97	12.41	40.63
河　南	9.42	5.63	2.85	5.67	356.95	9.48	23.57
湖　北	11.88	15.00	4.09	3.84	430.02	14.37	34.81
湖　南	9.37	11.67	3.20	3.91	440.98	15.55	28.15
广　东	12.25	12.21	6.13	11.83	483.79	23.14	42.42
广　西	7.12	9.42	2.71	10.44	335.03	14.52	29.69
四　川	7.65	5.05	3.73	4.06	358.86	10.26	20.49
贵　州	10.03	8.74	3.49	6.36	314.80	7.99	28.62
云　南	6.85	7.96	4.97	5.43	340.03	13.12	25.21
西　藏	24.01	2.33	1.59	10.14	357.44	18.90	38.07
陕　西	12.06	5.70	2.22	4.73	305.40	9.24	24.71
甘　肃	8.05	4.74	2.25	8.09	257.73	9.99	23.13
青　海	19.86	9.60	5.28	7.95	330.42	8.33	42.69
宁　夏	15.17	2.61	2.61	1.58	318.16	7.92	21.97
新　疆	15.85	10.19	4.03	4.83	488.49	6.70	34.90

4－24　1985年农村居民家庭经营总收入构成

单位：%

地　区	家庭经营收入	1. 农业收入	种植业收入	2. 林业收入	3. 牧业收入	4. 渔业收入	5. 工业收入	6. 建筑业收入
全国合计	**100.00**	**63.66**	**60.36**	**1.66**	**23.36**	**1.28**	**0.95**	**1.80**
北　京	100.00	50.38	48.60	1.48	27.50	0.20	1.22	2.83
天　津	100.00	61.62	58.69	0.21	24.66	0.50	0.20	2.98
河　北	100.00	72.38	67.70	0.57	16.30	0.24	1.08	2.17
山　西	100.00	63.36	60.25	1.30	13.73	0.00	0.88	1.42
内蒙古	100.00	71.77	70.50	0.35	24.45	0.09	0.25	0.52
辽　宁	100.00	63.82	60.98	0.49	22.01	1.43	1.46	2.36
吉　林	100.00	73.34	71.60	0.33	18.43	0.19	0.21	0.89
黑龙江	100.00	75.14	73.57	0.13	15.76	1.69	0.28	0.35
上　海	100.00	55.84	54.05	0.08	38.13	0.63	0.00	1.00
江　苏	100.00	62.57	58.64	1.00	23.83	2.14	1.36	2.65
浙　江	100.00	58.78	52.10	4.14	23.75	2.35	1.22	2.03
安　徽	100.00	70.42	67.62	1.35	18.13	0.92	0.42	1.19
福　建	100.00	55.28	51.86	2.78	27.66	1.71	1.41	1.60
江　西	100.00	60.64	57.26	4.37	26.57	1.32	1.06	1.24
山　东	100.00	68.81	65.10	1.11	18.73	0.50	0.64	1.89
河　南	100.00	76.98	73.37	1.11	13.16	0.28	0.42	2.01
湖　北	100.00	65.31	63.05	1.58	20.49	2.35	1.52	1.48
湖　南	100.00	55.88	51.79	3.16	30.11	1.83	1.72	1.48
广　东	100.00	49.55	45.71	1.97	30.15	6.40	0.85	3.36
广　西	100.00	49.81	45.93	2.27	35.15	1.12	2.48	1.35
四　川	100.00	58.71	56.26	1.68	31.40	0.31	0.89	1.75
贵　州	100.00	58.16	54.69	2.04	29.11	0.28	0.89	1.39
云　南	100.00	56.19	53.08	2.20	30.95	0.53	1.36	2.11
西　藏	100.00	59.37	53.05	2.79	24.08	0.01	0.02	4.54
陕　西	100.00	69.12	65.84	1.48	19.36	0.04	0.35	2.37
甘　肃	100.00	68.44	66.02	1.56	18.62	0.00	0.67	2.76
青　海	100.00	53.15	51.72	0.55	32.92	0.02	1.17	1.01
宁　夏	100.00	72.39	70.23	1.87	16.86	0.29	0.68	1.59
新　疆	100.00	73.12	70.36	1.50	17.51	0.03	0.40	0.86

4—24 续表　　单位:%

地　　区	7.交通运输业、邮电业收入	8.批发和零售贸易、餐饮业收入	9.社会服务业收入	10.其他家庭经营收入	第一产业收　　入	第二产业收　　入	第三产业收　　入
全国合计	**2.83**	**1.96**	**0.89**	**1.61**	**89.96**	**2.75**	**7.29**
北　　京	12.29	1.12	0.99	2.00	79.56	4.05	16.39
天　　津	4.37	2.61	1.02	1.82	87.00	3.18	9.82
河　　北	2.47	2.31	0.97	1.52	89.49	3.25	7.26
山　　西	12.84	2.24	1.37	2.86	78.39	2.30	19.31
内 蒙 古	1.11	0.65	0.45	0.37	96.66	0.76	2.58
辽　　宁	4.37	1.77	0.68	1.60	87.76	3.82	8.42
吉　　林	2.50	1.18	0.46	2.47	92.29	1.10	6.61
黑 龙 江	3.01	1.18	0.42	2.04	92.73	0.63	6.65
上　　海	1.46	0.74	0.50	1.63	94.68	1.00	4.32
江　　苏	2.44	1.33	1.09	1.60	89.53	4.01	6.45
浙　　江	2.78	1.97	1.16	1.83	89.01	3.25	7.74
安　　徽	2.46	2.92	0.89	1.31	90.81	1.61	7.58
福　　建	3.57	2.44	1.54	2.01	87.42	3.01	9.57
江　　西	1.67	1.25	0.74	1.16	92.89	2.29	4.81
山　　东	2.45	2.70	1.01	2.15	89.15	2.54	8.31
河　　南	2.42	1.44	0.73	1.45	91.53	2.43	6.04
湖　　北	2.48	3.13	0.85	0.80	89.74	3.00	7.26
湖　　南	1.93	2.41	0.66	0.81	90.98	3.21	5.81
广　　东	2.23	2.22	1.12	2.15	88.07	4.21	7.72
广　　西	1.88	2.48	0.71	2.75	88.34	3.83	7.83
四　　川	1.96	1.30	0.96	1.04	92.11	2.63	5.26
贵　　州	2.85	2.49	0.99	1.81	89.58	2.27	8.14
云　　南	1.81	2.10	1.31	1.44	89.87	3.47	6.66
西　　藏	5.79	0.56	0.38	2.45	86.25	4.56	9.19
陕　　西	3.55	1.68	0.65	1.39	90.00	2.72	7.28
甘　　肃	2.77	1.63	0.77	2.78	88.61	3.43	7.95
青　　海	5.21	2.52	1.38	2.08	86.62	2.18	11.19
宁　　夏	4.36	0.75	0.75	0.45	91.41	2.28	6.31
新　　疆	2.99	1.92	0.76	0.91	92.15	1.26	6.58

4—25 1985年农村居民现金收入

单位:元/人

地 区	现金收入	一、工资性收入	二、家庭经营现金收入	三、财产性和转移性收入
全国总计	**357.39**	**68.89**	**251.68**	**36.82**
北 京	736.03	399.52	281.26	55.25
天 津	562.07	205.26	295.68	61.13
河 北	351.51	85.86	236.54	29.11
山 西	336.42	104.76	187.71	43.95
内 蒙 古	289.94	35.55	230.81	23.58
辽 宁	486.20	128.46	321.17	36.57
吉 林	454.78	52.66	360.40	41.72
黑 龙 江	414.77	49.80	321.85	43.12
上 海	859.74	420.93	361.91	76.90
江 苏	483.11	132.95	312.64	37.52
浙 江	555.51	161.73	345.92	47.86
安 徽	339.38	35.55	272.45	31.38
福 建	394.78	73.14	278.61	43.03
江 西	307.03	51.60	231.11	24.32
山 东	405.50	77.82	296.27	31.41
河 南	292.88	43.35	214.04	35.49
湖 北	347.43	46.25	267.16	34.02
湖 南	351.50	53.13	250.18	48.19
广 东	500.36	76.97	366.42	56.97
广 西	282.18	27.48	225.74	28.96
四 川	274.89	46.93	194.65	33.31
贵 州	218.22	26.94	161.36	29.92
云 南	254.13	37.10	182.70	34.33
西 藏	199.02	20.05	147.24	31.73
陕 西	234.87	38.79	159.04	37.04
甘 肃	198.35	39.19	129.75	29.41
青 海	278.91	58.04	182.30	38.57
宁 夏	294.57	64.38	190.14	40.05
新 疆	413.95	40.64	342.75	30.56

4—26 1985年农村居民现金收入构成

单位:%

地　区	现金收入	一、工资性收入	二、家庭经营收入	三、财产性和转移性收入
全国总计	**100.00**	**19.28**	**70.42**	**10.30**
北　京	100.00	54.28	38.21	7.51
天　津	100.00	36.52	52.61	10.88
河　北	100.00	24.43	67.29	8.28
山　西	100.00	31.14	55.80	13.06
内蒙古	100.00	12.26	79.61	8.13
辽　宁	100.00	26.42	66.06	7.52
吉　林	100.00	11.58	79.25	9.17
黑龙江	100.00	12.01	77.60	10.40
上　海	100.00	48.96	42.10	8.94
江　苏	100.00	27.52	64.71	7.77
浙　江	100.00	29.11	62.27	8.62
安　徽	100.00	10.47	80.28	9.25
福　建	100.00	18.53	70.57	10.90
江　西	100.00	16.81	75.27	7.92
山　东	100.00	19.19	73.06	7.75
河　南	100.00	14.80	73.08	12.12
湖　北	100.00	13.31	76.90	9.79
湖　南	100.00	15.12	71.17	13.71
广　东	100.00	15.38	73.23	11.39
广　西	100.00	9.74	80.00	10.26
四　川	100.00	17.07	70.81	12.12
贵　州	100.00	12.35	73.94	13.71
云　南	100.00	14.60	71.89	13.51
西　藏	100.00	10.07	73.98	15.94
陕　西	100.00	16.52	67.71	15.77
甘　肃	100.00	19.76	65.41	14.83
青　海	100.00	20.81	65.36	13.83
宁　夏	100.00	21.86	64.55	13.60
新　疆	100.00	9.82	82.80	7.38

4—27 1985年农村居民家庭经营现金收入

单位:元/人

地　区	家庭经营现金收入	1.出售产品收入	农业产品	#种植业产品	牧业产品	2.建筑业收入	3.交通运输业、邮电业收入
全国合计	**251.68**	**213.56**	**122.79**	**111.25**	**75.22**	**7.67**	**12.13**
北　京	281.26	208.82	90.08	83.17	102.64	11.27	49.63
天　津	295.68	237.65	125.25	111.98	107.60	13.65	20.35
河　北	236.54	200.17	135.13	116.74	57.01	8.82	9.32
山　西	187.71	125.94	84.91	75.60	34.22	4.48	38.67
内蒙古	230.81	216.94	150.61	146.71	62.95	2.34	5.19
辽　宁	321.17	271.68	178.71	166.15	77.29	9.99	20.78
吉　林	360.40	323.54	246.44	239.04	67.92	5.10	14.28
黑龙江	321.85	284.45	210.02	202.60	63.40	1.59	16.66
上　海	361.91	339.48	140.79	131.80	193.40	5.30	7.84
江　苏	312.64	268.64	146.03	126.32	2.29	12.89	12.24
浙　江	345.92	277.69	142.78	127.91	98.32	10.60	14.56
安　徽	272.45	234.73	154.96	143.21	67.97	5.42	11.25
福　建	278.61	232.45	106.81	96.09	99.46	6.96	15.61
江　西	231.11	207.48	104.87	96.28	79.21	4.99	6.90
山　东	296.27	250.87	160.21	143.03	79.11	8.84	11.47
河　南	214.04	185.44	133.48	119.91	45.04	7.41	9.34
湖　北	267.16	228.45	149.56	141.36	59.41	6.23	11.00
湖　南	250.18	215.80	90.09	74.16	102.37	6.98	9.37
广　东	366.42	308.56	127.90	111.20	135.26	18.32	12.16
广　西	225.74	194.31	74.46	66.17	98.40	5.13	7.12
四　川	194.65	168.60	76.05	68.88	82.49	6.74	7.57
贵　州	161.36	130.04	64.34	55.86	55.16	4.96	10.04
云　南	182.70	150.54	78.50	71.10	58.01	7.92	6.80
西　藏	147.24	93.95	50.82	34.45	34.28	18.69	23.89
陕　西	159.04	127.82	76.29	67.13	44.80	8.05	12.00
甘　肃	129.75	100.61	57.10	50.85	37.77	7.73	7.87
青　海	182.30	139.80	49.49	44.89	82.34	3.85	18.92
宁　夏	190.14	163.02	110.61	103.24	42.59	5.54	15.15
新　疆	342.75	304.92	226.85	213.10	68.26	4.59	15.86

4—27 续表 单位:元/人

地　区	4.批发和零售贸易、餐饮业收入	5.社会服务业收入	6.其他家庭经营收入	第一产业收　入	第二产业收　入	第三产业收　入
全国合计	**8.50**	**3.87**	**1.95**	**213.56**	**7.67**	**30.45**
北　京	3.81	4.32	3.41	208.82	11.27	61.17
天　津	12.05	4.77	7.21	237.65	13.65	44.38
河　北	9.36	3.97	4.90	200.17	8.82	27.55
山　西	7.20	4.48	6.94	125.94	4.48	57.29
内蒙古	3.06	2.13	1.15	216.94	2.34	11.53
辽　宁	8.79	3.30	6.63	271.68	9.99	39.50
吉　林	6.76	2.62	8.10	323.54	5.10	31.76
黑龙江	6.60	2.32	10.23	284.45	1.59	35.81
上　海	2.68	2.74	3.87	339.48	5.30	17.13
江　苏	6.58	5.44	6.85	268.64	12.89	31.11
浙　江	10.28	6.03	26.76	277.69	10.60	57.63
安　徽	13.29	4.00	3.76	234.73	5.42	32.30
福　建	10.67	6.77	6.15	232.45	6.96	39.20
江　西	5.23	3.02	3.49	207.48	4.99	18.64
山　东	12.96	4.73	7.40	250.87	8.84	36.56
河　南	5.24	2.79	3.82	185.44	7.41	21.19
湖　北	14.69	3.78	3.01	228.45	6.23	32.48
湖　南	11.57	3.19	3.27	215.80	6.98	27.40
广　东	12.21	6.13	9.04	308.56	18.32	39.54
广　西	9.42	2.71	7.05	194.31	5.13	26.30
四　川	4.99	3.73	3.02	168.60	6.74	19.31
贵　州	8.00	3.48	4.84	130.04	4.96	26.36
云　南	7.95	4.97	4.52	150.54	7.92	24.24
西　藏	1.66	1.19	7.86	93.95	18.69	34.60
陕　西	5.77	2.22	3.18	127.82	8.05	23.17
甘　肃	4.70	2.28	6.56	100.61	7.73	21.41
青　海	9.60	5.20	4.93	139.80	3.85	38.65
宁　夏	2.61	2.61	1.21	163.02	5.54	21.58
新　疆	10.09	3.96	3.33	304.92	4.59	33.24

4—28 1985年农村居民家庭经营现金收入构成

单位：%

地区	家庭经营现金收入	1.出售产品收入	农业产品	#种植业产品	牧业产品	2.建筑业收入	3.交通运输业、邮电业收入
全国合计	**100.00**	**84.85**	**48.79**	**44.20**	**29.89**	**3.05**	**4.82**
北京	100.00	74.24	32.03	29.57	36.49	4.01	17.65
天津	100.00	80.37	42.36	37.87	36.39	4.62	6.88
河北	100.00	84.62	57.13	49.35	24.10	3.73	3.94
山西	100.00	67.09	45.23	40.27	18.23	2.39	20.60
内蒙古	100.00	93.99	65.25	63.56	27.27	1.01	2.25
辽宁	100.00	84.59	55.64	51.73	24.07	3.11	6.47
吉林	100.00	89.77	68.38	66.33	18.85	1.42	3.96
黑龙江	94.05	88.38	65.25	62.95	19.70	0.49	5.18
上海	100.00	93.80	38.90	36.42	53.44	1.46	2.17
江苏	100.00	85.93	46.71	40.40	0.73	4.12	3.92
浙江	100.00	80.28	41.28	36.98	28.42	3.06	4.21
安徽	100.00	86.16	56.88	52.56	24.95	1.99	4.13
福建	100.00	83.43	38.34	34.49	35.70	2.50	5.60
江西	100.00	89.78	45.38	41.66	34.27	2.16	2.99
山东	100.00	84.68	54.07	48.28	26.70	2.98	3.87
河南	100.00	86.64	62.36	56.02	21.04	3.46	4.36
湖北	100.00	85.51	55.98	52.91	22.24	2.33	4.12
湖南	100.00	86.26	36.01	29.64	40.92	2.79	3.75
广东	100.00	84.21	34.91	30.35	36.91	5.00	3.32
广西	100.00	86.08	32.98	29.31	43.59	2.27	3.15
四川	100.00	86.62	39.07	35.39	42.38	3.46	3.89
贵州	100.00	80.59	39.88	34.62	34.18	3.07	6.22
云南	100.00	82.40	42.96	38.92	31.75	4.33	3.72
西藏	100.00	63.81	34.51	23.40	23.28	12.69	16.23
陕西	100.00	80.37	47.97	42.21	28.17	5.06	7.55
甘肃	100.00	77.54	44.01	39.19	29.11	5.96	6.07
青海	100.00	76.69	27.14	24.62	45.16	2.11	10.38
宁夏	100.00	85.74	58.17	54.30	22.40	2.91	7.97
新疆	100.00	88.96	66.19	62.17	19.92	1.34	4.63

4—28 续表　　　　单位：%

地　区	4.批发和零售贸易、餐饮业收入	5.社会服务业收入	6.其他家庭经营收入	第一产业收　入	第二产业收　入	第三产业收　入
全国合计	**3.38**	**1.54**	**0.77**	**84.85**	**3.05**	**12.10**
北　京	1.35	1.54	1.21	74.24	4.01	21.75
天　津	4.08	1.61	2.44	80.37	4.62	15.01
河　北	3.96	1.68	2.07	84.62	3.73	11.65
山　西	3.84	2.39	3.70	67.09	2.39	30.52
内蒙古	1.33	0.92	0.50	93.99	1.01	5.00
辽　宁	2.74	1.03	2.06	84.59	3.11	12.30
吉　林	1.88	0.73	2.25	89.77	1.42	8.81
黑龙江						
上　海	0.74	0.76	1.07	93.80	1.46	4.73
江　苏	2.10	1.74	2.19	85.93	4.12	9.95
浙　江	2.97	1.74	7.74	80.28	3.06	16.66
安　徽	4.88	1.47	1.38	86.16	1.99	11.86
福　建	3.83	2.43	2.21	83.43	2.50	14.07
江　西	2.26	1.31	1.51	89.78	2.16	8.07
山　东	4.37	1.60	2.50	84.68	2.98	12.34
河　南	2.45	1.30	1.78	86.64	3.46	9.90
湖　北	5.50	1.41	1.13	85.51	2.33	12.16
湖　南	4.62	1.28	1.31	86.26	2.79	10.95
广　东	3.33	1.67	2.47	84.21	5.00	10.79
广　西	4.17	1.20	3.12	86.08	2.27	11.65
四　川	2.56	1.92	1.55	86.62	3.46	9.92
贵　州	4.96	2.16	3.00	80.59	3.07	16.34
云　南	4.35	2.72	2.47	82.40	4.33	13.27
西　藏	1.13	0.81	5.34	63.81	12.69	23.50
陕　西	3.63	1.40	2.00	80.37	5.06	14.57
甘　肃	3.62	1.76	5.06	77.54	5.96	16.50
青　海	5.27	2.85	2.70	76.69	2.11	21.20
宁　夏	1.37	1.37	0.64	85.74	2.91	11.35
新　疆	2.94	1.16	0.97	88.96	1.34	9.70

4—29 1985年农村居民纯收入

单位:元/人

地　区	纯收入	1.工资性收入	2.家庭经营纯收入	3.财产性和转移性收入
全　国	**397.60**	**72.15**	**295.98**	**29.47**
北　京	775.08	438.78	294.68	41.62
天　津	564.55	210.17	308.56	45.82
河　北	385.23	88.71	268.50	28.02
山　西	358.32	110.18	224.72	23.42
内蒙古	360.41	36.68	314.42	9.31
辽　宁	467.84	143.22	304.84	19.78
吉　林	413.74	53.18	340.37	20.19
黑龙江	397.84	52.82	333.47	11.55
上　海	805.92	430.38	322.85	52.69
江　苏	492.60	135.09	318.91	38.60
浙　江	548.60	162.60	360.52	25.48
安　徽	369.41	35.76	303.72	29.93
福　建	396.45	73.73	296.48	26.24
江　西	377.31	52.75	301.81	22.75
山　东	408.12	80.94	309.20	17.98
河　南	329.37	44.55	263.62	21.20
湖　北	421.24	50.36	334.95	35.93
湖　南	395.26	53.89	326.24	15.13
广　东	495.31	77.44	373.22	44.65
广　西	302.96	27.49	261.92	13.55
四　川	315.07	47.23	248.89	18.95
贵　州	287.83	27.25	245.10	15.48
云　南	338.34	36.21	270.18	31.95
西　藏	352.97	20.58	303.61	28.78
陕　西	295.26	38.69	234.69	21.88
甘　肃	255.22	40.10	187.82	27.30
青　海	342.95	58.57	260.41	23.97
宁　夏	321.17	65.00	230.84	25.33
新　疆	394.30	38.26	330.24	25.80

4—30 1985年农村居民纯收入构成

单位：%

地　区	纯收入	1.工资性收入	2.家庭经营纯收入	3. 财产性和转移性收入
全　国	**100.00**	**18.15**	**74.44**	**7.41**
北　京	100.00	56.61	38.02	5.37
天　津	100.00	37.23	54.66	8.12
河　北	100.00	23.03	69.70	7.27
山　西	100.00	30.75	62.71	6.54
内蒙古	100.00	10.18	87.24	2.58
辽　宁	100.00	30.61	65.16	4.23
吉　林	100.00	12.85	82.27	4.88
黑龙江	100.00	13.28	83.82	2.90
上　海	100.00	53.40	40.06	6.54
江　苏	100.00	27.42	64.74	7.84
浙　江	100.00	29.64	65.72	4.64
安　徽	100.00	9.68	82.22	8.10
福　建	100.00	18.60	74.78	6.62
江　西	100.00	13.98	79.99	6.03
山　东	100.00	19.83	75.76	4.41
河　南	100.00	13.53	80.04	6.44
湖　北	100.00	11.96	79.52	8.53
湖　南	100.00	13.63	82.54	3.83
广　东	100.00	15.63	75.35	9.01
广　西	100.00	9.07	86.45	4.47
四　川	100.00	14.99	79.00	6.01
贵　州	100.00	9.47	85.15	5.38
云　南	100.00	10.70	79.85	9.44
西　藏	100.00	5.83	86.02	8.15
陕　西	100.00	13.10	79.49	7.41
甘　肃	100.00	15.71	73.59	10.70
青　海	100.00	17.08	75.93	6.99
宁　夏	100.00	20.24	71.87	7.89
新　疆	100.00	9.70	83.75	6.54

4—31　1985年农村居民总支出

单位:元/人

地　区	总支出	一、家庭经营费用支出	二、购置生产性固定资产支出	三、税费支出	四、生活消费支出	五、财产性和转移性支出
全国总计	**485.51**	**121.39**	**18.70**	**18.43**	**317.42**	**9.57**
北　京	726.32	143.87	37.99	15.04	510.03	19.39
天　津	611.78	138.19	16.66	11.43	426.10	19.40
河　北	461.18	117.88	19.88	16.61	297.72	9.09
山　西	407.85	77.10	30.80	16.43	272.74	10.78
内蒙古	465.54	121.04	26.12	20.75	291.28	6.35
辽　宁	643.61	174.82	24.80	30.66	401.63	11.70
吉　林	649.30	174.66	47.70	39.77	364.47	22.70
黑龙江	576.53	157.17	47.30	52.08	306.62	13.36
上　海	1025.61	185.50	4.51	37.23	778.42	19.95
江　苏	610.51	152.22	10.61	25.39	415.61	6.68
浙　江	662.17	141.74	17.51	12.23	473.81	16.88
安　徽	476.02	127.99	19.99	19.80	299.02	9.22
福　建	514.55	129.05	9.81	10.09	350.57	15.03
江　西	433.06	93.39	10.20	16.34	303.14	9.99
山　东	523.15	144.79	18.71	26.72	321.98	10.95
河　南	403.53	97.13	18.77	19.48	259.64	8.51
湖　北	493.16	108.49	15.55	28.43	334.64	6.05
湖　南	519.85	134.53	14.30	16.17	348.45	6.40
广　东	585.45	151.70	16.34	15.80	388.00	13.61
广　西	395.29	103.85	13.23	4.78	268.31	5.12
四　川	421.52	117.61	7.45	15.15	276.26	5.05
贵　州	366.82	91.26	7.43	6.57	254.58	6.98
云　南	387.58	89.48	16.90	7.39	267.01	6.80
西　藏	387.81	73.27	36.68	0.02	269.60	8.24
陕　西	353.79	86.60	17.73	10.02	233.42	6.02
甘　肃	325.51	85.84	18.19	6.95	204.61	9.92
青　海	409.57	85.51	28.67	12.49	274.68	8.22
宁　夏	401.53	95.73	25.46	9.68	265.19	5.47
新　疆	513.58	155.40	28.20	27.02	290.38	12.58

4—32 1985年农村居民总支出构成

单位:%

地区	总支出	一、家庭经营费用支出	二、购置生产性固定资产支出	三、税费支出	四、生活消费支出	五、财产性和转移性支出
全国总计	**100.00**	**25.00**	**3.85**	**3.80**	**65.38**	**1.97**
北京	100.00	19.81	5.23	2.07	70.22	2.67
天津	100.00	22.59	2.72	1.87	69.65	3.17
河北	100.00	25.56	4.31	3.60	64.56	1.97
山西	100.00	18.90	7.55	4.03	66.87	2.64
内蒙古	100.00	26.00	5.61	4.46	62.57	1.36
辽宁	100.00	27.16	3.85	4.76	62.40	1.82
吉林	100.00	26.90	7.35	6.13	56.13	3.50
黑龙江	100.00	27.26	8.20	9.03	53.18	2.32
上海	100.00	18.09	0.44	3.63	75.90	1.95
江苏	100.00	24.93	1.74	4.16	68.08	1.09
浙江	100.00	21.41	2.64	1.85	71.55	2.55
安徽	100.00	26.89	4.20	4.16	62.82	1.94
福建	100.00	25.08	1.91	1.96	68.13	2.92
江西	100.00	21.57	2.36	3.77	70.00	2.31
山东	100.00	27.68	3.58	5.11	61.55	2.09
河南	100.00	24.07	4.65	4.83	64.34	2.11
湖北	100.00	22.00	3.15	5.76	67.86	1.23
湖南	100.00	25.88	2.75	3.11	67.03	1.23
广东	100.00	25.91	2.79	2.70	66.27	2.32
广西	100.00	26.27	3.35	1.21	67.88	1.30
四川	100.00	27.90	1.77	3.59	65.54	1.20
贵州	100.00	24.88	2.03	1.79	69.40	1.90
云南	100.00	23.09	4.36	1.91	68.89	1.75
西藏	100.00	18.89	9.46	0.01	69.52	2.12
陕西	100.00	24.48	5.01	2.83	65.98	1.70
甘肃	100.00	26.37	5.59	2.14	62.86	3.05
青海	100.00	20.88	7.00	3.05	67.07	2.01
宁夏	100.00	23.84	6.34	2.41	66.04	1.36
新疆	100.00	30.26	5.49	5.26	56.54	2.45

4—33 1985年农村居民家庭经营费用支出

单位:元/人

地区	家庭经营费用支出	1.农业支出	种植业	2.林业支出	3.牧业支出	4.渔业支出	5.工业支出	6.建筑业支出
全国	**121.39**	**59.52**	**55.95**	**0.95**	**48.37**	**1.90**	**1.71**	**0.29**
北京	143.87	43.40	41.62	0.20	75.56	0.24	2.67	0.18
天津	138.19	61.71	56.35	0.46	67.85	0.75		0.01
河北	117.88	69.44	62.95	0.74	36.55	0.24	1.87	0.46
山西	77.10	42.41	39.37	0.53	14.57		0.67	0.02
内蒙古	121.04	76.67	76.04	0.56	38.24	0.12	0.74	0.23
辽宁	174.82	84.91	81.34	1.22	69.83	1.54	4.18	0.57
吉林	174.66	103.52	101.02	0.71	56.27	0.55	1.27	0.35
黑龙江	157.17	97.57	95.28	0.35	44.32	3.13	0.91	0.01
上海	185.50	66.12	65.95	0.62	111.08	1.40		0.01
江苏	152.22	70.38	63.23	1.08	65.96	3.21	4.88	0.36
浙江	141.74	62.85	56.80	4.33	59.73	4.59	3.42	0.17
安徽	127.99	77.84	73.56	0.51	37.66	1.15	0.85	0.58
福建	129.05	53.34	50.67	1.22	56.30	3.05	2.34	0.49
江西	93.39	45.96	43.97	1.38	37.58	1.59	1.49	0.11
山东	144.79	71.60	65.90	1.97	55.11	0.95	1.24	0.75
河南	97.13	63.64	58.91	1.03	26.71	0.36	0.41	0.35
湖北	108.49	53.02	51.18	0.73	37.68	4.60	2.29	0.19
湖南	134.53	52.44	48.15	0.45	68.45	2.13	2.43	0.07
广东	151.70	61.86	57.04	0.61	66.10	12.54	1.74	0.24
广西	103.85	37.38	34.76	0.66	55.03	1.00	1.54	0.06
四川	117.61	37.93	35.62	0.42	71.54	0.52	1.63	0.16
贵州	91.26	36.10	33.37	0.44	45.35	0.24	1.00	0.60
云南	89.48	31.06	29.50	0.55	46.99	0.68	3.09	0.36
西藏	73.27	32.45	28.67	0.26	24.19			0.58
陕西	86.60	53.29	50.78	1.03	24.52	0.05	0.33	0.08
甘肃	85.84	52.01	50.18	0.61	25.62	0.02	0.68	0.29
青海	85.51	47.19	46.78	0.27	29.42		1.20	0.14
宁夏	95.73	67.63	65.36	1.02	18.96	0.82	0.98	
新疆	155.40	93.21	89.92	2.53	44.89	0.34	0.74	0.34

4—33 续表

单位:元/人

地　区	7.交通运输、邮电业支出	8.批发和零售贸易、餐饮业支出	9.社会服务业支出	10.其他家庭经营支出	第一产业支出	第二产业支出	第三产业支出
全　国	**3.64**	**2.27**	**0.55**	**2.19**	**110.74**	**2.00**	**8.65**
北　京	17.39	1.29	0.56	2.38	119.40	2.85	21.62
天　津	2.22	2.66	0.30	2.23	130.77	0.01	7.41
河　北	2.82	2.91	0.79	2.06	106.97	2.33	8.58
山　西	14.99	2.02	0.45	1.44	57.51	0.69	18.90
内蒙古	1.92	0.50	0.39	1.67	115.59	0.97	4.48
辽　宁	7.06	1.88	0.57	3.06	157.50	4.75	12.57
吉　林	4.69	3.85	0.55	2.90	161.05	1.62	11.99
黑龙江	3.34	2.20	0.21	5.12	145.37	0.92	10.87
上　海	1.05	2.28	0.03	2.91	179.22	0.01	6.27
江　苏	3.23	0.77	0.55	1.80	140.63	5.24	6.35
浙　江	1.99	0.59	0.49	3.58	131.50	3.59	6.65
安　徽	3.21	3.83	0.65	1.71	117.16	1.43	9.40
福　建	5.01	3.32	1.13	2.85	113.91	2.83	12.31
江　西	2.18	0.63	0.13	2.34	86.51	1.60	5.28
山　东	3.48	5.75	0.66	3.28	129.63	1.99	13.17
河　南	2.38	0.51	0.29	1.45	91.74	0.76	4.63
湖　北	3.43	4.62	0.47	1.46	96.03	2.48	9.98
湖　南	3.28	4.21	0.27	0.80	123.47	2.50	8.56
广　东	2.69	2.99	0.91	2.02	141.11	1.98	8.61
广　西	2.33	2.48	0.60	2.77	94.07	1.60	8.18
四　川	2.66	1.10	0.71	0.94	110.41	1.79	5.41
贵　州	3.25	1.79	0.38	2.11	82.13	1.60	7.53
云　南	1.53	2.04	1.15	2.03	79.28	3.45	6.75
西　藏	9.01		0.19	6.59	56.90	0.58	15.79
陕　西	4.86	0.39	0.42	1.63	78.89	0.41	7.30
甘　肃	2.46	0.64	0.11	3.40	78.26	0.97	6.61
青　海	5.46	0.22	0.38	1.23	76.88	1.34	7.29
宁　夏	5.38	0.10	0.11	0.73	88.43	0.98	6.32
新　疆	6.27	3.24	1.18	2.66	140.97	1.08	13.35

4—34 1985年农村居民家庭经营费用支出构成

单位:%

地　　区	家庭经营费用支出	1. 农业支出	种植业	2. 林业支出	3. 牧业支出	4. 渔业支出	5. 工业支出	6. 建筑业支出
全　国	**100.00**	**49.03**	**46.09**	**0.78**	**39.85**	**1.57**	**1.41**	**0.24**
北　京	100.00	30.17	28.93	0.14	52.52	0.17	1.86	0.13
天　津	100.00	44.66	40.78	0.33	49.10	0.54	0.00	0.01
河　北	100.00	58.91	53.40	0.63	31.01	0.20	1.59	0.39
山　西	100.00	55.01	51.06	0.69	18.90	0.00	0.87	0.03
内蒙古	100.00	63.34	62.82	0.46	31.59	0.10	0.61	0.19
辽　宁	100.00	48.57	46.53	0.70	39.94	0.88	2.39	0.33
吉　林	100.00	59.27	57.84	0.41	32.22	0.31	0.73	0.20
黑龙江	100.00	62.08	60.62	0.22	28.20	1.99	0.58	0.01
上　海	100.00	35.64	35.55	0.33	59.88	0.75	0.00	0.01
江　苏	100.00	46.24	41.54	0.71	43.33	2.11	3.21	0.24
浙　江	100.00	44.34	40.07	3.05	42.14	3.24	2.41	0.12
安　徽	100.00	60.82	57.47	0.40	29.42	0.90	0.66	0.45
福　建	100.00	41.33	39.26	0.95	43.63	2.36	1.81	0.38
江　西	100.00	49.21	47.08	1.48	40.24	1.70	1.60	0.12
山　东	100.00	49.45	45.51	1.36	38.06	0.66	0.86	0.52
河　南	100.00	65.52	60.65	1.06	27.50	0.37	0.42	0.36
湖　北	100.00	48.87	47.17	0.67	34.73	4.24	2.11	0.18
湖　南	100.00	38.98	35.79	0.33	50.88	1.58	1.81	0.05
广　东	100.00	40.78	37.60	0.40	43.57	8.27	1.15	0.16
广　西	100.00	35.99	33.47	0.64	52.99	0.96	1.48	0.06
四　川	100.00	32.25	30.29	0.36	60.83	0.44	1.39	0.14
贵　州	100.00	39.56	36.57	0.48	49.69	0.26	1.10	0.66
云　南	100.00	34.71	32.97	0.61	52.51	0.76	3.45	0.40
西　藏	100.00	44.29	39.13	0.35	33.01	0.00	0.00	0.79
陕　西	100.00	61.54	58.64	1.19	28.31	0.06	0.38	0.09
甘　肃	100.00	60.59	58.46	0.71	29.85	0.02	0.79	0.34
青　海	100.00	55.19	54.71	0.32	34.41	0.00	1.40	0.16
宁　夏	100.00	70.65	68.28	1.07	19.81	0.86	1.02	0.00
新　疆	100.00	59.98	57.86	1.63	28.89	0.22	0.48	0.22

4—34 续表 单位:%

地　区	7.交通运输业、邮电业收入	8.批发和零售贸易、餐饮业收入	9.社会服务业收入	10.其他家庭经营收入	第一产业收入	第二产业收入	第三产业收入
全　国	**3.00**	**1.87**	**0.45**	**1.80**	**91.23**	**1.65**	**7.13**
北　京	12.09	0.90	0.39	1.65	82.99	1.98	15.03
天　津	1.61	1.92	0.22	1.61	94.63	0.01	5.36
河　北	2.39	2.47	0.67	1.75	90.74	1.98	7.28
山　西	19.44	2.62	0.58	1.87	74.59	0.89	24.51
内蒙古	1.59	0.41	0.32	1.38	95.50	0.80	3.70
辽　宁	4.04	1.08	0.33	1.75	90.09	2.72	7.19
吉　林	2.69	2.20	0.31	1.66	92.21	0.93	6.86
黑龙江	2.13	1.40	0.14	3.26	92.49	0.59	6.92
上　海	0.57	1.23	0.02	1.57	96.61	0.01	3.38
江　苏	2.12	0.51	0.36	1.18	92.39	3.44	4.17
浙　江	1.40	0.42	0.35	2.53	92.78	2.53	4.69
安　徽	2.51	2.99	0.51	1.34	91.54	1.12	7.34
福　建	3.88	2.57	0.88	2.21	88.27	2.19	9.54
江　西	2.33	0.67	0.14	2.51	92.63	1.71	5.65
山　东	2.40	3.97	0.46	2.27	89.53	1.37	9.10
河　南	2.45	0.53	0.30	1.49	94.45	0.78	4.77
湖　北	3.16	4.26	0.43	1.35	88.52	2.29	9.20
湖　南	2.44	3.13	0.20	0.59	91.78	1.86	6.36
广　东	1.77	1.97	0.60	1.33	93.02	1.31	5.68
广　西	2.24	2.39	0.58	2.67	90.58	1.54	7.88
四　川	2.26	0.94	0.60	0.80	93.88	1.52	4.60
贵　州	3.56	1.96	0.42	2.31	90.00	1.75	8.25
云　南	1.71	2.28	1.29	2.27	88.60	3.86	7.54
西　藏	12.30	0.00	0.26	8.99	77.66	0.79	21.55
陕　西	5.61	0.45	0.48	1.88	91.10	0.47	8.43
甘　肃	2.87	0.75	0.13	3.96	91.17	1.13	7.70
青　海	6.39	0.26	0.44	1.44	89.91	1.57	8.53
宁　夏	5.62	0.10	0.11	0.76	92.37	1.02	6.60
新　疆	4.03	2.08	0.76	1.71	90.71	0.69	8.59

4—35 1985年农村居民生活消费支出

单位:元/人

地 区	生活消费支出	一、食品支出			二、衣着支出	三、居住支出		
			主 食	副 食			住 房	燃 料
全 国	**317.42**	**183.43**	**83.24**	**73.01**	**30.77**	**57.87**	**39.46**	**18.16**
北 京	510.03	240.12	80.66	94.99	52.46	106.81	88.22	18.26
天 津	426.10	202.24	90.04	68.84	48.63	89.85	71.11	18.49
河 北	297.72	149.04	85.26	41.78	31.88	66.39	49.62	16.49
山 西	272.74	148.18	82.78	40.83	39.54	37.78	28.72	8.95
内蒙古	291.28	183.58	88.99	71.05	29.56	35.98	17.77	18.08
辽 宁	401.63	207.22	85.50	91.76	43.74	81.20	53.26	27.76
吉 林	364.47	199.48	89.61	79.99	36.95	66.81	43.05	23.57
黑龙江	306.62	176.83	86.46	64.26	31.94	52.43	27.61	24.71
上 海	778.42	341.48	94.03	144.25	64.77	254.49	238.60	15.85
江 苏	415.61	216.96	86.69	89.35	36.80	101.66	81.36	19.71
浙 江	473.81	247.31	81.26	109.81	41.92	110.46	88.85	21.18
安 徽	299.02	174.86	91.47	58.07	28.54	57.96	37.36	20.44
福 建	350.57	218.83	94.33	83.33	24.43	59.04	39.55	19.05
江 西	303.14	185.35	86.62	76.79	26.38	52.91	29.86	22.73
山 东	321.98	168.20	80.97	56.99	35.73	66.10	47.68	18.29
河 南	259.64	145.48	89.03	37.54	28.55	51.86	35.02	16.60
湖 北	334.64	197.95	82.05	87.10	33.40	55.27	37.43	17.52
湖 南	348.45	219.57	84.80	108.06	32.77	50.96	33.28	17.40
广 东	388.00	234.37	73.17	125.27	19.19	77.15	54.46	22.26
广 西	268.31	166.87	65.24	83.51	19.08	45.78	27.98	17.37
四 川	276.26	173.89	78.73	73.53	27.31	41.39	25.78	15.43
贵 州	254.58	177.88	83.92	75.29	23.73	29.42	14.39	14.93
云 南	267.01	177.98	71.34	84.61	22.88	38.93	22.97	15.84
西 藏	269.60	184.33	92.53	51.93	33.28	34.57	5.78	28.87
陕 西	233.42	134.10	50.12	36.71	25.20	41.84	27.60	14.06
甘 肃	204.61	123.57	82.98	28.84	24.95	25.08	12.22	12.80
青 海	274.68	176.16	91.10	59.43	36.86	30.96	14.26	16.63
宁 夏	265.19	156.33	91.48	47.05	30.43	32.92	20.74	11.87
新 疆	290.38	168.09	80.98	62.51	46.64	33.23	16.20	16.91

4—35 续表

单位:元/人

地　区	四、家庭设备用品及服务支出	五、医疗保健支出	六、交通和通讯支出	七、文化教育用品及服务支出	八、其他商品及服务支出
全　国	**16.19**	**7.67**	**5.58**	**12.36**	**3.55**
北　京	44.87	10.48	10.03	40.24	5.02
天　津	31.60	8.84	9.16	30.49	5.29
河　北	17.89	8.34	6.67	14.15	3.36
山　西	16.10	7.37	5.66	14.43	3.68
内蒙古	13.55	8.59	5.29	11.81	2.92
辽　宁	21.27	8.29	9.37	25.66	4.88
吉　林	18.84	11.07	6.28	21.22	3.82
黑龙江	15.54	10.03	5.20	12.19	2.46
上　海	52.06	8.11	14.88	35.80	6.83
江　苏	24.16	7.82	8.58	15.11	4.52
浙　江	32.70	9.25	11.74	14.78	5.65
安　徽	13.82	6.48	5.09	8.99	3.28
福　建	15.16	8.95	5.35	13.35	5.46
江　西	11.94	6.99	5.08	11.60	2.89
山　东	21.90	6.70	5.39	14.17	3.79
河　南	12.21	8.06	3.97	7.13	2.38
湖　北	17.11	8.00	5.05	14.30	3.56
湖　南	15.69	7.49	6.63	11.92	3.42
广　东	17.40	11.91	6.83	15.95	5.20
广　西	12.76	6.58	4.82	8.73	3.69
四　川	11.10	6.31	3.51	9.71	3.04
贵　州	7.85	4.09	1.74	6.18	3.69
云　南	9.83	5.58	3.09	6.16	2.56
西　藏	12.94	0.05	0.96	0.99	2.48
陕　西	11.64	7.52	3.95	6.71	2.46
甘　肃	10.71	6.40	4.02	7.48	2.40
青　海	8.59	6.32	4.99	7.47	3.33
宁　夏	15.07	8.12	5.95	14.74	1.63
新　疆	14.64	7.84	5.57	11.19	3.18

4—36 1985年农村居民生活消费支出构成

单位:%

地区	生活消费支出	一、食品支出	主食	副食	二、衣着支出	三、居住支出	住房	燃料
全国	**100.00**	**57.79**	**26.22**	**23.00**	**9.69**	**18.23**	**12.43**	**5.72**
北京	100.00	47.08	15.81	18.62	10.29	20.94	17.30	3.58
天津	100.00	47.46	21.13	16.16	11.41	21.09	16.69	4.34
河北	100.00	50.06	28.64	14.03	10.71	22.30	16.67	5.54
山西	100.00	54.33	30.35	14.97	14.50	13.85	10.53	3.28
内蒙古	100.00	63.03	30.55	24.39	10.15	12.35	6.10	6.21
辽宁	100.00	51.59	21.29	22.85	10.89	20.22	13.26	6.91
吉林	100.00	54.73	24.59	21.95	10.14	18.33	11.81	6.47
黑龙江	100.00	57.67	28.20	20.96	10.42	17.10	9.00	8.06
上海	100.00	43.87	12.08	18.53	8.32	32.69	30.65	2.04
江苏	100.00	52.20	20.86	21.50	8.85	24.46	19.58	4.74
浙江	100.00	52.20	17.15	23.18	8.85	23.31	18.75	4.47
安徽	100.00	58.48	30.59	19.42	9.54	19.38	12.49	6.84
福建	100.00	62.42	26.91	23.77	6.97	16.84	11.28	5.43
江西	100.00	61.14	28.57	25.33	8.70	17.45	9.85	7.50
山东	100.00	52.24	25.15	17.70	11.10	20.53	14.81	5.68
河南	100.00	56.03	34.29	14.46	11.00	19.97	13.49	6.39
湖北	100.00	59.15	24.52	26.03	9.98	16.52	11.19	5.24
湖南	100.00	63.01	24.34	31.01	9.40	14.62	9.55	4.99
广东	100.00	60.40	18.86	32.29	4.95	19.88	14.04	5.74
广西	100.00	62.19	24.32	31.12	7.11	17.06	10.43	6.47
四川	100.00	62.94	28.50	26.62	9.89	14.98	9.33	5.59
贵州	100.00	69.87	32.96	29.57	9.32	11.56	5.65	5.86
云南	100.00	66.66	26.72	31.69	8.57	14.58	8.60	5.93
西藏	100.00	68.37	34.32	19.26	12.34	12.82	2.14	10.71
陕西	100.00	57.45	21.47	15.73	10.80	17.92	11.82	6.02
甘肃	100.00	60.39	40.56	14.10	12.19	12.26	5.97	6.26
青海	100.00	64.13	33.17	21.64	13.42	11.27	5.19	6.05
宁夏	100.00	58.95	34.50	17.74	11.47	12.41	7.82	4.48
新疆	100.00	57.89	27.89	21.53	16.06	11.44	5.58	5.82

4—36续表　　单位:元/人

地　区	四、家庭设备用品及服务支出	五、医疗保健支出	六、交通和通讯支出	七、文化教育用品及服务支出	八、其他商品及服务支出
全　国	**5.10**	**2.42**	**1.76**	**3.89**	**1.12**
北　京	8.80	2.05	1.97	7.89	0.98
天　津	7.42	2.07	2.15	7.16	1.24
河　北	6.01	2.80	2.24	4.75	1.13
山　西	5.90	2.70	2.08	5.29	1.35
内蒙古	4.65	2.95	1.82	4.05	1.00
辽　宁	5.30	2.06	2.33	6.39	1.22
吉　林	5.17	3.04	1.72	5.82	1.05
黑龙江	5.07	3.27	1.70	3.98	0.80
上　海	6.69	1.04	1.91	4.60	0.88
江　苏	5.81	1.88	2.06	3.64	1.09
浙　江	6.90	1.95	2.48	3.12	1.19
安　徽	4.62	2.17	1.70	3.01	1.10
福　建	4.32	2.55	1.53	3.81	1.56
江　西	3.94	2.31	1.68	3.83	0.95
山　东	6.80	2.08	1.67	4.40	1.18
河　南	4.70	3.10	1.53	2.75	0.92
湖　北	5.11	2.39	1.51	4.27	1.06
湖　南	4.50	2.15	1.90	3.42	0.98
广　东	4.48	3.07	1.76	4.11	1.34
广　西	4.76	2.45	1.80	3.25	1.38
四　川	4.02	2.28	1.27	3.51	1.10
贵　州	3.08	1.61	0.68	2.43	1.45
云　南	3.68	2.09	1.16	2.31	0.96
西　藏	4.80	0.02	0.36	0.37	0.92
陕　西	4.99	3.22	1.69	2.87	1.05
甘　肃	5.23	3.13	1.96	3.66	1.17
青　海	3.13	2.30	1.82	2.72	1.21
宁　夏	5.68	3.06	2.24	5.56	0.61
新　疆	5.04	2.70	1.92	3.85	1.10

4—37 1985年农村居民现金支出

单位:元/人

地区	现金支出	一、家庭经营费用支出	二、购买生产性固定资产支出	三、税费支出	四、生活消费支出	五、财产性和转移性支出
全国总计	**331.23**	**79.99**	**18.94**	**16.35**	**194.68**	**21.27**
北京	619.88	103.95	37.91	10.68	438.80	28.54
天津	497.80	104.81	16.66	5.64	338.37	32.32
河北	327.54	78.47	19.90	14.26	198.49	16.42
山西	307.20	57.99	31.05	15.56	183.67	18.93
内蒙古	259.09	53.85	26.55	20.09	141.41	17.19
辽宁	471.71	120.56	25.26	23.99	270.37	31.53
吉林	452.56	108.48	50.80	39.11	219.93	34.24
黑龙江	390.04	96.73	47.57	45.49	178.25	22.00
上海	839.99	135.53	3.51	6.48	651.74	42.73
江苏	458.40	108.89	10.67	24.58	286.75	27.51
浙江	511.88	107.33	18.07	12.14	342.77	31.57
安徽	317.49	82.78	20.28	19.62	173.14	21.67
福建	374.13	99.27	10.77	7.93	226.10	30.06
江西	279.01	64.73	10.52	14.04	166.50	23.22
山东	379.48	98.68	18.54	23.82	218.77	19.67
河南	268.08	64.11	18.86	17.66	152.49	14.96
湖北	332.43	74.97	15.58	26.35	189.17	26.36
湖南	336.15	81.36	14.34	15.44	191.99	33.02
广东	437.67	123.09	16.56	10.50	266.35	21.17
广西	265.14	70.71	13.65	4.59	159.30	16.89
四川	258.02	65.40	7.52	14.89	154.32	15.89
贵州	198.14	48.59	7.61	5.75	117.83	18.36
云南	225.04	55.01	17.34	4.12	135.53	13.04
西藏	168.79	35.84	31.20	0.02	97.12	4.61
陕西	223.35	51.85	18.58	9.73	129.81	13.38
甘肃	184.95	44.41	17.82	5.98	101.85	14.89
青海	237.88	42.06	28.64	11.80	140.95	14.43
宁夏	260.41	60.25	26.17	7.41	149.34	17.24
新疆	358.73	108.27	28.50	24.77	179.64	17.55

4—38 1985年农村居民现金支出构成

单位:%

地区	现金支出	一、家庭经营费用支出	二、购买生产性固定资产支出	三、税费支出	四、生活消费支出	五、财产性和转移性支出
全国总计	**100.00**	**24.15**	**5.72**	**4.94**	**58.77**	**6.42**
北京	100.00	16.77	6.12	1.72	70.79	4.60
天津	100.00	21.05	3.35	1.13	67.97	6.49
河北	100.00	23.96	6.08	4.35	60.60	5.01
山西	100.00	18.88	10.11	5.07	59.79	6.16
内蒙古	100.00	20.78	10.25	7.75	54.58	6.63
辽宁	100.00	25.56	5.35	5.09	57.32	6.68
吉林	100.00	23.97	11.23	8.64	48.60	7.57
黑龙江	100.00	24.80	12.20	11.66	45.70	5.64
上海	100.00	16.13	0.42	0.77	77.59	5.09
江苏	100.00	23.75	2.33	5.36	62.55	6.00
浙江	100.00	20.97	3.53	2.37	66.96	6.17
安徽	100.00	26.07	6.39	6.18	54.53	6.83
福建	100.00	26.53	2.88	2.12	60.43	8.03
江西	100.00	23.20	3.77	5.03	59.68	8.32
山东	100.00	26.00	4.89	6.28	57.65	5.18
河南	100.00	23.91	7.04	6.59	56.88	5.58
湖北	100.00	22.55	4.69	7.93	56.91	7.93
湖南	100.00	24.20	4.27	4.59	57.11	9.82
广东	100.00	28.12	3.78	2.40	60.86	4.84
广西	100.00	26.67	5.15	1.73	60.08	6.37
四川	100.00	25.35	2.91	5.77	59.81	6.16
贵州	100.00	24.52	3.84	2.90	59.47	9.27
云南	100.00	24.44	7.71	1.83	60.22	5.79
西藏	100.00	21.23	18.48	0.01	57.54	2.73
陕西	100.00	23.21	8.32	4.36	58.12	5.99
甘肃	100.00	24.01	9.64	3.23	55.07	8.05
青海	100.00	17.68	12.04	4.96	59.25	6.07
宁夏	100.00	23.14	10.05	2.85	57.35	6.62
新疆	100.00	30.18	7.94	6.90	50.08	4.89

4—39　1985年农村居民家庭经营费用现金支出

单位:元/人

地　区	家庭经营费用现金支出	1.农业支出	种植业支出	2.林业支出	3.牧业支出	4.渔业支出	5.工业支出	6.建筑业支出
全国总计	**79.99**	**43.09**	**39.66**	**0.86**	**24.18**	**1.72**	**1.73**	**0.28**
北　京	103.95	34.10	32.46	0.19	49.92	0.17	2.67	0.16
天　津	104.81	48.24	42.90	0.46	48.14	0.75		0.01
河　北	78.47	50.81	44.49	0.70	16.74	0.19	1.77	0.44
山　西	57.99	29.62	26.80	0.46	8.71		0.72	0.03
内蒙古	53.85	33.57	32.99	0.55	14.24	0.12	0.73	0.23
辽　宁	120.56	64.76	61.15	0.87	37.74	1.42	4.15	0.58
吉　林	108.48	65.56	63.08	0.71	28.63	0.55	1.27	0.35
黑龙江	96.73	56.37	54.30	0.29	26.69	3.09	0.79	0.01
上　海	135.53	38.73	38.56	0.58	89.53	1.21		0.01
江　苏	108.89	57.67	50.42	1.05	35.92	2.84	4.86	0.42
浙　江	107.33	54.56	48.78	4.32	31.08	4.36	6.03	0.17
安　徽	82.78	52.80	48.61	0.48	18.59	0.97	0.85	0.48
福　建	99.27	46.82	44.31	1.05	33.66	2.99	2.31	0.49
江　西	64.73	37.55	35.61	1.24	18.36	1.42	1.38	0.08
山　东	98.68	55.28	49.82	1.84	26.69	0.69	1.17	0.73
河　南	62.11	41.97	37.67	0.89	13.76	0.33	0.37	0.33
湖　北	74.79	40.50	38.80	0.66	19.17	2.87	2.00	0.19
湖　南	81.36	41.54	37.67	0.40	26.64	1.99	2.32	0.11
广　东	123.09	55.60	50.78	0.59	44.35	12.17	1.64	0.24
广　西	70.71	32.79	30.23	0.55	26.76	0.98	1.40	0.06
四　川	65.40	29.46	27.18	0.32	28.05	0.52	1.55	0.15
贵　州	48.59	22.65	19.85	0.31	17.85	0.22	0.95	0.48
云　南	55.01	23.30	21.79	0.36	20.96	0.63	2.94	0.36
西　藏	35.86	12.49	10.18	0.24	8.68			0.42
陕　西	51.85	32.61	38.23	0.93	10.70	0.05	0.35	0.01
甘　肃	44.41	28.83	27.11	0.58	8.73	0.02	0.63	0.25
青　海	42.06	19.33	18.99	0.27	14.13		1.20	0.14
宁　夏	60.25	40.70	38.66	1.02	10.58	0.82	0.98	
新　疆	108.27	64.27	61.07	2.36	27.32	0.30	0.51	0.30

4—39 续表 单位:元/人

地　区	7.交通运输业、邮电业收入	8.批发和零售贸易、餐饮业收入	9.社会服务业收入	10.其他家庭经营收入	第一产业收　入	第二产业收　入	第三产业收　入
全国总计	**3.44**	**2.17**	**0.53**	**1.99**	**69.85**	**2.01**	**8.13**
北　京	14.00	0.23	0.49	2.02	84.38	2.83	16.74
天　津	2.04	2.66	0.03	2.48	97.59	0.01	7.21
河　北	2.23	2.82	0.78	1.99	68.44	2.21	7.82
山　西	14.80	2.01	0.42	1.22	38.79	0.75	18.45
内蒙古	1.90	0.47	0.38	1.66	48.48	0.96	4.41
辽　宁	6.19	1.77	0.56	2.52	104.79	4.73	11.04
吉　林	4.69	3.85	0.55	2.32	95.45	1.62	11.41
黑龙江	2.66	2.17	0.22	4.44	86.44	0.80	9.49
上　海	0.99	2.28	0.03	2.17	130.05	0.01	5.47
江　苏	3.17	0.77	0.54	1.65	97.48	5.28	6.13
浙　江	2.03	0.61	0.42	3.75	94.32	6.20	6.81
安　徽	2.82	3.73	0.43	1.63	72.84	1.33	8.61
福　建	5.00	3.18	1.13	2.64	84.52	2.80	11.95
江　西	1.94	0.61	0.13	2.02	58.57	1.46	4.70
山　东	3.16	5.73	0.63	2.76	84.50	1.90	12.28
河　南	2.38	0.46	0.29	1.33	56.95	0.70	4.46
湖　北	3.27	4.32	0.44	1.37	63.20	2.19	9.40
湖　南	3.23	4.09	0.27	0.77	70.57	2.43	8.36
广　东	2.69	2.98	0.91	1.92	112.71	1.88	8.50
广　西	2.33	2.47	0.60	2.77	61.08	1.46	8.17
四　川	2.66	1.10	0.71	0.88	58.35	1.70	5.35
贵　州	2.95	0.90	0.37	1.91	41.03	1.43	6.13
云　南	1.51	1.98	1.15	1.82	45.25	3.30	6.46
西　藏	8.18		0.19	5.66	21.41	0.42	14.03
陕　西	4.90	0.35	0.41	1.54	44.29	0.36	7.20
甘　肃	2.04	0.59	0.12	2.62	38.16	0.88	5.37
青　海	5.20	0.21	0.36	1.22	33.73	1.34	6.99
宁　夏	5.19	0.11	0.12	0.73	53.12	0.98	6.15
新　疆	6.26	3.28	1.02	2.65	94.25	0.81	13.21

4—40　1985年农村居民家庭经营费用现金支出构成

单位：%

地　区	家庭经营费用现金支出	1.农业支出	种植业支出	2.林业支出	3.牧业支出	4.渔业支出	5.工业支出	6.建筑业支出
全国总计	**100.00**	**53.87**	**49.58**	**1.08**	**30.23**	**2.15**	**2.16**	**0.35**
北　京	100.00	32.80	31.23	0.18	48.02	0.16	2.57	0.15
天　津	100.00	46.03	40.93	0.44	45.93	0.72	0.00	0.01
河　北	100.00	64.75	56.70	0.89	21.33	0.24	2.26	0.56
山　西	100.00	51.08	46.21	0.79	15.02	0.00	1.24	0.05
内蒙古	100.00	62.34	61.26	1.02	26.44	0.22	1.36	0.43
辽　宁	100.00	53.72	50.72	0.72	31.30	1.18	3.44	0.48
吉　林	100.00	60.44	58.15	0.65	26.39	0.51	1.17	0.32
黑龙江	100.00	58.28	56.14	0.30	27.59	3.19	0.82	0.01
上　海	100.00	28.58	28.45	0.43	66.06	0.89	0.00	0.01
江　苏	100.00	52.96	46.30	0.96	32.99	2.61	4.46	0.39
浙　江	100.00	50.83	45.45	4.02	28.96	4.06	5.62	0.16
安　徽	100.00	63.78	58.72	0.58	22.46	1.17	1.03	0.58
福　建	100.00	47.16	44.64	1.06	33.91	3.01	2.33	0.49
江　西	100.00	58.01	55.01	1.92	28.36	2.19	2.13	0.12
山　东	100.00	56.02	50.49	1.86	27.05	0.70	1.19	0.74
河　南	100.00	67.57	60.65	1.43	22.15	0.53	0.60	0.53
湖　北	100.00	54.15	51.88	0.88	25.63	3.84	2.67	0.25
湖　南	100.00	51.06	46.30	0.49	32.74	2.45	2.85	0.14
广　东	100.00	45.17	41.25	0.48	36.03	9.89	1.33	0.19
广　西	100.00	46.37	42.75	0.78	37.84	1.39	1.98	0.08
四　川	100.00	45.05	41.56	0.49	42.89	0.80	2.37	0.23
贵　州	100.00	46.61	40.85	0.64	36.74	0.45	1.96	0.99
云　南	100.00	42.36	39.61	0.65	38.10	1.15	5.34	0.65
西　藏	100.00	34.83	28.39	0.67	24.21	0.00	0.00	1.17
陕　西	100.00	62.89	73.73	1.79	20.64	0.10	0.68	0.02
甘　肃	100.00	64.92	61.04	1.31	19.66	0.05	1.42	0.56
青　海	100.00	45.96	45.15	0.64	33.59	0.00	2.85	0.33
宁　夏	100.00	67.55	64.17	1.69	17.56	1.36	1.63	0.00
新　疆	100.00	59.36	56.41	2.18	25.23	0.28	0.47	0.28

4—40续表

单位:%

地区	7.交通运输业、邮电业收入	8.批发和零售贸易、餐饮业收入	9.社会服务业收入	10.其他家庭经营收入	第一产业收入	第二产业收入	第三产业收入
全国总计	**4.30**	**2.71**	**0.66**	**2.49**	**87.32**	**2.51**	**10.16**
北京	13.47	0.22	0.47	1.94	81.17	2.72	16.10
天津	1.95	2.54	0.03	2.37	93.11	0.01	6.88
河北	2.84	3.59	0.99	2.54	87.22	2.82	9.97
山西	25.52	3.47	0.72	2.10	66.89	1.29	31.82
内蒙古	3.53	0.87	0.71	3.08	90.03	1.78	8.19
辽宁	5.13	1.47	0.46	2.09	86.92	3.92	9.16
吉林	4.32	3.55	0.51	2.14	87.99	1.49	10.52
黑龙江	2.75	2.24	0.23	4.59	89.36	0.83	9.81
上海	0.73	1.68	0.02	1.60	95.96	0.01	4.04
江苏	2.91	0.71	0.50	1.52	89.52	4.85	5.63
浙江	1.89	0.57	0.39	3.49	87.88	5.78	6.34
安徽	3.41	4.51	0.52	1.97	87.99	1.61	10.40
福建	5.04	3.20	1.14	2.66	85.14	2.82	12.04
江西	3.00	0.94	0.20	3.12	90.48	2.26	7.26
山东	3.20	5.81	0.64	2.80	85.63	1.93	12.44
河南	3.83	0.74	0.47	2.14	91.69	1.13	7.18
湖北	4.37	5.78	0.59	1.83	84.50	2.93	12.57
湖南	3.97	5.03	0.33	0.95	86.74	2.99	10.28
广东	2.19	2.42	0.74	1.56	91.57	1.53	6.91
广西	3.30	3.49	0.85	3.92	86.38	2.06	11.55
四川	4.07	1.68	1.09	1.35	89.22	2.60	8.18
贵州	6.07	1.85	0.76	3.93	84.44	2.94	12.62
云南	2.74	3.60	2.09	3.31	82.26	6.00	11.74
西藏	22.81	0.00	0.53	15.78	59.70	1.17	39.12
陕西	9.45	0.68	0.79	2.97	85.42	0.69	13.89
甘肃	4.59	1.33	0.27	5.90	85.93	1.98	12.09
青海	12.36	0.50	0.86	2.90	80.19	3.19	16.62
宁夏	8.61	0.18	0.20	1.21	88.17	1.63	10.21
新疆	5.78	3.03	0.94	2.45	87.05	0.75	12.20

4—41 1985年农村居民生活消费现金支出

单位:元/人

地区	生活消费支出	一、食品支出			二、衣着支出	三、居住支出		
			主食	副食			住房	燃料
全国总计	**194.68**	**76.56**	**12.67**	**38.61**	**30.13**	**42.83**	**38.66**	**3.92**
北京	438.80	176.60	34.39	78.83	52.42	99.23	87.33	11.57
天津	338.37	128.34	27.07	58.06	48.38	76.30	70.68	5.37
河北	198.49	62.13	14.35	26.48	30.04	55.97	49.12	6.57
山西	183.67	63.82	17.29	23.00	38.94	34.19	28.32	5.76
内蒙古	141.41	48.48	10.68	15.41	29.55	21.26	17.46	3.66
辽宁	270.37	99.64	29.85	40.80	43.44	57.97	53.06	4.78
吉林	219.93	77.28	19.25	32.50	36.95	44.47	43.05	1.23
黑龙江	178.25	68.99	15.28	28.89	31.89	32.04	27.36	4.57
上海	651.74	233.21	15.53	115.90	63.39	238.45	234.25	3.62
江苏	286.75	108.00	11.97	56.26	35.85	83.12	80.65	1.88
浙江	342.77	137.03	12.15	73.00	41.18	91.06	87.70	2.95
安徽	173.14	69.34	10.56	34.10	27.97	38.41	36.35	1.90
福建	266.10	150.10	16.41	65.84	24.41	43.37	39.43	3.50
江西	166.50	69.46	10.07	39.83	26.03	32.80	29.40	3.06
山东	218.77	81.21	12.17	39.64	34.46	51.33	46.31	4.89
河南	152.49	51.68	7.42	26.06	27.47	39.83	33.90	5.69
湖北	189.17	70.27	10.53	32.28	32.16	38.90	36.81	1.77
湖南	191.99	77.98	10.27	44.88	32.54	36.44	31.80	4.36
广东	266.35	133.69	13.53	86.10	19.08	56.31	53.28	2.60
广西	159.30	76.11	12.30	48.09	19.07	27.54	26.09	1.02
四川	154.32	66.00	11.10	34.11	26.73	28.10	25.03	2.90
贵州	117.83	50.68	11.53	22.63	23.70	19.96	13.94	5.92
云南	135.53	60.03	11.60	28.02	22.82	25.50	22.61	2.77
西藏	97.12	48.27	9.24	24.70	26.49	6.48	4.79	1.62
陕西	129.81	42.05	8.48	17.44	24.68	30.84	27.15	3.51
甘肃	101.85	30.84	7.97	11.44	24.77	15.59	11.71	3.83
青海	140.95	55.27	14.93	19.26	36.21	18.80	12.98	5.75
宁夏	149.34	46.04	7.65	20.83	30.36	27.43	20.19	6.93
新疆	179.65	65.37	18.48	27.80	45.58	26.49	14.59	11.66

4—41 续表

单位:元/人

地　区	四、家庭设备用品及服务支出	五、医疗保健支出	六、交通和通讯支出	七、文化教育用品及服务支出	八、其他商品及服务支出
全　国	**16.06**	**7.65**	**5.59**	**12.34**	**3.52**
北　京	44.79	10.47	10.03	40.24	5.02
天　津	31.60	8.82	9.16	30.48	5.29
河　北	17.88	8.33	6.67	14.14	3.33
山　西	15.83	7.35	5.66	14.25	3.63
内蒙古	13.53	8.58	5.28	11.81	2.92
辽　宁	21.24	8.12	9.57	25.63	4.76
吉　林	18.84	11.07	6.28	21.22	3.82
黑龙江	15.51	10.01	5.20	12.18	2.43
上　海	51.75	7.55	14.88	35.76	6.75
江　苏	23.76	7.82	8.58	15.10	4.52
浙　江	32.21	9.21	11.80	14.71	5.57
安　徽	13.63	6.45	5.09	8.98	3.27
福　建	15.13	8.95	5.35	13.35	5.44
江　西	11.76	6.97	5.08	11.57	2.83
山　东	21.78	6.68	5.39	14.16	3.76
河　南	12.05	8.05	3.97	7.08	2.36
湖　北	16.97	7.99	5.05	14.30	3.53
湖　南	15.57	7.49	6.63	11.92	3.42
广　东	17.37	11.91	6.83	15.96	5.20
广　西	12.76	6.58	4.82	8.73	3.69
四　川	11.01	6.29	3.51	9.69	2.99
贵　州	7.83	4.06	1.74	6.18	3.68
云　南	9.81	5.57	3.09	6.16	2.55
西　藏	12.15	0.20	1.11	0.42	2.00
陕　西	11.56	7.52	3.95	6.74	2.47
甘　肃	10.57	6.36	4.02	7.40	2.30
青　海	8.59	6.32	4.99	7.47	3.30
宁　夏	15.07	8.12	5.95	14.74	1.63
新　疆	14.57	7.96	5.20	11.19	3.29

4—42 1985年农村居民生活消费现金支出构成

单位:%

地　区	生活消费支出	一、食品支出	主　食	副　食	二、衣着支出	三、居住支出	住　房	燃　料
全国总计	**100.00**	**39.33**	**6.51**	**19.83**	**15.48**	**22.00**	**19.86**	**2.01**
北　京	100.00	40.25	7.84	17.96	11.95	22.61	19.90	2.64
天　津	100.00	37.93	8.00	17.16	14.30	22.55	20.89	1.59
河　北	100.00	31.30	7.23	13.34	15.13	28.20	24.75	3.31
山　西	100.00	34.75	9.41	12.52	21.20	18.61	15.42	3.14
内蒙古	100.00	34.28	7.55	10.90	20.90	15.03	12.35	2.59
辽　宁	100.00	36.85	11.04	15.09	16.07	21.44	19.62	1.77
吉　林	100.00	35.14	8.75	14.78	16.80	20.22	19.57	0.56
黑龙江	100.00	38.70	8.57	16.21	17.89	17.97	15.35	2.56
上　海	100.00	35.78	2.38	17.78	9.73	36.59	35.94	0.56
江　苏	100.00	37.66	4.17	19.62	12.50	28.99	28.13	0.66
浙　江	100.00	39.98	3.54	21.30	12.01	26.57	25.59	0.86
安　徽	100.00	40.05	6.10	19.70	16.15	22.18	20.99	1.10
福　建	100.00	56.41	6.17	24.74	9.17	16.30	14.82	1.32
江　西	100.00	41.72	6.05	23.92	15.63	19.70	17.66	1.84
山　东	100.00	37.12	5.56	18.12	15.75	23.46	0.00	0.00
河　南	100.00	33.89	4.87	17.09	18.01	26.12	22.23	3.73
湖　北	100.00	37.15	5.57	17.06	17.00	20.56	19.46	0.94
湖　南	100.00	40.62	5.35	23.38	16.95	18.98	16.56	2.27
广　东	100.00	50.19	5.08	32.33	7.16	21.14	20.00	0.98
广　西	100.00	47.78	7.72	30.19	11.97	17.29	16.38	0.64
四　川	100.00	42.77	7.19	22.10	17.32	18.21	16.22	1.88
贵　州	100.00	43.01	9.79	19.21	20.11	16.94	11.83	5.02
云　南	100.00	44.29	8.56	20.67	16.84	18.82	16.68	2.04
西　藏	100.00	49.70	9.51	25.43	27.28	6.67	4.93	1.67
陕　西	100.00	32.39	6.53	13.44	19.01	23.76	20.92	2.70
甘　肃	100.00	30.28	7.83	11.23	24.32	15.31	11.50	3.76
青　海	100.00	39.21	10.59	13.66	25.69	13.34	9.21	4.08
宁　夏	100.00	30.83	5.12	13.95	20.33	18.37	13.52	4.64
新　疆	100.00	36.39	10.29	15.47	25.37	14.75	8.12	6.49

4—42 续表

单位：%

地　区	四、家庭设备用品及服务支出	五、医疗保健支出	六、交通和通讯支出	七、文化教育用品及服务支出	八、其他商品及服务支出
全　国	**8.25**	**3.93**	**2.87**	**6.34**	**1.81**
北　京	10.21	2.39	2.29	9.17	1.14
天　津	9.34	2.61	2.71	9.01	1.56
河　北	9.01	4.20	3.36	7.12	1.68
山　西	8.62	4.00	3.08	7.76	1.98
内蒙古	9.57	6.07	3.73	8.35	2.06
辽　宁	7.86	3.00	3.54	9.48	1.76
吉　林	8.57	5.03	2.86	9.65	1.74
黑龙江	8.70	5.62	2.92	6.83	1.36
上　海	7.94	1.16	2.28	5.49	1.04
江　苏	8.29	2.73	2.99	5.27	1.58
浙　江	9.40	2.69	3.44	4.29	1.62
安　徽	7.87	3.73	2.94	5.19	1.89
福　建	5.69	3.36	2.01	5.02	2.04
江　西	7.06	4.19	3.05	6.95	1.70
山　东	9.96	3.05	2.46	6.47	1.72
河　南	7.90	5.28	2.60	4.64	1.55
湖　北	8.97	4.22	2.67	7.56	1.87
湖　南	8.11	3.90	3.45	6.21	1.78
广　东	6.52	4.47	2.56	5.99	1.95
广　西	8.01	4.13	3.03	5.48	2.32
四　川	7.13	4.08	2.27	6.28	1.94
贵　州	6.65	3.45	1.48	5.24	3.12
云　南	7.24	4.11	2.28	4.55	1.88
西　藏	12.51	0.21	1.14	0.43	2.06
陕　西	8.91	5.79	3.04	5.19	1.90
甘　肃	10.38	6.24	3.95	7.27	2.26
青　海	6.09	4.48	3.54	5.30	2.34
宁　夏	10.09	5.44	3.98	9.87	1.09
新　疆	8.11	4.43	2.89	6.23	1.83

4—43　1990 年农村居民总收入

单位:元/人

地　区	总收入	一、工资性收入	二、家庭经营收入	三、财产性和转移性收入
全国总计	**990.38**	**138.80**	**815.79**	**35.79**
北　京	1649.17	704.74	857.91	86.52
天　津	1371.45	464.14	837.36	69.95
河　北	894.82	171.42	691.32	32.08
山　西	824.95	165.32	623.56	36.07
内蒙古	947.19	52.31	871.13	23.75
辽　宁	1235.94	260.61	951.08	24.25
吉　林	1312.79	75.71	1207.33	29.75
黑龙江	1329.57	77.06	1233.74	18.77
上　海	2232.05	1065.59	1092.64	73.82
江　苏	1273.34	300.55	938.40	34.39
浙　江	1445.70	354.09	1029.14	62.47
安　徽	837.26	77.13	734.90	25.23
福　建	1112.06	156.64	888.15	67.27
江　西	940.90	87.22	822.45	31.23
山　东	994.36	167.80	794.95	31.61
河　南	764.42	79.21	655.23	29.98
湖　北	957.01	82.42	849.94	24.65
湖　南	975.59	85.11	859.81	30.67
广　东	1488.92	235.52	1181.51	71.89
广　西	898.53	59.78	803.51	35.24
海　南	949.26	60.83	827.17	61.26
四　川	846.69	83.62	727.60	35.47
贵　州	628.97	46.98	554.64	27.35
云　南	774.99	76.97	662.63	35.39
西　藏	869.80	45.62	790.55	33.63
陕　西	734.96	87.92	613.62	33.42
甘　肃	614.67	80.91	508.57	25.19
青　海	782.66	81.67	664.15	36.84
宁　夏	835.05	80.37	725.44	29.24
新　疆	1112.01	54.02	1034.69	23.30

4—44 1990年农村居民总收入构成

单位:%

地区	总收入	一、工资性收入	二、家庭经营收入	三、财产性和转移性收入
全国合计	**100.00**	**14.01**	**82.37**	**3.61**
北京	100.00	42.73	52.02	5.25
天津	100.00	33.84	61.06	5.10
河北	100.00	19.16	77.26	3.59
山西	100.00	20.04	75.59	4.37
内蒙古	100.00	5.52	91.97	2.51
辽宁	100.00	21.09	76.95	1.96
吉林	100.00	5.77	91.97	2.27
黑龙江	100.00	5.80	92.79	1.41
上海	100.00	47.74	48.95	3.31
江苏	100.00	23.60	73.70	2.70
浙江	100.00	24.49	71.19	4.32
安徽	100.00	9.21	87.77	3.01
福建	100.00	14.09	79.87	6.05
江西	100.00	9.27	87.41	3.32
山东	100.00	16.88	79.95	3.18
河南	100.00	10.36	85.72	3.92
湖北	100.00	8.61	88.81	2.58
湖南	100.00	8.72	88.13	3.14
广东	100.00	15.82	79.35	4.83
广西	100.00	6.65	89.42	3.92
海南	100.00	6.41	87.14	6.45
四川	100.00	9.88	85.93	4.19
贵州	100.00	7.47	88.18	4.35
云南	100.00	9.93	85.50	4.57
西藏	100.00	5.24	90.89	3.87
陕西	100.00	11.96	83.49	4.55
甘肃	100.00	13.16	82.74	4.10
青海	100.00	10.43	84.86	4.71
宁夏	100.00	9.62	86.87	3.50
新疆	100.00	4.86	93.05	2.10

4—45 1990年农村居民家庭经营总收入

单位:元/人

地　　区	家庭经营总收入	1.农业收入	种植业收入	2.林业收入	3.牧业收入	4.渔业收入	5.工业收入	6.建筑业收入
全国合计	**815.79**	**531.14**	**512.75**	**8.48**	**185.72**	**10.23**	**13.23**	**12.65**
北　京	857.91	486.46	482.91	18.31	185.45	3.71	15.96	19.43
天　津	837.36	538.74	525.58	1.83	159.57	6.71	5.34	14.54
河　北	691.32	513.55	490.35	2.93	108.83	2.25	14.72	10.67
山　西	623.56	430.47	422.50	7.01	80.19		10.24	5.56
内蒙古	871.13	677.82	669.77	2.03	164.52	0.77	6.26	1.47
辽　宁	951.08	659.97	647.09	1.18	199.62	9.63	8.12	13.35
吉　林	1207.33	1011.02	1002.22	1.86	153.02	0.51	5.95	3.08
黑龙江	1233.74	998.87	993.42	0.68	146.98	4.76	9.32	2.33
上　海	1092.64	762.30	758.58	11.37	272.82	5.35	0.27	7.69
江　苏	938.40	567.73	547.78	8.72	235.51	18.68	14.30	26.77
浙　江	1029.14	528.30	462.80	8.57	277.94	24.85	33.79	22.25
安　徽	734.90	522.86	511.49	7.07	134.45	8.18	9.62	9.39
福　建	888.15	456.00	434.25	24.00	273.94	16.38	18.94	15.45
江　西	822.45	511.60	490.88	16.32	219.27	13.73	13.41	7.81
山　东	794.95	570.99	549.24	7.16	138.06	0.87	10.52	17.19
河　南	655.23	486.60	468.51	8.65	91.23	1.17	12.03	12.16
湖　北	849.94	593.11	579.13	7.33	175.82	10.91	9.65	6.43
湖　南	859.81	476.52	450.98	13.49	271.74	13.60	19.65	20.43
广　东	1181.51	598.77	570.48	6.56	322.17	68.36	28.82	39.09
广　西	803.51	443.70	420.54	12.23	256.97	10.56	27.13	9.41
海　南	827.17	372.61	358.22	35.16	190.75	105.15	13.88	20.31
四　川	727.60	397.62	384.68	7.92	258.72	4.23	10.83	16.14
贵　州	554.64	320.56	304.20	7.31	176.84	1.50	8.53	5.67
云　南	662.63	392.99	380.03	7.37	203.88	3.06	9.07	5.88
西　藏	790.55	508.52	465.54	16.10	211.52		1.22	10.13
陕　西	613.62	450.79	439.52	7.96	99.85	0.55	9.80	7.14
甘　肃	508.57	379.79	373.28	6.15	79.18	0.06	7.08	6.52
青　海	664.15	387.78	361.87	2.68	205.80	0.46	7.28	4.62
宁　夏	725.44	540.67	534.80	5.42	126.22	0.90	9.27	5.24
新　疆	1034.69	823.13	804.91	14.07	129.30	0.01	2.70	2.89

4—45 续表 单位:元/人

地　区	7.交通运输业、邮电业收入	8.批发和零售贸易、餐饮业收入	9.社会服务业收入	10.其他家庭经营收入	第一产业收入	第二产业收入	第三产业收入
全国合计	**21.21**	**14.81**	**7.71**	**10.61**	**735.57**	**25.88**	**54.34**
北　京	76.19	15.98	17.23	19.2	693.92	35.39	128.60
天　津	34.13	45.17	13.40	17.93	706.85	19.88	110.63
河　北	12.55	12.56	6.53	6.73	627.56	25.39	38.37
山　西	64.72	10.06	6.73	8.59	517.66	15.80	90.10
内蒙古	8.87	4.31	2.74	2.34	845.14	7.73	18.26
辽　宁	33.30	14.07	4.81	7.03	870.40	21.47	59.21
吉　林	16.13	5.03	2.19	8.54	1166.41	9.03	31.89
黑龙江	18.72	6.82	4.57	40.69	1151.29	11.65	70.80
上　海	10.44	3.84	8.97	9.59	1051.84	7.96	32.84
江　苏	21.51	17.54	12.43	15.21	830.64	41.07	66.69
浙　江	55.43	30.62	23.59	23.80	839.66	56.04	133.44
安　徽	13.28	17.39	5.85	6.81	672.56	19.01	43.33
福　建	26.10	16.33	14.37	26.64	770.32	34.39	83.44
江　西	15.06	13.43	6.72	5.11	760.91	21.22	40.32
山　东	17.58	13.71	6.14	12.73	717.08	27.71	50.16
河　南	18.82	8.94	5.68	9.96	587.64	24.19	43.40
湖　北	16.06	20.36	7.36	2.92	787.16	16.08	46.70
湖　南	11.81	20.28	7.92	4.37	775.35	40.08	44.38
广　东	37.10	38.14	18.23	24.28	995.85	67.91	117.75
广　西	15.62	17.76	3.96	6.18	723.45	36.54	43.52
海　南	35.18	14.09	5.62	34.42	703.67	34.19	89.31
四　川	11.52	8.74	7.88	4.01	668.48	26.97	32.15
贵　州	10.27	11.65	5.03	7.28	506.21	14.20	34.23
云　南	16.70	10.11	5.58	8.00	607.29	14.95	40.39
西　藏	23.83	11.44	1.31	6.48	736.14	11.35	43.06
陕　西	16.37	11.12	4.23	5.81	559.15	16.94	37.53
甘　肃	11.83	7.69	4.23	6.04	465.18	13.60	29.79
青　海	30.04	11.52	7.88	6.09	596.72	11.90	55.53
宁　夏	27.07	7.69	1.46	1.50	673.21	14.51	37.72
新　疆	30.69	18.12	6.83	6.95	966.51	5.59	62.59

4—46　1990年农村居民家庭经营总收入构成

单位：%

地　区	家庭经营总收入	1.农业收入	种植业收入	2.林业收入	3.牧业收入	4.渔业收入	5.工业收入	6.建筑业收入
全国合计	**100.00**	**65.11**	**62.85**	**1.04**	**22.77**	**1.25**	**1.62**	**1.55**
北　京	100.00	56.70	56.29	2.13	21.62	0.43	1.86	2.26
天　津	100.00	64.34	62.77	0.22	19.06	0.80	0.64	1.74
河　北	100.00	74.29	70.93	0.42	15.74	0.33	2.13	1.54
山　西	100.00	69.03	67.76	1.12	12.86	0.00	1.64	0.89
内蒙古	100.00	77.81	76.89	0.23	18.89	0.09	0.72	0.17
辽　宁	100.00	69.39	68.04	0.12	20.99	1.01	0.85	1.40
吉　林	100.00	83.74	83.01	0.15	12.67	0.04	0.49	0.26
黑龙江	100.00	80.96	80.52	0.06	11.91	0.39	0.76	0.19
上　海	100.00	69.77	69.43	1.04	24.97	0.49	0.02	0.70
江　苏	100.00	60.50	58.37	0.93	25.10	1.99	1.52	2.85
浙　江	100.00	51.33	44.97	0.83	27.01	2.41	3.28	2.16
安　徽	100.00	71.15	69.60	0.96	18.30	1.11	1.31	1.28
福　建	100.00	51.34	48.89	2.70	30.84	1.84	2.13	1.74
江　西	100.00	62.20	59.69	1.98	26.66	1.67	1.63	0.95
山　东	100.00	71.83	69.09	0.90	17.37	0.11	1.32	2.16
河　南	100.00	74.26	71.50	1.32	13.92	0.18	1.84	1.86
湖　北	100.00	69.78	68.14	0.86	20.69	1.28	1.14	0.76
湖　南	100.00	55.42	52.45	1.57	31.60	1.58	2.29	2.38
广　东	100.00	50.68	48.28	0.56	27.27	5.79	2.44	3.31
广　西	100.00	55.22	52.34	1.52	31.98	1.31	3.38	1.17
海　南	100.00	45.05	43.31	4.25	23.06	12.71	1.68	2.46
四　川	100.00	54.65	52.87	1.09	35.56	0.58	1.49	2.22
贵　州	100.00	57.80	54.85	1.32	31.88	0.27	1.54	1.02
云　南	100.00	59.31	57.35	1.11	30.77	0.46	1.37	0.89
西　藏	100.00	64.33	58.89	2.04	26.76	0.00	0.15	1.28
陕　西	100.00	73.46	71.63	1.30	16.27	0.09	1.60	1.16
甘　肃	100.00	74.68	73.40	1.21	15.57	0.01	1.39	1.28
青　海	100.00	58.39	54.49	0.40	30.99	0.07	1.10	0.70
宁　夏	100.00	74.53	73.72	0.75	17.40	0.12	1.28	0.72
新　疆	100.00	79.55	77.79	1.36	12.50	0.00	0.26	0.28

4—46续表

单位:%

地　区	7.交通运输业、邮电业收入	8.批发和零售贸易、餐饮业收入	9. 社会服务业收入	10.其他家庭经营收入	第一产业收入	第二产业收入	第三产业收入
全国合计	**2.60**	**1.82**	**0.95**	**1.30**	**90.17**	**3.17**	**6.66**
北　京	8.88	1.86	2.01	2.24	80.88	4.13	14.99
天　津	4.08	5.39	1.60	2.14	84.41	2.37	13.21
河　北	1.82	1.82	0.94	0.97	90.78	3.67	5.55
山　西	10.38	1.61	1.08	1.38	83.02	2.53	14.45
内蒙古	1.02	0.49	0.31	0.27	97.02	0.89	2.10
辽　宁	3.50	1.48	0.51	0.74	91.52	2.26	6.23
吉　林	1.34	0.42	0.18	0.71	96.61	0.75	2.64
黑龙江	1.52	0.55	0.37	3.30	93.32	0.94	5.74
上　海	0.96	0.35	0.82	0.88	96.27	0.73	3.01
江　苏	2.29	1.87	1.32	1.62	88.52	4.38	7.11
浙　江	5.39	2.98	2.29	2.31	81.59	5.45	12.97
安　徽	1.81	2.37	0.80	0.93	91.52	2.59	5.90
福　建	2.94	1.84	1.62	3.00	86.73	3.87	9.39
江　西	1.83	1.63	0.82	0.62	92.52	2.58	4.90
山　东	2.21	1.72	0.77	1.60	90.20	3.49	6.31
河　南	2.87	1.36	0.87	1.52	89.68	3.69	6.62
湖　北	1.89	2.40	0.87	0.34	92.61	1.89	5.49
湖　南	1.37	2.36	0.92	0.51	90.18	4.66	5.16
广　东	3.14	3.23	1.54	2.05	84.29	5.75	9.97
广　西	1.94	2.21	0.49	0.77	90.04	4.55	5.42
海　南	4.25	1.70	0.68	4.16	85.07	4.13	10.80
四　川	1.58	1.20	1.08	0.55	91.87	3.71	4.42
贵　州	1.85	2.10	0.91	1.31	91.27	2.56	6.17
云　南	2.52	1.53	0.84	1.21	91.65	2.26	6.10
西　藏	3.01	1.45	0.17	0.82	93.12	1.44	5.45
陕　西	2.67	1.81	0.69	0.95	91.12	2.76	6.12
甘　肃	2.33	1.51	0.83	1.19	91.47	2.67	5.86
青　海	4.52	1.73	1.19	0.92	89.85	1.79	8.36
宁　夏	3.73	1.06	0.20	0.21	92.80	2.00	5.20
新　疆	2.97	1.75	0.66	0.67	93.41	0.54	6.05

4—47 1990年农村居民现金收入

单位:元/人

地 区	现金收入	一、工资性收入	二、家庭经营现金收入	三、财产性和转移性收入
全国合计	**676.67**	**136.43**	**481.19**	**59.05**
北 京	1330.58	686.52	547.26	96.80
天 津	1024.25	460.54	487.00	76.71
河 北	610.83	166.72	397.69	46.42
山 西	586.82	163.45	366.13	57.24
内蒙古	527.03	51.15	431.82	44.06
辽 宁	874.76	249.84	579.75	45.17
吉 林	926.72	75.55	787.54	63.63
黑龙江	871.71	69.75	757.34	44.62
上 海	1740.04	1056.61	555.48	127.95
江 苏	914.11	298.62	551.72	63.77
浙 江	1203.60	352.79	754.48	96.33
安 徽	583.01	76.46	462.57	43.98
福 建	849.42	156.01	605.91	87.50
江 西	577.36	85.52	446.79	45.05
山 东	686.87	158.54	482.61	45.72
河 南	512.92	78.25	386.20	48.47
湖 北	618.05	77.60	476.31	64.14
湖 南	638.52	84.13	475.86	78.53
广 东	1177.66	235.17	832.22	110.27
广 西	569.50	59.76	459.55	50.19
海 南	715.17	59.11	598.41	57.65
四 川	520.54	83.58	380.36	56.60
贵 州	356.52	46.42	265.21	44.89
云 南	479.72	76.88	346.34	56.50
西 藏	292.94	45.56	213.51	33.87
陕 西	454.37	87.87	307.73	58.77
甘 肃	326.88	80.80	212.90	33.18
青 海	471.07	80.20	333.17	57.70
宁 夏	560.28	79.64	423.53	57.11
新 疆	862.12	53.00	750.34	58.78

4—48 1990年农村居民现金收入构成

单位：%

地区	现金收入	一、工资性收入	二、家庭经营收入	三、财产性和转移性收入
全国合计	**100.00**	**20.16**	**71.11**	**8.73**
北京	100.00	51.60	41.13	7.28
天津	100.00	44.96	47.55	7.49
河北	100.00	27.29	65.11	7.60
山西	100.00	27.85	62.39	9.75
内蒙古	100.00	9.71	81.93	8.36
辽宁	100.00	28.56	66.28	5.16
吉林	100.00	8.15	84.98	6.87
黑龙江	100.00	8.00	86.88	5.12
上海	100.00	60.72	31.92	7.35
江苏	100.00	32.67	60.36	6.98
浙江	100.00	29.31	62.69	8.00
安徽	100.00	13.11	79.34	7.54
福建	100.00	18.37	71.33	10.30
江西	100.00	14.81	77.38	7.80
山东	100.00	23.08	70.26	6.66
河南	100.00	15.26	75.29	9.45
湖北	100.00	12.56	77.07	10.38
湖南	100.00	13.18	74.53	12.30
广东	100.00	19.97	70.67	9.36
广西	100.00	10.49	80.69	8.81
海南	100.00	8.27	83.67	8.06
四川	100.00	16.06	73.07	10.87
贵州	100.00	13.02	74.39	12.59
云南	100.00	16.03	72.20	11.78
西藏	100.00	15.55	72.89	11.56
陕西	100.00	19.34	67.73	12.93
甘肃	100.00	24.72	65.13	10.15
青海	100.00	17.03	70.73	12.25
宁夏	100.00	14.21	75.59	10.19
新疆	100.00	6.15	87.03	6.82

4—49 1990年农村居民家庭经营现金收入

单位：元/人

地区	家庭经营现金收入	1. 出售产品收入	农业产品	#种植业产品	牧业产品	2. 工业加工费收入	3. 建筑业收入
全国合计	**481.19**	**408.49**	**248.63**	**235.20**	**137.26**	**6.93**	**12.46**
北京	547.26	404.26	220.95	217.85	152.50	5.31	18.76
天津	487.00	362.56	206.09	193.55	147.53	5.17	14.25
河北	397.69	345.03	245.33	222.58	88.35	6.45	10.61
山西	366.13	266.28	190.40	182.83	63.83	6.77	5.56
内蒙古	431.82	408.77	317.78	313.60	86.46	3.87	1.47
辽宁	579.75	508.75	356.27	345.30	138.94	5.24	11.27
吉林	787.54	748.14	641.63	634.53	102.74	5.44	3.08
黑龙江	757.34	695.74	578.70	574.51	106.04	6.00	2.32
上海	555.48	514.77	297.76	294.04	204.56	0.21	7.69
江苏	551.72	450.46	242.23	222.57	181.67	10.10	26.77
浙江	754.48	534.98	243.96	228.30	243.83	18.53	22.25
安徽	462.57	408.60	281.80	271.76	107.32	3.48	9.18
福建	605.91	503.61	228.93	215.13	225.07	10.95	15.31
江西	446.79	394.90	196.98	183.70	168.37	5.18	7.60
山东	482.61	416.17	285.22	264.11	116.57	4.13	16.55
河南	386.20	326.93	234.15	217.80	78.01	5.44	12.03
湖北	476.31	421.87	303.14	292.09	100.62	5.22	5.36
湖南	475.86	403.66	165.01	145.00	209.77	8.27	20.43
广东	832.22	656.66	308.23	285.75	271.70	21.37	39.09
广西	459.55	400.23	167.50	155.28	193.81	6.95	9.41
海南	598.41	486.91	193.86	185.63	149.03	4.02	20.24
四川	380.36	327.10	135.24	126.75	176.77	5.59	16.14
贵州	265.21	221.67	111.18	99.56	99.17	5.25	5.59
云南	346.34	297.74	160.73	152.65	123.51	4.73	5.66
西藏	213.51	162.34	88.93	58.84	57.82	0.46	10.00
陕西	307.73	258.73	179.96	170.52	67.18	5.96	7.14
甘肃	212.90	173.26	117.91	112.22	47.34	5.00	6.51
青海	333.17	270.00	137.05	111.29	127.20	4.22	4.62
宁夏	423.53	371.58	273.90	268.12	91.28	9.08	5.24
新疆	750.34	684.49	571.59	555.10	103.21	2.32	2.90

4—49 续表 单位：元/人

	4. 交通运输业、邮电业收入	5. 批发和零售贸易、餐饮业收入	6. 社会服务业收入	7. 其他家庭经营收入	第一产业收入	第二产业收入	第三产业收入
全国合计	**20.89**	**14.65**	**7.64**	**10.13**	**408.49**	**19.39**	**53.31**
北京	69.43	15.90	16.89	16.71	404.26	24.07	118.93
天津	33.73	45.17	13.40	12.72	362.56	19.42	105.02
河北	11.42	12.32	6.51	5.35	345.03	17.06	35.60
山西	64.60	10.06	6.72	6.14	266.28	12.33	87.52
内蒙古	8.72	4.09	2.74	2.16	408.77	5.34	17.71
辽宁	30.19	14.24	4.50	5.56	508.75	16.51	54.49
吉林	16.13	5.03	2.19	7.53	748.14	8.52	30.88
黑龙江	18.55	6.73	4.47	23.53	695.74	8.32	53.28
上海	10.44	3.83	8.97	9.57	514.77	7.90	32.81
江苏	21.51	17.54	12.42	12.92	450.46	36.87	64.39
浙江	55.43	30.62	23.59	69.08	534.98	40.78	178.72
安徽	13.28	17.28	5.80	4.95	408.60	12.66	41.31
福建	26.06	16.28	14.33	19.37	503.61	26.26	76.04
江西	15.06	13.18	6.72	4.15	394.90	12.78	39.11
山东	16.84	13.19	6.00	9.73	416.17	20.68	45.76
河南	18.76	8.93	5.66	8.45	326.93	17.47	41.80
湖北	15.35	19.40	6.96	2.15	421.87	10.58	43.86
湖南	11.81	20.27	7.95	3.47	403.66	28.70	43.50
广东	37.10	37.50	18.11	22.39	656.66	60.46	115.10
广西	15.62	17.76	3.96	5.62	400.23	16.36	42.96
海南	35.18	13.84	5.62	32.60	486.91	24.26	87.24
四川	11.50	8.71	7.87	3.45	327.10	21.73	31.53
贵州	10.25	11.63	5.02	5.80	221.67	10.84	32.70
云南	16.58	9.99	5.58	6.06	297.74	10.39	38.21
西藏	23.83	11.36	1.31	4.21	162.34	10.46	40.71
陕西	16.36	11.12	4.22	4.20	258.73	13.10	35.90
甘肃	11.83	7.68	3.99	4.63	173.26	11.51	28.13
青海	30.04	11.52	7.88	4.89	270.00	8.84	54.33
宁夏	27.07	7.60	1.46	1.50	371.58	14.32	37.63
新疆	30.10	18.04	6.81	5.68	684.49	5.22	60.63

4—50 1990年农村居民家庭经营现金收入构成

单位：%

地　区	家庭经营现金收入	1.出售产品收入	农业产品	#种植业产品	牧业产品	2.工业加工费收入	3.建筑业收入
全国合计	**100.00**	**84.89**	**51.67**	**48.88**	**28.52**	**1.44**	**2.59**
北　京	100.00	73.87	40.37	39.81	27.87	0.97	3.43
天　津	100.00	74.45	42.32	39.74	30.29	1.06	2.93
河　北	100.00	86.76	61.69	55.97	22.21	1.62	2.67
山　西	100.00	72.73	52.00	49.94	17.43	1.85	1.52
内蒙古	100.00	94.66	73.59	72.62	20.02	0.90	0.34
辽　宁	100.00	87.75	61.45	59.56	23.96	0.90	1.94
吉　林	100.00	95.00	81.47	80.57	13.05	0.69	0.39
黑龙江	100.00	91.87	76.41	75.86	14.00	0.79	0.31
上　海	100.00	92.67	53.60	52.93	36.83	0.04	1.38
江　苏	100.00	81.65	43.90	40.34	32.93	1.83	4.85
浙　江	100.00	70.91	32.33	30.26	32.32	2.46	2.95
安　徽	100.00	88.33	60.92	58.75	23.20	0.75	1.98
福　建	100.00	83.12	37.78	35.51	37.14	1.81	2.53
江　西	100.00	88.39	44.09	41.12	37.68	1.16	1.70
山　东	100.00	86.23	59.10	54.73	24.15	0.86	3.43
河　南	100.00	84.65	60.63	56.40	20.20	1.41	3.11
湖　北	100.00	88.57	63.64	61.32	21.12	1.10	1.13
湖　南	100.00	84.83	34.68	30.47	44.08	1.74	4.29
广　东	100.00	78.90	37.04	34.34	32.65	2.57	4.70
广　西	100.00	87.09	36.45	33.79	42.17	1.51	2.05
海　南	100.00	81.37	32.40	31.02	24.90	0.67	3.38
四　川	100.00	86.00	35.55	33.32	46.47	1.47	4.24
贵　州	100.00	83.58	41.92	37.54	37.39	1.98	2.11
云　南	100.00	85.97	46.41	44.08	35.66	1.37	1.63
西　藏	100.00	76.03	41.65	27.56	27.08	0.22	4.68
陕　西	100.00	84.08	58.48	55.41	21.83	1.94	2.32
甘　肃	100.00	81.38	55.38	52.71	22.23	2.35	3.06
青　海	100.00	81.04	41.13	33.40	38.18	1.27	1.39
宁　夏	100.00	87.73	64.67	63.31	21.55	2.14	1.24
新　疆	100.00	91.22	76.18	73.98	13.75	0.31	0.39

4－50 续表 单位：%

	4. 交通运输业、邮电业收入	5. 批发和零售贸易、餐饮业收入	6. 社会服务业收入	7. 其他家庭经营收入	第一产业收入	第二产业收入	第三产业收入
全国合计	**4.34**	**3.04**	**1.59**	**2.11**	**84.89**	**4.03**	**11.08**
北京	12.69	2.91	3.09	3.05	73.87	4.40	21.73
天津	6.93	9.28	2.75	2.61	74.45	3.99	21.56
河北	2.87	3.10	1.64	1.35	86.76	4.29	8.95
山西	17.64	2.75	1.84	1.68	72.73	3.37	23.90
内蒙古	2.02	0.95	0.63	0.50	94.66	1.24	4.10
辽宁	5.21	2.46	0.78	0.96	87.75	2.85	9.40
吉林	2.05	0.64	0.28	0.96	95.00	1.08	3.92
黑龙江	2.45	0.89	0.59	3.11	91.87	1.10	7.04
上海	1.88	0.69	1.61	1.72	92.67	1.42	5.91
江苏	3.90	3.18	2.25	2.34	81.65	6.68	11.67
浙江	7.35	4.06	3.13	9.16	70.91	5.41	23.69
安徽	2.87	3.74	1.25	1.07	88.33	2.74	8.93
福建	4.30	2.69	2.37	3.20	83.12	4.33	12.55
江西	3.37	2.95	1.50	0.93	88.39	2.86	8.75
山东	3.49	2.73	1.24	2.02	86.23	4.29	9.48
河南	4.86	2.31	1.47	2.19	84.65	4.52	10.82
湖北	3.22	4.07	1.46	0.45	88.57	2.22	9.21
湖南	2.48	4.26	1.67	0.73	84.83	6.03	9.14
广东	4.46	4.51	2.18	2.69	78.90	7.26	13.83
广西	3.40	3.86	0.86	1.22	87.09	3.56	9.35
海南	5.88	2.31	0.94	5.45	81.37	4.05	14.58
四川	3.02	2.29	2.07	0.91	86.00	5.71	8.29
贵州	3.86	4.39	1.89	2.19	83.58	4.09	12.33
云南	4.79	2.88	1.61	1.75	85.97	3.00	11.03
西藏	11.16	5.32	0.61	1.97	76.03	4.90	19.07
陕西	5.32	3.61	1.37	1.36	84.08	4.26	11.67
甘肃	5.56	3.61	1.87	2.17	81.38	5.41	13.21
青海	9.02	3.46	2.37	1.47	81.04	2.65	16.31
宁夏	6.39	1.79	0.34	0.35	87.73	3.38	8.88
新疆	4.01	2.40	0.91	0.76	91.22	0.70	8.08

4—51 1990年农村居民纯收入

单位:元/人

地区	纯收入	一、工资性收入	二. 家庭经营纯收入	三、财产性和转移性收入
全国	**686.31**	**138.80**	**518.55**	**28.96**
北京	1297.05	704.74	520.86	71.45
天津	1069.04	464.14	545.87	59.03
河北	621.67	171.42	422.89	27.36
山西	603.51	165.32	407.88	30.31
内蒙古	607.15	52.31	542.45	12.39
辽宁	836.17	260.61	557.24	18.32
吉林	803.52	75.71	702.11	25.70
黑龙江	759.86	77.06	670.80	12.00
上海	1907.32	1065.59	781.84	59.89
江苏	959.06	300.55	631.49	27.02
浙江	1099.04	354.09	690.18	54.77
安徽	539.16	77.13	442.00	20.03
福建	764.41	156.64	554.22	53.55
江西	669.90	87.22	557.86	24.82
山东	680.18	167.80	486.02	26.36
河南	526.95	79.21	423.21	24.53
湖北	670.80	82.42	568.76	19.62
湖南	664.24	85.11	557.10	22.03
广东	1043.03	235.52	745.35	62.16
广西	639.45	59.78	552.96	26.71
海南	696.22	60.83	579.75	55.64
四川	557.76	83.62	445.58	28.56
贵州	435.14	46.98	365.29	22.87
云南	540.86	76.97	433.96	29.93
西藏	649.71	45.62	580.72	23.37
陕西	530.80	87.92	414.76	28.12
甘肃	430.98	80.91	329.77	20.30
青海	559.78	81.67	448.75	29.36
宁夏	578.13	80.37	474.32	23.44
新疆	683.47	54.02	612.70	16.75

4—52 1990年农村居民纯收入构成

单位：%

地　区	纯 收 入	一、工资性收入	二. 家庭经营纯收入	三、财产性和转移性收入
全　国	**100.00**	**20.22**	**75.56**	**4.22**
北　京	100.00	54.33	40.16	5.51
天　津	100.00	43.42	51.06	5.52
河　北	100.00	27.57	68.02	4.40
山　西	100.00	27.39	67.58	5.02
内蒙古	100.00	8.62	89.34	2.04
辽　宁	100.00	31.17	66.64	2.19
吉　林	100.00	9.42	87.38	3.20
黑龙江	100.00	10.14	88.28	1.58
上　海	100.00	55.87	40.99	3.14
江　苏	100.00	31.34	65.84	2.82
浙　江	100.00	32.22	62.80	4.98
安　徽	100.00	14.31	81.98	3.72
福　建	100.00	20.49	72.50	7.01
江　西	100.00	13.02	83.28	3.71
山　东	100.00	24.67	71.45	3.88
河　南	100.00	15.03	80.31	4.66
湖　北	100.00	12.29	84.79	2.92
湖　南	100.00	12.81	83.87	3.32
广　东	100.00	22.58	71.46	5.96
广　西	100.00	9.35	86.47	4.18
海　南	100.00	8.74	83.27	7.99
四　川	100.00	14.99	79.89	5.12
贵　州	100.00	10.80	83.95	5.26
云　南	100.00	14.23	80.24	5.53
西　藏	100.00	7.02	89.38	3.60
陕　西	100.00	16.56	78.14	5.30
甘　肃	100.00	18.77	76.52	4.71
青　海	100.00	14.59	80.17	5.24
宁　夏	100.00	13.90	82.04	4.05
新　疆	100.00	7.90	89.65	2.45

4—53 1990年农村居民总支出

单位:元/人

地区	总支出	一、家庭经营费用支出	二、购置生产性固定资产支出	三、税费支出	四、生活消费支出	五、财产性和转移性支出
全国总计	**903.47**	**241.09**	**20.29**	**38.66**	**584.63**	**18.80**
北京	1371.64	276.93	17.26	50.91	980.66	45.88
天津	1062.45	248.87	17.82	28.22	732.87	34.67
河北	775.67	219.12	23.08	32.70	485.70	15.07
山西	730.13	160.53	27.82	34.91	487.65	19.22
内蒙古	827.65	261.82	21.77	40.74	491.88	11.44
辽宁	1090.95	295.94	20.94	78.18	679.11	16.78
吉林	1176.55	368.28	43.40	99.93	632.91	32.03
黑龙江	1168.30	411.01	32.84	117.17	585.78	21.50
上海	1834.34	257.97	5.00	36.16	1505.05	30.16
江苏	1166.74	250.56	13.03	42.80	842.78	17.57
浙江	1337.76	296.23	32.96	20.68	945.97	41.92
安徽	822.37	231.59	16.98	44.99	514.93	13.88
福建	1082.91	300.62	10.92	17.82	707.97	45.58
江西	858.63	224.15	9.68	28.76	577.17	18.87
山东	878.27	237.33	18.14	57.63	547.05	18.12
河南	688.18	174.82	19.43	41.34	437.73	14.86
湖北	902.30	210.48	12.88	58.40	607.58	12.96
湖南	930.23	258.50	17.25	32.19	608.73	13.56
广东	1410.21	373.64	24.87	46.16	932.63	32.91
广西	803.08	226.92	18.07	10.84	536.97	10.28
海南	834.26	208.29	14.56	13.61	565.84	31.96
四川	801.75	239.18	9.18	31.03	509.16	13.20
贵州	607.95	165.59	12.80	11.04	403.28	15.24
云南	730.28	196.60	21.38	14.06	485.47	12.77
西藏	667.95	144.61	22.10	0.45	490.84	9.95
陕西	699.16	167.49	23.89	17.71	477.07	13.00
甘肃	530.08	147.93	16.60	15.68	339.25	10.62
青海	723.45	161.03	40.44	23.55	474.75	23.68
宁夏	766.72	206.52	40.72	22.39	483.69	13.40
新疆	971.46	325.97	57.71	62.07	506.82	18.89

4—54 1990年农村居民总支出构成

单位:%

地区	总支出	一、家庭经营费用支出	二、购置生产性固定资产支出	三、税费支出	四、生活消费支出	五、财产性和转移性支出
全国总计	**100.00**	**26.68**	**2.25**	**4.28**	**64.71**	**2.08**
北京	100.00	20.19	1.26	3.71	71.50	3.34
天津	100.00	23.42	1.68	2.66	68.98	3.26
河北	100.00	28.25	2.98	4.22	62.62	1.94
山西	100.00	21.99	3.81	4.78	66.79	2.63
内蒙古	100.00	31.63	2.63	4.92	59.43	1.38
辽宁	100.00	27.13	1.92	7.17	62.25	1.54
吉林	100.00	31.30	3.69	8.49	53.79	2.72
黑龙江	100.00	35.18	2.81	10.03	50.14	1.84
上海	100.00	14.06	0.27	1.97	82.05	1.64
江苏	100.00	21.48	1.12	3.67	72.23	1.51
浙江	100.00	22.14	2.46	1.55	70.71	3.13
安徽	100.00	28.16	2.06	5.47	62.62	1.69
福建	100.00	27.76	1.01	1.65	65.38	4.21
江西	100.00	26.11	1.13	3.35	67.22	2.20
山东	100.00	27.02	2.07	6.56	62.29	2.06
河南	100.00	25.40	2.82	6.01	63.61	2.16
湖北	100.00	23.33	1.43	6.47	67.34	1.44
湖南	100.00	27.79	1.85	3.46	65.44	1.46
广东	100.00	26.50	1.76	3.27	66.13	2.33
广西	100.00	28.26	2.25	1.35	66.86	1.28
海南	100.00	24.97	1.75	1.63	67.83	3.83
四川	100.00	29.83	1.14	3.87	63.51	1.65
贵州	100.00	27.24	2.11	1.82	66.33	2.51
云南	100.00	26.92	2.93	1.93	66.48	1.75
西藏	100.00	21.65	3.31	0.07	73.48	1.49
陕西	100.00	23.96	3.42	2.53	68.23	1.86
甘肃	100.00	27.91	3.13	2.96	64.00	2.00
青海	100.00	22.26	5.59	3.26	65.62	3.27
宁夏	100.00	26.94	5.31	2.92	63.09	1.75
新疆	100.00	33.55	5.94	6.39	52.17	1.94

4—55 1990年农村居民家庭经营费用支出

单位:元/人

地区	家庭经营费用支出	1.农业支出	种植业	2.林业支出	3.牧业支出	4.渔业支出	5.工业支出	6.建筑业支出
全国总计	**241.09**	**130.40**	**126.49**	**0.95**	**88.91**	**3.12**	**4.08**	**0.47**
北京	276.93	124.34	123.52	2.30	110.82	0.46	5.20	0.25
天津	248.87	122.55	120.02	1.56	93.79	0.72	0.51	
河北	219.12	154.33	145.03	0.36	52.81	0.39	4.06	0.30
山西	160.53	95.33	93.12	0.41	28.56		3.04	0.64
内蒙古	261.82	179.17	176.85	0.22	73.93	0.24	3.13	0.02
辽宁	295.94	180.67	177.89	0.58	94.20	1.69	2.85	0.52
吉林	368.28	272.17	271.31	0.51	80.26	0.23	2.05	0.32
黑龙江	411.01	310.91	309.86	0.51	76.14	1.78	3.32	0.26
上海	257.97	96.48	95.63	3.29	146.07	3.26		0.98
江苏	250.56	121.67	116.31	0.96	108.84	3.33	6.16	0.28
浙江	296.23	123.77	108.72	0.73	127.14	6.64	9.06	0.29
安徽	231.59	153.96	150.99	0.58	59.09	1.75	3.72	0.29
福建	300.62	128.00	125.17	4.05	132.99	6.12	5.34	5.71
江西	224.15	112.86	110.04	0.86	89.12	2.60	4.80	0.23
山东	237.33	157.13	150.65	2.06	66.42	0.34	2.94	0.16
河南	174.82	118.42	112.93	0.79	40.58	0.13	4.94	0.38
湖北	210.48	125.39	123.42	0.94	67.28	1.34	2.46	0.27
湖南	258.50	99.18	94.95	0.61	143.34	2.60	4.54	0.16
广东	373.64	156.15	150.97	0.79	160.86	29.28	6.19	0.59
广西	226.92	82.80	80.02	0.71	121.39	1.66	10.21	0.04
海南	208.29	69.43	68.53	4.45	67.79	40.49	3.81	1.03
四川	239.18	75.87	74.08	0.16	148.66	1.59	3.79	0.20
贵州	165.59	70.85	67.88	0.69	80.75	0.37	2.65	0.78
云南	196.60	75.34	73.62	0.71	103.20	0.80	2.36	0.09
西藏	144.61	72.64	63.76	0.33	53.42			0.39
陕西	167.49	111.38	109.73	1.01	43.57	0.10	2.75	0.66
甘肃	147.93	103.63	103.20	0.46	32.88	0.02	1.76	0.03
青海	161.03	95.19	92.70	0.71	49.22	0.12	1.17	0.04
宁夏	206.52	139.61	138.90	0.04	52.05	1.79	2.53	0.40
新疆	325.97	211.71	207.37	3.96	85.06	0.04	1.41	0.13

4—55 续表　　　　单位:元/人

地　区	7. 交通运输、邮电业支出	8. 批发和零售贸易、餐饮业支出	9. 社会服务业支出	10. 其他家庭经营支出	第一产业支出	第二产业支出	第三产业支出
全国总计	**7.76**	**2.12**	**0.94**	**2.34**	**223.38**	**4.55**	**13.16**
北　京	26.28	1.61	3.38	2.29	237.92	5.45	33.56
天　津	8.60	15.89	1.58	3.67	218.62	0.51	29.74
河　北	3.71	1.19	0.68	1.29	207.89	4.36	6.87
山　西	26.09	1.50	1.07	3.89	124.30	3.68	32.55
内蒙古	2.60	0.24	0.43	1.84	253.56	3.15	5.11
辽　宁	11.07	1.32	0.39	2.65	277.14	3.37	15.43
吉　林	7.48	1.26	0.37	3.63	353.17	2.37	12.74
黑龙江	6.52	0.58	0.69	10.30	389.34	3.58	18.09
上　海	3.50	0.56	0.78	3.05	249.10	0.98	7.89
江　苏	5.41	2.15	0.77	0.99	234.80	6.44	9.32
浙　江	18.14	4.19	2.33	3.94	258.28	9.35	28.60
安　徽	4.68	4.36	1.07	2.09	215.38	4.01	12.20
福　建	10.48	1.23	2.06	4.64	271.16	11.05	18.41
江　西	7.64	3.84	0.75	1.45	205.44	5.03	13.68
山　东	5.32	1.24	0.51	1.21	225.95	3.10	8.28
河　南	5.74	0.45	0.72	2.67	159.92	5.32	9.58
湖　北	7.72	3.17	0.95	0.96	194.95	2.73	12.80
湖　南	3.20	3.14	1.16	0.57	245.73	4.70	8.07
广　东	12.52	2.94	1.31	3.01	347.08	6.78	19.78
广　西	5.72	3.37	0.34	0.68	206.56	10.25	10.11
海　南	13.26	1.99	0.12	5.92	182.16	4.84	21.29
四　川	5.45	1.14	1.34	0.98	226.28	3.99	8.91
贵　州	4.19	2.57	0.76	1.98	152.66	3.43	9.50
云　南	8.42	3.00	0.92	1.76	180.05	2.45	14.10
西　藏	12.04	1.64	0.01	4.14	126.39	0.39	17.83
陕　西	5.86	1.11	0.29	0.76	156.06	3.41	8.02
甘　肃	4.10	0.56	0.35	4.14	136.99	1.79	9.15
青　海	8.08	1.04	2.05	3.41	145.24	1.21	14.58
宁　夏	9.24	0.50	0.18	0.18	193.49	2.93	10.10
新　疆	15.55	2.29	2.02	3.80	300.77	1.54	23.66

4—56　1990年农村居民家庭经营费用支出构成

单位：%

地　　区	家庭经营费用支出	1. 农业支出	种植业	2. 林业支出	3. 牧业支出	4. 渔业支出	5. 工业支出	6. 建筑业支出
全国总计	**100.00**	**54.09**	**52.47**	**0.39**	**36.88**	**1.29**	**1.69**	**0.19**
北　　京	100.00	44.90	44.60	0.83	40.02	0.17	1.88	0.09
天　　津	100.00	49.24	48.23	0.63	37.69	0.29	0.20	0.00
河　　北	100.00	70.43	66.19	0.16	24.10	0.18	1.85	0.14
山　　西	100.00	59.38	58.01	0.26	17.79	0.00	1.89	0.40
内 蒙 古	100.00	68.43	67.55	0.08	28.24	0.09	1.20	0.01
辽　　宁	100.00	61.05	60.11	0.20	31.83	0.57	0.96	0.18
吉　　林	100.00	73.90	73.67	0.14	21.79	0.06	0.56	0.09
黑 龙 江	100.00	75.65	75.39	0.12	18.53	0.43	0.81	0.06
上　　海	100.00	37.40	37.07	1.28	56.62	1.26	0.00	0.38
江　　苏	100.00	48.56	46.42	0.38	43.44	1.33	2.46	0.11
浙　　江	100.00	41.78	36.70	0.25	42.92	2.24	3.06	0.10
安　　徽	100.00	66.48	65.20	0.25	25.51	0.76	1.61	0.13
福　　建	100.00	42.58	41.64	1.35	44.24	2.04	1.78	1.90
江　　西	100.00	50.35	49.09	0.38	39.76	1.16	2.14	0.10
山　　东	100.00	66.21	63.48	0.87	27.99	0.14	1.24	0.07
河　　南	100.00	67.74	64.60	0.45	23.21	0.07	2.83	0.22
湖　　北	100.00	59.57	58.64	0.45	31.97	0.64	1.17	0.13
湖　　南	100.00	38.37	36.73	0.24	55.45	1.01	1.76	0.06
广　　东	100.00	41.79	40.41	0.21	43.05	7.84	1.66	0.16
广　　西	100.00	36.49	35.26	0.31	53.49	0.73	4.50	0.02
海　　南	100.00	33.33	32.90	2.14	32.55	19.44	1.83	0.49
四　　川	100.00	31.72	30.97	0.07	62.15	0.66	1.58	0.08
贵　　州	100.00	42.79	40.99	0.42	48.77	0.22	1.60	0.47
云　　南	100.00	38.32	37.45	0.36	52.49	0.41	1.20	0.05
西　　藏	100.00	50.23	44.09	0.23	36.94	0.00	0.00	0.27
陕　　西	100.00	66.50	65.51	0.60	26.01	0.06	1.64	0.39
甘　　肃	100.00	70.05	69.76	0.31	22.23	0.01	1.19	0.02
青　　海	100.00	59.11	57.57	0.44	30.57	0.07	0.73	0.02
宁　　夏	100.00	67.60	67.26	0.02	25.20	0.87	1.23	0.19
新　　疆	100.00	64.95	63.62	1.21	26.09	0.01	0.43	0.04

4—56 续表

单位:%

地　区	7.交通运输、邮电业支出	8.批发和零售贸易、餐饮业支出	9.社会服务业支出	10.其他家庭经营支出	第一产业支出	第二产业支出	第三产业支出
全国总计	**3.22**	**0.88**	**0.39**	**0.97**	**92.65**	**1.89**	**5.46**
北　京	9.49	0.58	1.22	0.83	85.91	1.97	12.12
天　津	3.46	6.38	0.63	1.47	87.85	0.20	11.95
河　北	1.69	0.54	0.31	0.59	94.87	1.99	3.14
山　西	16.25	0.93	0.67	2.42	77.43	2.29	20.28
内蒙古	0.99	0.09	0.16	0.70	96.85	1.20	1.95
辽　宁	3.74	0.45	0.13	0.90	93.65	1.14	5.21
吉　林	2.03	0.34	0.10	0.99	95.90	0.64	3.46
黑龙江	1.59	0.14	0.17	2.51	94.73	0.87	4.40
上　海	1.36	0.22	0.30	1.18	96.56	0.38	3.06
江　苏	2.16	0.86	0.31	0.40	93.71	2.57	3.72
浙　江	6.12	1.41	0.79	1.33	87.19	3.16	9.65
安　徽	2.02	1.88	0.46	0.90	93.00	1.73	5.27
福　建	3.49	0.41	0.69	1.54	90.20	3.68	6.12
江　西	3.41	1.71	0.33	0.65	91.65	2.24	6.10
山　东	2.24	0.52	0.21	0.51	95.20	1.31	3.49
河　南	3.28	0.26	0.41	1.53	91.48	3.04	5.48
湖　北	3.67	1.51	0.45	0.46	92.62	1.30	6.08
湖　南	1.24	1.21	0.45	0.22	95.06	1.82	3.12
广　东	3.35	0.79	0.35	0.81	92.89	1.81	5.29
广　西	2.52	1.49	0.15	0.30	91.03	4.52	4.46
海　南	6.37	0.96	0.06	2.84	87.45	2.32	10.22
四　川	2.28	0.48	0.56	0.41	94.61	1.67	3.73
贵　州	2.53	1.55	0.46	1.20	92.19	2.07	5.74
云　南	4.28	1.53	0.47	0.90	91.58	1.25	7.17
西　藏	8.33	1.13	0.01	2.86	87.40	0.27	12.33
陕　西	3.50	0.66	0.17	0.45	93.18	2.04	4.79
甘　肃	2.77	0.38	0.24	2.80	92.60	1.21	6.19
青　海	5.02	0.65	1.27	2.12	90.19	0.75	9.05
宁　夏	4.47	0.24	0.09	0.09	93.69	1.42	4.89
新　疆	4.77	0.70	0.62	1.17	92.27	0.47	7.26

4—57 1990年农村居民生活消费支出

单位:元/人

地区	生活消费支出	一、食品支出	主食	副食	二、衣着支出	三、居住支出	住房	燃料
全国总计	**584.63**	**343.76**	**135.47**	**146.09**	**45.44**	**101.37**	**69.30**	**26.46**
北京	980.66	496.75	144.92	195.34	91.85	180.99	142.62	32.78
天津	732.87	396.41	156.18	149.18	70.16	126.38	90.39	28.98
河北	485.70	253.81	118.54	85.90	46.91	102.21	69.18	27.77
山西	487.65	257.87	131.49	74.37	59.78	76.01	59.46	12.94
内蒙古	491.88	302.71	136.33	111.23	38.03	65.07	36.21	24.34
辽宁	679.11	367.63	138.99	160.34	68.98	125.96	79.68	37.69
吉林	632.91	385.39	177.54	150.04	53.97	99.85	69.26	33.34
黑龙江	585.78	331.65	147.32	125.90	58.74	102.16	55.51	40.44
上海	1505.05	807.71	183.16	395.84	132.65	285.82	256.33	15.33
江苏	842.78	465.55	134.93	231.35	57.87	195.02	162.54	26.56
浙江	945.97	503.06	131.58	229.69	58.97	225.84	190.41	24.77
安徽	514.93	300.14	135.98	110.54	38.93	99.06	67.07	26.34
福建	707.97	429.20	143.82	206.99	38.90	121.69	77.60	36.06
江西	577.17	372.80	159.76	161.45	36.28	85.42	48.14	33.36
山东	547.05	297.11	117.81	113.89	52.83	105.73	72.85	27.15
河南	437.73	240.92	124.55	71.61	43.22	80.68	55.62	21.01
湖北	607.58	376.18	140.28	174.57	42.83	89.99	57.21	28.42
湖南	608.73	390.73	147.75	184.76	37.29	82.75	53.89	25.09
广东	932.63	538.18	143.85	288.81	38.35	176.10	124.34	34.24
广西	536.97	349.96	139.42	171.37	26.18	81.62	46.24	31.93
海南	565.84	362.48	110.30	183.93	36.46	69.28	40.35	21.81
四川	509.16	329.97	123.97	156.15	35.64	72.70	43.38	25.30
贵州	403.28	282.84	119.82	126.80	30.17	43.43	20.71	20.12
云南	485.47	310.40	119.50	141.02	35.77	76.16	55.75	17.73
西藏	490.84	362.30	165.55	123.51	42.51	63.65	17.79	44.97
陕西	477.07	278.92	155.16	81.16	38.08	85.33	61.42	20.14
甘肃	339.25	208.74	125.88	54.67	30.12	46.03	23.79	19.38
青海	474.75	282.63	135.54	107.84	60.32	59.78	26.04	29.89
宁夏	483.69	277.43	133.40	102.02	47.93	67.56	44.67	17.85
新疆	506.82	272.14	137.47	89.62	76.85	69.42	39.56	25.35

4—57 续表

单位:元/人

地　区	四、家庭设备用品及服务支出	五、医疗保健支出	六、交通和通讯支出	七、文化教育用品及服务支出	八、其他商品及服务支出
全国总计	**30.90**	**19.02**	**8.42**	**31.38**	**4.34**
北　京	79.05	39.27	19.87	65.00	7.88
天　津	56.55	25.09	10.79	45.58	1.91
河　北	30.16	19.13	6.64	24.24	2.60
山　西	30.73	20.14	6.57	32.83	3.72
内蒙古	23.26	19.27	8.64	33.24	1.66
辽　宁	34.94	24.84	12.47	39.24	5.05
吉　林	26.06	27.47	10.07	26.42	3.68
黑龙江	24.66	28.71	9.15	28.31	2.40
上　海	125.61	40.27	23.94	59.27	29.78
江　苏	53.24	22.68	10.02	34.74	3.66
浙　江	61.51	28.41	16.68	41.98	9.52
安　徽	25.76	14.67	6.75	25.65	3.97
福　建	34.82	20.08	13.78	39.15	10.35
江　西	24.64	16.13	6.13	32.27	3.50
山　东	32.84	17.13	6.35	32.72	2.34
河　南	23.86	18.02	5.60	22.29	3.14
湖　北	33.79	17.56	7.67	35.93	3.63
湖　南	28.62	18.29	8.83	39.18	3.04
广　东	50.19	34.13	16.06	66.97	12.65
广　西	21.78	12.52	7.69	31.81	5.41
海　南	20.52	19.70	11.82	40.24	5.34
四　川	22.32	14.27	6.39	24.74	3.13
贵　州	13.76	7.87	3.87	16.92	4.42
云　南	21.77	13.74	5.32	19.44	2.87
西　藏	14.03	1.43	2.65	1.65	2.62
陕　西	23.35	18.18	6.00	23.93	3.28
甘　肃	14.93	13.85	4.49	18.87	2.22
青　海	29.00	18.49	6.69	16.53	1.31
宁　夏	27.56	17.18	12.48	31.77	1.78
新　疆	30.39	16.43	11.35	26.95	3.29

4—58 1990年农村居民生活消费支出构成

单位：%

地区	生活消费支出	一、食品支出	主食	副食	二、衣着支出	三、居住支出	住房	燃料
全国总计	**100.00**	**58.80**	**23.17**	**24.99**	**7.77**	**17.34**	**11.85**	**4.53**
北京	100.00	50.65	14.78	19.92	9.37	18.46	14.54	3.34
天津	100.00	54.09	21.31	20.36	9.57	17.24	12.33	3.95
河北	100.00	52.26	24.41	17.69	9.66	21.04	14.24	5.72
山西	100.00	52.88	26.96	15.25	12.26	15.59	12.19	2.65
内蒙古	100.00	61.54	27.72	22.61	7.73	13.23	7.36	4.95
辽宁	100.00	54.13	20.47	23.61	10.16	18.55	11.73	5.55
吉林	100.00	60.89	28.05	23.71	8.53	15.78	10.94	5.27
黑龙江	100.00	56.62	25.15	21.49	10.03	17.44	9.48	6.90
上海	100.00	53.67	12.17	26.30	8.81	18.99	17.03	1.02
江苏	100.00	55.24	16.01	27.45	6.87	23.14	19.29	3.15
浙江	100.00	53.18	13.91	24.28	6.23	23.87	20.13	2.62
安徽	100.00	58.29	26.41	21.47	7.56	19.24	13.03	5.12
福建	100.00	60.62	20.31	29.24	5.49	17.19	10.96	5.09
江西	100.00	64.59	27.68	27.97	6.29	14.80	8.34	5.78
山东	100.00	54.31	21.54	20.82	9.66	19.33	13.32	4.96
河南	100.00	55.04	28.45	16.36	9.87	18.43	12.71	4.80
湖北	100.00	61.91	23.09	28.73	7.05	14.81	9.42	4.68
湖南	100.00	64.19	24.27	30.35	6.13	13.59	8.85	4.12
广东	100.00	57.71	15.42	30.97	4.11	18.88	13.33	3.67
广西	100.00	65.17	25.96	31.91	4.88	15.20	8.61	5.95
海南	100.00	64.06	19.49	32.51	6.44	12.24	7.13	3.85
四川	100.00	64.81	24.35	30.67	7.00	14.28	8.52	4.97
贵州	100.00	70.13	29.71	31.44	7.48	10.77	5.14	4.99
云南	100.00	63.94	24.62	29.05	7.37	15.69	11.48	3.65
西藏	100.00	73.81	33.73	25.16	8.66	12.97	3.62	9.16
陕西	100.00	58.47	32.52	17.01	7.98	17.89	12.87	4.22
甘肃	100.00	61.53	37.11	16.11	8.88	13.57	7.01	5.71
青海	100.00	59.53	28.55	22.72	12.71	12.59	5.48	6.30
宁夏	100.00	57.36	27.58	21.09	9.91	13.97	9.24	3.69
新疆	100.00	53.70	27.12	17.68	15.16	13.70	7.81	5.00

4—58续表 单位:%

地区	四、家庭设备用品及服务支出	五、医疗保健支出	六、交通和通讯支出	七、文化教育用品及服务支出	八、其他商品及服务支出
全国总计	**5.29**	**3.25**	**1.44**	**5.37**	**0.74**
北京	8.06	4.00	2.03	6.63	0.80
天津	7.72	3.42	1.47	6.22	0.26
河北	6.21	3.94	1.37	4.99	0.54
山西	6.30	4.13	1.35	6.73	0.76
内蒙古	4.73	3.92	1.76	6.76	0.34
辽宁	5.14	3.66	1.84	5.78	0.74
吉林	4.12	4.34	1.59	4.17	0.58
黑龙江	4.21	4.90	1.56	4.83	0.41
上海	8.35	2.68	1.59	3.94	1.98
江苏	6.32	2.69	1.19	4.12	0.43
浙江	6.50	3.00	1.76	4.44	1.01
安徽	5.00	2.85	1.31	4.98	0.77
福建	4.92	2.84	1.95	5.53	1.46
江西	4.27	2.79	1.06	5.59	0.61
山东	6.00	3.13	1.16	5.98	0.43
河南	5.45	4.12	1.28	5.09	0.72
湖北	5.56	2.89	1.26	5.91	0.60
湖南	4.70	3.00	1.45	6.44	0.50
广东	5.38	3.66	1.72	7.18	1.36
广西	4.06	2.33	1.43	5.92	1.01
海南	3.63	3.48	2.09	7.11	0.94
四川	4.38	2.80	1.26	4.86	0.61
贵州	3.41	1.95	0.96	4.20	1.10
云南	4.48	2.83	1.10	4.00	0.59
西藏	2.86	0.29	0.54	0.34	0.53
陕西	4.89	3.81	1.26	5.02	0.69
甘肃	4.40	4.08	1.32	5.56	0.65
青海	6.11	3.89	1.41	3.48	0.28
宁夏	5.70	3.55	2.58	6.57	0.37
新疆	6.00	3.24	2.24	5.32	0.65

4—59 1990年农村居民现金支出

单位:元/人

地区	现金支出	一、家庭经营费用支出	二、购买生产性固定资产支出	三、税费支出	四、生活消费支出	五、财产性和转移性支出
全国总计	**639.06**	**162.90**	**20.46**	**33.37**	**374.74**	**47.59**
北京	1183.59	210.48	16.85	48.01	844.23	64.02
天津	846.02	194.04	17.50	10.14	558.68	65.66
河北	561.19	144.59	23.82	27.52	329.79	35.47
山西	563.41	119.93	27.68	26.76	346.13	42.91
内蒙古	500.60	135.88	21.75	35.91	271.21	35.85
辽宁	829.64	197.11	20.91	64.30	481.75	65.57
吉林	866.94	261.22	43.57	99.47	389.72	72.96
黑龙江	806.61	255.86	32.37	95.58	368.43	54.37
上海	1568.80	250.95	5.84	36.16	1146.10	129.75
江苏	895.94	195.65	12.87	42.78	569.65	74.99
浙江	1132.93	238.72	33.27	20.68	746.59	93.67
安徽	578.23	150.96	16.98	43.39	323.01	43.89
福建	848.63	243.42	10.47	14.17	500.82	79.75
江西	553.20	156.12	9.63	23.95	317.26	46.24
山东	646.81	158.74	18.76	51.20	379.60	38.51
河南	488.51	120.06	19.43	37.14	280.70	31.18
湖北	603.36	134.15	12.81	48.30	343.99	64.11
湖南	628.10	154.66	17.26	29.90	352.71	73.57
广东	1089.39	297.40	26.70	22.74	686.43	56.12
广西	507.05	158.50	18.23	10.42	290.33	29.57
海南	618.78	165.40	14.73	5.00	399.37	34.28
四川	502.30	142.46	9.16	30.80	285.05	34.83
贵州	350.52	92.90	13.09	9.75	199.30	35.48
云南	447.73	107.06	21.63	6.75	285.28	27.01
西藏	245.44	40.73	21.77	0.46	173.13	9.35
陕西	444.89	105.83	23.96	15.90	270.28	28.92
甘肃	308.67	85.72	16.57	12.43	174.27	19.68
青海	446.25	86.17	40.59	23.30	256.58	39.61
宁夏	534.22	136.40	40.72	22.14	297.27	37.69
新疆	716.73	236.36	57.76	58.19	333.88	30.54

4—60 1990年农村居民现金支出构成

单位：%

地 区	现金支出	一、家庭经营费用支出	二、购买生产性固定资产支出	三、税费支出	四、生活消费支出	五、财产性和转移性支出
全国总计	**100.00**	**25.49**	**3.20**	**5.22**	**58.64**	**7.45**
北 京	100.00	17.78	1.42	4.06	71.33	5.41
天 津	100.00	22.94	2.07	1.20	66.04	7.76
河 北	100.00	25.76	4.24	4.90	58.77	6.32
山 西	100.00	21.29	4.91	4.75	61.43	7.62
内蒙古	100.00	27.14	4.34	7.17	54.18	7.16
辽 宁	100.00	23.76	2.52	7.75	58.07	7.90
吉 林	100.00	30.13	5.03	11.47	44.95	8.42
黑龙江	100.00	31.72	4.01	11.85	45.68	6.74
上 海	100.00	16.00	0.37	2.30	73.06	8.27
江 苏	100.00	21.84	1.44	4.77	63.58	8.37
浙 江	100.00	21.07	2.94	1.83	65.90	8.27
安 徽	100.00	26.11	2.94	7.50	55.86	7.59
福 建	100.00	28.68	1.23	1.67	59.02	9.40
江 西	100.00	28.22	1.74	4.33	57.35	8.36
山 东	100.00	24.54	2.90	7.92	58.69	5.95
河 南	100.00	24.58	3.98	7.60	57.46	6.38
湖 北	100.00	22.23	2.12	8.01	57.01	10.63
湖 南	100.00	24.62	2.75	4.76	56.16	11.71
广 东	100.00	27.30	2.45	2.09	63.01	5.15
广 西	100.00	31.26	3.60	2.06	57.26	5.83
海 南	100.00	26.73	2.38	0.81	64.54	5.54
四 川	100.00	28.36	1.82	6.13	56.75	6.93
贵 州	100.00	26.50	3.73	2.78	56.86	10.12
云 南	100.00	23.91	4.83	1.51	63.72	6.03
西 藏	100.00	16.59	8.87	0.19	70.54	3.81
陕 西	100.00	23.79	5.39	3.57	60.75	6.50
甘 肃	100.00	27.77	5.37	4.03	56.46	6.38
青 海	100.00	19.31	9.10	5.22	57.50	8.88
宁 夏	100.00	25.53	7.62	4.14	55.65	7.06
新 疆	100.00	32.98	8.06	8.12	46.58	4.26

4—61 1990年农村居民家庭经营费用现金支出

单位:元/人

地区	家庭经营费用现金支出	1.农业支出	种植业	2.林业支出	3.牧业支出	4.渔业支出	5.工业支出	6.建筑业支出
全国总计	**162.90**	**99.46**	**95.86**	**0.76**	**43.18**	**3.02**	**3.81**	**0.42**
北京	210.48	102.45	101.76	0.64	71.11	0.43	5.20	0.16
天津	194.04	98.98	96.45	1.55	64.89	0.67	0.49	
河北	144.59	114.08	105.05	0.32	21.43	0.35	2.42	0.12
山西	119.93	72.88	70.67	0.35	14.89		2.87	0.64
内蒙古	135.88	105.08	103.45	0.15	23.54	0.20	2.50	0.02
辽宁	197.11	139.59	138.56	0.23	39.51	1.61	2.80	0.52
吉林	261.22	216.38	215.52	0.51	29.26	0.22	2.05	0.32
黑龙江	255.86	194.27	193.41	0.40	39.53	1.75	2.91	0.25
上海	250.95	95.08	94.23	3.16	140.59	3.26		0.98
江苏	195.65	111.18	105.84	0.96	64.49	3.25	6.16	0.28
浙江	238.72	115.39	100.63	0.47	78.78	6.47	8.99	0.27
安徽	150.96	106.90	104.13	0.52	26.70	1.67	3.51	0.28
福建	243.42	112.77	110.13	3.82	93.25	5.91	5.07	5.37
江西	156.12	95.27	92.45	0.63	39.47	2.39	4.77	0.22
山东	158.74	121.75	115.73	1.74	25.08	0.32	1.83	0.15
河南	120.06	88.29	83.64	0.67	16.63	0.10	4.72	0.38
湖北	134.15	90.21	88.68	0.59	28.96	1.09	2.24	0.08
湖南	154.66	81.55	77.91	0.58	57.45	2.47	4.42	0.16
广东	297.40	132.66	127.82	0.37	109.50	28.68	6.07	0.58
广西	158.50	76.28	73.51	0.71	59.51	1.66	10.20	0.04
海南	165.40	59.12	58.22	4.21	37.56	40.49	3.71	0.65
四川	142.46	63.50	61.78	0.14	64.55	1.56	3.75	0.20
贵州	92.90	47.12	44.27	0.24	33.52	0.32	2.65	0.35
云南	107.06	52.02	50.38	0.66	38.24	0.61	2.34	0.06
西藏	40.73	21.23	16.11	0.10	8.08			0.37
陕西	105.83	77.93	76.67	1.01	15.44	0.10	2.75	0.65
甘肃	85.72	67.47	67.04	0.44	10.07	0.02	1.68	0.03
青海	86.17	48.69	46.19	0.68	20.99	0.12	1.17	0.04
宁夏	136.40	93.93	93.22	0.04	27.61	1.79	2.53	0.40
新疆	236.36	168.79	164.48	1.90	42.29	0.04	1.40	0.11

4—61续表 单位:元/人

地　区	7.交通运输、邮电业支出	8.批发和零售贸易、餐饮业支出	9.社会服务业支出	10.其他家庭经营支出	第一产业支出	第二产业支出	第三产业支出
全国总计	**7.46**	**2.01**	**0.90**	**1.88**	**146.42**	**4.23**	**12.25**
北　京	23.33	1.59	3.29	2.28	174.63	5.45	30.49
天　津	8.20	15.89	1.58	1.79	166.09	0.51	27.46
河　北	2.84	1.17	0.63	1.23	136.18	4.36	5.87
山　西	24.37	1.37	1.07	1.49	88.12	3.68	28.30
内蒙古	2.44	0.22	0.43	1.30	128.97	3.15	4.39
辽　宁	10.21	0.76	0.32	1.56	277.14	3.37	12.85
吉　林	7.48	1.26	0.37	3.37	353.17	2.37	12.48
黑龙江	6.00	0.56	0.68	9.51	389.34	3.58	16.75
上　海	3.50	0.55	0.78	3.05	242.09	0.98	7.88
江　苏	5.42	2.15	0.77	0.99	179.88	6.44	9.33
浙　江	18.06	4.19	2.33	3.77	201.11	9.35	28.35
安　徽	4.50	4.01	1.06	1.81	135.79	4.01	11.38
福　建	10.32	1.21	1.69	4.01	215.75	11.05	17.23
江　西	7.64	3.81	0.72	1.20	137.76	5.03	13.37
山　东	5.17	1.23	0.48	0.99	148.89	3.10	7.87
河　南	5.64	0.44	0.66	2.53	105.69	5.32	9.27
湖　北	6.72	2.58	0.90	0.78	120.85	2.73	10.98
湖　南	3.25	3.08	1.14	0.56	142.05	4.70	8.03
广　东	12.48	2.79	1.30	2.97	271.21	6.78	19.54
广　西	5.72	3.37	0.34	0.67	138.16	10.25	10.10
海　南	12.61	2.00	0.12	4.93	141.38	4.84	19.66
四　川	5.45	1.14	1.33	0.84	129.75	3.99	8.76
贵　州	3.90	2.55	0.72	1.54	81.20	3.43	8.71
云　南	8.28	2.69	0.92	1.24	91.53	2.45	13.13
西　藏	9.31	0.36		1.28	29.41	0.39	10.95
陕　西	5.84	1.11	0.29	0.71	94.48	3.41	7.95
甘　肃	4.03	0.37	0.15	1.46	78.00	1.79	6.01
青　海	8.08	1.04	2.06	3.30	70.48	1.21	14.48
宁　夏	9.24	0.50	0.18	0.19	123.37	2.93	10.11
新　疆	15.55	2.29	2.02	1.97	213.02	1.54	21.83

4—62 1990年农村居民家庭经营费用现金支出构成

单位：%

地区	家庭经营现金费用支出	1.农业支出	种植业	2.林业支出	3.牧业支出	4.渔业支出	5.工业支出	6.建筑业支出
全国总计	**100.00**	**61.06**	**58.85**	**0.47**	**26.51**	**1.85**	**2.34**	**0.26**
北京	100.00	48.67	48.35	0.30	33.78	0.20	2.47	0.08
天津	100.00	51.01	49.71	0.80	33.44	0.35	0.25	0.00
河北	100.00	78.90	72.65	0.22	14.82	0.24	1.67	0.08
山西	100.00	60.77	58.93	0.29	12.42	0.00	2.39	0.53
内蒙古	100.00	77.33	76.13	0.11	17.32	0.15	1.84	0.01
辽宁	100.00	70.82	70.30	0.12	20.04	0.82	1.42	0.26
吉林	100.00	82.83	82.51	0.20	11.20	0.08	0.78	0.12
黑龙江	100.00	75.93	75.59	0.16	15.45	0.68	1.14	0.10
上海	100.00	37.89	37.55	1.26	56.02	1.30	0.00	0.39
江苏	100.00	56.83	54.10	0.49	32.96	1.66	3.15	0.14
浙江	100.00	48.34	42.15	0.20	33.00	2.71	3.77	0.11
安徽	100.00	70.81	68.98	0.34	17.69	1.11	2.33	0.19
福建	100.00	46.33	45.24	1.57	38.31	2.43	2.08	2.21
江西	100.00	61.02	59.22	0.40	25.28	1.53	3.06	0.14
山东	100.00	76.70	72.91	1.10	15.80	0.20	1.15	0.09
河南	100.00	73.54	69.67	0.56	13.85	0.08	3.93	0.32
湖北	100.00	67.25	66.11	0.44	21.59	0.81	1.67	0.06
湖南	100.00	52.73	50.38	0.38	37.15	1.60	2.86	0.10
广东	100.00	44.61	42.98	0.12	36.82	9.64	2.04	0.20
广西	100.00	48.13	46.38	0.45	37.55	1.05	6.44	0.03
海南	100.00	35.74	35.20	2.55	22.71	24.48	2.24	0.39
四川	100.00	44.57	43.37	0.10	45.31	1.10	2.63	0.14
贵州	100.01	50.72	47.65	0.26	36.08	0.34	2.85	0.38
云南	100.00	48.59	47.06	0.62	35.72	0.57	2.19	0.06
西藏	100.00	52.12	39.55	0.25	19.84	0.00	0.00	0.91
陕西	100.00	73.64	72.45	0.95	14.59	0.09	2.60	0.61
甘肃	100.00	78.71	78.21	0.51	11.75	0.02	1.96	0.03
青海	100.00	56.50	53.60	0.79	24.36	0.14	1.36	0.05
宁夏	100.01	68.86	68.34	0.03	20.24	1.31	1.85	0.29
新疆	100.00	71.41	69.59	0.80	17.89	0.02	0.59	0.05

4—62 续表

单位:%

地区	7.交通运输、邮电业支出	8.批发和零售贸易、餐饮业支出	9.社会服务业支出	10.其他家庭经营支出	第一产业支出	第二产业支出	第三产业支出
全国总计	**4.58**	**1.23**	**0.55**	**1.15**	**89.88**	**2.60**	**7.52**
北京	11.08	0.76	1.56	1.08	82.97	2.59	14.49
天津	4.23	8.19	0.81	0.92	85.60	0.26	14.15
河北	1.96	0.81	0.44	0.85	94.18	3.02	4.06
山西	20.32	1.14	0.89	1.24	73.48	3.07	23.60
内蒙古	1.80	0.16	0.32	0.96	94.91	2.32	3.23
辽宁	5.18	0.39	0.16	0.79	140.60	1.71	6.52
吉林	2.86	0.48	0.14	1.29	135.20	0.91	4.78
黑龙江	2.35	0.22	0.27	3.72	152.17	1.40	6.55
上海	1.39	0.22	0.31	1.22	96.47	0.39	3.14
江苏	2.77	1.10	0.39	0.51	91.94	3.29	4.77
浙江	7.57	1.76	0.98	1.58	84.25	3.92	11.88
安徽	2.98	2.66	0.70	1.20	89.95	2.66	7.54
福建	4.24	0.50	0.69	1.65	88.63	4.54	7.08
江西	4.89	2.44	0.46	0.77	88.24	3.22	8.56
山东	3.26	0.77	0.30	0.62	93.79	1.95	4.96
河南	4.70	0.37	0.55	2.11	88.03	4.43	7.72
湖北	5.01	1.92	0.67	0.58	90.09	2.04	8.18
湖南	2.10	1.99	0.74	0.36	91.85	3.04	5.19
广东	4.20	0.94	0.44	1.00	91.19	2.28	6.57
广西	3.61	2.13	0.21	0.42	87.17	6.47	6.37
海南	7.62	1.21	0.07	2.98	85.48	2.93	11.89
四川	3.83	0.80	0.93	0.59	91.08	2.80	6.15
贵州	4.20	2.74	0.78	1.66	87.41	3.69	9.38
云南	7.73	2.51	0.86	1.16	85.49	2.29	12.26
西藏	22.86	0.88	0.00	3.14	72.21	0.96	26.88
陕西	5.52	1.05	0.27	0.67	89.28	3.22	7.51
甘肃	4.70	0.43	0.17	1.70	90.99	2.09	7.01
青海	9.38	1.21	2.39	3.83	81.79	1.40	16.80
宁夏	6.77	0.37	0.13	0.14	90.45	2.15	7.41
新疆	6.58	0.97	0.85	0.83	90.13	0.65	9.24

4—63　1990年农村居民生活消费现金支出

单位:元/人

地　区	生活消费支出	一、食品支出	主　食	副　食	二、衣着支出	三、居住支出	住　房	燃　料
全国总计	**374.74**	**155.85**	**17.50**	**80.29**	**44.03**	**81.15**	**68.50**	**7.05**
北　京	844.23	367.72	49.16	165.11	91.81	182.18	142.04	27.29
天　津	558.68	241.53	25.59	125.84	69.47	107.77	89.90	10.86
河　北	329.79	116.59	14.94	53.97	43.20	87.27	68.92	13.09
山　西	346.13	122.38	27.61	44.68	58.90	71.23	58.46	9.17
内蒙古	271.21	94.70	19.12	28.15	44.02	46.55	35.86	6.29
辽　宁	481.75	200.63	49.50	84.11	68.87	96.42	77.87	10.04
吉　林	389.72	164.42	48.86	60.75	53.97	77.63	69.03	1.35
黑龙江	368.43	148.46	31.70	59.33	58.65	68.19	54.92	7.06
上　海	1146.10	497.29	8.33	265.07	106.82	274.11	256.33	3.62
江　苏	569.65	224.43	9.48	120.91	51.91	170.05	161.25	2.89
浙　江	746.59	324.62	14.88	177.51	56.61	207.39	190.10	6.63
安　徽	323.01	134.44	14.72	68.17	37.91	74.16	65.78	2.74
福　建	500.82	252.08	27.05	152.48	38.77	92.32	76.80	7.49
江　西	317.26	141.53	13.01	83.36	35.86	57.62	47.59	6.11
山　东	379.60	152.01	13.32	74.71	49.67	86.73	71.66	9.35
河　南	280.70	102.13	7.11	51.55	40.95	64.94	53.47	7.44
湖　北	343.99	138.85	14.54	65.95	41.83	64.83	56.48	4.00
湖　南	352.71	152.76	13.49	88.34	37.17	64.83	53.19	7.87
广　东	686.43	321.43	18.62	203.78	38.20	147.12	123.48	6.11
广　西	290.33	134.69	13.00	87.18	26.18	50.31	45.30	1.56
海　南	399.37	216.18	18.54	134.94	36.45	49.26	40.30	1.84
四　川	285.05	126.72	14.22	67.49	35.32	52.45	42.82	5.61
贵　州	199.30	90.10	18.80	39.32	30.06	32.54	20.40	9.57
云　南	285.28	124.59	18.97	58.78	35.66	62.42	55.35	4.39
西　藏	173.13	88.39	21.61	41.97	42.45	19.91	17.79	1.23
陕　西	270.28	87.71	11.97	36.77	37.04	70.80	61.16	5.87
甘　肃	174.27	56.09	7.55	20.81	30.10	33.89	23.35	7.70
青　海	256.58	89.58	25.44	33.79	54.57	41.35	24.49	13.01
宁　夏	297.27	95.68	6.30	49.08	47.93	62.90	44.62	13.24
新　疆	333.88	110.78	18.79	52.91	74.49	60.35	38.11	17.73

4－63 续表 单位:元/人

地 区	四、家庭设备用品及服务支出	五、医疗保健支出	六、交通和通讯支出	七、文化教育用品及服务支出	八、其他商品及服务支出
全国总计	**30.74**	**18.98**	**8.41**	**31.33**	**4.25**
北 京	78.86	36.80	17.28	64.18	5.40
天 津	56.56	25.10	10.74	45.58	1.93
河 北	30.15	19.11	6.64	24.24	2.59
山 西	30.42	20.13	6.57	32.72	3.78
内蒙古	23.22	19.27	8.64	33.23	1.58
辽 宁	34.52	24.71	12.45	39.12	5.03
吉 林	26.06	27.47	10.07	26.42	3.68
黑龙江	24.63	28.63	9.15	28.29	2.43
上 海	125.61	40.27	23.94	59.27	18.79
江 苏	52.26	22.67	10.01	34.67	3.65
浙 江	61.39	28.41	16.68	41.96	9.53
安 徽	25.63	14.64	6.74	25.55	3.94
福 建	34.65	19.87	13.77	39.08	10.28
江 西	24.54	16.12	6.13	32.26	3.20
山 东	32.72	17.12	6.34	32.69	2.32
河 南	23.83	17.85	5.59	22.27	3.14
湖 北	33.73	17.54	7.67	35.90	3.64
湖 南	28.62	18.29	8.83	39.18	3.03
广 东	50.15	34.04	16.06	66.91	12.52
广 西	21.74	12.52	7.69	31.80	5.40
海 南	20.42	19.67	11.80	40.23	5.36
四 川	22.08	14.27	6.39	24.70	3.12
贵 州	13.70	7.83	3.83	16.85	4.39
云 南	21.25	13.74	5.32	19.42	2.88
西 藏	14.03	1.43	2.65	1.66	2.61
陕 西	23.34	18.18	6.00	23.93	3.28
甘 肃	14.87	13.81	4.44	18.81	2.26
青 海	28.06	18.49	6.69	16.53	1.31
宁 夏	27.55	17.18	12.48	31.86	1.69
新 疆	30.24	16.43	11.35	26.95	3.29

4—64 1990年农村居民生活消费现金支出构成

单位:%

地 区	生活消费支出	一、食品支出	主 食	副 食	二、衣着支出	三、居住支出	住 房	燃 料
全国总计	**100.00**	**41.59**	**4.67**	**21.43**	**11.75**	**21.66**	**18.28**	**1.88**
北 京	100.00	43.56	5.82	19.56	10.87	21.58	16.82	3.23
天 津	100.00	43.23	4.58	22.52	12.43	19.29	16.09	1.94
河 北	100.00	35.35	4.53	16.36	13.10	26.46	20.90	3.97
山 西	100.00	35.36	7.98	12.91	17.02	20.58	16.89	2.65
内蒙古	100.00	34.92	7.05	10.38	16.23	17.16	13.22	2.32
辽 宁	100.00	41.65	10.28	17.46	14.30	20.01	16.16	2.08
吉 林	100.00	42.19	12.54	15.59	13.85	19.92	17.71	0.35
黑龙江	100.00	40.30	8.60	16.10	15.92	18.51	14.91	1.92
上 海	100.00	43.39	0.73	23.13	9.32	23.92	22.37	0.32
江 苏	100.00	39.40	1.66	21.23	9.11	29.85	28.31	0.51
浙 江	100.00	43.48	1.99	23.78	7.58	27.78	25.46	0.89
安 徽	100.00	41.62	4.56	21.10	11.74	22.96	20.36	0.85
福 建	100.00	50.33	5.40	30.45	7.74	18.43	15.33	1.50
江 西	100.00	44.61	4.10	26.27	11.30	18.16	15.00	1.93
山 东	100.00	40.04	3.51	19.68	13.08	22.85	18.88	2.46
河 南	100.00	36.38	2.53	18.36	14.59	23.14	19.05	2.65
湖 北	100.00	40.36	4.23	19.17	12.16	18.85	16.42	1.16
湖 南	100.00	43.31	3.82	25.05	10.54	18.38	15.08	2.23
广 东	100.00	46.83	2.71	29.69	5.57	21.43	17.99	0.89
广 西	100.00	46.39	4.48	30.03	9.02	17.33	15.60	0.54
海 南	100.00	54.13	4.64	33.79	9.13	12.33	10.09	0.46
四 川	100.00	44.46	4.99	23.68	12.39	18.40	15.02	1.97
贵 州	100.00	45.21	9.43	19.73	15.08	16.33	10.24	4.80
云 南	100.00	43.67	6.65	20.60	12.50	21.88	19.40	1.54
西 藏	100.00	51.05	12.48	24.24	24.52	11.50	10.28	0.71
陕 西	100.00	32.45	4.43	13.60	13.70	26.20	22.63	2.17
甘 肃	100.00	32.19	4.33	11.94	17.27	19.45	13.40	4.42
青 海	100.00	34.91	9.92	13.17	21.27	16.12	9.54	5.07
宁 夏	100.00	32.19	2.12	16.51	16.12	21.16	15.01	4.45
新 疆	100.00	33.18	5.63	15.85	22.31	18.08	11.41	5.31

4—64 续表

单位:%

地　区	四、家庭设备用品及服务支出	五、医疗保健支出	六、交通和通讯支出	七、文化教育用品及服务支出	八、其他商品及服务支出
全国总计	**8.20**	**5.06**	**2.24**	**8.36**	**1.13**
北　京	9.34	4.36	2.05	7.60	0.64
天　津	10.12	4.49	1.92	8.16	0.35
河　北	9.14	5.79	2.01	7.35	0.79
山　西	8.79	5.82	1.90	9.45	1.09
内蒙古	8.56	7.11	3.19	12.25	0.58
辽　宁	7.17	5.13	2.58	8.12	1.04
吉　林	6.69	7.05	2.58	6.78	0.94
黑龙江	6.69	7.77	2.48	7.68	0.66
上　海	10.96	3.51	2.09	5.17	1.64
江　苏	9.17	3.98	1.76	6.09	0.64
浙　江	8.22	3.81	2.23	5.62	1.28
安　徽	7.93	4.53	2.09	7.91	1.22
福　建	6.92	3.97	2.75	7.80	2.05
江　西	7.73	5.08	1.93	10.17	1.01
山　东	8.62	4.51	1.67	8.61	0.61
河　南	8.49	6.36	1.99	7.93	1.12
湖　北	9.81	5.10	2.23	10.44	1.06
湖　南	8.11	5.19	2.50	11.11	0.86
广　东	7.31	4.96	2.34	9.75	1.82
广　西	7.49	4.31	2.65	10.95	1.86
海　南	5.11	4.93	2.95	10.07	1.34
四　川	7.75	5.01	2.24	8.67	1.09
贵　州	6.87	3.93	1.92	8.45	2.20
云　南	7.45	4.82	1.86	6.81	1.01
西　藏	8.10	0.83	1.53	0.96	1.51
陕　西	8.64	6.73	2.22	8.85	1.21
甘　肃	8.53	7.92	2.55	10.79	1.30
青　海	10.94	7.21	2.61	6.44	0.51
宁　夏	9.27	5.78	4.20	10.72	0.57
新　疆	9.06	4.92	3.40	8.07	0.99

4—65 1995年农村居民总收入

单位:元/人

地区	总收入	一、工资性收入	二、家庭经营收入	三、财产性收入	四、转移性收入
全国总计	**2337.87**	**353.70**	**1877.42**	**40.98**	**65.77**
北京	3923.17	1715.04	1904.11	116.57	187.45
天津	3373.65	1012.18	2253.31	55.27	52.89
河北	2376.48	441.23	1851.38	40.92	42.95
山西	1565.67	367.19	1131.68	22.88	43.92
内蒙古	2053.77	98.62	1871.46	54.82	28.87
辽宁	2953.47	486.17	2350.57	70.60	46.13
吉林	2819.54	165.59	2481.45	145.37	27.13
黑龙江	3159.28	130.27	2921.38	80.46	27.17
上海	4860.55	2733.99	1776.28	154.82	195.46
江苏	3290.90	821.85	2368.01	25.57	75.47
浙江	3974.85	1109.76	2691.82	62.45	110.82
安徽	2016.35	234.21	1688.53	35.39	58.22
福建	2748.88	520.54	1977.91	118.94	131.49
江西	2325.37	319.69	1940.62	14.52	50.54
山东	2626.96	408.97	2135.17	28.79	54.03
河南	1862.87	163.51	1630.97	28.44	39.95
湖北	2184.20	192.37	1907.35	33.47	51.01
湖南	2235.35	268.00	1892.40	15.10	59.85
广东	3536.30	712.25	2579.07	50.05	194.93
广西	2101.41	202.10	1802.88	11.44	84.99
海南	1935.01	53.57	1716.18	74.31	90.95
四川	1864.92	208.58	1558.59	21.35	76.40
贵州	1574.38	146.34	1353.19	16.27	58.58
云南	1709.47	120.84	1483.52	57.00	48.11
西藏	1501.46	79.17	1313.27	46.01	63.01
陕西	1440.13	186.04	1192.69	17.28	44.12
甘肃	1368.45	91.68	1216.33	18.26	42.18
青海	1382.19	96.71	1253.47	2.99	29.02
宁夏	1825.05	188.78	1588.16	22.53	25.58
新疆	2414.59	64.47	2238.71	65.30	46.11

4—66 1995年农村居民总收入构成

单位:%

地　区	总收入	一、工资性收入	二、家庭经营收入	三、财产性收入	四、转移性收入
全国总计	**100.00**	**15.13**	**80.30**	**1.75**	**2.81**
北　京	100.00	43.72	48.53	2.97	4.78
天　津	100.00	30.00	66.79	1.64	1.57
河　北	100.00	18.57	77.90	1.72	1.81
山　西	100.00	23.45	72.28	1.46	2.81
内蒙古	100.00	4.80	91.12	2.67	1.41
辽　宁	100.00	16.46	79.59	2.39	1.56
吉　林	100.00	5.87	88.01	5.16	0.96
黑龙江	100.00	4.12	92.47	2.55	0.86
上　海	100.00	56.25	36.54	3.19	4.02
江　苏	100.00	24.97	71.96	0.78	2.29
浙　江	100.00	27.92	67.72	1.57	2.79
安　徽	100.00	11.62	83.74	1.76	2.89
福　建	100.00	18.94	71.95	4.33	4.78
江　西	100.00	13.75	83.45	0.62	2.17
山　东	100.00	15.57	81.28	1.10	2.06
河　南	100.00	8.78	87.55	1.53	2.14
湖　北	100.00	8.81	87.32	1.53	2.34
湖　南	100.00	11.99	84.66	0.68	2.68
广　东	100.00	20.14	72.93	1.42	5.51
广　西	100.00	9.62	85.79	0.54	4.04
海　南	100.00	2.77	88.69	3.84	4.70
四　川	100.00	11.18	83.57	1.14	4.10
贵　州	100.00	9.30	85.95	1.03	3.72
云　南	100.00	7.07	86.78	3.33	2.81
西　藏	100.00	5.27	87.47	3.06	4.20
陕　西	100.00	12.92	82.82	1.20	3.06
甘　肃	100.00	6.70	88.88	1.33	3.08
青　海	100.00	7.00	90.69	0.22	2.10
宁　夏	100.00	10.34	87.02	1.23	1.40
新　疆	100.00	2.67	92.72	2.70	1.91

4—67 1995年农村居民家庭经营总收入

单位:元/人

地区	家庭经营收入	1.农业收入	种植业收入	2.林业收入	3.牧业收入	4.渔业收入	5.工业收入	6.建筑业收入
全国合计	**1877.42**	**1188.11**	**1155.52**	**16.52**	**420.82**	**26.86**	**26.90**	**38.54**
北京	1904.11	1128.67	1127.64	15.05	317.37	45.16	45.53	6.93
天津	2253.31	1558.81	1534.07	2.13	470.62	7.83	32.04	30.22
河北	1851.38	1355.28	1339.17	6.19	263.29	1.71	34.18	21.22
山西	1131.68	768.46	747.56	8.52	155.53	0.35	23.54	23.80
内蒙古	1871.46	1402.08	1386.53	2.85	386.01	0.59	18.64	3.05
辽宁	2350.57	1610.58	1593.77	4.64	520.61	34.11	14.03	18.60
吉林	2481.45	2104.66	2057.34	3.10	281.26	1.68	12.67	13.76
黑龙江	2921.38	2388.62	2370.17	3.91	359.19	23.79	12.63	13.62
上海	1776.28	1227.94	1186.56		373.70	6.84	6.64	14.73
江苏	2368.01	1515.93	1452.51	12.73	485.09	44.58	31.59	99.94
浙江	2691.82	1226.08	1113.85	14.62	581.53	78.24	206.18	92.64
安徽	1688.53	1157.30	1134.04	18.92	348.08	23.44	7.03	24.23
福建	1977.91	1107.45	1039.54	20.70	419.80	45.39	19.46	85.70
江西	1940.62	1100.83	1058.60	25.08	620.02	51.16	15.67	13.98
山东	2135.17	1553.41	1520.01	24.37	389.07	2.60	14.11	35.17
河南	1630.97	1236.83	1218.99	15.60	225.35	4.22	7.45	28.21
湖北	1907.35	1304.07	1279.19	20.56	401.91	35.85	17.90	20.35
湖南	1892.4	974.43	929.22	15.22	618.24	40.89	49.86	59.85
广东	2579.07	1154.87	1111.73	21.60	640.09	170.26	29.52	152.90
广西	1802.88	853.16	814.06	27.52	658.68	27.16	34.91	50.01
海南	1716.18	969.28	942.72	72.85	346.61	53.33	12.82	31.53
四川	1558.59	822.08	799.16	15.18	579.14	12.57	12.40	33.49
贵州	1353.19	783.41	748.28	12.15	410.09	3.69	22.82	16.76
云南	1483.52	832.05	801.83	22.11	416.61	13.95	23.36	20.92
西藏	1313.27	613.65	586.49	44.97	320.34		10.29	20.11
陕西	1192.69	833.77	816.67	8.23	218.35	0.52	21.86	19.57
甘肃	1216.33	841.85	831.01	11.44	205.49		6.85	29.87
青海	1253.47	705.54	664.33	4.45	378.76		7.80	8.78
宁夏	1588.16	1000.23	991.45	8.26	401.93	2.45	23.98	3.85
新疆	2238.71	1630.08	1617.76	35.23	398.35	10.31	5.10	5.92

4—67 续表 单位:元/人

地　区	7.交通运输业、邮电业收入	8.批发和零售贸易、餐饮业收入	9. 社会服务业收入	10.其他家庭经营收入	第一产业收入	第二产业收入	第三产业收入
全国总计	**47.62**	**43.73**	**20.30**	**48.02**	**1652.31**	**65.44**	**159.67**
北　京	243.07	24.91	14.17	63.26	1506.24	52.46	345.41
天　津	31.80	48.04	30.71	41.12	2039.38	62.26	151.67
河　北	51.23	70.76	14.21	33.31	1626.47	55.40	169.51
山　西	79.42	28.63	18.54	24.89	932.86	47.34	151.48
内蒙古	13.42	13.41	5.43	25.98	1791.53	21.69	58.24
辽　宁	42.76	50.92	13.54	40.78	2169.94	32.63	148.00
吉　林	20.15	17.46	3.71	23.00	2390.70	26.43	64.32
黑龙江	46.49	11.43	12.54	49.17	2775.50	26.25	119.63
上　海	44.25	7.61	28.72	65.85	1608.48	21.37	146.43
江　苏	60.29	61.78	26.38	29.70	2058.33	131.53	178.15
浙　江	153.03	146.85	69.86	122.79	1900.47	298.82	492.53
安　徽	25.33	26.95	14.42	42.84	1547.73	31.26	109.54
福　建	80.85	65.35	46.22	86.99	1593.34	105.16	279.41
江　西	30.75	28.29	21.11	33.74	1797.08	29.65	113.89
山　东	24.47	24.98	11.48	55.51	1969.45	49.28	116.44
河　南	36.55	24.36	12.76	39.64	1482.00	35.66	113.31
湖　北	20.57	42.92	15.37	27.85	1762.39	38.25	106.71
湖　南	34.90	47.00	20.29	31.72	1648.78	109.71	133.91
广　东	110.33	138.70	52.89	107.91	1986.82	182.42	409.83
广　西	47.01	51.86	15.01	37.57	1566.51	84.92	151.45
海　南	33.01	20.72	23.57	152.46	1442.07	44.35	229.76
四　川	21.35	19.92	20.86	21.60	1428.97	45.89	83.73
贵　州	17.79	35.68	21.00	29.80	1209.34	39.58	104.27
云　南	55.09	24.83	7.55	67.05	1284.72	44.28	154.52
西　藏	85.22	57.37	13.31	148.01	978.96	30.40	303.91
陕　西	34.26	25.81	7.75	22.57	1060.87	41.43	90.39
甘　肃	21.59	19.41	15.06	64.77	1058.78	36.72	120.83
青　海	46.23	35.53	9.71	56.67	1088.75	16.58	148.14
宁　夏	90.57	44.76	6.63	5.50	1412.87	27.83	147.46
新　疆	38.44	32.20	27.35	55.74	2073.96	11.02	153.73

4—68 1995年农村居民家庭经营总收入构成

单位:%

地区	家庭经营收入	1.农业支出	种植业收入	2.林业收入	3.牧业收入	4.渔业收入	5.工业收入	6.建筑业收入
全国合计	**100.00**	**63.28**	**61.55**	**0.88**	**22.41**	**1.43**	**1.43**	**2.05**
北京	100.00	59.28	59.22	0.79	16.67	2.37	2.39	0.36
天津	100.00	69.18	68.08	0.09	20.89	0.35	1.42	1.34
河北	100.00	73.20	72.33	0.33	14.22	0.09	1.85	1.15
山西	100.00	67.90	66.06	0.75	13.74	0.03	2.08	2.10
内蒙古	100.00	74.92	74.09	0.15	20.63	0.03	1.00	0.16
辽宁	100.00	68.52	67.80	0.20	22.15	1.45	0.60	0.79
吉林	100.00	84.82	82.91	0.12	11.33	0.07	0.51	0.55
黑龙江	100.00	81.76	81.13	0.13	12.30	0.81	0.43	0.47
上海	100.00	69.13	66.80	0.00	21.04	0.39	0.37	0.83
江苏	100.00	64.02	61.34	0.54	20.49	1.88	1.33	4.22
浙江	100.00	45.55	41.38	0.54	21.60	2.91	7.66	3.44
安徽	100.00	68.54	67.16	1.12	20.61	1.39	0.42	1.43
福建	100.00	55.99	52.56	1.05	21.22	2.29	0.98	4.33
江西	100.00	56.73	54.55	1.29	31.95	2.64	0.81	0.72
山东	100.00	72.75	71.19	1.14	18.22	0.12	0.66	1.65
河南	100.00	75.83	74.74	0.96	13.82	0.26	0.46	1.73
湖北	100.00	68.37	67.07	1.08	21.07	1.88	0.94	1.07
湖南	100.00	51.49	49.10	0.80	32.67	2.16	2.63	3.16
广东	100.00	44.78	43.11	0.84	24.82	6.60	1.14	5.93
广西	100.00	47.32	45.15	1.53	36.53	1.51	1.94	2.77
海南	100.00	56.48	54.93	4.24	20.20	3.11	0.75	1.84
四川	100.00	52.75	51.27	0.97	37.16	0.81	0.80	2.15
贵州	100.00	57.89	55.30	0.90	30.31	0.27	1.69	1.24
云南	100.00	56.09	54.05	1.49	28.08	0.94	1.57	1.41
西藏	100.00	46.73	44.66	3.42	24.39	0.00	0.78	1.53
陕西	100.00	69.91	68.47	0.69	18.31	0.04	1.83	1.64
甘肃	100.00	69.21	68.32	0.94	16.89	0.00	0.56	2.46
青海	100.00	56.29	53.00	0.36	30.22	0.00	0.62	0.70
宁夏	100.00	62.98	62.43	0.52	25.31	0.15	1.51	0.24
新疆	100.00	72.81	72.26	1.57	17.79	0.46	0.23	0.26

4—68续表 单位:%

地区	7. 交通运输业、邮电业收入	8. 批发和零售贸易、餐饮业收入	9. 社会服务业收入	10. 其他家庭经营收入	第一产业收入	第二产业收入	第三产业收入
全国合计	**2.54**	**2.33**	**1.08**	**2.56**	**88.01**	**3.49**	**8.50**
北京	12.77	1.31	0.74	3.32	79.10	2.76	18.14
天津	1.41	2.13	1.36	1.82	90.51	2.76	6.73
河北	2.77	3.82	0.77	1.80	87.85	2.99	9.16
山西	7.02	2.53	1.64	2.20	82.43	4.18	13.39
内蒙古	0.72	0.72	0.29	1.39	95.73	1.16	3.11
辽宁	1.82	2.17	0.58	1.73	92.32	1.39	6.30
吉林	0.81	0.70	0.15	0.93	96.34	1.07	2.59
黑龙江	1.59	0.39	0.43	1.68	95.01	0.90	4.09
上海	2.49	0.43	1.62	3.71	90.55	1.20	8.24
江苏	2.55	2.61	1.11	1.25	86.92	5.55	7.52
浙江	5.69	5.46	2.60	4.56	70.60	11.10	18.30
安徽	1.50	1.60	0.85	2.54	91.66	1.85	6.49
福建	4.09	3.30	2.34	4.40	80.56	5.32	14.13
江西	1.58	1.46	1.09	1.74	92.60	1.53	5.87
山东	1.15	1.17	0.54	2.60	92.24	2.31	5.45
河南	2.24	1.49	0.78	2.43	90.87	2.19	6.95
湖北	1.08	2.25	0.81	1.46	92.40	2.01	5.59
湖南	1.84	2.48	1.07	1.68	87.13	5.80	7.08
广东	4.28	5.38	2.05	4.18	77.04	7.07	15.89
广西	2.61	2.88	0.83	2.08	86.89	4.71	8.40
海南	1.92	1.21	1.37	8.88	84.03	2.58	13.39
四川	1.37	1.28	1.34	1.39	91.68	2.94	5.37
贵州	1.31	2.64	1.55	2.20	89.37	2.92	7.71
云南	3.71	1.67	0.51	4.52	86.60	2.98	10.42
西藏	6.49	4.37	1.01	11.27	74.54	2.31	23.14
陕西	2.87	2.16	0.65	1.89	88.95	3.47	7.58
甘肃	1.78	1.60	1.24	5.33	87.05	3.02	9.93
青海	3.69	2.83	0.77	4.52	86.86	1.32	11.82
宁夏	5.70	2.82	0.42	0.35	88.96	1.75	9.28
新疆	1.72	1.44	1.22	2.49	92.64	0.49	6.87

4—69　1995年农村居民现金收入

单位：元/人

地　区	现金收入	一、工资性收入	二、家庭经营收入	三、财产性收入	四、转移性收入
全国合计	**1595.56**	**352.88**	**1116.73**	**38.19**	**87.76**
北　京	3299.97	1707.81	1303.89	88.37	199.90
天　津	2275.36	1007.81	1181.13	29.19	57.23
河　北	1423.58	440.80	902.05	28.32	52.41
山　西	1088.23	366.34	631.53	21.52	68.84
内蒙古	1196.98	98.50	1004.28	48.52	45.68
辽　宁	1923.23	501.21	1307.62	43.06	71.34
吉　林	1853.88	165.32	1586.13	55.42	47.01
黑龙江	2195.13	130.00	1912.87	99.54	52.72
上　海	4272.37	2719.70	1178.88	120.91	252.88
江　苏	2323.04	814.99	1367.65	33.24	107.16
浙　江	3431.41	1105.97	2095.40	66.91	163.13
安　徽	1367.72	233.87	1041.42	20.93	71.48
福　建	2226.94	526.24	1502.67	37.52	160.49
江　西	1539.90	319.45	1126.44	24.42	69.59
山　东	1608.32	403.99	1097.91	40.74	65.68
河　南	1020.71	162.66	776.75	33.80	47.50
湖　北	1380.29	192.18	1076.16	18.99	92.96
湖　南	1515.28	267.35	1097.35	38.72	111.86
广　东	2891.32	708.89	1892.34	57.54	232.55
广　西	1550.22	201.92	1213.65	33.08	101.57
海　南	1363.26	53.43	1193.23	16.10	100.50
四　川	1129.08	208.32	802.57	18.83	99.36
贵　州	913.74	146.04	663.37	22.70	81.63
云　南	1209.74	120.27	984.20	40.04	65.23
西　藏	772.35	78.97	599.74	33.54	60.10
陕　西	881.10	185.76	571.87	71.00	52.47
甘　肃	674.27	91.49	515.53	15.87	51.38
青　海	733.19	96.48	573.92	21.12	41.67
宁　夏	1279.55	188.71	1019.66	34.80	36.38
新　疆	1876.61	64.41	1700.93	59.19	52.08

4—70 1995年农村居民现金收入构成

单位:%

地区	现金收入	一、工资性收入	二、家庭经营收入	三、财产性收入	四、转移性收入
全国合计	**100.00**	**22.12**	**69.99**	**2.39**	**5.50**
北京	100.00	51.75	39.51	2.68	6.06
天津	100.00	44.29	51.91	1.28	2.52
河北	100.00	30.96	63.36	1.99	3.68
山西	100.00	33.66	58.03	1.98	6.33
内蒙古	100.00	8.23	83.90	4.05	3.82
辽宁	100.00	26.06	67.99	2.24	3.71
吉林	100.00	8.92	85.56	2.99	2.54
黑龙江	100.00	5.92	87.14	4.53	2.40
上海	100.00	63.66	27.59	2.83	5.92
江苏	100.00	35.08	58.87	1.43	4.61
浙江	100.00	32.23	61.07	1.95	4.75
安徽	100.00	17.10	76.14	1.53	5.23
福建	100.00	23.63	67.48	1.68	7.21
江西	100.00	20.74	73.15	1.59	4.52
山东	100.00	25.12	68.26	2.53	4.08
河南	100.00	15.94	76.10	3.31	4.65
湖北	100.00	13.92	77.97	1.38	6.73
湖南	100.00	17.64	72.42	2.56	7.38
广东	100.00	24.52	65.45	1.99	8.04
广西	100.00	13.03	78.29	2.13	6.55
海南	100.00	3.92	87.53	1.18	7.37
四川	100.00	18.45	71.08	1.67	8.80
贵州	100.00	15.98	72.60	2.48	8.93
云南	100.00	9.94	81.36	3.31	5.39
西藏	100.00	10.22	77.65	4.34	7.78
陕西	100.00	21.08	64.90	8.06	5.96
甘肃	100.00	13.57	76.46	2.35	7.62
青海	100.00	13.16	78.28	2.88	5.68
宁夏	100.00	14.75	79.69	2.72	2.84
新疆	100.00	3.43	90.64	3.15	2.78

4—71 1995年农村居民家庭经营现金收入

单位:元/人

地区	家庭经营现金收入	1.出售产品收入	农业产品	#种植业产品	牧业产品	2.工业加工费收入	3.建筑业收入
全国合计	**1116.73**	**891.28**	**522.78**	**512.11**	**322.45**	**17.42**	**38.57**
北京	1303.89	919.99	605.96	605.72	245.02	33.96	6.93
天津	1181.13	974.71	506.87	487.79	448.90	32.04	30.22
河北	902.05	680.86	454.55	451.59	211.29	24.94	21.22
山西	631.53	427.80	289.40	288.63	116.60	10.74	23.80
内蒙古	1004.28	924.45	684.58	680.13	228.25	13.39	3.05
辽宁	1307.62	1123.55	707.04	703.29	387.78	15.66	20.10
吉林	1586.13	1488.48	1177.23	1143.25	302.13	12.58	13.76
黑龙江	1912.87	1763.94	1513.68	1510.43	227.54	8.95	13.62
上海	1178.88	989.83	682.08	681.88	301.94	6.64	14.73
江苏	1367.65	1040.74	577.99	548.74	401.66	16.41	99.94
浙江	2095.40	1308.69	602.27	590.22	515.21	119.53	92.64
安徽	1041.42	893.14	589.16	582.86	267.80	6.00	24.23
福建	1502.67	1071.69	583.06	578.31	413.46	18.48	85.70
江西	1126.44	978.23	414.89	395.92	499.18	12.89	13.98
山东	1097.91	931.06	620.76	612.54	293.12	13.14	35.09
河南	776.75	629.51	451.08	440.21	164.62	6.53	28.21
湖北	1076.16	931.09	640.74	634.34	251.35	8.94	20.35
湖南	1097.35	857.40	292.26	276.27	502.69	25.56	59.85
广东	1892.34	1271.06	564.04	557.61	538.21	28.98	152.90
广西	1213.65	1005.40	357.55	338.57	579.75	10.84	50.01
海南	1193.23	933.38	517.64	513.85	270.42	3.86	31.53
四川	802.57	677.13	246.07	235.09	404.86	7.85	33.49
贵州	663.39	528.31	253.12	231.88	253.18	11.90	16.76
云南	984.20	797.69	457.11	439.39	299.10	12.90	20.86
西藏	599.74	324.84	138.62	134.96	118.04	8.91	20.11
陕西	571.87	447.83	286.46	278.92	149.55	14.76	19.57
甘肃	515.53	360.09	255.10	249.83	97.15	6.67	29.87
青海	573.92	410.25	188.11	154.38	218.38	7.15	8.78
宁夏	1019.66	839.14	497.41	495.07	331.50	23.90	3.85
新疆	1700.93	1540.04	1213.88	1208.01	300.15	5.09	5.92

4—71 续表 单位:元/人

地　区	4.交通运输业、邮电业收入	5.批发和零售贸易、餐饮业收入	6.社会服务业收入	7.其他家庭经营收入	第一产业收入	第二产业收入	第三产业收入
全国总计	**47.62**	**43.66**	**20.30**	**57.88**	**891.28**	**55.99**	**169.46**
北　京	243.07	24.91	14.17	60.86	919.99	40.89	343.01
天　津	31.80	48.04	30.71	33.61	974.71	62.26	144.16
河　北	51.23	70.76	14.21	38.83	680.86	46.16	175.03
山　西	79.42	28.63	18.54	42.60	427.80	34.54	169.19
内蒙古	13.42	13.41	5.43	31.13	924.45	16.44	63.39
辽　宁	42.76	50.92	13.44	41.19	1123.55	35.76	148.31
吉　林	20.15	17.46	3.71	29.99	1488.48	26.34	71.31
黑龙江	46.49	11.43	12.54	55.90	1763.94	22.57	126.36
上　海	44.25	7.61	28.72	87.10	989.83	21.37	167.68
江　苏	60.29	61.78	26.38	62.11	1040.74	116.35	210.56
浙　江	153.03	146.85	69.86	204.80	1308.69	212.17	574.54
安　徽	25.33	26.95	14.32	51.45	893.14	30.23	118.05
福　建	80.85	65.35	46.22	134.38	1071.69	104.18	326.80
江　西	30.75	28.29	21.11	41.19	978.23	26.87	121.34
山　东	24.47	24.96	11.48	57.71	931.06	48.23	118.62
河　南	36.55	24.36	12.76	38.83	629.51	34.74	112.50
湖　北	20.57	42.92	15.37	36.92	931.09	29.29	115.78
湖　南	34.90	47.00	20.29	52.35	857.40	85.41	154.54
广　东	110.33	138.70	52.89	137.48	1271.06	181.88	439.40
广　西	47.01	51.86	15.01	33.52	1005.40	60.85	147.40
海　南	33.01	20.72	23.57	147.16	933.38	35.39	224.46
四　川	21.35	19.92	20.86	21.97	677.13	41.34	84.10
贵　州	17.79	35.68	21.08	31.87	528.31	28.66	106.42
云　南	55.09	24.83	7.55	65.28	797.69	33.76	152.75
西　藏	85.22	57.37	13.31	89.98	324.84	29.02	245.88
陕　西	34.26	25.81	7.75	21.89	447.83	34.33	89.71
甘　肃	21.59	19.41	15.06	62.84	360.09	36.54	118.90
青　海	46.23	35.53	9.71	56.27	410.25	15.93	147.74
宁　夏	90.57	44.76	6.63	10.81	839.14	27.75	152.77
新　疆	38.44	29.90	27.35	54.19	1540.04	11.01	149.88

4—72 1995年农村居民家庭经营现金收入构成

单位:%

地区	家庭经营现金收入	1.出售产品收入	农业产品	#种植业产品	牧业产品	2.工业加工费收入	3.建筑业收入
全国合计	**100.00**	**79.81**	**46.81**	**45.86**	**28.87**	**1.56**	**3.45**
北京	100.00	70.56	46.47	46.45	18.79	2.60	0.53
天津	100.00	82.52	42.91	41.30	38.01	2.71	2.56
河北	100.00	75.48	50.39	50.06	23.42	2.76	2.35
山西	100.00	67.74	45.83	45.70	18.46	1.70	3.77
内蒙古	100.00	92.05	68.17	67.72	22.73	1.33	0.30
辽宁	100.00	85.92	54.07	53.78	29.66	1.20	1.54
吉林	100.00	93.84	74.22	72.08	19.05	0.79	0.87
黑龙江	100.00	92.21	79.13	78.96	11.89	0.47	0.71
上海	100.00	83.96	57.86	57.84	25.61	0.56	1.25
江苏	100.00	76.10	42.26	40.12	29.37	1.20	7.31
浙江	100.00	62.46	28.74	28.17	24.59	5.70	4.42
安徽	100.00	85.76	56.57	55.97	25.71	0.58	2.33
福建	100.00	71.32	38.80	38.49	27.52	1.23	5.70
江西	100.00	86.84	36.83	35.15	44.31	1.14	1.24
山东	100.00	84.80	56.54	55.79	26.70	1.20	3.20
河南	100.00	81.04	58.07	56.67	21.19	0.84	3.63
湖北	100.00	86.52	59.54	58.94	23.36	0.83	1.89
湖南	100.00	78.13	26.63	25.18	45.81	2.33	5.45
广东	100.00	67.17	29.81	29.47	28.44	1.53	8.08
广西	100.00	82.84	29.46	27.90	47.77	0.89	4.12
海南	100.00	78.22	43.38	43.06	22.66	0.32	2.64
四川	100.00	84.37	30.66	29.29	50.44	0.98	4.17
贵州	100.00	79.64	38.16	34.95	38.16	1.79	2.53
云南	100.00	81.05	46.44	44.64	30.39	1.31	2.12
西藏	100.00	54.16	23.11	22.50	19.68	1.49	3.35
陕西	100.00	78.31	50.09	48.77	26.15	2.58	3.42
甘肃	100.00	69.85	49.48	48.46	18.84	1.29	5.79
青海	100.00	71.48	32.78	26.90	38.05	1.25	1.53
宁夏	100.00	82.30	48.78	48.55	32.51	2.34	0.38
新疆	100.00	90.54	71.37	71.02	17.65	0.30	0.35

4—72 续表

单位:%

地　区	4.交通运输业、邮电业收入	5.批发和零售贸易、餐饮业收入	6.社会服务业收入	7.其他家庭经营收入	第一产业收入	第二产业收入	第三产业收入
全国合计	**4.26**	**3.91**	**1.82**	**5.18**	**79.81**	**5.01**	**15.17**
北　京	18.64	1.91	1.09	4.67	70.56	3.14	26.31
天　津	2.69	4.07	2.60	2.85	82.52	5.27	12.21
河　北	5.68	7.84	1.58	4.30	75.48	5.12	19.40
山　西	12.58	4.53	2.94	6.75	67.74	5.47	26.79
内蒙古	1.34	1.34	0.54	3.10	92.05	1.64	6.31
辽　宁	3.27	3.89	1.03	3.15	85.92	2.73	11.34
吉　林	1.27	1.10	0.23	1.89	93.84	1.66	4.50
黑龙江	2.43	0.60	0.66	2.92	92.21	1.18	6.61
上　海	3.75	0.65	2.44	7.39	83.96	1.81	14.22
江　苏	4.41	4.52	1.93	4.54	76.10	8.51	15.40
浙　江	7.30	7.01	3.33	9.77	62.46	10.13	27.42
安　徽	2.43	2.59	1.38	4.94	85.76	2.90	11.34
福　建	5.38	4.35	3.08	8.94	71.32	6.93	21.75
江　西	2.73	2.51	1.87	3.66	86.84	2.39	10.77
山　东	2.23	2.27	1.05	5.26	84.80	4.39	10.80
河　南	4.71	3.14	1.64	5.00	81.04	4.47	14.48
湖　北	1.91	3.99	1.43	3.43	86.52	2.72	10.76
湖　南	3.18	4.28	1.85	4.77	78.13	7.78	14.08
广　东	5.83	7.33	2.79	7.27	67.17	9.61	23.22
广　西	3.87	4.27	1.24	2.76	82.84	5.01	12.15
海　南	2.77	1.74	1.98	12.33	78.22	2.97	18.81
四　川	2.66	2.48	2.60	2.74	84.37	5.15	10.48
贵　州	2.68	5.38	3.18	4.80	79.64	4.32	16.04
云　南	5.60	2.52	0.77	6.63	81.05	3.43	15.52
西　藏	14.21	9.57	2.22	15.00	54.16	4.84	41.00
陕　西	5.99	4.51	1.36	3.83	78.31	6.00	15.69
甘　肃	4.19	3.77	2.92	12.19	69.85	7.09	23.06
青　海	8.06	6.19	1.69	9.80	71.48	2.78	25.74
宁　夏	8.88	4.39	0.65	1.06	82.30	2.72	14.98
新　疆	2.26	1.76	1.61	3.19	90.54	0.65	8.81

4—73　1995 年农村居民纯收入

单位:元/人

地　区	纯收入	一、工资性收入	二、家庭经营纯收入	三、财产性收入	四、转移性收入
全国合计	**1577.74**	**353.70**	**1125.79**	**40.98**	**57.27**
北　京	3223.65	1715.04	1220.86	116.57	171.18
天　津	2406.38	1012.18	1297.73	55.27	41.20
河　北	1668.73	441.23	1149.75	40.93	36.82
山　西	1208.30	367.19	780.84	22.87	37.40
内蒙古	1208.38	98.62	1035.96	54.83	18.97
辽　宁	1756.50	486.17	1161.58	70.60	38.15
吉　林	1609.60	165.59	1277.47	145.37	21.17
黑龙江	1766.27	130.27	1534.14	80.46	21.40
上　海	4245.61	2733.99	1183.35	154.83	173.44
江　苏	2456.86	821.85	1544.44	25.56	65.01
浙　江	2966.19	1109.76	1696.61	62.45	97.37
安　徽	1302.82	234.21	980.74	35.38	52.49
福　建	2048.59	520.54	1295.96	118.93	113.16
江　西	1537.36	319.69	1161.46	14.52	41.69
山　东	1715.09	408.97	1230.56	28.79	46.77
河　南	1231.97	163.51	1004.19	28.45	35.82
湖　北	1511.22	192.37	1237.87	33.47	47.51
湖　南	1425.16	268.00	1095.89	15.11	46.16
广　东	2699.24	712.25	1756.64	50.05	180.30
广　西	1446.14	202.10	1158.06	11.44	74.54
海　南	1519.71	53.57	1307.86	74.31	83.97
四　川	1158.29	208.58	860.44	21.35	67.92
贵　州	1086.62	146.34	871.37	16.28	52.63
云　南	1010.97	120.84	792.04	57.00	41.09
西　藏	1200.31	79.17	1022.18	46.01	52.95
陕　西	962.89	186.04	723.16	17.28	36.41
甘　肃	880.34	91.68	734.00	18.26	36.40
青　海	1029.77	96.71	908.23	2.98	21.85
宁　夏	998.75	188.78	767.21	22.53	20.23
新　疆	1136.45	64.47	967.59	65.30	39.09

4—74 1995年农村居民纯收入构成

单位:%

地 区	纯收入	一、工资性收入	二、家庭经营纯收入	三、财产性收入	四、转移性收入
全国合计	**100.00**	**22.42**	**71.35**	**2.60**	**3.63**
北 京	100.00	53.20	37.87	3.62	5.31
天 津	100.00	42.06	53.93	2.30	1.71
河 北	100.00	26.44	68.90	2.45	2.21
山 西	100.00	30.39	64.62	1.89	3.10
内蒙古	100.00	8.16	85.73	4.54	1.57
辽 宁	100.00	27.68	66.13	4.02	2.17
吉 林	100.00	10.29	79.37	9.03	1.32
黑龙江	100.00	7.38	86.86	4.56	1.21
上 海	100.00	64.40	27.87	3.65	4.09
江 苏	100.00	33.45	62.86	1.04	2.65
浙 江	100.00	37.41	57.20	2.11	3.28
安 徽	100.00	17.98	75.28	2.72	4.03
福 建	100.00	25.41	63.26	5.81	5.52
江 西	100.00	20.79	75.55	0.94	2.71
山 东	100.00	23.85	71.75	1.68	2.73
河 南	100.00	13.27	81.51	2.31	2.91
湖 北	100.00	12.73	81.91	2.21	3.14
湖 南	100.00	18.80	76.90	1.06	3.24
广 东	100.00	26.39	65.08	1.85	6.68
广 西	100.00	13.98	80.08	0.79	5.15
海 南	100.00	3.53	86.06	4.89	5.53
四 川	100.00	18.01	74.29	1.84	5.86
贵 州	100.00	13.47	80.19	1.50	4.84
云 南	100.00	11.95	78.34	5.64	4.06
西 藏	100.00	6.60	85.16	3.83	4.41
陕 西	100.00	19.32	75.10	1.79	3.78
甘 肃	100.00	10.41	83.38	2.07	4.13
青 海	100.00	9.39	88.20	0.29	2.12
宁 夏	100.00	18.90	76.82	2.26	2.03
新 疆	100.00	5.67	85.14	5.75	3.44

4—75 1995年农村居民总支出

单位:元/人

地区	总支出	一、家庭经营费用支出	二、购买生产性固定资产支出	三、税费支出	四、生活消费支出	五、财产性和转移性支出
全国合计	**2138.33**	**621.71**	**62.33**	**88.65**	**1310.36**	**55.28**
北京	3103.22	547.12	48.70	64.49	2335.62	107.29
天津	2597.32	825.93	48.79	84.84	1548.40	89.36
河北	1882.72	574.84	68.93	84.24	1104.30	50.41
山西	1298.12	278.86	30.64	45.06	927.99	15.57
内蒙古	2098.09	663.99	101.15	105.25	1180.46	47.24
辽宁	2804.58	982.82	46.84	162.71	1471.93	140.28
吉林	2864.23	975.76	156.47	153.10	1494.62	84.28
黑龙江	3073.72	1001.99	180.86	294.58	1479.84	116.45
上海	4060.53	497.94	41.31	65.72	3387.04	68.52
江苏	2861.57	675.19	51.54	117.73	1938.01	79.10
浙江	3535.75	855.39	169.73	53.94	2378.38	78.31
安徽	1855.83	568.97	66.06	97.10	1070.64	53.06
福建	2659.96	599.24	41.94	51.57	1793.68	173.53
江西	2083.93	678.67	36.22	73.81	1256.08	39.15
山东	2301.31	722.76	56.70	145.98	1338.46	37.41
河南	1604.77	505.63	55.73	80.12	929.39	33.90
湖北	1971.58	510.24	26.40	132.21	1245.10	57.63
湖南	2203.36	669.27	35.71	105.32	1367.30	25.76
广东	3151.31	714.47	25.40	73.81	2255.01	82.62
广西	1889.98	589.84	43.74	29.88	1202.91	23.61
海南	1558.11	332.38	19.17	35.40	1080.46	90.70
四川	1828.15	599.75	33.48	66.35	1092.91	35.66
贵州	1438.61	422.74	28.63	27.87	930.59	28.78
云南	1733.81	609.33	60.60	34.50	981.10	48.28
西藏	1210.96	180.05	114.73	2.59	896.80	16.79
陕西	1423.48	385.49	42.16	57.98	913.73	24.12
甘肃	1469.83	423.30	65.11	30.86	915.25	35.31
青海	1306.43	258.26	69.54	39.16	913.84	25.63
宁夏	1990.62	704.15	141.47	46.00	1063.20	35.80
新疆	2363.45	1035.08	144.33	173.36	941.58	69.10

4—76 1995年农村居民总支出构成

单位:%

地区	总支出	一、家庭经营费用支出	二、购置生产性固定资产支出	三、税费支出	四、生活消费支出	五、财产性和转移性支出
全国合计	**100.00**	**29.07**	**2.91**	**4.15**	**61.28**	**2.59**
北京	100.00	17.63	1.57	2.08	75.26	3.46
天津	100.00	31.80	1.88	3.27	59.62	3.44
河北	100.00	30.53	3.66	4.47	58.65	2.68
山西	100.00	21.48	2.36	3.47	71.49	1.20
内蒙古	100.00	31.65	4.82	5.02	56.26	2.25
辽宁	100.00	35.04	1.67	5.80	52.48	5.00
吉林	100.00	34.07	5.46	5.35	52.18	2.94
黑龙江	100.00	32.60	5.88	9.58	48.14	3.79
上海	100.00	12.26	1.02	1.62	83.41	1.69
江苏	100.00	23.60	1.80	4.11	67.73	2.76
浙江	100.00	24.19	4.80	1.53	67.27	2.21
安徽	100.00	30.66	3.56	5.23	57.69	2.86
福建	100.00	22.53	1.58	1.94	67.43	6.52
江西	100.00	32.57	1.74	3.54	60.27	1.88
山东	100.00	31.41	2.46	6.34	58.16	1.63
河南	100.00	31.51	3.47	4.99	57.91	2.11
湖北	100.00	25.88	1.34	6.71	63.15	2.92
湖南	100.00	30.37	1.62	4.78	62.06	1.17
广东	100.00	22.67	0.81	2.34	71.56	2.62
广西	100.00	31.21	2.31	1.58	63.65	1.25
海南	100.00	21.33	1.23	2.27	69.34	5.82
四川	100.00	32.81	1.83	3.63	59.78	1.95
贵州	100.00	29.39	1.99	1.94	64.69	2.00
云南	100.00	35.14	3.50	1.99	56.59	2.78
西藏	100.00	14.87	9.47	0.21	74.06	1.39
陕西	100.00	27.08	2.96	4.07	64.19	1.69
甘肃	100.00	28.80	4.43	2.10	62.27	2.40
青海	100.00	19.77	5.32	3.00	69.95	1.96
宁夏	100.00	35.37	7.11	2.31	53.41	1.80
新疆	100.00	43.80	6.11	7.34	39.84	2.92

4—77 1995年农村居民家庭经营费用支出

单位:元/人

地区	家庭经营费用支出	1.农业支出	种植业	2.林业支出	3.牧业支出	4.渔业支出	5.工业支出	6.建筑业支出
全国合计	**621.71**	**321.49**	**314.65**	**2.48**	**242.36**	**9.24**	**10.98**	**3.32**
北京	547.12	218.57	217.04	2.69	127.33	29.83	22.80	9.52
天津	825.93	417.94	411.03	4.02	360.93	0.73	19.36	5.33
河北	574.84	355.14	352.00	1.56	173.07	0.62	11.96	1.18
山西	278.86	182.83	180.47	1.82	55.40	0.17	7.82	2.18
内蒙古	663.99	448.90	444.51	0.88	194.24	0.05	8.29	0.47
辽宁	982.82	534.48	532.47	2.62	388.81	17.98	3.60	1.75
吉林	975.76	729.66	699.57	1.70	217.92	0.98	4.55	2.95
黑龙江	1001.99	771.51	764.90	1.13	182.65	13.78	2.25	1.70
上海	497.94	221.35	219.78	1.96	244.54	4.22	0.42	8.40
江苏	675.19	310.42	293.29	1.27	296.71	12.68	12.84	1.66
浙江	855.39	273.66	250.91	3.63	326.79	42.53	97.33	11.34
安徽	568.97	343.22	339.65	2.07	187.35	8.94	1.83	4.04
福建	599.24	253.76	247.80	10.68	249.26	15.73	4.15	16.28
江西	678.67	297.70	285.32	2.46	336.36	12.99	9.22	0.82
山东	722.76	423.16	415.87	2.99	270.29	0.47	2.54	3.88
河南	505.63	328.97	325.28	2.65	137.40	3.38	4.12	1.59
湖北	510.24	287.73	284.45	2.08	186.34	6.47	7.40	2.22
湖南	669.27	217.95	207.96	0.84	380.49	12.38	27.11	3.47
广东	714.47	239.09	235.90	1.72	354.90	50.69	3.88	9.06
广西	589.84	201.60	195.74	1.79	334.85	5.89	18.42	1.25
海南	332.38	183.63	181.82	14.05	106.89	12.82	1.09	0.57
四川	599.75	200.28	195.96	1.01	371.89	3.82	4.01	2.89
贵州	422.74	159.04	149.87	1.94	225.16	0.32	6.48	2.14
云南	609.33	261.84	254.44	4.32	277.72	6.52	11.00	4.19
西藏	180.05	85.78	70.59	0.39	37.51	0.04	0.09	1.71
陕西	385.49	230.64	226.61	2.17	124.87	0.12	9.34	1.15
甘肃	423.30	301.28	300.47	2.98	85.30	0.03	1.63	1.64
青海	258.26	161.40	159.04	0.49	69.01	0.03	1.06	0.15
宁夏	704.15	359.58	357.40	0.32	286.68	2.75	7.95	0.04
新疆	1035.08	768.21	765.25	3.80	208.43	5.73	3.83	0.98

4—77 续表 单位:元/人

地　区	7.交通运输、邮电业支出	8. 批发和零售贸易、餐饮业支出	9.社会服务业支出	10.其他家庭经营支出	第一产业支出	第二产业支出	第三产业支出
全国合计	**16.43**	**7.84**	**2.58**	**4.99**	**575.57**	**14.30**	**31.85**
北　京	127.13	1.04	6.61	1.59	378.42	32.33	136.37
天　津	10.49	3.49	1.61	2.03	783.62	24.69	17.61
河　北	14.44	13.77	1.84	1.26	530.39	13.14	31.31
山　西	23.32	1.76	1.67	1.90	240.21	10.00	28.65
内蒙古	3.24	1.35	0.57	6.01	644.07	8.76	11.16
辽　宁	20.51	9.75	0.76	2.58	943.89	5.34	33.59
吉　林	7.92	5.61	1.39	3.06	950.27	7.51	17.98
黑龙江	17.08	3.30	2.41	6.18	969.07	3.96	28.96
上　海	10.86	0.76	4.59	0.85	472.07	8.81	17.05
江　苏	16.16	18.56	2.17	2.71	621.09	14.50	39.60
浙　江	46.24	29.04	12.23	12.59	646.60	108.68	100.10
安　徽	8.24	3.31	1.43	8.54	541.58	5.87	21.52
福　建	26.93	10.21	4.83	7.40	529.43	20.44	49.37
江　西	10.70	2.84	2.97	2.59	649.51	10.05	19.11
山　东	9.31	5.26	1.47	3.40	696.91	6.42	19.44
河　南	15.99	5.44	1.60	4.48	472.41	5.71	27.51
湖　北	5.51	8.53	1.67	2.30	482.61	9.62	18.01
湖　南	11.15	8.77	2.63	4.49	611.66	30.58	27.04
广　东	24.74	15.88	5.95	8.58	646.39	12.93	55.15
广　西	17.36	5.60	1.98	1.10	544.41	19.67	26.03
海　南	5.82	1.60	0.75	5.15	317.40	1.66	13.32
四　川	7.60	2.50	2.62	3.13	577.00	6.90	15.85
贵　州	5.91	12.27	4.22	5.27	386.46	8.62	27.67
云　南	25.97	5.80	2.71	9.27	550.39	15.19	43.74
西　藏	44.65	0.69	0.82	8.38	123.71	1.80	54.54
陕　西	10.19	5.20	1.07	0.74	357.80	10.50	17.19
甘　肃	7.82	1.87	0.85	19.91	389.59	3.26	30.45
青　海	17.89	5.08	2.21	0.94	230.94	1.21	26.12
宁　夏	39.15	4.39	1.36	1.94	649.32	7.98	46.85
新　疆	22.29	12.87	0.67	8.28	986.17	4.81	44.11

4—78 1995年农村居民家庭经营费用支出构成

单位:%

地区	家庭经营费用支出	1.农业支出	种植业	2.林业支出	3.牧业支出	4.渔业支出	5.工业支出	6.建筑业支出
全国合计	**100.00**	**51.71**	**50.61**	**0.40**	**38.98**	**1.49**	**1.77**	**0.53**
北京	100.00	39.95	39.67	0.49	23.27	5.45	4.17	1.74
天津	100.00	50.60	49.77	0.49	43.70	0.09	2.34	0.65
河北	100.00	61.78	61.23	0.27	30.11	0.11	2.08	0.21
山西	100.00	65.56	64.72	0.65	19.86	0.06	2.80	0.78
内蒙古	100.00	67.61	66.94	0.13	29.25	0.01	1.25	0.07
辽宁	100.00	54.38	54.18	0.27	39.56	1.83	0.37	0.18
吉林	100.00	74.78	71.70	0.17	22.33	0.10	0.47	0.30
黑龙江	100.00	77.00	76.34	0.11	18.23	1.38	0.23	0.17
上海	100.00	44.45	44.14	0.39	49.11	0.85	0.08	1.69
江苏	100.00	45.98	43.44	0.19	43.95	1.88	1.90	0.25
浙江	100.00	31.99	29.33	0.42	38.20	4.97	11.38	1.33
安徽	100.00	60.32	59.69	0.36	32.93	1.57	0.32	0.71
福建	100.00	42.35	41.35	1.78	41.60	2.62	0.69	2.72
江西	100.00	43.86	42.04	0.36	49.56	1.91	1.36	0.12
山东	100.00	58.55	57.54	0.41	37.40	0.06	0.35	0.54
河南	100.00	65.06	64.33	0.52	27.17	0.67	0.81	0.31
湖北	100.00	56.39	55.75	0.41	36.52	1.27	1.45	0.43
湖南	100.00	32.56	31.07	0.13	56.85	1.85	4.05	0.52
广东	100.00	33.46	33.02	0.24	49.67	7.09	0.54	1.27
广西	100.00	34.18	33.19	0.30	56.77	1.00	3.12	0.21
海南	100.00	55.25	54.70	4.23	32.16	3.86	0.33	0.17
四川	100.00	33.39	32.67	0.17	62.01	0.64	0.67	0.48
贵州	100.00	37.62	35.45	0.46	53.26	0.07	1.53	0.51
云南	100.00	42.97	41.76	0.71	45.58	1.07	1.81	0.69
西藏	100.00	47.64	39.21	0.21	20.83	0.02	0.05	0.95
陕西	100.00	59.83	58.78	0.56	32.39	0.03	2.42	0.30
甘肃	100.00	71.17	70.98	0.70	20.15	0.01	0.38	0.39
青海	100.00	62.50	61.58	0.19	26.72	0.01	0.41	0.06
宁夏	100.00	51.07	50.76	0.05	40.71	0.39	1.13	0.01
新疆	100.00	74.22	73.93	0.37	20.14	0.55	0.37	0.09

4—78 续表 单位:%

地　区	7.交通运输、邮电业支出	8.批发和零售贸易、餐饮业支出	9.社会服务业支出	10.其他家庭经营支出	第一产业支出	第二产业支出	第三产业支出
全国合计	**2.64**	**1.26**	**0.42**	**0.80**	**92.58**	**2.30**	**5.12**
北　京	23.24	0.19	1.21	0.29	69.17	5.91	24.92
天　津	1.27	0.42	0.19	0.25	94.88	2.99	2.13
河　北	2.51	2.40	0.32	0.22	92.27	2.29	5.45
山　西	8.36	0.63	0.60	0.68	86.14	3.59	10.27
内蒙古	0.49	0.20	0.09	0.91	97.00	1.32	1.68
辽　宁	2.09	0.99	0.08	0.26	96.04	0.54	3.42
吉　林	0.81	0.58	0.14	0.31	97.39	0.77	1.84
黑龙江	1.70	0.33	0.24	0.62	96.71	0.40	2.89
上　海	2.18	0.15	0.92	0.17	94.80	1.77	3.43
江　苏	2.39	2.75	0.32	0.40	91.99	2.15	5.86
浙　江	5.41	3.40	1.43	1.47	75.59	12.70	11.70
安　徽	1.45	0.58	0.25	1.50	95.19	1.03	3.78
福　建	4.49	1.70	0.81	1.23	88.35	3.41	8.24
江　西	1.58	0.42	0.44	0.38	95.70	1.48	2.82
山　东	1.29	0.73	0.20	0.47	96.42	0.89	2.69
河　南	3.16	1.08	0.32	0.89	93.43	1.13	5.44
湖　北	1.08	1.67	0.33	0.45	94.59	1.89	3.53
湖　南	1.67	1.31	0.39	0.67	91.39	4.57	4.04
广　东	3.46	2.22	0.83	1.20	90.47	1.81	7.72
广　西	2.94	0.95	0.33	0.19	92.30	3.33	4.41
海　南	1.75	0.48	0.23	1.55	95.49	0.50	4.01
四　川	1.27	0.42	0.44	0.52	96.21	1.15	2.64
贵　州	1.40	2.90	1.00	1.25	91.42	2.04	6.55
云　南	4.26	0.95	0.44	1.52	90.33	2.49	7.18
西　藏	24.80	0.38	0.46	4.65	68.71	1.00	30.29
陕　西	2.64	1.35	0.28	0.19	92.82	2.72	4.46
甘　肃	1.85	0.44	0.20	4.70	92.04	0.77	7.19
青　海	6.93	1.97	0.86	0.37	89.42	0.47	10.11
宁　夏	5.56	0.62	0.19	0.28	92.21	1.13	6.65
新　疆	2.15	1.24	0.06	0.80	95.27	0.46	4.26

4—79 1995年农村居民生活消费支出

单位:元/人

地　区	生活消费支出	一、食品支出	主　食	副　食	二、衣着支出	三、居住支出	住　房	燃　料
全国合计	**1310.36**	**768.19**	**316.72**	**316.40**	**89.79**	**182.21**	**110.35**	**48.05**
北　京	2335.62	1183.39	342.85	501.29	229.50	224.96	127.21	62.49
天　津	1548.40	911.43	444.35	313.39	129.53	212.46	112.21	52.66
河　北	1104.30	627.43	327.71	200.89	89.62	165.41	77.45	65.69
山　西	927.99	586.03	309.95	187.56	103.02	77.62	46.75	19.39
内蒙古	1180.45	704.70	362.87	238.99	86.16	157.02	99.26	30.45
辽　宁	1471.93	887.11	385.5	373.87	138.38	169.88	77.43	62.06
吉　林	1494.62	841.85	372.75	332.94	134.03	189.80	118.19	47.38
黑龙江	1479.84	813.40	382.37	294.70	139.64	228.97	116.61	86.60
上　海	3387.04	1491.40	378.79	645.83	252.31	761.06	668.23	30.48
江　苏	1938.01	1061.42	412.29	456.04	126.78	344.62	274.57	32.98
浙　江	2378.38	1197.97	306.73	565.50	157.06	442.30	356.41	37.59
安　徽	1070.64	625.42	254.11	253.20	70.56	165.63	93.11	53.44
福　建	1793.68	1093.45	373.24	527.68	99.17	212.46	105.37	66.93
江　西	1256.08	774.61	346.78	300.81	70.27	167.60	109.93	41.15
山　东	1338.46	748.68	349.67	263.27	102.03	208.63	100.60	85.61
河　南	929.39	544.26	321.59	139.85	77.07	131.94	69.37	49.43
湖　北	1245.10	753.91	290.82	340.76	81.11	147.08	74.97	55.76
湖　南	1367.30	823.91	322.18	362.86	73.51	192.42	131.10	36.65
广　东	2255.01	1228.00	328.45	684.88	91.31	345.65	210.52	58.40
广　西	1202.91	760.26	249.38	387.75	49.17	139.49	92.24	30.32
海　南	1080.46	737.21	332.56	326.53	48.06	92.23	29.99	49.69
四　川	1092.91	718.31	257.08	330.44	63.52	127.27	68.19	44.46
贵　州	930.59	661.85	292.90	299.46	55.64	78.67	38.74	28.24
云　南	981.10	602.92	214.89	286.98	60.77	133.94	92.63	24.71
西　藏	896.80	667.08	105.81	191.18	92.72	44.98	14.71	21.84
陕　西	913.73	542.02	314.88	148.32	61.82	136.91	88.11	37.97
甘　肃	915.25	649.29	441.48	146.53	45.50	93.39	32.77	51.76
青　海	913.84	593.90	308.62	211.55	85.49	88.76	27.80	52.42
宁　夏	1063.20	617.67	310.67	226.25	84.43	144.86	100.48	30.24
新　疆	941.58	471.54	197.73	188.12	119.90	121.22	45.69	50.78

4—79 续表

单位:元/人

地　　区	四、家庭设备用品及服务支出	五、医疗保健支出	六、交通和通讯支出	七、文化教育用品及服务支出	八、其他商品及服务支出
全国总计	**68.48**	**42.48**	**33.76**	**102.39**	**23.06**
北　　京	196.24	107.27	91.65	246.33	56.28
天　　津	66.45	62.10	37.29	97.84	31.30
河　　北	58.15	40.93	33.47	73.04	16.25
山　　西	42.95	31.09	14.05	62.80	10.43
内 蒙 古	50.01	48.49	22.39	97.45	14.23
辽　　宁	60.12	48.57	35.58	107.23	25.06
吉　　林	64.91	57.83	33.11	138.33	34.76
黑 龙 江	56.44	74.84	34.15	113.71	18.69
上　　海	284.37	72.56	159.03	256.04	110.27
江　　苏	132.95	49.07	52.31	139.18	31.68
浙　　江	147.83	103.20	76.50	163.91	89.61
安　　徽	57.23	34.07	21.29	79.45	16.99
福　　建	83.05	44.39	70.61	148.72	41.83
江　　西	57.87	39.48	32.30	93.48	20.47
山　　东	73.68	40.25	43.05	106.08	16.06
河　　南	43.76	34.43	17.37	63.53	17.03
湖　　北	55.29	34.90	30.54	128.28	13.99
湖　　南	68.79	35.78	26.29	128.84	17.76
广　　东	140.54	67.51	82.08	245.16	54.76
广　　西	51.98	29.04	27.33	127.69	17.95
海　　南	49.15	24.58	16.98	92.54	19.71
四　　川	50.72	29.35	18.38	75.36	10.00
贵　　州	42.61	16.28	13.97	49.27	12.30
云　　南	54.29	32.04	21.49	58.07	17.58
西　　藏	61.61	6.41	8.49	6.37	9.14
陕　　西	41.59	41.30	15.11	65.14	9.84
甘　　肃	30.90	29.18	13.54	45.92	7.53
青　　海	34.29	34.70	22.49	33.74	20.47
宁　　夏	59.76	41.50	28.39	72.44	14.15
新　　疆	56.26	47.96	35.69	64.90	24.11

4—80 1995年农村居民生活消费支出构成

单位:%

地区	生活消费现金支出	一、食品支出	主食	副食	二、衣着支出	三、居住支出	住房	燃料
全国合计	**100.00**	**58.62**	**24.17**	**24.15**	**6.85**	**13.91**	**8.42**	**3.67**
北京	100.00	50.67	14.68	21.46	9.83	9.63	5.45	2.68
天津	100.00	58.86	28.70	20.24	8.37	13.72	7.25	3.40
河北	100.00	56.82	29.68	18.19	8.12	14.98	7.01	5.95
山西	100.00	63.15	33.40	20.21	11.10	8.36	5.04	2.09
内蒙古	100.00	59.70	30.74	20.25	7.30	13.30	8.41	2.58
辽宁	100.00	60.27	26.19	25.40	9.40	11.54	5.26	4.22
吉林	100.00	56.33	24.94	22.28	8.97	12.70	7.91	3.17
黑龙江	100.00	54.97	25.84	19.91	9.44	15.47	7.88	5.85
上海	100.00	44.03	11.18	19.07	7.45	22.47	19.73	0.90
江苏	100.00	54.77	21.27	23.53	6.54	17.78	14.17	1.70
浙江	100.00	50.37	12.90	23.78	6.60	18.60	14.99	1.58
安徽	100.00	58.42	23.73	23.65	6.59	15.47	8.70	4.99
福建	100.00	60.96	20.81	29.42	5.53	11.84	5.87	3.73
江西	100.00	61.67	27.61	23.95	5.59	13.34	8.75	3.28
山东	100.00	55.94	26.12	19.67	7.62	15.59	7.52	6.40
河南	100.00	58.56	34.60	15.05	8.29	14.20	7.46	5.32
湖北	100.00	60.55	23.36	27.37	6.51	11.81	6.02	4.48
湖南	100.00	60.26	23.56	26.54	5.38	14.07	9.59	2.68
广东	100.00	54.46	14.57	30.37	4.05	15.33	9.34	2.59
广西	100.00	63.20	20.73	32.23	4.09	11.60	7.67	2.52
海南	100.00	68.23	30.78	30.22	4.45	8.54	2.78	4.60
四川	100.00	65.72	23.52	30.23	5.81	11.65	6.24	4.07
贵州	100.00	71.12	31.47	32.18	5.98	8.45	4.16	3.03
云南	100.00	61.45	21.90	29.25	6.19	13.65	9.44	2.52
西藏	100.00	74.38	11.80	21.32	10.34	5.02	1.64	2.44
陕西	100.00	59.32	34.46	16.23	6.77	14.98	9.64	4.16
甘肃	100.00	70.94	48.24	16.01	4.97	10.20	3.58	5.66
青海	100.00	64.99	33.77	23.15	9.36	9.71	3.04	5.74
宁夏	100.00	58.10	29.22	21.28	7.94	13.62	9.45	2.84
新疆	100.00	50.08	21.00	19.98	12.73	12.87	4.85	5.39

4—80 续表 单位:元/人

地区	四、家庭设备用品及服务支出	五、医疗保健支出	六、交通和通讯支出	七、文化教育用品及服务支出	八、其他商品及服务支出
全国总计	**5.23**	**3.24**	**2.58**	**7.81**	**1.76**
北　京	8.40	4.59	3.92	10.55	2.41
天　津	4.29	4.01	2.41	6.32	2.02
河　北	5.27	3.71	3.03	6.61	1.47
山　西	4.63	3.35	1.51	6.77	1.12
内蒙古	4.24	4.11	1.90	8.26	1.21
辽　宁	4.08	3.30	2.42	7.28	1.70
吉　林	4.34	3.87	2.22	9.26	2.33
黑龙江	3.81	5.06	2.31	7.68	1.26
上　海	8.40	2.14	4.70	7.56	3.26
江　苏	6.86	2.53	2.70	7.18	1.63
浙　江	6.22	4.34	3.22	6.89	3.77
安　徽	5.35	3.18	1.99	7.42	1.59
福　建	4.63	2.47	3.94	8.29	2.33
江　西	4.61	3.14	2.57	7.44	1.63
山　东	5.50	3.01	3.22	7.93	1.20
河　南	4.71	3.70	1.87	6.84	1.83
湖　北	4.44	2.80	2.45	10.30	1.12
湖　南	5.03	2.62	1.92	9.42	1.30
广　东	6.23	2.99	3.64	10.87	2.43
广　西	4.32	2.41	2.27	10.62	1.49
海　南	4.55	2.27	1.57	8.56	1.82
四　川	4.64	2.69	1.68	6.90	0.91
贵　州	4.58	1.75	1.50	5.29	1.32
云　南	5.53	3.27	2.19	5.92	1.79
西　藏	6.87	0.71	0.95	0.71	1.02
陕　西	4.55	4.52	1.65	7.13	1.08
甘　肃	3.38	3.19	1.48	5.02	0.82
青　海	3.75	3.80	2.46	3.69	2.24
宁　夏	5.62	3.90	2.67	6.81	1.33
新　疆	5.98	5.09	3.79	6.89	2.56

4—81 1995年农村居民现金支出

单位：元/人

地区	现金支出	一、家庭经营费用支出	二、购买生产性固定资产支出	三、税费支出	四、生活消费支出	五、财产性和转移性支出
全国总计	**1545.81**	**454.74**	**62.33**	**76.96**	**859.43**	**92.35**
北京	2917.34	543.66	48.70	63.38	2073.57	188.03
天津	2041.11	732.25	48.79	47.19	1097.98	114.90
河北	1263.84	387.48	68.93	65.77	689.98	51.68
山西	896.33	206.68	30.64	42.22	563.98	52.81
内蒙古	1404.23	434.44	101.15	104.16	689.16	75.32
辽宁	1935.67	638.28	46.84	149.25	942.60	158.70
吉林	2310.63	779.63	156.47	150.32	1092.91	131.30
黑龙江	2561.74	861.78	180.86	294.55	1058.01	166.54
上海	3891.34	496.28	41.31	65.72	2933.53	354.50
江苏	2108.32	528.33	51.54	83.87	1285.75	158.83
浙江	3201.29	782.30	169.73	46.58	1986.80	215.88
安徽	1321.74	399.34	66.06	94.05	682.54	79.75
福建	2100.26	525.10	41.94	39.45	1310.99	182.78
江西	1470.16	504.44	36.22	59.77	776.12	93.61
山东	1514.63	422.82	56.70	117.75	851.91	65.45
河南	1042.95	336.90	55.73	68.85	533.78	47.69
湖北	1341.21	376.25	26.40	129.89	700.18	108.49
湖南	1593.00	462.85	35.71	97.74	875.11	121.59
广东	2609.02	630.21	25.40	38.04	1790.33	125.04
广西	1389.54	490.34	43.74	19.25	784.17	52.04
海南	976.64	239.28	19.17	7.48	654.58	56.13
四川	1111.88	352.88	33.48	57.10	605.14	63.28
贵州	815.88	237.60	28.63	24.10	456.35	69.20
云南	1144.16	375.96	60.60	17.20	630.02	60.38
西藏	652.01	108.56	114.73	2.59	413.38	12.75
陕西	922.73	255.10	42.16	57.98	527.65	39.84
甘肃	720.22	248.46	65.11	23.54	355.03	28.08
青海	779.79	165.60	69.54	38.76	458.69	47.20
宁夏	1394.02	472.02	141.47	44.57	662.21	73.75
新疆	2009.15	940.40	144.33	172.55	682.13	69.74

4—82 1995年农村居民现金支出构成

单位：%

地 区	现金支出	一、家庭经营费用支出	二、购买生产性固定资产支出	三、税费支出	四、生活消费支出	五、财产性和转移性支出
全国合计	**100.00**	**29.42**	**4.03**	**4.98**	**55.60**	**5.97**
北 京	100.00	18.64	1.67	2.17	71.08	6.45
天 津	100.00	35.88	2.39	2.31	53.79	5.63
河 北	100.00	30.66	5.45	5.20	54.59	4.09
山 西	100.00	23.06	3.42	4.71	62.92	5.89
内蒙古	100.00	30.94	7.20	7.42	49.08	5.36
辽 宁	100.00	32.97	2.42	7.71	48.70	8.20
吉 林	100.00	33.74	6.77	6.51	47.30	5.68
黑龙江	100.00	33.64	7.06	11.50	41.30	6.50
上 海	100.00	12.75	1.06	1.69	75.39	9.11
江 苏	100.00	25.06	2.44	3.98	60.98	7.53
浙 江	100.00	24.44	5.30	1.46	62.06	6.74
安 徽	100.00	30.21	5.00	7.12	51.64	6.03
福 建	100.00	25.00	2.00	1.88	62.42	8.70
江 西	100.00	34.31	2.46	4.07	52.79	6.37
山 东	100.00	27.92	3.74	7.77	56.25	4.32
河 南	100.00	32.30	5.34	6.60	51.18	4.57
湖 北	100.00	28.05	1.97	9.68	52.21	8.09
湖 南	100.00	29.06	2.24	6.14	54.93	7.63
广 东	100.00	24.16	0.97	1.46	68.62	4.79
广 西	100.00	35.29	3.15	1.39	56.43	3.75
海 南	100.00	24.50	1.96	0.77	67.02	5.75
四 川	100.00	31.74	3.01	5.14	54.42	5.69
贵 州	100.00	29.12	3.51	2.95	55.93	8.48
云 南	100.00	32.86	5.30	1.50	55.06	5.28
西 藏	100.00	16.65	17.60	0.40	63.40	1.96
陕 西	100.00	27.65	4.57	6.28	57.18	4.32
甘 肃	100.00	34.50	9.04	3.27	49.29	3.90
青 海	100.00	21.24	8.92	4.97	58.82	6.05
宁 夏	100.00	33.86	10.15	3.20	47.50	5.29
新 疆	100.00	46.81	7.18	8.59	33.95	3.47

4—83 1995年农村居民家庭经营费用现金支出

单位:元/人

地区	家庭经营费用现金支出	1.农业支出	种植业支出	2.林业支出	3.牧业支出	4.渔业支出	5.工业支出	6.建筑业支出
全国合计	**454.74**	**261.41**	**254.81**	**2.12**	**138.30**	**8.82**	**10.60**	**3.22**
北京	543.66	216.92	215.39	2.69	125.53	29.83	22.80	9.52
天津	732.25	363.35	358.03	3.58	322.30	0.73	19.36	5.33
河北	387.48	262.28	259.13	1.48	81.39	0.62	10.67	1.18
山西	206.68	138.96	136.59	1.82	27.10	0.17	7.82	2.18
内蒙古	434.44	351.71	347.31	0.82	64.15	0.05	6.08	0.47
辽宁	638.28	383.31	381.30	0.50	199.50	17.97	3.38	1.20
吉林	779.63	650.36	620.27	1.70	101.34	0.74	4.55	2.95
黑龙江	861.78	689.92	685.06	1.12	125.29	12.60	2.24	1.70
上海	496.28	220.25	218.68	1.96	244.08	4.22	0.42	8.40
江苏	528.33	283.17	266.23	1.27	179.92	11.88	12.84	1.66
浙江	782.30	267.91	245.18	3.60	261.91	42.28	97.33	11.34
安徽	399.34	262.58	259.10	1.90	102.09	8.82	1.76	4.03
福建	525.10	231.15	225.20	10.60	197.86	15.73	4.15	16.28
江西	504.44	268.61	256.23	1.73	193.07	12.20	9.22	0.82
山东	422.82	278.46	271.42	2.92	121.45	0.41	2.23	3.35
河南	336.90	237.50	234.39	2.17	62.56	3.22	3.69	1.59
湖北	376.25	237.89	234.62	1.42	105.31	6.33	7.31	2.11
湖南	462.85	194.88	184.93	0.84	198.83	12.07	26.20	3.47
广东	630.21	220.12	216.96	1.57	294.76	46.61	3.87	8.68
广西	490.34	194.58	188.78	1.78	242.39	5.89	18.42	1.25
海南	239.28	163.30	161.49	8.01	41.46	12.82	1.09	0.57
四川	352.88	154.41	150.17	0.84	174.00	3.25	3.89	2.82
贵州	237.60	115.47	107.76	1.61	87.25	0.31	6.36	2.12
云南	375.96	184.18	176.95	3.56	129.44	5.65	10.63	4.17
西藏	108.56	46.20	31.02	0.39	5.80	0.04	0.09	1.71
陕西	255.10	180.98	177.82	2.17	47.41	0.12	6.16	1.15
甘肃	248.46	186.01	185.52	1.24	30.64	0.03	1.55	0.70
青海	165.60	103.62	101.25	0.49	34.28	0.03	1.06	0.15
宁夏	472.02	253.76	251.57	0.32	160.50	2.62	7.95	0.04
新疆	940.40	723.34	720.38	3.69	158.97	5.73	3.83	0.98

4—83 续表　　　　单位:元/人

地区	7.交通运输业、邮电业支出	8.批发和零售贸易、餐饮业支出	9.社会服务业支出	10.其他家庭经营支出	第一产业支出	第二产业支出	第三产业支出
全国合计	**16.26**	**7.38**	**2.47**	**4.16**	**410.65**	**13.82**	**30.27**
北京	127.13	1.04	6.61	1.59	237.92	5.45	136.37
天津	10.47	3.49	1.61	2.03	218.62	0.51	17.60
河北	14.24	13.37	1.66	0.58	207.89	4.36	29.85
山西	23.32	1.76	1.67	1.90	124.30	3.68	28.65
内蒙古	3.24	1.35	0.57	6.01	253.56	3.15	11.16
辽宁	19.71	9.67	0.74	2.30	277.14	3.37	32.42
吉林	7.92	5.61	1.39	3.06	353.17	2.37	17.98
黑龙江	17.08	3.30	2.36	6.18	389.34	3.58	28.90
上海	10.86	0.76	4.49	0.85	249.10	0.98	16.96
江苏	16.16	16.77	2.17	2.50	234.80	6.44	37.59
浙江	46.10	28.29	12.23	11.30	258.28	9.35	97.93
安徽	8.23	3.27	1.35	5.31	215.38	4.01	18.17
福建	26.92	10.21	4.83	7.36	271.16	11.05	49.33
江西	10.70	2.84	2.97	2.27	205.44	5.03	18.79
山东	8.73	3.30	0.88	1.09	225.95	3.10	13.99
河南	15.79	4.31	1.60	4.47	159.92	5.32	26.17
湖北	5.48	7.82	1.54	1.05	194.95	2.73	15.89
湖南	10.76	8.76	2.60	4.46	245.73	4.70	26.57
广东	24.58	15.87	5.95	8.20	347.08	6.78	54.59
广西	17.36	5.60	1.98	1.10	206.56	10.25	26.03
海南	5.82	1.60	0.75	3.84	182.16	4.84	12.02
四川	7.54	1.86	2.09	2.17	226.28	3.99	13.65
贵州	5.54	11.66	4.04	3.23	152.66	3.43	24.48
云南	25.29	5.60	2.62	4.82	180.05	2.45	38.33
西藏	44.44	0.69	0.82	8.38	126.39	0.39	54.33
陕西	10.19	5.12	1.07	0.73	156.06	3.41	17.11
甘肃	7.39	1.30	0.69	18.93	136.99	1.79	28.30
青海	17.76	5.08	2.19	0.94	145.24	1.21	25.97
宁夏	39.15	4.39	1.36	1.94	193.49	2.93	46.85
新疆	22.29	12.87	0.67	8.02	300.77	1.54	43.85

4—84 1995年农村居民家庭经营费用现金支出构成

单位:%

地区	家庭经营费用现金支出	1.农业支出	种植业支出	2.林业支出	3.牧业支出	4.渔业支出	5.工业支出	6.建筑业支出
全国合计	**100.00**	**57.49**	**56.03**	**0.47**	**30.41**	**1.94**	**2.33**	**0.71**
北京	100.00	39.90	39.62	0.50	23.09	5.49	4.19	1.75
天津	100.00	49.62	48.89	0.49	44.02	0.10	2.64	0.73
河北	100.00	67.69	66.88	0.38	21.01	0.16	2.75	0.30
山西	100.00	67.23	66.09	0.88	13.11	0.08	3.78	1.05
内蒙古	100.00	80.96	79.95	0.19	14.77	0.01	1.40	0.11
辽宁	100.00	60.05	59.74	0.08	31.26	2.82	0.53	0.19
吉林	100.00	83.42	79.56	0.22	13.00	0.10	0.58	0.38
黑龙江	100.00	80.06	79.49	0.13	14.54	1.46	0.26	0.20
上海	100.00	44.38	44.06	0.39	49.18	0.85	0.08	1.69
江苏	100.00	53.60	50.39	0.24	34.05	2.25	2.43	0.31
浙江	100.00	34.25	31.34	0.46	33.48	5.40	12.44	1.45
安徽	100.00	65.75	64.88	0.48	25.57	2.21	0.44	1.01
福建	100.00	44.02	42.89	2.02	37.68	3.00	0.79	3.10
江西	100.00	53.25	50.80	0.34	38.27	2.42	1.83	0.16
山东	100.00	65.86	64.19	0.69	28.72	0.10	0.53	0.79
河南	100.00	70.50	69.57	0.64	18.57	0.96	1.10	0.47
湖北	100.00	63.23	62.36	0.38	27.99	1.68	1.94	0.56
湖南	100.00	42.10	39.95	0.18	42.96	2.61	5.66	0.75
广东	100.00	34.93	34.43	0.25	46.77	7.40	0.61	1.38
广西	100.00	39.68	38.50	0.36	49.43	1.20	3.76	0.25
海南	100.00	68.25	67.49	3.35	17.33	5.36	0.46	0.24
四川	100.00	43.76	42.55	0.24	49.31	0.92	1.10	0.80
贵州	100.00	48.60	45.35	0.68	36.72	0.13	2.68	0.89
云南	100.00	48.99	47.07	0.95	34.43	1.50	2.83	1.11
西藏	100.00	42.56	28.57	0.35	5.35	0.04	0.08	1.58
陕西	100.00	70.95	69.71	0.85	18.58	0.05	2.41	0.45
甘肃	100.00	74.86	74.67	0.50	12.33	0.01	0.62	0.28
青海	100.00	62.57	61.14	0.29	20.70	0.02	0.64	0.09
宁夏	100.00	53.76	53.30	0.07	34.00	0.55	1.68	0.01
新疆	100.00	76.92	76.60	0.39	16.90	0.61	0.41	0.10

4—84 续表 单位：%

地　区	7.交通运输业、邮电业支出	8.批发和零售贸易、餐饮业支出	9.社会服务业支出	10.其他家庭经营支出	第一产业支出	第二产业支出	第三产业支出
全国合计	**3.58**	**1.63**	**0.54**	**0.91**	**90.30**	**3.04**	**6.66**
北　京	23.38	0.19	1.22	0.29	43.76	1.00	25.08
天　津	1.43	0.48	0.22	0.28	29.86	0.07	2.40
河　北	3.68	3.45	0.43	0.15	53.65	1.13	7.70
山　西	11.28	0.85	0.81	0.92	60.14	1.78	13.86
内蒙古	0.74	0.31	0.13	1.38	58.36	0.73	2.57
辽　宁	3.09	1.51	0.12	0.36	43.42	0.53	5.08
吉　林	1.02	0.72	0.18	0.39	45.30	0.30	2.31
黑龙江	1.98	0.38	0.27	0.72	45.18	0.42	3.35
上　海	2.19	0.15	0.90	0.17	50.19	0.20	3.42
江　苏	3.06	3.17	0.41	0.47	44.44	1.22	7.12
浙　江	5.89	3.62	1.56	1.44	33.02	1.20	12.52
安　徽	2.06	0.82	0.34	1.33	53.93	1.00	4.55
福　建	5.13	1.94	0.92	1.40	51.64	2.10	9.39
江　西	2.12	0.56	0.59	0.45	40.73	1.00	3.72
山　东	2.06	0.78	0.21	0.26	53.44	0.73	3.31
河　南	4.69	1.28	0.47	1.33	47.47	1.58	7.77
湖　北	1.46	2.08	0.41	0.28	51.81	0.73	4.22
湖　南	2.32	1.89	0.56	0.96	53.09	1.02	5.74
广　东	3.90	2.52	0.94	1.30	55.07	1.08	8.66
广　西	3.54	1.14	0.40	0.22	42.13	2.09	5.31
海　南	2.43	0.67	0.31	1.61	76.13	2.02	5.02
四　川	2.14	0.53	0.59	0.61	64.12	1.13	3.87
贵　州	2.33	4.91	1.70	1.36	64.25	1.44	10.30
云　南	6.73	1.49	0.70	1.28	47.89	0.65	10.20
西　藏	40.94	0.63	0.76	7.72	116.42	0.36	50.04
陕　西	4.00	2.01	0.42	0.29	61.18	1.34	6.71
甘　肃	2.97	0.52	0.28	7.62	55.14	0.72	11.39
青　海	10.72	3.07	1.32	0.57	87.71	0.73	15.68
宁　夏	8.29	0.93	0.29	0.41	40.99	0.62	9.92
新　疆	2.37	1.37	0.07	0.85	31.98	0.16	4.66

4—85 1995年农村居民生活消费现金支出

单位:元/人

地区	生活消费现金支出	一、食品支出	主食	副食	二、衣着支出	三、居住支出	住房	燃料
全国合计	**859.43**	**353.22**	**45.80**	**184.43**	**88.66**	**147.86**	**108.53**	**15.53**
北京	2073.57	922.39	134.27	456.18	229.17	224.85	127.21	62.38
天津	1097.98	486.38	50.58	283.66	129.38	187.35	112.24	27.54
河北	689.98	252.59	30.23	127.75	87.74	127.80	77.45	28.09
山西	563.98	228.80	50.83	92.34	102.53	71.54	46.75	13.30
内蒙古	689.16	232.90	57.36	74.24	85.74	137.94	99.26	11.38
辽宁	942.60	407.89	104.23	184.14	138.04	120.70	77.43	12.88
吉林	1092.91	482.44	150.64	198.19	134.02	147.58	118.19	5.16
黑龙江	1058.01	464.25	133.77	195.90	139.64	156.30	116.61	13.92
上海	2933.53	1065.06	17.10	586.84	232.88	754.06	668.23	23.49
江苏	1285.75	478.81	33.43	258.54	123.42	282.44	237.10	8.28
浙江	1986.80	821.18	43.49	460.84	156.95	427.79	356.20	23.29
安徽	682.54	285.09	24.08	145.54	69.87	118.54	93.11	6.36
福建	1310.99	652.75	93.57	382.35	99.01	170.79	105.25	25.38
江西	776.12	324.41	26.01	178.71	69.92	138.31	109.93	11.86
山东	851.91	330.19	19.44	181.60	99.55	144.72	100.49	21.81
河南	533.78	190.37	15.91	95.75	75.17	93.28	69.30	10.85
湖北	700.18	258.71	26.81	113.58	79.46	99.01	74.94	7.72
湖南	875.11	346.51	31.30	190.01	73.00	178.16	131.06	22.44
广东	1790.33	794.04	73.19	513.48	89.73	317.26	210.47	30.07
广西	784.18	369.14	41.33	209.92	49.17	112.22	92.20	3.08
海南	654.58	357.38	19.55	262.92	48.06	46.19	29.99	3.65
四川	605.14	266.46	37.01	135.47	63.10	91.94	67.84	9.49
贵州	456.35	198.09	48.85	87.56	55.60	68.24	38.56	18.00
云南	630.02	271.33	46.75	134.16	59.89	115.42	91.04	7.78
西藏	413.38	204.03	57.71	63.13	92.08	25.87	14.59	2.86
陕西	527.65	185.45	40.03	74.77	60.97	108.25	88.10	9.31
甘肃	355.03	129.71	27.69	47.26	45.29	53.08	32.62	11.61
青海	458.69	173.93	56.30	60.31	84.69	54.41	27.75	18.12
宁夏	662.21	225.27	33.42	117.00	84.32	136.36	100.48	21.75
新疆	682.13	233.37	49.50	117.17	116.85	103.49	45.68	33.07

4—85 续表

单位:元/人

地　　区	四、家庭设备用品及服务支出	五、医疗保健支出	六、交通和通讯支出	七、文化教育用品及服务支出	八、其他商品及服务支出
全国总计	**68.08**	**42.47**	**33.73**	**102.35**	**23.05**
北　京	195.63	107.27	91.65	246.33	56.28
天　津	66.34	62.1	37.29	97.84	31.3
河　北	58.15	40.93	33.47	73.04	16.27
山　西	42.74	31.09	14.05	62.8	10.43
内蒙古	50.01	48.49	22.39	97.45	14.23
辽　宁	59.53	48.57	35.58	107.28	25.01
吉　林	64.83	57.83	33.11	138.33	34.77
黑龙江	56.44	74.84	34.15	113.71	18.69
上　海	283.63	72.56	159.03	256.04	110.27
江　苏	128.83	49.07	52.31	139.18	31.68
浙　江	147.67	103.2	76.5	163.91	89.62
安　徽	57.23	34.07	21.29	79.45	17
福　建	82.9	44.39	70.61	148.72	41.83
江　西	57.76	39.48	32.3	93.48	20.46
山　东	73.64	40.09	42.44	105.23	16.05
河　南	42.6	34.43	17.37	63.53	17.04
湖　北	55.29	34.9	30.54	128.28	13.99
湖　南	68.77	35.78	26.29	128.84	17.75
广　东	139.78	67.51	82.08	245.16	54.77
广　西	51.65	29.04	27.33	127.69	17.93
海　南	49.14	24.58	16.98	92.54	19.7
四　川	50.54	29.35	18.38	75.36	10.01
贵　州	42.6	16.28	13.97	49.27	12.29
云　南	54.19	32.04	21.49	58.07	17.58
西　藏	61	6.41	8.49	6.37	9.14
陕　西	41.59	41.3	15.11	65.14	9.84
甘　肃	30.77	29.18	13.54	45.92	7.54
青　海	34.27	34.7	22.49	33.74	20.47
宁　夏	59.76	41.5	28.39	72.44	14.15
新　疆	55.78	47.96	35.67	64.9	24.1

4—86 1995年农村居民生活消费现金支出构成

单位:%

地区	生活消费现金支出	一、食品支出	主食	副食	二、衣着支出	三、居住支出	住房	燃料
全国合计	**100.00**	**41.10**	**5.33**	**21.46**	**10.32**	**17.20**	**12.63**	**1.81**
北京	100.00	44.48	6.48	22.00	11.05	10.84	6.13	3.01
天津	100.00	44.30	4.61	25.83	11.78	17.06	10.22	2.51
河北	100.00	36.61	4.38	18.52	12.72	18.52	11.22	4.07
山西	100.00	40.57	9.01	16.37	18.18	12.68	8.29	2.36
内蒙古	100.00	33.79	8.32	10.77	12.44	20.02	14.40	1.65
辽宁	100.00	43.27	11.06	19.54	14.64	12.81	8.21	1.37
吉林	100.00	44.14	13.78	18.13	12.26	13.50	10.81	0.47
黑龙江	100.00	43.88	12.64	18.52	13.20	14.77	11.02	1.32
上海	100.00	36.31	0.58	20.00	7.94	25.70	22.78	0.80
江苏	100.00	37.24	2.60	20.11	9.60	21.97	18.44	0.64
浙江	100.00	41.33	2.19	23.20	7.90	21.53	17.93	1.17
安徽	100.00	41.77	3.53	21.32	10.24	17.37	13.64	0.93
福建	100.00	49.79	7.14	29.16	7.55	13.03	8.03	1.94
江西	100.00	41.80	3.35	23.03	9.01	17.82	14.16	1.53
山东	100.00	38.76	2.28	21.32	11.69	16.99	11.80	2.56
河南	100.00	35.66	2.98	17.94	14.08	17.48	12.98	2.03
湖北	100.00	36.95	3.83	16.22	11.35	14.14	10.70	1.10
湖南	100.00	39.60	3.58	21.71	8.34	20.36	14.98	2.56
广东	100.00	44.35	4.09	28.68	5.01	17.72	11.76	1.68
广西	100.00	47.07	5.27	26.77	6.27	14.31	11.76	0.39
海南	100.00	54.60	2.99	40.17	7.34	7.06	4.58	0.56
四川	100.00	44.03	6.12	22.39	10.43	15.19	11.21	1.57
贵州	100.00	43.41	10.70	19.19	12.18	14.95	8.45	3.94
云南	100.00	43.07	7.42	21.29	9.51	18.32	14.45	1.23
西藏	100.00	49.35	13.96	15.27	22.28	6.26	3.53	0.69
陕西	100.00	35.15	7.59	14.17	11.56	20.51	16.70	1.76
甘肃	100.00	36.54	7.80	13.31	12.76	14.95	9.19	3.27
青海	100.00	37.92	12.27	13.15	18.46	11.86	6.05	3.95
宁夏	100.00	34.02	5.05	17.67	12.73	20.59	15.17	3.28
新疆	100.00	34.21	7.26	17.18	17.13	15.17	6.70	4.85

4—86 续表　　　　单位:%

地　　区	四、家庭设备用品及服务支出	五、医疗保健支出	六、交通和通讯支出	七、文化教育用品及服务支出	八、其他商品及服务支出
全国合计	**7.92**	**4.94**	**3.92**	**11.91**	**2.68**
北　京	9.43	5.17	4.42	11.88	2.71
天　津	6.04	5.66	3.40	8.91	2.85
河　北	8.43	5.93	4.85	10.59	2.36
山　西	7.58	5.51	2.49	11.13	1.85
内蒙古	7.26	7.04	3.25	14.14	2.06
辽　宁	6.32	5.15	3.77	11.38	2.65
吉　林	5.93	5.29	3.03	12.66	3.18
黑龙江	5.33	7.07	3.23	10.75	1.77
上　海	9.67	2.47	5.42	8.73	3.76
江　苏	10.02	3.82	4.07	10.83	2.46
浙　江	7.43	5.19	3.85	8.25	4.51
安　徽	8.38	4.99	3.12	11.64	2.49
福　建	6.32	3.39	5.39	11.34	3.19
江　西	7.44	5.09	4.16	12.05	2.64
山　东	8.64	4.71	4.98	12.35	1.88
河　南	7.98	6.45	3.25	11.90	3.19
湖　北	7.90	4.98	4.36	18.32	2.00
湖　南	7.86	4.09	3.00	14.72	2.03
广　东	7.81	3.77	4.58	13.69	3.06
广　西	6.59	3.70	3.48	16.28	2.29
海　南	7.51	3.75	2.59	14.14	3.01
四　川	8.35	4.85	3.04	12.45	1.65
贵　州	9.34	3.57	3.06	10.80	2.69
云　南	8.60	5.09	3.41	9.22	2.79
西　藏	14.76	1.55	2.05	1.54	2.21
陕　西	7.88	7.83	2.86	12.35	1.87
甘　肃	8.67	8.22	3.81	12.93	2.12
青　海	7.47	7.56	4.90	7.36	4.46
宁　夏	9.02	6.27	4.29	10.94	2.14
新　疆	8.18	7.03	5.23	9.51	3.53

4—87　2000年农村居民总收入

单位:元/人

地　区	总收入	一、工资性收入	二、家庭经营收入	三、财产性收入	四、转移性收入
全国合计	**3146.21**	**702.30**	**2251.28**	**45.04**	**147.59**
北　京	5515.65	2819.06	2238.93	158.28	299.38
天　津	4649.13	1638.28	2825.51	42.88	142.45
河　北	3307.55	949.25	2217.08	62.66	78.55
山　西	2423.85	726.05	1579.20	19.70	98.89
内蒙古	3440.31	287.63	3049.45	35.18	68.04
辽　宁	3704.29	882.96	2577.87	58.19	185.27
吉　林	3259.07	343.86	2775.00	31.26	108.94
黑龙江	3712.63	337.97	3194.98	60.62	119.05
上　海	6399.54	4309.89	1547.51	142.83	399.31
江　苏	4542.03	1663.11	2636.14	48.09	194.70
浙　江	5325.17	2000.51	2844.91	181.01	298.75
安　徽	2585.56	547.83	1910.31	24.70	102.71
福　建	4103.55	1069.01	2556.71	76.97	400.85
江　西	2833.80	744.47	1959.45	18.80	111.07
山　东	3880.98	850.56	2809.40	57.80	163.23
河　南	2726.08	473.68	2134.32	29.15	88.93
湖　北	3008.13	547.69	2277.46	19.55	163.43
湖　南	3195.13	789.74	2130.06	20.74	254.59
广　东	4590.47	1362.16	2869.36	73.67	285.28
广　西	2649.18	483.75	2042.38	7.47	115.58
海　南	2840.75	151.38	2520.64	38.15	130.58
重　庆	2594.95	623.32	1793.41	8.54	169.69
四　川	2829.93	606.93	2059.16	29.96	133.88
贵　州	1947.47	274.90	1556.42	6.97	109.17
云　南	2246.94	263.58	1844.73	47.94	90.70
西　藏	1732.32	227.63	1325.22	106.54	72.93
陕　西	2032.79	445.97	1457.09	47.03	82.70
甘　肃	1958.00	355.03	1524.92	16.13	61.92
青　海	2000.32	312.30	1597.03	24.70	66.28
宁　夏	2819.79	484.02	2169.98	80.77	85.01
新　疆	3129.35	104.58	2926.75	40.43	57.60

4－88　2000年农村居民总收入构成

单位：%

地　区	总收入	一、工资性收入	二、家庭经营收入	三、财产性收入	四、转移性收入
全国合计	**100.00**	**22.32**	**71.56**	**1.43**	**4.69**
北　京	100.00	51.11	40.59	2.87	5.43
天　津	100.00	35.24	60.78	0.92	3.06
河　北	100.00	28.70	67.03	1.89	2.38
山　西	100.00	29.95	65.15	0.81	4.08
内蒙古	100.00	8.36	88.64	1.02	1.98
辽　宁	100.00	23.84	69.59	1.57	5.00
吉　林	100.00	10.55	85.15	0.96	3.34
黑龙江	100.00	9.10	86.06	1.63	3.21
上　海	100.00	67.35	24.18	2.23	6.24
江　苏	100.00	36.62	58.04	1.06	4.29
浙　江	100.00	37.57	53.42	3.40	5.61
安　徽	100.00	21.19	73.88	0.96	3.97
福　建	100.00	26.05	62.30	1.88	9.77
江　西	100.00	26.27	69.15	0.66	3.92
山　东	100.00	21.92	72.39	1.49	4.21
河　南	100.00	17.38	78.29	1.07	3.26
湖　北	100.00	18.21	75.71	0.65	5.43
湖　南	100.00	24.72	66.67	0.65	7.97
广　东	100.00	29.67	62.51	1.60	6.21
广　西	100.00	18.26	77.09	0.28	4.36
海　南	100.00	5.33	88.73	1.34	4.60
重　庆	100.00	24.02	69.11	0.33	6.54
四　川	100.00	21.45	72.76	1.06	4.73
贵　州	100.00	14.12	79.92	0.36	5.61
云　南	100.00	11.73	82.10	2.13	4.04
西　藏	100.00	13.14	76.50	6.15	4.21
陕　西	100.00	21.94	71.68	2.31	4.07
甘　肃	100.00	18.13	77.88	0.82	3.16
青　海	100.00	15.61	79.84	1.24	3.31
宁　夏	100.00	17.17	76.96	2.86	3.01
新　疆	100.00	3.34	93.53	1.29	1.84

4—89 2000年农村居民家庭经营总收入

单位:元/人

地区	家庭经营收入	1.农业收入	种植业收入	2.林业收入	3.牧业收入	4.渔业收入	5.工业收入	6.建筑业收入
全国合计	**2251.28**	**1231.69**	**1177.68**	**27.89**	**502.82**	**48.25**	**79.61**	**54.10**
北京	2238.93	911.13	887.81	32.76	258.74	73.68	93.34	101.25
天津	2825.51	1334.03	1277.90	1.97	724.36	49.90	98.58	23.35
河北	2217.08	1214.79	1201.93	8.15	361.30	11.46	131.80	22.55
山西	1579.20	889.40	880.86	14.50	215.78	0.00	31.61	38.42
内蒙古	3049.45	1667.19	1535.06	15.46	1182.10	0.03	28.98	6.07
辽宁	2577.87	1463.17	1379.21	7.87	641.37	76.61	65.88	27.55
吉林	2775.00	2192.49	2071.13	7.17	421.45	2.81	19.19	6.17
黑龙江	3194.98	2658.48	2497.69	0.85	371.64	3.05	18.35	12.54
上海	1547.51	996.79	991.27	0.46	234.67	35.28	38.71	12.90
江苏	2636.14	1214.77	1178.25	33.27	532.88	135.12	206.38	89.39
浙江	2844.91	972.37	947.94	33.19	500.15	64.95	413.97	155.57
安徽	1910.31	1160.45	1098.59	22.25	403.91	23.53	42.65	50.83
福建	2556.71	1052.95	1018.34	75.13	439.96	136.51	120.33	173.53
江西	1959.45	1084.87	1008.67	27.66	483.08	55.45	46.61	41.64
山东	2809.40	1662.23	1620.99	46.29	536.64	15.07	115.21	47.19
河南	2134.32	1309.66	1254.11	25.01	412.26	20.30	65.57	30.28
湖北	2277.46	1357.03	1311.12	37.60	478.69	85.42	61.02	42.51
湖南	2130.06	933.71	912.20	18.95	616.79	49.20	92.95	129.35
广东	2869.36	1217.78	1155.49	44.37	564.02	292.46	68.85	149.75
广西	2042.38	943.57	918.21	49.94	701.66	49.59	57.66	47.53
海南	2520.64	1241.79	1177.73	199.79	446.58	195.28	30.45	19.70
重庆	1793.41	832.53	803.30	13.67	685.38	30.02	31.73	17.68
四川	2059.16	992.62	927.75	22.47	736.34	16.64	48.23	43.05
贵州	1556.42	877.75	797.27	18.81	462.44	2.74	29.31	25.74
云南	1844.73	1048.66	970.81	42.22	488.68	5.41	65.17	11.16
西藏	1325.22	517.17	486.68	9.12	271.57	0.00	34.42	143.41
陕西	1457.09	842.23	782.81	10.28	252.06	1.28	52.75	30.01
甘肃	1524.92	945.06	890.39	11.00	229.64	0.04	32.37	56.52
青海	1597.03	610.47	579.99	6.13	730.00	20.28	16.05	11.94
宁夏	2169.98	1097.59	1034.50	6.86	581.36	35.47	51.67	14.59
新疆	2926.75	2260.63	2223.62	31.53	434.32	0.00	10.60	7.01

4—89 续表

单位:元/人

	7.交通运输业、邮电业收入	8.批发和零售贸易、餐饮业收入	9.社会服务业收入	10.文教卫生业收入	11.其他家庭经营收入	第一产业收入	第二产业收入	第三产业收入
全国合计	**96.63**	**96.19**	**32.94**	**8.29**	**72.87**	**1810.65**	**133.70**	**306.92**
北京	385.01	234.74	59.91	33.91	54.46	1276.30	194.59	768.03
天津	207.01	229.31	33.99	25.47	97.56	2110.25	121.93	593.34
河北	148.60	197.38	33.36	17.97	69.72	1595.70	154.36	467.02
山西	159.47	67.37	31.67	4.95	126.01	1119.68	70.04	389.48
内蒙古	27.97	41.02	11.77	7.42	61.43	2864.78	35.05	149.62
辽宁	82.59	103.65	27.62	9.49	72.09	2189.02	93.43	295.43
吉林	31.28	15.98	5.03	1.52	71.92	2623.92	25.36	125.73
黑龙江	40.86	17.06	9.28	8.89	53.98	3034.03	30.89	130.07
上海	96.14	38.04	28.65	0.26	65.62	1267.19	51.61	228.71
江苏	134.89	145.59	51.72	5.81	86.33	1916.04	295.77	424.33
浙江	216.20	232.35	142.69	11.93	101.55	1570.66	569.54	704.72
安徽	52.80	56.32	32.27	6.00	59.31	1610.13	93.48	206.70
福建	141.05	173.87	73.69	22.84	146.84	1704.55	293.86	558.30
江西	57.05	65.73	39.97	6.91	50.47	1651.07	88.25	220.13
山东	120.71	123.00	39.24	4.49	99.32	2260.24	162.40	386.76
河南	67.06	79.54	26.76	9.42	88.45	1767.23	95.85	271.23
湖北	65.90	72.01	20.31	5.31	51.67	1958.73	103.53	215.20
湖南	93.19	119.61	36.89	4.30	35.11	1618.65	222.30	289.11
广东	160.17	187.17	60.05	19.17	105.57	2118.63	218.59	532.13
广西	43.91	94.10	17.92	6.44	30.06	1744.75	105.20	192.43
海南	83.05	69.06	37.76	5.59	191.60	2083.45	50.14	387.05
重庆	82.96	29.75	20.47	7.19	42.02	1561.60	49.41	182.40
四川	71.73	64.67	27.60	6.85	28.96	1768.07	91.28	199.81
贵州	40.62	42.53	10.93	3.58	41.98	1361.74	55.05	139.63
云南	43.98	37.93	5.88	1.40	94.22	1584.98	76.33	183.42
西藏	167.65	47.40	14.91	2.86	116.73	797.85	177.83	349.54
陕西	119.15	87.45	16.12	6.84	38.91	1105.85	82.76	268.48
甘肃	70.24	54.78	18.08	10.04	97.15	1185.75	88.89	250.28
青海	103.69	28.23	3.66	12.25	54.34	1366.87	27.98	202.18
宁夏	191.80	123.51	25.48	3.71	37.95	1721.28	66.26	382.45
新疆	45.18	29.03	19.38	0.00	89.07	2726.48	17.61	182.65

4—90　2000年农村居民家庭经营总收入构成

单位：%

地　　区	家庭经营收　　入	1.农业收入	种植业收　入	2.林业收入	3.牧业收入	4.渔业收入	5.工业收入	6.建筑业收　入
全国合计	**100.00**	**54.71**	**52.31**	**1.24**	**22.33**	**2.14**	**3.54**	**2.40**
北　　京	100.00	40.69	39.65	1.46	11.56	3.29	4.17	4.52
天　　津	100.00	47.21	45.23	0.07	25.64	1.77	3.49	0.83
河　　北	100.00	54.79	54.21	0.37	16.30	0.52	5.94	1.02
山　　西	100.00	56.32	55.78	0.92	13.66	0.00	2.00	2.43
内 蒙 古	100.00	54.67	50.34	0.51	38.76	0.00	0.95	0.20
辽　　宁	100.00	56.76	53.50	0.31	24.88	2.97	2.56	1.07
吉　　林	100.00	79.01	74.64	0.26	15.19	0.10	0.69	0.22
黑 龙 江	100.00	83.21	78.18	0.03	11.63	0.10	0.57	0.39
上　　海	100.00	64.41	64.06	0.03	15.16	2.28	2.50	0.83
江　　苏	100.00	46.08	44.70	1.26	20.21	5.13	7.83	3.39
浙　　江	100.00	34.18	33.32	1.17	17.58	2.28	14.55	5.47
安　　徽	100.00	60.75	57.51	1.16	21.14	1.23	2.23	2.66
福　　建	100.00	41.18	39.83	2.94	17.21	5.34	4.71	6.79
江　　西	100.00	55.37	51.48	1.41	24.65	2.83	2.38	2.13
山　　东	100.00	59.17	57.70	1.65	19.10	0.54	4.10	1.68
河　　南	100.00	61.36	58.76	1.17	19.32	0.95	3.07	1.42
湖　　北	100.00	59.59	57.57	1.65	21.02	3.75	2.68	1.87
湖　　南	100.00	43.84	42.83	0.89	28.96	2.31	4.36	6.07
广　　东	100.00	42.44	40.27	1.55	19.66	10.19	2.40	5.22
广　　西	100.00	46.20	44.96	2.45	34.35	2.43	2.82	2.33
海　　南	100.00	49.26	46.72	7.93	17.72	7.75	1.21	0.78
重　　庆	100.00	46.42	44.79	0.76	38.22	1.67	1.77	0.99
四　　川	100.00	48.20	45.05	1.09	35.76	0.81	2.34	2.09
贵　　州	100.00	56.40	51.22	1.21	29.71	0.18	1.88	1.65
云　　南	100.00	56.85	52.63	2.29	26.49	0.29	3.53	0.60
西　　藏	100.00	39.02	36.72	0.69	20.49	0.00	2.60	10.82
陕　　西	100.00	57.80	53.72	0.71	17.30	0.09	3.62	2.06
甘　　肃	100.00	61.97	58.39	0.72	15.06	0.00	2.12	3.71
青　　海	100.00	38.22	36.32	0.38	45.71	1.27	1.00	0.75
宁　　夏	100.00	50.58	47.67	0.32	26.79	1.63	2.38	0.67
新　　疆	100.00	77.24	75.98	1.08	14.84	0.00	0.36	0.24

4—90续表 单位:%

	7.交通运输业、邮电业收入	8.批发和零售贸易、餐饮业收入	9.社会服务业收入	10.文教卫生业收入	11.其他家庭经营收入	第一产业收入	第二产业收入	第三产业收入
全国合计	**4.29**	**4.27**	**1.46**	**0.37**	**3.24**	**80.43**	**5.94**	**13.63**
北京	17.20	10.48	2.68	1.51	2.43	57.01	8.69	34.30
天津	7.33	8.12	1.20	0.90	3.45	74.69	4.32	21.00
河北	6.70	8.90	1.50	0.81	3.14	71.97	6.96	21.06
山西	10.10	4.27	2.01	0.31	7.98	70.90	4.44	24.66
内蒙古	0.92	1.35	0.39	0.24	2.01	93.94	1.15	4.91
辽宁	3.20	4.02	1.07	0.37	2.80	84.92	3.62	11.46
吉林	1.13	0.58	0.18	0.05	2.59	94.56	0.91	4.53
黑龙江	1.28	0.53	0.29	0.28	1.69	94.96	0.97	4.07
上海	6.21	2.46	1.85	0.02	4.24	81.89	3.34	14.78
江苏	5.12	5.52	1.96	0.22	3.27	72.68	11.22	16.10
浙江	7.60	8.17	5.02	0.42	3.57	55.21	20.02	24.77
安徽	2.76	2.95	1.69	0.31	3.10	84.29	4.89	10.82
福建	5.52	6.80	2.88	0.89	5.74	66.67	11.49	21.84
江西	2.91	3.35	2.04	0.35	2.58	84.26	4.50	11.23
山东	4.30	4.38	1.40	0.16	3.54	80.45	5.78	13.77
河南	3.14	3.73	1.25	0.44	4.14	82.80	4.49	12.71
湖北	2.89	3.16	0.89	0.23	2.27	86.00	4.55	9.45
湖南	4.37	5.62	1.73	0.20	1.65	75.99	10.44	13.57
广东	5.58	6.52	2.09	0.67	3.68	73.84	7.62	18.55
广西	2.15	4.61	0.88	0.32	1.47	85.43	5.15	9.42
海南	3.29	2.74	1.50	0.22	7.60	82.66	1.99	15.36
重庆	4.63	1.66	1.14	0.40	2.34	87.07	2.76	10.17
四川	3.48	3.14	1.34	0.33	1.41	85.86	4.43	9.70
贵州	2.61	2.73	0.70	0.23	2.70	87.49	3.54	8.97
云南	2.38	2.06	0.32	0.08	5.11	85.92	4.14	9.94
西藏	12.65	3.58	1.12	0.22	8.81	60.21	13.42	26.38
陕西	8.18	6.00	1.11	0.47	2.67	75.89	5.68	18.43
甘肃	4.61	3.59	1.19	0.66	6.37	77.76	5.83	16.41
青海	6.49	1.77	0.23	0.77	3.40	85.59	1.75	12.66
宁夏	8.84	5.69	1.17	0.17	1.75	79.32	3.05	17.62
新疆	1.54	0.99	0.66	0.00	3.04	93.16	0.60	6.24

4—91 2000年农村居民现金收入

单位:元/人

地区	现金收入	一、工资性收入	二、家庭经营收入	三、财产性收入	四、转移性收入
全国总计	**2381.60**	**700.41**	**1498.81**	**38.89**	**143.49**
北京	5092.56	2809.43	1844.58	152.42	286.13
天津	3938.48	1636.51	2118.52	41.34	142.10
河北	2607.23	949.15	1522.80	57.29	77.98
山西	1836.31	725.50	996.24	17.35	97.23
内蒙古	2448.89	287.63	2073.94	19.45	67.87
辽宁	3050.75	881.26	1956.58	33.56	179.36
吉林	2296.07	343.74	1829.45	15.09	107.79
黑龙江	2654.57	337.27	2175.02	24.56	117.71
上海	5914.94	4305.23	1073.31	141.78	394.62
江苏	3673.63	1648.20	1793.84	47.26	184.33
浙江	4863.37	1991.91	2410.69	167.48	293.29
安徽	1901.60	547.20	1230.52	23.15	100.74
福建	3617.21	1066.16	2098.56	63.53	388.96
江西	2004.94	744.31	1134.53	18.42	107.68
山东	3090.67	848.68	2029.57	54.04	158.36
河南	1854.40	473.42	1267.99	27.74	85.26
湖北	2098.22	543.70	1388.62	8.80	157.11
湖南	2440.74	789.54	1377.78	20.50	252.92
广东	3759.51	1360.80	2051.18	73.67	273.86
广西	1975.68	483.75	1369.00	7.42	115.51
海南	2208.68	151.16	1904.20	27.63	125.69
重庆	1627.80	623.28	827.74	8.36	168.43
四川	1841.69	606.26	1078.53	29.95	126.95
贵州	1136.38	273.55	748.51	6.97	107.35
云南	1430.02	263.18	1038.20	41.66	86.98
西藏	1174.80	225.59	842.80	39.31	67.10
陕西	1558.95	445.61	987.97	43.46	81.91
甘肃	1309.03	353.05	879.57	16.13	60.28
青海	1365.72	310.97	974.13	24.70	55.91
宁夏	2169.24	483.99	1535.14	73.04	77.08
新疆	2444.30	104.46	2245.31	37.87	56.67

4—92 2000年农村居民现金收入构成

单位:%

地区	现金收入	一、工资性收入	二、家庭经营收入	三、财产性收入	四、转移性收入
全国合计	**100.00**	**29.41**	**62.93**	**1.63**	**6.02**
北京	100.00	55.17	36.22	2.99	5.62
天津	100.00	41.55	53.79	1.05	3.61
河北	100.00	36.40	58.41	2.20	2.99
山西	100.00	39.51	54.25	0.94	5.29
内蒙古	100.00	11.75	84.69	0.79	2.77
辽宁	100.00	28.89	64.13	1.10	5.88
吉林	100.00	14.97	79.68	0.66	4.69
黑龙江	100.00	12.71	81.94	0.93	4.43
上海	100.00	72.79	18.15	2.40	6.67
江苏	100.00	44.87	48.83	1.29	5.02
浙江	100.00	40.96	49.57	3.44	6.03
安徽	100.00	28.78	64.71	1.22	5.30
福建	100.00	29.47	58.02	1.76	10.75
江西	100.00	37.12	56.59	0.92	5.37
山东	100.00	27.46	65.67	1.75	5.12
河南	100.00	25.53	68.38	1.50	4.60
湖北	100.00	25.91	66.18	0.42	7.49
湖南	100.00	32.35	56.45	0.84	10.36
广东	100.00	36.20	54.56	1.96	7.28
广西	100.00	24.49	69.29	0.38	5.85
海南	100.00	6.84	86.21	1.25	5.69
重庆	100.00	38.29	50.85	0.51	10.35
四川	100.00	32.92	58.56	1.63	6.89
贵州	100.00	24.07	65.87	0.61	9.45
云南	100.00	18.40	72.60	2.91	6.08
西藏	100.00	19.20	71.74	3.35	5.71
陕西	100.00	28.58	63.37	2.79	5.25
甘肃	100.00	26.97	67.19	1.23	4.60
青海	100.00	22.77	71.33	1.81	4.09
宁夏	100.00	22.31	70.77	3.37	3.55
新疆	100.00	4.27	91.86	1.55	2.32

4—93　2000年农村居民家庭经营现金收入

单位:元/人

地　区	家庭经营现金收入	1. 出售产品收入	农业产品	♯种植业产品	牧业产品	2. 工业加工费收入	3. 建筑业收入
全国合计	**1498.81**	**1066.64**	**600.61**	**593.56**	**383.54**	**65.46**	**54.10**
北　京	1844.58	836.92	481.71	481.01	250.22	93.29	101.25
天　津	2118.52	1328.49	661.25	660.88	632.24	97.94	23.35
河　北	1522.80	898.05	561.83	557.62	309.82	124.45	22.55
山　西	996.24	541.41	335.84	332.26	188.08	27.71	38.42
内蒙古	2073.94	1881.84	1012.72	992.54	848.44	26.40	6.07
辽　宁	1956.58	1559.84	945.84	929.86	514.36	48.31	27.55
吉　林	1829.45	1674.85	1362.50	1338.90	297.73	16.64	6.17
黑龙江	2175.02	2022.03	1717.00	1706.88	288.52	16.56	12.54
上　海	1073.31	789.72	581.85	580.09	170.35	37.41	12.90
江　苏	1793.84	1153.59	508.86	505.79	416.07	137.86	89.39
浙　江	2410.69	1204.47	569.47	563.22	463.58	352.16	155.57
安　徽	1230.52	931.47	568.32	565.29	308.13	35.59	50.83
福　建	2098.56	1209.97	616.56	608.53	447.09	110.79	173.53
江　西	1134.53	837.43	369.17	363.40	394.65	34.90	41.64
山　东	2029.57	1481.57	910.14	904.27	490.33	100.68	47.19
河　南	1267.99	907.91	545.96	541.92	316.14	60.65	30.28
湖　北	1388.62	1089.73	685.41	679.52	298.89	43.83	42.51
湖　南	1377.78	898.93	319.74	314.14	490.92	58.29	129.35
广　东	2051.18	1268.31	527.30	522.78	446.23	66.54	149.75
广　西	1369.00	1101.88	406.08	398.04	580.72	31.11	47.53
海　南	1904.20	1475.12	766.21	759.50	339.94	29.65	19.70
重　庆	827.74	617.07	157.71	154.99	398.03	23.71	17.68
四　川	1078.53	805.97	263.34	253.71	496.32	29.65	43.05
贵　州	748.51	568.41	254.83	249.68	280.85	19.83	25.74
云　南	1038.20	796.31	455.31	445.16	290.57	59.81	11.16
西　藏	842.80	355.92	186.95	169.70	110.89	34.33	143.41
陕　西	987.97	623.10	410.07	399.93	198.14	50.57	30.01
甘　肃	879.57	525.73	389.79	387.16	124.48	30.02	56.52
青　海	974.13	737.45	254.39	240.62	469.97	15.83	11.94
宁　夏	1535.14	1080.95	551.98	543.45	482.88	51.14	14.59
新　疆	2245.31	2021.34	1647.29	1641.06	344.60	10.60	7.01

4—93 续表

单位:元/人

地　区	4.交通运输业、邮电业收入	5.批发和零售贸易、餐饮业收入	6.社会服务业收入	7.文教卫生业收入	8.其他家庭经营收入	第一产业收入	第二产业收入	第三产业收入
全国合计	**96.63**	**96.19**	**32.94**	**8.29**	**78.55**	**1066.64**	**119.56**	**312.61**
北　京	385.01	234.74	59.91	33.91	99.55	836.92	194.54	813.12
天　津	207.01	229.31	33.99	25.47	172.97	1328.49	121.29	668.75
河　北	148.60	197.38	33.36	17.97	80.46	898.05	147.00	477.76
山　西	159.47	67.37	31.67	4.95	125.23	541.41	66.13	388.70
内蒙古	27.97	41.02	11.77	7.42	71.43	1881.84	32.47	159.63
辽　宁	82.59	103.65	27.62	9.49	97.54	1559.84	75.86	320.87
吉　林	31.28	15.98	5.03	1.52	77.98	1674.85	22.81	131.79
黑龙江	40.86	17.06	9.28	8.89	47.82	2022.03	29.09	123.91
上　海	96.14	38.04	28.65	0.26	70.19	789.72	50.32	233.28
江　苏	134.89	145.59	51.72	5.81	75.01	1153.59	227.24	413.01
浙　江	216.20	232.35	142.69	11.93	95.32	1204.47	507.73	698.49
安　徽	52.80	56.32	32.27	6.00	65.25	931.47	86.42	212.64
福　建	141.05	173.87	73.69	22.84	192.82	1209.97	284.32	604.27
江　西	57.05	65.73	39.97	6.91	50.89	837.43	76.54	220.55
山　东	120.71	123.00	39.24	4.49	112.69	1481.57	147.87	400.13
河　南	67.06	79.54	26.76	9.42	86.37	907.91	90.92	269.15
湖　北	65.90	72.01	20.31	5.31	49.01	1089.73	86.34	212.54
湖　南	93.19	119.61	36.89	4.30	37.22	898.93	187.64	291.21
广　东	160.17	187.17	60.05	19.17	140.03	1268.31	216.29	566.58
广　西	43.91	94.10	17.92	6.44	26.10	1101.88	78.64	188.48
海　南	83.05	69.06	37.76	5.59	184.29	1475.12	49.35	379.74
重　庆	82.96	29.75	20.47	7.19	28.91	617.07	41.39	169.29
四　川	71.73	64.67	27.60	6.85	29.00	805.97	72.70	199.85
贵　州	40.62	42.53	10.93	3.58	36.88	568.41	45.57	134.53
云　南	43.98	37.93	5.88	1.40	81.72	796.31	70.97	170.92
西　藏	167.65	47.40	14.91	2.86	76.34	355.92	177.74	309.14
陕　西	119.15	87.45	16.12	6.84	54.73	623.10	80.58	284.29
甘　肃	70.24	54.78	18.08	10.04	114.17	525.73	86.54	267.30
青　海	103.69	28.23	3.66	12.25	61.08	737.45	27.76	208.92
宁　夏	191.80	123.51	25.48	3.71	43.97	1080.95	65.72	388.47
新　疆	45.18	29.03	19.38	0.00	112.78	2021.34	17.61	206.37

4—94 2000年农村居民家庭经营现金收入构成

单位:%

地区	家庭经营收入	1.出售产品收入	农业产品	#种植业产品	牧业产品	2.工业加工费收入	3.建筑业收入
全国合计	**100.00**	**71.17**	**40.07**	**39.60**	**25.59**	**4.37**	**3.61**
北京	100.00	45.37	26.11	26.08	13.57	5.06	5.49
天津	100.00	62.71	31.21	31.20	29.84	4.62	1.10
河北	100.00	58.97	36.89	36.62	20.35	8.17	1.48
山西	100.00	54.35	33.71	33.35	18.88	2.78	3.86
内蒙古	100.00	90.74	48.83	47.86	40.91	1.27	0.29
辽宁	100.00	79.72	48.34	47.53	26.29	2.47	1.41
吉林	100.00	91.55	74.48	73.19	16.27	0.91	0.34
黑龙江	100.00	92.97	78.94	78.48	13.27	0.76	0.58
上海	100.00	73.58	54.21	54.05	15.87	3.49	1.20
江苏	100.00	64.31	28.37	28.20	23.19	7.69	4.98
浙江	100.00	49.96	23.62	23.36	19.23	14.61	6.45
安徽	100.00	75.70	46.19	45.94	25.04	2.89	4.13
福建	100.00	57.66	29.38	29.00	21.30	5.28	8.27
江西	100.00	73.81	32.54	32.03	34.79	3.08	3.67
山东	100.00	73.00	44.84	44.55	24.16	4.96	2.33
河南	100.00	71.60	43.06	42.74	24.93	4.78	2.39
湖北	100.00	78.48	49.36	48.94	21.52	3.16	3.06
湖南	100.00	65.24	23.21	22.80	35.63	4.23	9.39
广东	100.00	61.83	25.71	25.49	21.76	3.24	7.30
广西	100.00	80.49	29.66	29.08	42.42	2.27	3.47
海南	100.00	77.47	40.24	39.89	17.85	1.56	1.03
重庆	100.00	74.55	19.05	18.72	48.09	2.86	2.14
四川	100.00	74.73	24.42	23.52	46.02	2.75	3.99
贵州	100.00	75.94	34.04	33.36	37.52	2.65	3.44
云南	100.00	76.70	43.86	42.88	27.99	5.76	1.07
西藏	100.00	42.23	22.18	20.14	13.16	4.07	17.02
陕西	100.00	63.07	41.51	40.48	20.06	5.12	3.04
甘肃	100.00	59.77	44.32	44.02	14.15	3.41	6.43
青海	100.00	75.70	26.11	24.70	48.25	1.62	1.23
宁夏	100.00	70.41	35.96	35.40	31.46	3.33	0.95
新疆	100.00	90.02	73.37	73.09	15.35	0.47	0.31

4—94 续表

单位:%

地区	4.交通运输业、邮电业收入	5.批发和零售贸易、餐饮业收入	6.社会服务业收入	7.文教卫生业收入	8.其他家庭经营收入	第一产业收入	第二产业收入	第三产业收入
全国合计	**6.45**	**6.42**	**2.20**	**0.55**	**5.24**	**71.17**	**7.98**	**20.86**
北京	20.87	12.73	3.25	1.84	5.40	45.37	10.55	44.08
天津	9.77	10.82	1.60	1.20	8.16	62.71	5.73	31.57
河北	9.76	12.96	2.19	1.18	5.28	58.97	9.65	31.37
山西	16.01	6.76	3.18	0.50	12.57	54.35	6.64	39.02
内蒙古	1.35	1.98	0.57	0.36	3.44	90.74	1.57	7.70
辽宁	4.22	5.30	1.41	0.48	4.99	79.72	3.88	16.40
吉林	1.71	0.87	0.27	0.08	4.26	91.55	1.25	7.20
黑龙江	1.88	0.78	0.43	0.41	2.20	92.97	1.34	5.70
上海	8.96	3.54	2.67	0.02	6.54	73.58	4.69	21.73
江苏	7.52	8.12	2.88	0.32	4.18	64.31	12.67	23.02
浙江	8.97	9.64	5.92	0.49	3.95	49.96	21.06	28.97
安徽	4.29	4.58	2.62	0.49	5.30	75.70	7.02	17.28
福建	6.72	8.29	3.51	1.09	9.19	57.66	13.55	28.79
江西	5.03	5.79	3.52	0.61	4.49	73.81	6.75	19.44
山东	5.95	6.06	1.93	0.22	5.55	73.00	7.29	19.72
河南	5.29	6.27	2.11	0.74	6.81	71.60	7.17	21.23
湖北	4.75	5.19	1.46	0.38	3.53	78.48	6.22	15.31
湖南	6.76	8.68	2.68	0.31	2.70	65.24	13.62	21.14
广东	7.81	9.12	2.93	0.93	6.83	61.83	10.54	27.62
广西	3.21	6.87	1.31	0.47	1.91	80.49	5.74	13.77
海南	4.36	3.63	1.98	0.29	9.68	77.47	2.59	19.94
重庆	10.02	3.59	2.47	0.87	3.49	74.55	5.00	20.45
四川	6.65	6.00	2.56	0.63	2.69	74.73	6.74	18.53
贵州	5.43	5.68	1.46	0.48	4.93	75.94	6.09	17.97
云南	4.24	3.65	0.57	0.13	7.87	76.70	6.84	16.46
西藏	19.89	5.62	1.77	0.34	9.06	42.23	21.09	36.68
陕西	12.06	8.85	1.63	0.69	5.54	63.07	8.16	28.78
甘肃	7.99	6.23	2.06	1.14	12.98	59.77	9.84	30.39
青海	10.64	2.90	0.38	1.26	6.27	75.70	2.85	21.45
宁夏	12.49	8.05	1.66	0.24	2.86	70.41	4.28	25.30
新疆	2.01	1.29	0.86	0.00	5.02	90.02	0.78	9.19

4—95 2000年农村居民纯收入

单位:元/人

地区	纯收入	一、工资性收入	二、家庭经营纯收入	三、财产性收入	四、转移性收入
全国合计	**2253.42**	**702.30**	**1427.27**	**45.04**	**78.80**
北京	4604.55	2819.06	1437.63	158.28	189.58
天津	3622.39	1638.28	1857.36	42.88	83.88
河北	2478.86	949.25	1417.99	62.66	48.96
山西	1905.61	726.05	1113.56	19.70	46.29
内蒙古	2038.21	287.63	1690.81	35.18	24.58
辽宁	2355.58	882.96	1353.39	58.19	61.05
吉林	2022.50	343.86	1611.20	31.26	36.18
黑龙江	2148.25	337.97	1699.39	60.62	50.26
上海	5596.37	4309.89	933.74	142.83	209.92
江苏	3595.09	1663.11	1770.87	48.09	113.02
浙江	4253.67	2000.51	1917.92	181.01	154.23
安徽	1934.57	547.83	1298.40	24.70	63.64
福建	3230.49	1069.01	1844.27	76.97	240.23
江西	2135.30	744.47	1319.94	18.80	52.09
山东	2659.20	850.56	1676.90	57.80	73.94
河南	1985.82	473.68	1427.24	29.15	55.75
湖北	2268.59	547.69	1617.81	19.55	83.54
湖南	2197.16	789.74	1329.10	20.74	57.58
广东	3654.48	1362.16	2002.92	73.67	215.73
广西	1864.51	483.75	1297.16	7.47	76.13
海南	2182.26	151.38	1897.73	38.15	95.00
重庆	1892.44	623.32	1155.63	8.54	104.96
四川	1903.60	606.93	1194.19	29.96	72.52
贵州	1374.16	274.90	1029.45	6.97	62.84
云南	1478.60	263.58	1115.68	47.94	51.40
西藏	1330.81	227.63	934.48	106.54	62.16
陕西	1443.86	445.97	901.15	47.03	49.71
甘肃	1428.68	355.03	1011.78	16.13	45.73
青海	1490.49	312.30	1119.77	24.70	33.72
宁夏	1724.30	484.02	1121.38	80.77	38.13
新疆	1618.08	104.58	1451.33	40.43	21.74

4－96　2000年农村居民纯收入构成

单位：%

地　区	纯收入	一、工资性收入	二、家庭经营纯收入	三、财产性收入	四、转移性收入
全国合计	**100.00**	**31.17**	**63.34**	**2.00**	**3.50**
北　京	100.00	61.22	31.22	3.44	4.12
天　津	100.00	45.23	51.27	1.18	2.32
河　北	100.00	38.29	57.20	2.53	1.98
山　西	100.00	38.10	58.44	1.03	2.43
内蒙古	100.00	14.11	82.96	1.73	1.21
辽　宁	100.00	37.48	57.45	2.47	2.59
吉　林	100.00	17.00	79.66	1.55	1.79
黑龙江	100.00	15.73	79.11	2.82	2.34
上　海	100.00	77.01	16.68	2.55	3.75
江　苏	100.00	46.26	49.26	1.34	3.14
浙　江	100.00	47.03	45.09	4.26	3.63
安　徽	100.00	28.32	67.12	1.28	3.29
福　建	100.00	33.09	57.09	2.38	7.44
江　西	100.00	34.87	61.82	0.88	2.44
山　东	100.00	31.99	63.06	2.17	2.78
河　南	100.00	23.85	71.87	1.47	2.81
湖　北	100.00	24.14	71.31	0.86	3.68
湖　南	100.00	35.94	60.49	0.94	2.62
广　东	100.00	37.27	54.81	2.02	5.90
广　西	100.00	25.95	69.57	0.40	4.08
海　南	100.00	6.94	86.96	1.75	4.35
重　庆	100.00	32.94	61.07	0.45	5.55
四　川	100.00	31.88	62.73	1.57	3.81
贵　州	100.00	20.00	74.92	0.51	4.57
云　南	100.00	17.83	75.46	3.24	3.48
西　藏	100.00	17.10	70.22	8.01	4.67
陕　西	100.00	30.89	62.41	3.26	3.44
甘　肃	100.00	24.85	70.82	1.13	3.20
青　海	100.00	20.95	75.13	1.66	2.26
宁　夏	100.00	28.07	65.03	4.68	2.21
新　疆	100.00	6.46	89.69	2.50	1.34

4—97　2000年农村居民总支出

单位:元/人

地　　区	总 支 出	一、家庭经营费用支出	二、购置生产性固定资产支出	三、税费支出	四、生活消费支出	五、财产性支出	六、转移性支出
全国合计	**2652.42**	**654.27**	**63.91**	**95.52**	**1670.13**	**19.74**	**148.86**
北　京	4498.05	634.68	59.89	35.18	3425.71	57.82	284.78
天　津	3127.32	797.36	33.75	67.57	1995.61	7.35	225.67
河　北	2264.78	627.34	102.46	69.14	1365.23	16.22	84.40
山　西	1711.66	353.05	50.01	44.88	1149.01	10.39	104.32
内蒙古	3123.29	1009.60	119.66	220.43	1614.91	36.52	122.16
辽　宁	3385.45	1005.98	107.66	136.46	1753.54	58.28	323.53
吉　林	3016.70	867.26	101.30	201.17	1553.35	79.29	214.33
黑龙江	3390.05	1077.80	103.54	315.84	1540.35	101.40	251.13
上　海	5577.53	489.57	17.70	53.65	4137.61	26.70	852.29
江　苏	3434.26	677.95	28.80	103.32	2337.46	14.72	272.00
浙　江	4527.24	737.22	104.72	60.85	3230.88	34.26	359.30
安　徽	2045.56	452.22	53.66	93.28	1321.50	12.26	112.63
福　建	3412.00	596.71	38.95	46.14	2409.69	53.37	267.13
江　西	2447.25	518.56	47.43	80.46	1642.66	10.74	147.40
山　东	3036.21	905.62	107.85	134.48	1770.75	10.12	107.38
河　南	2119.50	540.20	66.13	97.40	1315.83	13.31	86.64
湖　北	2404.65	474.06	27.59	145.32	1555.61	16.93	185.15
湖　南	2964.85	642.17	40.54	108.32	1942.94	11.06	219.81
广　东	3613.14	753.10	30.57	55.05	2646.02	4.45	123.94
广　西	2317.08	662.18	50.87	41.47	1487.96	6.44	68.16
海　南	2145.30	530.30	27.19	33.77	1483.90	6.01	64.12
重　庆	2165.60	543.49	34.20	58.03	1395.53	7.31	127.04
四　川	2431.90	708.92	24.74	96.27	1484.59	6.66	110.73
贵　州	1717.52	447.10	45.07	36.09	1096.64	3.59	89.03
云　南	2066.36	625.70	50.53	35.47	1270.83	10.83	73.01
西　藏	1477.49	227.85	94.20	4.90	1116.59	19.87	14.09
陕　西	1917.76	431.55	70.10	68.83	1251.21	25.16	70.91
甘　肃	1639.01	402.25	46.40	49.43	1084.00	4.09	52.84
青　海	1845.80	348.13	136.40	46.89	1218.23	7.95	88.20
宁　夏	2582.63	837.85	118.86	68.04	1417.13	17.12	123.61
新　疆	2819.77	1198.23	115.19	177.24	1236.45	11.14	81.53

4—98　2000年农村居民总支出构成

单位:%

地　区	总 支 出	一、家庭经营费用支出	二、购置生产性固定资产支出	三、税费支出	四、生活消费支出	五、财产性支出	六、转移性支出
全国合计	**100.00**	**24.67**	**2.41**	**3.60**	**62.97**	**0.74**	**5.61**
北　京	100.00	14.11	1.33	0.78	76.16	1.29	6.33
天　津	100.00	25.50	1.08	2.16	63.81	0.23	7.22
河　北	100.00	27.70	4.52	3.05	60.28	0.72	3.73
山　西	100.00	20.63	2.92	2.62	67.13	0.61	6.09
内蒙古	100.00	32.32	3.83	7.06	51.71	1.17	3.91
辽　宁	100.00	29.71	3.18	4.03	51.80	1.72	9.56
吉　林	100.00	28.75	3.36	6.67	51.49	2.63	7.10
黑龙江	100.00	31.79	3.05	9.32	45.44	2.99	7.41
上　海	100.00	8.78	0.32	0.96	74.18	0.48	15.28
江　苏	100.00	19.74	0.84	3.01	68.06	0.43	7.92
浙　江	100.00	16.28	2.31	1.34	71.37	0.76	7.94
安　徽	100.00	22.11	2.62	4.56	64.60	0.60	5.51
福　建	100.00	17.49	1.14	1.35	70.62	1.56	7.83
江　西	100.00	21.19	1.94	3.29	67.12	0.44	6.02
山　东	100.00	29.83	3.55	4.43	58.32	0.33	3.54
河　南	100.00	25.49	3.12	4.60	62.08	0.63	4.09
湖　北	100.00	19.71	1.15	6.04	64.69	0.70	7.70
湖　南	100.00	21.66	1.37	3.65	65.53	0.37	7.41
广　东	100.00	20.84	0.85	1.52	73.23	0.12	3.43
广　西	100.00	28.58	2.20	1.79	64.22	0.28	2.94
海　南	100.00	24.72	1.27	1.57	69.17	0.28	2.99
重　庆	100.00	25.10	1.58	2.68	64.44	0.34	5.87
四　川	100.00	29.15	1.02	3.96	61.05	0.27	4.55
贵　州	100.00	26.03	2.62	2.10	63.85	0.21	5.18
云　南	100.00	30.28	2.45	1.72	61.50	0.52	3.53
西　藏	100.00	15.42	6.38	0.33	75.57	1.34	0.95
陕　西	100.00	22.50	3.66	3.59	65.24	1.31	3.70
甘　肃	100.00	24.54	2.83	3.02	66.14	0.25	3.22
青　海	100.00	18.86	7.39	2.54	66.00	0.43	4.78
宁　夏	100.00	32.44	4.60	2.63	54.87	0.66	4.79
新　疆	100.00	42.49	4.09	6.29	43.85	0.40	2.89

4—99 2000年农村居民家庭经营费用支出

单位:元/人

地区	家庭经营费用支出	1.农业支出	种植业	2.林业支出	3.牧业支出	4.渔业支出	5.工业支出	6.建筑业支出
全国合计	**654.27**	**315.83**	**312.88**	**4.33**	**234.61**	**16.92**	**21.39**	**5.85**
北京	634.68	173.41	172.70	31.11	84.45	49.97	39.57	81.79
天津	797.36	279.36	266.75	4.91	411.74	29.14	2.33	6.04
河北	627.34	359.71	354.97	2.36	169.70	4.87	29.71	1.32
山西	353.05	187.67	186.67	1.51	83.32	0.00	6.32	8.02
内蒙古	1009.60	503.99	501.94	3.34	457.29	0.00	10.18	2.17
辽宁	1005.98	510.34	506.63	3.85	362.33	39.36	23.59	1.62
吉林	867.26	612.11	605.98	2.56	212.33	0.68	3.53	3.50
黑龙江	1077.80	826.20	823.02	2.31	203.95	6.76	2.67	6.86
上海	489.57	227.83	226.81	2.02	133.93	11.13	23.12	9.31
江苏	677.95	283.14	280.22	5.46	205.68	40.29	58.14	10.83
浙江	737.22	243.99	238.86	14.68	252.25	25.48	98.50	9.46
安徽	452.22	256.95	256.45	2.94	140.33	7.15	8.02	5.17
福建	596.71	237.26	234.93	4.99	211.21	43.26	16.59	18.75
江西	518.56	219.29	218.42	2.39	220.72	10.28	12.50	3.83
山东	905.62	474.86	471.75	8.10	310.78	1.68	31.42	9.06
河南	540.20	287.72	284.74	1.31	175.21	6.14	15.03	6.40
湖北	474.06	239.30	234.10	2.00	154.27	21.78	16.73	3.52
湖南	642.17	206.39	203.01	2.08	323.40	13.31	30.02	2.71
广东	753.10	240.90	238.45	8.98	262.66	135.31	17.31	7.76
广西	662.18	236.24	233.82	3.14	345.89	11.43	22.40	1.99
海南	530.30	301.29	300.05	8.19	147.32	37.38	2.37	3.22
重庆	543.49	154.22	150.91	1.55	303.92	8.69	9.75	4.36
四川	708.92	204.87	203.17	2.56	427.79	4.66	19.27	2.36
贵州	447.10	172.40	169.23	3.77	232.64	0.86	6.24	5.28
云南	625.70	268.09	265.11	4.84	253.83	0.96	34.39	2.23
西藏	227.85	106.47	106.47	0.35	53.98	0.00	2.85	0.05
陕西	431.55	228.66	225.12	3.44	115.77	1.48	16.39	1.29
甘肃	402.25	265.23	263.96	2.59	85.14	0.00	4.71	8.44
青海	348.13	169.70	158.76	1.69	124.12	1.38	2.47	2.99
宁夏	837.85	380.13	377.45	7.89	319.74	19.43	18.55	0.46
新疆	1198.23	934.15	933.79	7.32	213.52	0.00	3.43	2.18

4—99 续表 单位:元/人

	7.交通运输业、邮电业支出	8.批发和零售贸易、餐饮业支出	9.社会服务业支出	10.文教卫生业支出	11.其他家庭经营支出	第一产业支出	第二产业支出	第三产业支出
全国合计	**26.21**	**14.02**	**3.85**	**1.14**	**10.14**	**571.67**	**27.24**	**55.35**
北京	44.97	99.78	9.39	9.21	11.04	338.94	121.36	174.39
天津	35.07	16.96	2.30	0.31	9.21	725.15	8.37	63.84
河北	33.03	16.41	4.67	0.93	4.61	536.64	31.03	59.66
山西	43.57	7.14	7.31	0.67	7.52	272.50	14.34	66.22
内蒙古	8.88	2.79	2.84	2.07	16.05	964.62	12.35	32.63
辽宁	26.60	18.51	3.08	2.95	13.75	915.88	25.20	64.89
吉林	11.19	0.95	1.45	0.14	18.81	827.67	7.04	32.55
黑龙江	15.13	3.14	1.64	0.81	8.33	1039.23	9.53	29.04
上海	52.26	1.50	9.81	1.24	17.42	374.90	32.43	82.24
江苏	27.19	28.62	7.72	0.91	9.96	534.58	68.97	74.40
浙江	52.06	15.24	14.87	0.58	10.10	536.40	107.96	92.85
安徽	13.50	7.55	3.42	0.62	6.57	407.37	13.19	31.66
福建	27.14	11.51	6.88	1.35	17.78	496.72	35.34	64.66
江西	17.82	10.42	4.34	1.85	15.11	452.69	16.33	49.54
山东	22.87	31.91	4.43	1.42	9.09	795.42	40.48	69.72
河南	20.83	16.89	2.10	1.04	7.54	470.38	21.43	48.39
湖北	17.70	10.94	1.89	0.86	5.04	417.36	20.25	36.44
湖南	31.66	17.92	4.19	0.32	10.17	545.18	32.73	64.26
广东	34.56	23.86	3.37	2.56	15.83	647.85	25.07	80.18
广西	17.46	16.01	1.87	0.70	5.05	596.70	24.39	41.09
海南	17.19	2.04	1.59	0.35	9.37	494.17	5.59	30.54
重庆	36.41	5.51	4.00	0.81	14.25	468.39	14.11	60.98
四川	27.56	9.33	2.83	1.48	6.21	639.89	21.62	47.40
贵州	11.82	6.17	1.86	0.37	5.69	409.67	11.52	25.90
云南	20.68	14.90	1.69	0.57	23.51	527.71	36.62	61.36
西藏	49.28	1.48	0.65	0.00	12.75	160.80	2.90	64.15
陕西	45.96	10.09	1.76	1.85	4.86	349.34	17.68	64.52
甘肃	21.23	6.34	1.78	1.76	5.04	352.96	13.15	36.14
青海	30.44	0.49	0.85	0.69	13.30	296.89	5.46	45.77
宁夏	55.39	15.16	2.76	0.02	18.33	727.19	19.01	91.65
新疆	15.62	4.36	3.65		14.01	1154.99	5.60	37.64

4—100 2000年农村居民家庭经营费用支出构成

单位：%

地区	家庭经营费用支出	1.农业支出	种植业	2.林业支出	3.牧业支出	4.渔业支出	5.工业支出	6.建筑业支出
全国	**100.00**	**48.27**	**47.82**	**0.66**	**35.86**	**2.59**	**3.27**	**0.89**
北京	100.00	27.32	27.21	4.90	13.31	7.87	6.23	12.89
天津	100.00	35.04	33.45	0.62	51.64	3.65	0.29	0.76
河北	100.00	57.34	56.58	0.38	27.05	0.78	4.74	0.21
山西	100.00	53.16	52.87	0.43	23.60	0.00	1.79	2.27
内蒙古	100.00	49.92	49.72	0.33	45.29	0.00	1.01	0.21
辽宁	100.00	50.73	50.36	0.38	36.02	3.91	2.34	0.16
吉林	100.00	70.58	69.87	0.29	24.48	0.08	0.41	0.40
黑龙江	100.00	76.66	76.36	0.21	18.92	0.63	0.25	0.64
上海	100.00	46.54	46.33	0.41	27.36	2.27	4.72	1.90
江苏	100.00	41.76	41.33	0.81	30.34	5.94	8.58	1.60
浙江	100.00	33.10	32.40	1.99	34.22	3.46	13.36	1.28
安徽	100.00	56.82	56.71	0.65	31.03	1.58	1.77	1.14
福建	100.00	39.76	39.37	0.84	35.40	7.25	2.78	3.14
江西	100.00	42.29	42.12	0.46	42.56	1.98	2.41	0.74
山东	100.00	52.43	52.09	0.89	34.32	0.19	3.47	1.00
河南	100.00	53.26	52.71	0.24	32.44	1.14	2.78	1.19
湖北	100.00	50.48	49.38	0.42	32.54	4.60	3.53	0.74
湖南	100.00	32.14	31.61	0.32	50.36	2.07	4.67	0.42
广东	100.00	31.99	31.66	1.19	34.88	17.97	2.30	1.03
广西	100.00	35.68	35.31	0.47	52.23	1.73	3.38	0.30
海南	100.00	56.81	56.58	1.54	27.78	7.05	0.45	0.61
重庆	100.00	28.38	27.77	0.29	55.92	1.60	1.79	0.80
四川	100.00	28.90	28.66	0.36	60.34	0.66	2.72	0.33
贵州	100.00	38.56	37.85	0.84	52.03	0.19	1.40	1.18
云南	100.00	42.85	42.37	0.77	40.57	0.15	5.50	0.36
西藏	100.00	46.73	46.73	0.15	23.69	0.00	1.25	0.02
陕西	100.00	52.99	52.17	0.80	26.83	0.34	3.80	0.30
甘肃	100.00	65.94	65.62	0.65	21.16	0.00	1.17	2.10
青海	100.00	48.75	45.60	0.49	35.65	0.40	0.71	0.86
宁夏	100.00	45.37	45.05	0.94	38.16	2.32	2.21	0.06
新疆	100.00	77.96	77.93	0.61	17.82	0.00	0.29	0.18

4—100 续表　　单位：%

	7.交通运输业、邮电业支出	8.批发和零售贸易、餐饮业支出	9.社会服务业支出	10.文教卫生业支出	11.其他家庭经营支出	第一产业支出	第二产业支出	第三产业支出
全国合计	**4.01**	**2.14**	**0.59**	**0.17**	**1.55**	**87.38**	**4.16**	**8.46**
北京	7.08	15.72	1.48	1.45	1.74	53.40	19.12	27.48
天津	4.40	2.13	0.29	0.04	1.15	90.94	1.05	8.01
河北	5.27	2.62	0.75	0.15	0.74	85.54	4.95	9.51
山西	12.34	2.02	2.07	0.19	2.13	77.18	4.06	18.76
内蒙古	0.88	0.28	0.28	0.21	1.59	95.54	1.22	3.23
辽宁	2.64	1.84	0.31	0.29	1.37	91.04	2.51	6.45
吉林	1.29	0.11	0.17	0.02	2.17	95.44	0.81	3.75
黑龙江	1.40	0.29	0.15	0.08	0.77	96.42	0.88	2.69
上海	10.67	0.31	2.00	0.25	3.56	76.58	6.62	16.80
江苏	4.01	4.22	1.14	0.13	1.47	78.85	10.17	10.97
浙江	7.06	2.07	2.02	0.08	1.37	72.76	14.64	12.59
安徽	2.99	1.67	0.76	0.14	1.45	90.08	2.92	7.00
福建	4.55	1.93	1.15	0.23	2.98	83.24	5.92	10.84
江西	3.44	2.01	0.84	0.36	2.91	87.30	3.15	9.55
山东	2.53	3.52	0.49	0.16	1.00	87.83	4.47	7.70
河南	3.86	3.13	0.39	0.19	1.39	87.07	3.97	8.96
湖北	3.73	2.31	0.40	0.18	1.06	88.04	4.27	7.69
湖南	4.93	2.79	0.65	0.05	1.58	84.90	5.10	10.01
广东	4.59	3.17	0.45	0.34	2.10	86.02	3.33	10.65
广西	2.64	2.42	0.28	0.11	0.76	90.11	3.68	6.20
海南	3.24	0.38	0.30	0.07	1.77	93.19	1.05	5.76
重庆	6.70	1.01	0.74	0.15	2.62	86.18	2.60	11.22
四川	3.89	1.32	0.40	0.21	0.88	90.26	3.05	6.69
贵州	2.64	1.38	0.42	0.08	1.27	91.63	2.58	5.79
云南	3.31	2.38	0.27	0.09	3.76	84.34	5.85	9.81
西藏	21.63	0.65	0.29	0.00	5.59	70.57	1.27	28.16
陕西	10.65	2.34	0.41	0.43	1.13	80.95	4.10	14.95
甘肃	5.28	1.58	0.44	0.44	1.25	87.75	3.27	8.99
青海	8.75	0.14	0.24	0.20	3.82	85.28	1.57	13.15
宁夏	6.61	1.81	0.33	0.00	2.19	86.79	2.27	10.94
新疆	1.30	0.36	0.30	0.00	1.17	96.39	0.47	3.14

4—101　2000年农村居民生活消费支出

单位:元/人

地　区	生活消费支出	一、食品支出			二、衣着支出
			主　食	副　食	
全国合计	**1670.13**	**820.52**	**248.45**	**365.53**	**95.95**
北　京	3425.71	1304.72	219.47	604.31	245.93
天　津	1995.61	800.02	228.04	347.83	162.12
河　北	1365.23	539.33	203.77	194.66	104.84
山　西	1149.01	558.86	262.89	171.56	113.37
内蒙古	1614.91	723.36	296.30	260.67	110.88
辽　宁	1753.54	815.70	247.18	386.35	152.73
吉　林	1553.35	705.39	266.78	288.73	103.22
黑龙江	1540.35	682.82	273.73	245.22	105.26
上　海	4137.61	1822.55	274.77	818.58	201.24
江　苏	2337.46	1017.57	259.73	455.44	126.66
浙　江	3230.88	1406.37	264.45	651.33	167.40
安　徽	1321.50	693.15	237.95	278.66	71.16
福　建	2409.69	1172.35	305.34	562.89	116.99
江　西	1642.66	894.50	266.05	380.97	84.42
山　东	1770.75	781.88	218.16	340.70	117.51
河　南	1315.83	654.13	217.88	308.96	86.88
湖　北	1555.61	827.25	243.50	395.34	75.19
湖　南	1942.94	1053.37	244.26	469.55	89.78
广　东	2646.02	1317.48	323.61	706.71	104.21
广　西	1487.96	824.97	247.92	371.22	51.58
海　南	1483.90	844.29	257.95	470.37	59.05
重　庆	1395.53	747.55	186.81	410.64	61.96
四　川	1484.59	810.82	218.10	412.02	72.31
贵　州	1096.64	687.36	254.68	333.22	53.03
云　南	1270.83	749.22	259.55	351.09	55.35
西　藏	1116.59	885.60	263.09	398.77	87.06
陕　西	1251.21	543.84	207.29	168.42	82.32
甘　肃	1084.00	525.17	253.23	167.95	60.54
青　海	1218.23	705.24	311.59	251.54	93.35
宁　夏	1417.13	691.31	286.25	262.44	96.70
新　疆	1236.45	618.17	251.95	242.77	114.26

4—101 续表 单位:元/人

地　区	三、居住支出	四、家庭设备用品及服务支出	五、医疗保健支出	六、交通和通讯支出	七、文化教育用品及服务支出	八、其他商品及服务支出
全国合计	**258.34**	**75.45**	**87.57**	**93.13**	**186.71**	**52.46**
北　京	539.57	235.28	249.00	236.00	484.86	130.34
天　津	282.52	94.95	270.90	87.43	235.21	62.46
河　北	322.04	65.41	78.28	84.55	130.71	40.06
山　西	143.90	48.77	60.35	48.82	135.39	39.55
内蒙古	249.38	60.96	104.46	93.44	232.58	39.87
辽　宁	243.07	70.55	109.51	112.77	195.33	53.89
吉　林	273.40	63.61	102.65	85.05	171.77	48.25
黑龙江	304.20	50.85	117.20	84.17	150.67	45.17
上　海	723.65	225.22	208.92	278.63	559.12	118.29
江　苏	441.57	114.97	129.52	155.47	268.99	82.72
浙　江	580.53	145.89	200.06	275.46	327.99	127.18
安　徽	196.85	57.58	58.05	58.44	145.46	40.81
福　建	350.72	110.24	87.38	206.08	254.30	111.63
江　西	223.94	55.46	63.48	95.60	184.24	41.04
山　东	299.76	114.94	118.69	101.64	207.87	28.45
河　南	206.12	69.41	63.55	56.38	133.08	46.29
湖　北	179.42	69.40	69.67	72.67	209.89	52.11
湖　南	251.92	78.05	82.23	99.38	222.50	65.72
广　东	378.86	125.65	100.31	205.52	313.46	100.53
广　西	201.12	62.95	52.38	64.83	186.76	43.37
海　南	180.31	63.59	44.15	61.28	174.39	56.84
重　庆	199.07	66.76	68.87	61.31	154.52	35.48
四　川	212.85	62.63	72.84	54.38	159.55	39.21
贵　州	138.90	38.23	27.68	26.92	97.26	27.25
云　南	177.14	47.53	64.31	31.96	106.14	39.18
西　藏	47.21	39.80	16.07	15.42	11.08	14.36
陕　西	199.92	57.82	91.40	58.49	181.81	35.61
甘　肃	171.12	42.21	70.60	43.76	143.87	26.74
青　海	126.19	44.81	78.20	53.15	79.37	37.92
宁　夏	227.35	62.10	88.53	79.79	144.98	26.38
新　疆	170.89	45.74	73.67	61.04	105.98	46.69

4—102 2000年农村居民生活消费支出构成

单位:%

地区	生活消费支出	一、食品支出	主食	副食	二、衣着支出
全国合计	**100.00**	**49.13**	**14.88**	**21.89**	**5.75**
北京	100.00	38.09	6.41	17.64	7.18
天津	100.00	40.09	11.43	17.43	8.12
河北	100.00	39.50	14.93	14.26	7.68
山西	100.00	48.64	22.88	14.93	9.87
内蒙古	100.00	44.79	18.35	16.14	6.87
辽宁	100.00	46.52	14.10	22.03	8.71
吉林	100.00	45.41	17.17	18.59	6.65
黑龙江	100.00	44.33	17.77	15.92	6.83
上海	100.00	44.05	6.64	19.78	4.86
江苏	100.00	43.53	11.11	19.48	5.42
浙江	100.00	43.53	8.19	20.16	5.18
安徽	100.00	52.45	18.01	21.09	5.39
福建	100.00	48.65	12.67	23.36	4.86
江西	100.00	54.45	16.20	23.19	5.14
山东	100.00	44.16	12.32	19.24	6.64
河南	100.00	49.71	16.56	23.48	6.60
湖北	100.00	53.18	15.65	25.41	4.83
湖南	100.00	54.21	12.57	24.17	4.62
广东	100.00	49.79	12.23	26.71	3.94
广西	100.00	55.44	16.66	24.95	3.47
海南	100.00	56.90	17.38	31.70	3.98
重庆	100.00	53.57	13.39	29.43	4.44
四川	100.00	54.62	14.69	27.75	4.87
贵州	100.00	62.68	23.22	30.39	4.84
云南	100.00	58.96	20.42	27.63	4.36
西藏	100.00	79.31	23.56	35.71	7.80
陕西	100.00	43.47	16.57	13.46	6.58
甘肃	100.00	48.45	23.36	15.49	5.58
青海	100.00	57.89	25.58	20.65	7.66
宁夏	100.00	48.78	20.20	18.52	6.82
新疆	100.00	50.00	20.38	19.63	9.24

4—102 续表

单位：%

地区	三、居住支出	四、家庭设备用品及服务支出	五、医疗保健支出	六、交通和通讯支出	七、文化教育用品及服务支出	八、其他商品及服务支出
全国合计	**15.47**	**4.52**	**5.24**	**5.58**	**11.18**	**3.14**
北京	15.75	6.87	7.27	6.89	14.15	3.80
天津	14.16	4.76	13.57	4.38	11.79	3.13
河北	23.59	4.79	5.73	6.19	9.57	2.93
山西	12.52	4.24	5.25	4.25	11.78	3.44
内蒙古	15.44	3.77	6.47	5.79	14.40	2.47
辽宁	13.86	4.02	6.24	6.43	11.14	3.07
吉林	17.60	4.10	6.61	5.48	11.06	3.11
黑龙江	19.75	3.30	7.61	5.46	9.78	2.93
上海	17.49	5.44	5.05	6.73	13.51	2.86
江苏	18.89	4.92	5.54	6.65	11.51	3.54
浙江	17.97	4.52	6.19	8.53	10.15	3.94
安徽	14.90	4.36	4.39	4.42	11.01	3.09
福建	14.55	4.57	3.63	8.55	10.55	4.63
江西	13.63	3.38	3.86	5.82	11.22	2.50
山东	16.93	6.49	6.70	5.74	11.74	1.61
河南	15.66	5.27	4.83	4.28	10.11	3.52
湖北	11.53	4.46	4.48	4.67	13.49	3.35
湖南	12.97	4.02	4.23	5.11	11.45	3.38
广东	14.32	4.75	3.79	7.77	11.85	3.80
广西	13.52	4.23	3.52	4.36	12.55	2.91
海南	12.15	4.29	2.98	4.13	11.75	3.83
重庆	14.26	4.78	4.94	4.39	11.07	2.54
四川	14.34	4.22	4.91	3.66	10.75	2.64
贵州	12.67	3.49	2.52	2.45	8.87	2.49
云南	13.94	3.74	5.06	2.51	8.35	3.08
西藏	4.23	3.56	1.44	1.38	0.99	1.29
陕西	15.98	4.62	7.30	4.68	14.53	2.85
甘肃	15.79	3.89	6.51	4.04	13.27	2.47
青海	10.36	3.68	6.42	4.36	6.52	3.11
宁夏	16.04	4.38	6.25	5.63	10.23	1.86
新疆	13.82	3.70	5.96	4.94	8.57	3.78

4—103 2000年农村居民现金支出

单位:元/人

地区	现金支出	一、家庭经营费用支出	二、购置生产性固定资产支出	三、税费支出	四、生活消费支出	五、财产性支出	六、转移性支出
全国合计	**2140.37**	**544.49**	**63.91**	**89.81**	**1284.74**	**9.82**	**147.60**
北京	4374.65	629.31	59.89	34.41	3336.52	35.29	279.23
天津	2940.32	774.97	33.75	67.54	1833.60	4.78	225.67
河北	1977.44	559.09	102.46	65.66	1156.25	9.83	84.16
山西	1425.88	319.93	50.01	43.42	901.59	7.05	103.88
内蒙古	2355.68	713.70	119.66	219.15	1170.97	10.16	122.04
辽宁	2783.07	823.90	107.66	136.46	1386.04	5.50	323.51
吉林	2495.37	747.86	101.30	201.17	1204.51	26.20	214.33
黑龙江	2821.14	941.86	103.54	315.51	1187.60	21.77	250.86
上海	5199.98	487.01	17.70	52.80	3763.47	26.70	852.29
江苏	2970.24	638.39	28.80	96.99	1922.13	13.17	270.76
浙江	4160.18	710.70	104.72	57.09	2911.84	16.88	358.95
安徽	1614.69	395.44	53.66	91.65	954.93	6.69	112.30
福建	3017.52	570.14	38.95	41.40	2074.58	26.60	265.86
江西	1861.27	412.04	47.43	75.50	1170.68	10.38	145.23
山东	2574.97	742.90	107.85	126.60	1482.43	9.38	105.80
河南	1578.10	440.36	66.13	90.32	889.66	5.15	86.49
湖北	1808.57	393.00	27.59	138.73	1058.31	10.04	180.90
湖南	2363.32	523.29	40.54	102.76	1467.92	10.40	218.41
广东	3090.91	710.13	30.57	29.45	2197.64	4.45	118.67
广西	1809.36	567.34	50.87	30.31	1087.20	6.44	67.21
海南	1643.59	451.58	27.19	15.71	1083.21	1.86	64.03
重庆	1516.77	367.43	34.20	54.13	927.23	6.89	126.88
四川	1709.57	457.79	24.74	89.69	1021.27	6.64	109.45
贵州	1063.25	272.28	45.07	31.35	622.51	3.59	88.45
云南	1360.59	401.32	50.53	22.10	808.34	6.94	71.36
西藏	719.55	134.23	94.20	4.90	476.59	2.25	7.38
陕西	1599.51	372.72	70.10	68.02	1007.55	10.97	70.14
甘肃	1226.34	329.00	46.40	46.50	747.61	4.09	52.74
青海	1327.21	285.19	136.40	46.85	765.53	7.95	85.29
宁夏	2032.23	694.45	118.86	65.77	1017.35	14.35	121.45
新疆	2353.45	1100.43	115.19	177.22	871.37	7.74	81.51

4—104 2000年农村居民现金支出构成

单位：%

地区	现金支出	一、家庭经营费用支出	二、购置生产性固定资产支出	三、税费支出	四、生活消费支出	五、财产性支出	六、转移性支出
全国合计	**100.00**	**25.44**	**2.99**	**4.20**	**60.02**	**0.46**	**6.90**
北京	100.00	14.39	1.37	0.79	76.27	0.81	6.38
天津	100.00	26.36	1.15	2.30	62.36	0.16	7.68
河北	100.00	28.27	5.18	3.32	58.47	0.50	4.26
山西	100.00	22.44	3.51	3.05	63.23	0.49	7.29
内蒙古	100.00	30.30	5.08	9.30	49.71	0.43	5.18
辽宁	100.00	29.60	3.87	4.90	49.80	0.20	11.62
吉林	100.00	29.97	4.06	8.06	48.27	1.05	8.59
黑龙江	100.00	33.39	3.67	11.18	42.10	0.77	8.89
上海	100.00	9.37	0.34	1.02	72.37	0.51	16.39
江苏	100.00	21.49	0.97	3.27	64.71	0.44	9.12
浙江	100.00	17.08	2.52	1.37	69.99	0.41	8.63
安徽	100.00	24.49	3.32	5.68	59.14	0.41	6.96
福建	100.00	18.89	1.29	1.37	68.75	0.88	8.81
江西	100.00	22.14	2.55	4.06	62.90	0.56	7.80
山东	100.00	28.85	4.19	4.92	57.57	0.36	4.11
河南	100.00	27.90	4.19	5.72	56.38	0.33	5.48
湖北	100.00	21.73	1.53	7.67	58.52	0.55	10.00
湖南	100.00	22.14	1.72	4.35	62.11	0.44	9.24
广东	100.00	22.97	0.99	0.95	71.10	0.14	3.84
广西	100.00	31.36	2.81	1.68	60.09	0.36	3.71
海南	100.00	27.48	1.65	0.96	65.90	0.11	3.90
重庆	100.00	24.22	2.25	3.57	61.13	0.45	8.37
四川	100.00	26.78	1.45	5.25	59.74	0.39	6.40
贵州	100.00	25.61	4.24	2.95	58.55	0.34	8.32
云南	100.00	29.50	3.71	1.62	59.41	0.51	5.24
西藏	100.00	18.65	13.09	0.68	66.23	0.31	1.03
陕西	100.00	23.30	4.38	4.25	62.99	0.69	4.38
甘肃	100.00	26.83	3.78	3.79	60.96	0.33	4.30
青海	100.00	21.49	10.28	3.53	57.68	0.60	6.43
宁夏	100.00	34.17	5.85	3.24	50.06	0.71	5.98
新疆	100.00	46.76	4.89	7.53	37.03	0.33	3.46

4－105　2000 年农村居民家庭经营费用现金支出

单位:元/人

地　区	家庭经营费用现金支出	1. 农业支出	种植业支出	2. 林业支出	3. 牧业支出	4. 渔业支出	5. 工业支出	6. 建筑业支出
全国合计	**544.49**	**286.54**	**283.94**	**4.16**	**155.66**	**16.53**	**21.27**	**5.77**
北　京	629.31	172.94	172.23	31.11	79.54	49.97	39.57	81.79
天　津	774.97	275.83	263.22	4.91	392.88	29.14	2.33	6.04
河　北	559.09	336.57	331.83	2.36	124.66	4.87	29.71	1.32
山　西	319.93	172.77	171.77	1.50	65.14	0.00	6.32	8.02
内蒙古	713.70	429.84	427.79	3.34	235.55	0.00	10.18	2.16
辽　宁	823.90	451.58	447.87	3.85	242.24	39.15	23.59	1.62
吉　林	747.86	576.64	570.51	2.56	128.72	0.65	3.53	3.50
黑龙江	941.86	757.93	754.75	2.31	136.37	6.69	2.67	6.86
上　海	487.01	227.45	226.43	2.02	131.94	11.06	23.12	9.31
江　苏	638.39	264.71	261.87	4.99	187.00	39.76	58.14	9.42
浙　江	710.70	241.63	236.50	14.53	228.94	24.88	98.50	9.43
安　徽	395.44	245.84	245.34	2.94	94.89	7.12	8.02	5.17
福　建	570.14	232.41	230.09	4.97	190.18	43.22	16.59	18.75
江　西	412.04	205.48	204.64	2.39	129.54	9.91	12.48	3.83
山　东	742.90	422.77	419.67	8.10	201.52	1.68	30.44	8.90
河　南	440.36	250.97	248.04	1.24	113.22	6.03	14.79	6.35
湖　北	393.00	212.12	211.16	1.90	103.60	18.74	16.73	3.52
湖　南	523.29	193.96	190.58	2.05	217.80	12.85	29.74	2.71
广　东	710.13	231.14	228.69	8.69	233.41	133.33	17.15	7.50
广　西	567.34	232.05	229.63	3.14	255.35	11.36	22.36	1.99
海　南	451.58	289.80	288.56	8.18	83.52	36.52	2.37	3.22
重　庆	367.43	141.66	138.34	1.55	141.15	8.25	9.75	4.36
四　川	457.79	165.51	163.80	2.41	216.62	4.54	19.13	2.36
贵　州	272.28	137.13	133.96	3.61	93.75	0.61	6.06	5.28
云　南	401.32	201.74	198.77	2.67	106.49	0.79	34.39	2.23
西　藏	134.23	44.27	44.27	0.35	28.52	0.00	2.85	0.05
陕　西	372.72	209.11	205.57	3.44	76.82	1.48	16.24	1.29
甘　肃	329.00	224.47	224.17	2.56	52.74	0.00	4.71	8.44
青　海	285.19	134.82	134.45	1.69	96.06	1.38	2.47	2.99
宁　夏	694.45	307.72	305.04	7.89	248.89	19.28	18.55	0.46
新　疆	1100.43	893.44	893.08	6.66	159.79	0.00	3.43	2.18

4—105 续表 单位:元/人

	7. 交通运输业、邮电业支出	8. 批发和零售贸易、餐饮业支出	9. 社会服务业支出	10. 文教卫生业支出	11. 其他家庭经营支出	第一产业支出	第二产业支出	第三产业支出
全国合计	**26.18**	**13.92**	**3.83**	**1.14**	**9.49**	**462.89**	**27.04**	**54.56**
北京	44.97	99.78	9.39	9.21	11.04	333.56	121.36	174.39
天津	35.07	16.96	2.30	0.31	9.21	702.76	8.37	63.84
河北	33.03	16.41	4.62	0.93	4.61	468.45	31.03	59.60
山西	43.56	7.12	7.31	0.67	7.52	239.41	14.34	66.18
内蒙古	8.88	2.79	2.82	2.07	16.05	668.74	12.34	32.62
辽宁	26.60	18.51	3.08	2.95	10.73	736.82	25.20	61.88
吉林	11.19	0.95	1.45	0.14	18.53	708.56	7.04	32.26
黑龙江	15.13	3.14	1.62	0.81	8.33	903.30	9.53	29.03
上海	52.16	1.50	9.81	1.24	17.40	372.47	32.43	82.11
江苏	27.18	28.62	7.72	0.91	9.95	496.45	67.55	74.38
浙江	52.05	15.24	14.85	0.58	10.08	509.98	107.93	92.80
安徽	13.50	7.54	3.42	0.62	6.39	350.78	13.19	31.47
福建	27.13	11.22	6.88	1.35	17.43	470.79	35.34	64.01
江西	17.82	10.40	4.29	1.85	14.05	347.32	16.31	48.41
山东	22.83	31.91	4.43	1.42	8.90	634.07	39.34	69.49
河南	20.72	16.70	2.10	1.04	7.21	371.45	21.14	47.77
湖北	17.64	10.94	1.89	0.86	5.04	336.36	20.25	36.38
湖南	31.66	17.86	4.19	0.32	10.15	426.65	32.44	64.19
广东	34.39	22.86	3.29	2.56	15.82	606.57	24.65	78.92
广西	17.46	16.01	1.87	0.70	5.05	501.90	24.35	41.09
海南	17.19	2.04	1.59	0.35	6.81	418.01	5.59	27.99
重庆	36.41	5.50	4.00	0.81	13.99	292.60	14.11	60.72
四川	27.53	9.22	2.83	1.48	6.16	389.07	21.49	47.23
贵州	11.77	6.16	1.86	0.37	5.69	235.08	11.34	25.85
云南	20.59	14.65	1.49	0.57	15.70	311.69	36.62	53.01
西藏	49.11	1.00	0.62	0.00	7.46	73.14	2.90	58.19
陕西	45.96	10.06	1.76	1.85	4.72	290.84	17.53	64.34
甘肃	21.23	6.30	1.76	1.76	5.02	279.77	13.15	36.08
青海	30.44	0.49	0.85	0.69	13.30	233.96	5.46	45.77
宁夏	55.39	15.16	2.76	0.02	18.33	583.79	19.01	91.65
新疆	15.62	4.36	3.65	0.00	11.30	1059.89	5.60	34.93

4—106 2000年农村居民家庭经营费用现金支出构成

单位:%

地区	家庭经营费用现金支出	1.农业支出	种植业支出	2.林业支出	3.牧业支出	4.渔业支出	5.工业支出	6.建筑业支出
全国合计	**100.00**	**52.63**	**52.15**	**0.76**	**28.59**	**3.04**	**3.91**	**1.06**
北京	100.00	27.48	27.37	4.94	12.64	7.94	6.29	13.00
天津	100.00	35.59	33.97	0.63	50.70	3.76	0.30	0.78
河北	100.00	60.20	59.35	0.42	22.30	0.87	5.31	0.24
山西	100.00	54.00	53.69	0.47	20.36	0.00	1.98	2.51
内蒙古	100.00	60.23	59.94	0.47	33.00	0.00	1.43	0.30
辽宁	100.00	54.81	54.36	0.47	29.40	4.75	2.86	0.20
吉林	100.00	77.11	76.29	0.34	17.21	0.09	0.47	0.47
黑龙江	100.00	80.47	80.13	0.25	14.48	0.71	0.28	0.73
上海	100.00	46.70	46.49	0.42	27.09	2.27	4.75	1.91
江苏	100.00	41.47	41.02	0.78	29.29	6.23	9.11	1.47
浙江	100.00	34.00	33.28	2.04	32.21	3.50	13.86	1.33
安徽	100.00	62.17	62.04	0.74	23.99	1.80	2.03	1.31
福建	100.00	40.76	40.36	0.87	33.36	7.58	2.91	3.29
江西	100.00	49.87	49.67	0.58	31.44	2.40	3.03	0.93
山东	100.00	56.91	56.49	1.09	27.13	0.23	4.10	1.20
河南	100.00	56.99	56.33	0.28	25.71	1.37	3.36	1.44
湖北	100.00	53.98	53.73	0.48	26.36	4.77	4.26	0.90
湖南	100.00	37.07	36.42	0.39	41.62	2.45	5.68	0.52
广东	100.00	32.55	32.20	1.22	32.87	18.78	2.42	1.06
广西	100.00	40.90	40.48	0.55	45.01	2.00	3.94	0.35
海南	100.00	64.17	63.90	1.81	18.49	8.09	0.52	0.71
重庆	100.00	38.55	37.65	0.42	38.41	2.24	2.65	1.19
四川	100.00	36.15	35.78	0.53	47.32	0.99	4.18	0.51
贵州	100.00	50.36	49.20	1.32	34.43	0.22	2.23	1.94
云南	100.00	50.27	49.53	0.66	26.53	0.20	8.57	0.56
西藏	100.00	32.98	32.98	0.26	21.25	0.00	2.12	0.04
陕西	100.00	56.10	55.15	0.92	20.61	0.40	4.36	0.35
甘肃	100.00	68.23	68.13	0.78	16.03	0.00	1.43	2.56
青海	100.00	47.27	47.14	0.59	33.68	0.48	0.87	1.05
宁夏	100.00	44.31	43.93	1.14	35.84	2.78	2.67	0.07
新疆	100.00	81.19	81.16	0.61	14.52	0.00	0.31	0.20

4—106 续表　　　　单位:%

	7. 交通运输业、邮电业支出	8. 批发和零售贸易、餐饮业支出	9. 社会服务业支出	10. 文教卫生业支出	11. 其他家庭经营支出	第一产业支出	第二产业支出	第三产业支出
全国合计	**4.81**	**2.56**	**0.70**	**0.21**	**1.74**	**85.01**	**4.97**	**10.02**
北京	7.15	15.86	1.49	1.46	1.75	53.00	19.28	27.71
天津	4.52	2.19	0.30	0.04	1.19	90.68	1.08	8.24
河北	5.91	2.94	0.83	0.17	0.82	83.79	5.55	10.66
山西	13.61	2.23	2.28	0.21	2.35	74.83	4.48	20.69
内蒙古	1.24	0.39	0.40	0.29	2.25	93.70	1.73	4.57
辽宁	3.23	2.25	0.37	0.36	1.30	89.43	3.06	7.51
吉林	1.50	0.13	0.19	0.02	2.48	94.75	0.94	4.31
黑龙江	1.61	0.33	0.17	0.09	0.88	95.91	1.01	3.08
上海	10.71	0.31	2.02	0.25	3.57	76.48	6.66	16.86
江苏	4.26	4.48	1.21	0.14	1.56	77.77	10.58	11.65
浙江	7.32	2.14	2.09	0.08	1.42	71.76	15.19	13.06
安徽	3.42	1.91	0.86	0.16	1.62	88.70	3.34	7.96
福建	4.76	1.97	1.21	0.24	3.06	82.57	6.20	11.23
江西	4.33	2.52	1.04	0.45	3.41	84.29	3.96	11.75
山东	3.07	4.30	0.60	0.19	1.20	85.35	5.30	9.35
河南	4.71	3.79	0.48	0.24	1.64	84.35	4.80	10.85
湖北	4.49	2.78	0.48	0.22	1.28	85.59	5.15	9.26
湖南	6.05	3.41	0.80	0.06	1.94	81.53	6.20	12.27
广东	4.84	3.22	0.46	0.36	2.23	85.42	3.47	11.11
广西	3.08	2.82	0.33	0.12	0.89	88.47	4.29	7.24
海南	3.81	0.45	0.35	0.08	1.51	92.56	1.24	6.20
重庆	9.91	1.50	1.09	0.22	3.81	79.63	3.84	16.53
四川	6.01	2.01	0.62	0.32	1.35	84.99	4.69	10.32
贵州	4.32	2.26	0.68	0.14	2.09	86.34	4.17	9.50
云南	5.13	3.65	0.37	0.14	3.91	77.67	9.13	13.21
西藏	36.59	0.74	0.46	0.00	5.56	54.49	2.16	43.35
陕西	12.33	2.70	0.47	0.50	1.27	78.03	4.70	17.26
甘肃	6.45	1.92	0.53	0.54	1.53	85.04	4.00	10.97
青海	10.67	0.17	0.30	0.24	4.66	82.04	1.91	16.05
宁夏	7.98	2.18	0.40	0.00	2.64	84.06	2.74	13.20
新疆	1.42	0.40	0.33	0.00	1.03	96.32	0.51	3.17

4－107　2000年农村居民生活消费现金支出

单位:元/人

地　　区	生活消费现金支出	一、食品支出	主　食	副　食	二、衣着支出	三、居住支出	住　房	燃　料
全国合计	**1284.74**	**464.26**	**47.05**	**220.53**	**95.18**	**231.06**	**164.30**	**30.24**
北　京	3336.52	1216.66	144.64	598.41	245.77	538.62	311.27	126.02
天　津	1833.60	650.29	89.63	337.96	162.12	270.23	124.72	80.39
河　北	1156.25	330.95	31.39	162.58	104.25	322.04	228.20	49.45
山　西	901.59	313.60	69.10	124.43	113.34	141.82	93.23	22.57
内蒙古	1170.97	337.86	87.92	94.06	110.86	190.95	130.90	26.26
辽　宁	1386.04	483.76	92.26	218.07	152.69	208.21	128.65	34.62
吉　林	1204.51	446.31	111.27	186.45	103.22	183.64	138.04	14.99
黑龙江	1187.60	454.83	117.10	175.14	105.26	179.45	111.96	32.69
上　海	3763.47	1451.21	26.92	704.98	201.20	720.89	527.45	88.50
江　苏	1922.13	635.98	31.20	310.97	123.30	412.08	331.80	25.04
浙　江	2911.84	1098.30	45.13	567.87	167.39	569.83	452.83	47.23
安　徽	954.93	362.25	20.34	167.86	70.76	161.58	118.44	15.32
福　建	2074.58	854.48	80.19	478.60	116.99	336.94	214.15	62.76
江　西	1170.68	466.22	20.80	204.18	83.39	181.28	133.64	18.23
山　东	1482.43	506.71	32.47	258.01	116.18	288.05	204.67	45.94
河　南	889.66	286.52	22.27	140.51	85.55	161.44	117.52	16.26
湖　北	1058.31	358.34	31.30	147.87	72.21	154.92	106.56	19.44
湖　南	1467.92	590.19	26.73	236.97	89.61	240.26	176.97	30.27
广　东	2197.64	908.45	81.61	548.06	101.76	343.87	222.88	54.80
广　西	1087.20	437.01	22.96	215.22	51.56	188.35	152.41	11.51
海　南	1083.21	495.62	38.44	346.86	59.05	128.29	85.57	15.86
重　庆	927.23	299.85	19.97	135.26	61.96	178.49	129.45	21.25
四　川	1021.27	376.13	30.33	173.38	72.22	184.57	139.85	14.71
贵　州	622.51	224.92	44.81	89.32	53.00	127.24	80.21	27.96
云　南	808.34	305.83	47.48	131.25	55.31	158.09	114.80	14.45
西　藏	476.59	256.57	111.12	70.62	87.05	36.25	26.55	3.87
陕　西	1007.55	327.74	53.09	113.76	81.99	172.69	129.55	18.12
甘　肃	747.61	213.82	33.30	79.50	60.53	146.11	89.67	30.44
青　海	765.53	262.68	81.43	91.27	93.31	116.16	69.13	31.54
宁　夏	1017.35	302.72	34.10	136.28	96.70	216.17	148.07	39.47
新　疆	871.37	270.54	41.15	146.40	110.85	156.86	92.05	36.79

4—107 续表

单位:元/人

地　　区	四、家庭设备用品及服务支出	五、医疗保健支出	六、交通和通讯支出	七、文化教育用品及服务支出	八、其他商品及服务支出
全国合计	**74.37**	**87.57**	**93.13**	**186.71**	**52.46**
北　　京	235.25	249.00	236.00	484.86	130.34
天　　津	94.95	270.90	87.43	235.21	62.46
河　　北	65.41	78.28	84.55	130.71	40.06
山　　西	48.72	60.35	48.82	135.39	39.55
内 蒙 古	60.96	104.46	93.44	232.58	39.87
辽　　宁	69.89	109.51	112.77	195.33	53.89
吉　　林	63.61	102.65	85.05	171.77	48.25
黑 龙 江	50.85	117.20	84.17	150.67	45.17
上　　海	225.22	208.92	278.63	559.12	118.29
江　　苏	114.07	129.52	155.47	268.99	82.72
浙　　江	145.63	200.06	275.46	327.99	127.18
安　　徽	57.57	58.05	58.44	145.46	40.81
福　　建	106.78	87.38	206.08	254.30	111.63
江　　西	55.43	63.48	95.60	184.24	41.04
山　　东	114.83	118.69	101.64	207.87	28.45
河　　南	56.84	63.55	56.38	133.08	46.29
湖　　北	68.49	69.67	72.67	209.89	52.11
湖　　南	78.04	82.23	99.38	222.50	65.72
广　　东	123.73	100.31	205.52	313.46	100.53
广　　西	62.95	52.38	64.83	186.76	43.37
海　　南	63.59	44.15	61.28	174.39	56.84
重　　庆	66.75	68.87	61.31	154.52	35.48
四　　川	62.38	72.84	54.38	159.55	39.21
贵　　州	38.23	27.68	26.92	97.26	27.25
云　　南	47.53	64.31	31.96	106.14	39.18
西　　藏	39.80	16.07	15.42	11.08	14.36
陕　　西	57.82	91.40	58.49	181.81	35.61
甘　　肃	42.18	70.60	43.76	143.87	26.74
青　　海	44.74	78.20	53.15	79.37	37.92
宁　　夏	62.10	88.53	79.79	144.98	26.38
新　　疆	45.74	73.67	61.04	105.98	46.69

4—108 2000年农村居民生活消费现金支出构成

单位：%

地区	生活消费现金支出	一、食品支出	主食	副食	二、衣着支出	三、居住支出	住房	燃料
全国合计	**100.00**	**36.14**	**3.66**	**17.17**	**7.41**	**17.98**	**12.79**	**2.35**
北京	100.00	36.47	4.33	17.94	7.37	16.14	9.33	3.78
天津	100.00	35.47	4.89	18.43	8.84	14.74	6.80	4.38
河北	100.00	28.62	2.72	14.06	9.02	27.85	19.74	4.28
山西	100.00	34.78	7.66	13.80	12.57	15.73	10.34	2.50
内蒙古	100.00	28.85	7.51	8.03	9.47	16.31	11.18	2.24
辽宁	100.00	34.90	6.66	15.73	11.02	15.02	9.28	2.50
吉林	100.00	37.05	9.24	15.48	8.57	15.25	11.46	1.24
黑龙江	100.00	38.30	9.86	14.75	8.86	15.11	9.43	2.75
上海	100.00	38.56	0.72	18.73	5.35	19.15	14.01	2.35
江苏	100.00	33.09	1.62	16.18	6.41	21.44	17.26	1.30
浙江	100.00	37.72	1.55	19.50	5.75	19.57	15.55	1.62
安徽	100.00	37.94	2.13	17.58	7.41	16.92	12.40	1.60
福建	100.00	41.19	3.87	23.07	5.64	16.24	10.32	3.03
江西	100.00	39.82	1.78	17.44	7.12	15.49	11.42	1.56
山东	100.00	34.18	2.19	17.40	7.84	19.43	13.81	3.10
河南	100.00	32.21	2.50	15.79	9.62	18.15	13.21	1.83
湖北	100.00	33.86	2.96	13.97	6.82	14.64	10.07	1.84
湖南	100.00	40.21	1.82	16.14	6.10	16.37	12.06	2.06
广东	100.00	41.34	3.71	24.94	4.63	15.65	10.14	2.49
广西	100.00	40.20	2.11	19.80	4.74	17.32	14.02	1.06
海南	100.00	45.75	3.55	32.02	5.45	11.84	7.90	1.46
重庆	100.00	32.34	2.15	14.59	6.68	19.25	13.96	2.29
四川	100.00	36.83	2.97	16.98	7.07	18.07	13.69	1.44
贵州	100.00	36.13	7.20	14.35	8.51	20.44	12.89	4.49
云南	100.00	37.83	5.87	16.24	6.84	19.56	14.20	1.79
西藏	100.00	53.83	23.32	14.82	18.26	7.61	5.57	0.81
陕西	100.00	32.53	5.27	11.29	8.14	17.14	12.86	1.80
甘肃	100.00	28.60	4.45	10.63	8.10	19.54	11.99	4.07
青海	100.00	34.31	10.64	11.92	12.19	15.17	9.03	4.12
宁夏	100.00	29.76	3.35	13.40	9.50	21.25	14.55	3.88
新疆	100.00	31.05	4.72	16.80	12.72	18.00	10.56	4.22

4—108 续表 单位:%

地　　区	四、家庭设备用品及服务支出	五、医疗保健支出	六、交通和通讯支出	七、文化教育用品及服务支出	八、其他商品及服务支出
全国合计	**5.79**	**6.82**	**7.25**	**14.53**	**4.08**
北　京	7.05	7.46	7.07	14.53	3.91
天　津	5.18	14.77	4.77	12.83	3.41
河　北	5.66	6.77	7.31	11.30	3.46
山　西	5.40	6.69	5.41	15.02	4.39
内蒙古	5.21	8.92	7.98	19.86	3.40
辽　宁	5.04	7.90	8.14	14.09	3.89
吉　林	5.28	8.52	7.06	14.26	4.01
黑龙江	4.28	9.87	7.09	12.69	3.80
上　海	5.98	5.55	7.40	14.86	3.14
江　苏	5.93	6.74	8.09	13.99	4.30
浙　江	5.00	6.87	9.46	11.26	4.37
安　徽	6.03	6.08	6.12	15.23	4.27
福　建	5.15	4.21	9.93	12.26	5.38
江　西	4.74	5.42	8.17	15.74	3.51
山　东	7.75	8.01	6.86	14.02	1.92
河　南	6.39	7.14	6.34	14.96	5.20
湖　北	6.47	6.58	6.87	19.83	4.92
湖　南	5.32	5.60	6.77	15.16	4.48
广　东	5.63	4.56	9.35	14.26	4.57
广　西	5.79	4.82	5.96	17.18	3.99
海　南	5.87	4.08	5.66	16.10	5.25
重　庆	7.20	7.43	6.61	16.67	3.83
四　川	6.11	7.13	5.32	15.62	3.84
贵　州	6.14	4.45	4.32	15.62	4.38
云　南	5.88	7.96	3.95	13.13	4.85
西　藏	8.35	3.37	3.24	2.32	3.01
陕　西	5.74	9.07	5.81	18.04	3.53
甘　肃	5.64	9.44	5.85	19.24	3.58
青　海	5.84	10.22	6.94	10.37	4.95
宁　夏	6.10	8.70	7.84	14.25	2.59
新　疆	5.25	8.45	7.01	12.16	5.36

5

2002年各地区农村住户主要情况

5—1 各地区农村居民家庭基本情况

地　区	常住人口（人/户）	劳动力（人/户）	劳动力占常住人口比重（%）	劳动力负担人口（人/劳动力）	在校学生人数（人/户）	7—15岁在校学生人数（人/户）
全国合计	**4.13**	**2.76**	**66.82**	**1.50**	**0.91**	**0.66**
北　京	3.52	2.37	67.44	1.48	0.77	0.45
天　津	3.64	2.46	67.74	1.48	0.79	0.56
河　北	4.01	2.74	68.17	1.47	0.91	0.60
山　西	4.11	2.67	65.05	1.54	1.06	0.75
内蒙古	4.00	2.73	68.23	1.47	0.83	0.59
辽　宁	3.51	2.57	73.28	1.36	0.61	0.44
吉　林	3.81	2.67	70.08	1.43	0.66	0.48
黑龙江	3.78	2.77	73.14	1.37	0.58	0.44
上　海	3.33	2.52	75.58	1.32	0.48	0.22
江　苏	3.74	2.63	70.43	1.42	0.75	0.54
浙　江	3.59	2.59	72.16	1.39	0.62	0.41
安　徽	4.13	2.77	66.95	1.49	0.95	0.73
福　建	4.07	2.57	63.16	1.58	0.98	0.75
江　西	4.39	3.02	68.81	1.45	0.88	0.67
山　东	3.71	2.58	69.69	1.43	0.78	0.53
河　南	4.14	2.68	64.87	1.54	1.07	0.82
湖　北	4.07	2.78	68.31	1.46	0.93	0.73
湖　南	3.93	2.74	69.54	1.44	0.78	0.56
广　东	5.08	3.22	63.41	1.58	1.31	0.94
广　西	4.79	3.20	66.97	1.49	1.04	0.73
海　南	5.21	3.20	61.48	1.63	1.37	1.07
重　庆	3.65	2.62	71.88	1.39	0.65	0.50
四　川	3.91	2.70	68.97	1.45	0.76	0.57
贵　州	4.45	2.77	62.28	1.61	1.09	0.80
云　南	4.48	2.87	63.97	1.56	0.86	0.66
西　藏	6.03	2.87	47.59	2.10	1.10	0.95
陕　西	4.38	2.65	60.48	1.65	1.23	0.84
甘　肃	4.67	2.76	59.13	1.69	1.25	0.90
青　海	5.19	3.22	61.91	1.62	1.00	0.79
宁　夏	4.69	2.82	60.18	1.66	1.17	0.87
新　疆	5.13	3.00	58.36	1.71	1.41	1.12

5—2 各地区农村居民家庭劳动力文化状况

单位:%

地 区	不识字或识字很少	小学程度	初中程度	高中程度	中专程度	大专及大专以上
全国合计	**7.59**	**30.63**	**49.33**	**9.81**	**2.09**	**0.56**
北 京	1.24	10.56	56.26	19.26	8.70	3.99
天 津	1.69	28.01	54.94	10.49	3.65	1.22
河 北	2.58	24.39	57.54	13.12	1.82	0.56
山 西	3.16	23.80	60.81	9.75	2.09	0.39
内蒙古	6.55	30.11	50.10	10.61	1.87	0.77
辽 宁	1.79	26.01	60.15	8.46	2.51	1.07
吉 林	2.93	30.72	54.83	9.25	1.78	0.49
黑龙江	2.34	29.33	57.51	8.31	1.90	0.61
上 海	3.38	22.05	48.34	13.11	9.67	3.44
江 苏	7.23	26.41	52.26	11.21	1.86	1.04
浙 江	6.52	34.45	44.19	11.69	2.44	0.70
安 徽	10.95	27.42	51.98	7.31	1.87	0.48
福 建	6.12	33.77	46.61	10.01	2.93	0.56
江 西	5.93	35.57	48.04	8.75	1.40	0.31
山 东	5.49	24.47	52.56	13.97	2.95	0.55
河 南	6.61	21.63	57.48	11.88	1.93	0.46
湖 北	5.19	30.73	51.17	10.45	2.02	0.44
湖 南	3.19	32.04	50.25	11.90	2.05	0.56
广 东	4.02	30.03	52.02	10.37	2.99	0.57
广 西	4.70	33.57	49.66	9.48	2.42	0.18
海 南	7.68	24.82	51.93	13.15	1.95	0.48
重 庆	6.57	41.25	44.28	6.04	1.57	0.30
四 川	8.62	38.87	44.96	5.91	1.42	0.22
贵 州	19.67	39.42	35.33	3.66	1.66	0.26
云 南	17.37	44.13	32.29	4.92	1.19	0.09
西 藏	58.42	41.00	0.58			
陕 西	8.70	26.71	51.24	11.46	1.17	0.72
甘 肃	19.66	27.90	38.61	11.96	1.25	0.62
青 海	32.56	33.07	28.20	5.24	0.78	0.16
宁 夏	16.89	30.30	41.94	8.74	1.65	0.47
新 疆	7.08	44.39	39.40	6.70	1.98	0.45

5—3 各地区农村居民家庭经营土地情况

单位:亩/人

地区	耕地面积	山地面积	园地面积	牧草地面积	养殖水面面积
全国合计	**2.00**	**0.28**	**0.07**	**4.51**	**0.03**
北京	0.74	0.04	0.21		
天津	1.41		0.04		
河北	1.81	0.16	0.07	0.01	
山西	2.33	0.05	0.18	0.01	
内蒙古	7.25	0.53	0.03	136.47	
辽宁	3.14	0.24	0.07		0.05
吉林	5.58	0.22			
黑龙江	9.16	0.03	0.02		0.01
上海	0.81				0.01
江苏	1.21	0.03	0.02		0.12
浙江	0.79	0.53	0.12		0.04
安徽	1.49	0.21	0.03		0.03
福建	0.78	0.46	0.25		0.05
江西	1.31	0.68	0.04		0.03
山东	1.46	0.04	0.07		0.00
河南	1.52	0.01	0.04		0.04
湖北	1.48	0.31	0.03		0.08
湖南	1.09	0.36	0.04	0.04	0.04
广东	0.72	0.42	0.11		0.10
广西	1.32	0.45	0.12		0.04
海南	1.08	0.59	0.39	0.01	0.04
重庆	1.00	0.25	0.04	0.03	0.04
四川	0.97	0.24	0.03		0.02
贵州	1.07	0.35	0.01	0.01	
云南	1.50	0.57	0.05		0.02
西藏	2.33	0.01		0.03	
陕西	1.67	0.32	0.21	0.05	0.01
甘肃	2.41	0.74	0.05	0.05	0.05
青海	2.03	0.27		45.48	0.01
宁夏	4.12	0.03	0.03	0.06	0.05
新疆	3.54	0.01	0.10	0.20	

5—4 各地区农村居民年末拥有主要生产性固定资产原值

单位:元/户

地区	生产性固定资产原值	一、农业	房屋及建筑物	役畜及产品畜	大中型铁木农具	农林牧渔业机械	二、工业
全国合计	**5221.33**	**3741.01**	**1201.56**	**798.44**	**291.83**	**1348.93**	**418.20**
北京	6258.09	1784.89	523.07	406.13	85.49	744.20	1161.33
天津	7227.96	4161.43	1675.81	778.83	334.50	1374.87	288.33
河北	6671.58	4503.24	660.33	514.36	303.51	2918.34	771.66
山西	4049.37	2245.66	454.52	549.48	168.77	981.44	161.17
内蒙古	10936.85	9776.67	2875.60	2419.50	678.48	3108.52	228.51
辽宁	4989.95	3871.68	1423.68	1052.72	234.82	1078.36	296.43
吉林	6470.76	5863.70	1180.64	2012.21	291.15	2319.57	92.93
黑龙江	7543.35	6970.03	1483.15	1451.85	443.73	3399.17	87.46
上海	2624.32	1967.72	1418.90	34.50	334.82	155.25	96.60
江苏	5044.82	2930.35	1224.23	143.81	231.50	1313.16	819.50
浙江	8418.75	3830.57	2292.09	157.87	245.71	1005.45	2181.92
安徽	4948.81	4144.12	1070.22	484.14	386.84	2166.91	184.65
福建	4615.74	2065.86	1075.83	282.35	178.87	434.81	1050.16
江西	2873.95	2145.06	923.36	555.40	325.94	194.37	146.27
山东	6029.81	4337.77	1013.01	654.65	259.46	2304.85	433.64
河南	5406.91	4482.13	809.97	533.48	399.07	2654.37	250.70
湖北	2953.37	2279.72	992.44	591.60	252.01	389.77	195.32
湖南	3192.01	2113.89	1089.98	339.96	313.62	338.99	289.77
广东	4129.87	1937.59	671.66	459.44	252.37	497.58	571.15
广西	3057.75	2194.85	633.82	773.81	192.98	554.08	323.60
海南	4463.49	3223.08	194.06	1080.32	201.03	1311.64	96.43
重庆	2375.64	1881.59	1211.85	390.39	175.82	87.43	111.28
四川	3592.28	2726.22	1707.94	530.23	263.85	185.29	121.44
贵州	3288.31	2492.58	1333.67	906.57	157.20	77.66	257.60
云南	4762.47	3299.59	1387.74	1299.06	131.95	379.81	408.82
西藏	17765.63	15887.00	7254.03	6735.56	569.64	1128.13	60.08
陕西	3960.25	2343.42	593.37	480.74	176.76	1032.57	290.14
甘肃	4780.36	3810.73	1004.93	1015.07	442.67	1215.77	262.39
青海	7487.33	5943.88	946.22	1739.34	263.97	2859.43	235.61
宁夏	12024.13	6983.16	1463.96	1486.82	355.82	3512.28	576.17
新疆	8724.90	7649.96	1657.75	2984.40	555.11	2297.58	125.26

5—4 续表 单位:元/户

地　区	房屋及建筑物	生　产设　备	三、建筑业	四、交通业	五、批发和零售贸易、餐饮业	六、社会服务业机械	七、文　教卫生业	八、其他
全国合计	**144.01**	**260.21**	**34.38**	**662.36**	**153.65**	**56.83**	**19.96**	**135.01**
北　京	846.67	314.67	93.33	2485.33	434.53	176.00	0.00	122.67
天　津	107.50	139.83	6.67	1936.00	373.22	316.05	46.67	112.27
河　北	229.83	513.55	48.40	959.11	224.91	81.20	13.40	69.64
山　西	58.24	92.84	43.52	1190.56	216.57	68.43	7.24	116.22
内蒙古	74.83	141.46		494.97	116.50	10.44	6.41	303.35
辽　宁	127.88	165.75	4.97	492.25	190.48	11.96	19.58	102.60
吉　林	38.31	51.18		378.98	13.13	10.50	2.45	109.09
黑龙江	20.63	61.25	2.86	291.44	77.50	34.70	11.88	66.50
上　海	89.18	7.42	26.17	158.33	218.00	53.83	0.33	103.33
江　苏	330.12	466.77	57.80	906.80	159.11	115.08	4.85	51.33
浙　江	687.07	1479.48	73.80	1503.71	421.96	283.36	41.44	81.98
安　徽	78.14	90.58	33.51	339.79	130.56	43.77	8.44	63.97
福　建	402.86	631.15	219.78	700.46	245.99	152.53	69.07	111.90
江　西	27.43	114.51	3.33	439.23	71.07	11.96	36.57	20.47
山　东	132.19	273.66	30.08	794.10	206.07	33.22	62.47	132.48
河　南	103.00	144.14	40.43	314.47	219.36	48.40	33.60	17.81
湖　北	53.97	125.40	4.82	340.26	83.41	8.53	3.94	37.37
湖　南	54.83	210.11	37.80	525.02	119.63	40.55	17.84	47.51
广　东	183.69	364.39	29.49	870.38	210.54	82.21	7.11	421.40
广　西	69.33	239.92	8.18	375.64	107.30	16.10	9.12	22.94
海　南	16.78	69.10	17.50	375.79	76.07	85.21	2.36	587.06
重　庆	57.87	50.41	2.67	256.39	56.92	27.39	4.50	34.91
四　川	33.94	75.82	8.03	455.68	112.55	12.98	15.87	139.53
贵　州	122.00	126.99	44.51	334.75	54.74	21.63	19.14	63.36
云　南	203.67	195.37	3.75	465.26	29.63	12.92	2.83	539.67
西　藏	3.15	53.81		1643.46	83.44	17.59	0.00	74.06
陕　西	77.93	205.83	104.57	931.66	104.50	58.80	21.43	105.73
甘　肃	65.54	187.28	9.44	400.28	116.22	38.00	49.06	94.24
青　海	70.18	163.43		882.52	67.17	4.17	37.67	316.32
宁　夏	128.80	447.37	4.00	2288.58	149.98	123.85	7.83	1890.55
新　疆	19.68	87.52	52.05	671.87	123.81	2.68	1.94	97.34

5—5 各地区农村居民年末拥有主要生产性固定资产数量

地区	房屋及建筑物（平方米/户）	汽车（辆/百户）	大中型拖拉机（台/百户）	小型和手扶拖拉机（台/百户）	机动脱粒机（台/百户）	收割机（台/百户）
全国合计	**20.77**	**1.29**	**1.53**	**18.48**	**9.62**	**1.19**
北京	6.54	5.07	0.40	16.27	0.40	0.27
天津	27.40	6.50	1.67	25.67	3.18	0.67
河北	13.64	2.27	2.07	34.15	6.03	1.97
山西	6.65	2.45	1.95	16.94	1.05	0.43
内蒙古	44.87	1.58	1.98	41.30	3.74	0.49
辽宁	30.59	1.48	1.06	11.27	3.70	0.16
吉林	16.34	1.06	2.81	29.53	7.25	0.31
黑龙江	16.72	0.49	5.51	41.74	7.19	0.89
上海	15.79	0.50	0.33	1.33	7.67	0.50
江苏	16.10	1.07	0.60	19.38	26.91	1.14
浙江	25.54	1.97	1.00	5.89	28.85	1.11
安徽	15.93	0.56	2.48	34.58	23.28	6.27
福建	13.94	1.32	0.66	3.30	8.65	0.71
江西	26.51	0.64	0.33	2.67	19.89	0.28
山东	16.94	1.71	3.87	28.86	4.35	2.43
河南	10.15	0.62	2.86	40.51	13.02	4.38
湖北	20.74	0.55	1.27	9.90	2.92	0.09
湖南	22.31	1.00	0.03	3.08	4.18	0.12
广东	14.69	1.33	0.08	8.29	11.86	0.55
广西	22.07	0.48	0.30	8.04	12.00	0.04
海南	3.53	0.56	0.69	7.33	7.43	0.28
重庆	25.51	0.44	0.17	0.39	9.94	0.17
四川	34.08	1.13	0.35	1.19	12.76	0.68
贵州	25.24	0.76	0.49	0.89	2.41	0.18
云南	23.72	1.00	0.50	7.54	5.67	0.17
西藏	92.71	1.67	1.25	28.75	5.21	1.46
陕西	14.83	1.40	1.89	15.83	4.12	0.81
甘肃	21.53	0.67	2.00	27.00	2.17	0.33
青海	24.68	3.50	1.58	49.83	4.42	0.67
宁夏	28.75	4.08	0.33	54.92	2.90	1.00
新疆	23.98	1.61	3.16	24.45	2.52	0.24

5—5 续表

地　区	农用动力机械（台/百户）	胶轮大车（辆/百户）	水泵（台/百户）	役畜（头/百户）	产品畜（头/百户）
全国合计	**13.69**	**14.31**	**21.53**	**39.38**	**56.43**
北　京	5.47	0.93	2.27	5.60	60.40
天　津	21.25	9.83	20.88	17.67	36.33
河　北	31.56	11.24	28.92	23.20	36.57
山　西	11.00	8.17	5.95	31.92	39.73
内蒙古	13.06	38.80	36.07	88.65	168.40
辽　宁	9.34	31.85	39.79	49.05	46.98
吉　林	14.81	36.28	33.84	65.44	54.13
黑龙江	10.97	11.52	19.36	35.49	85.63
上　海	1.83	0.00	3.17	0.00	4.67
江　苏	11.01	23.76	16.10	4.69	21.59
浙　江	13.61	11.92	24.95	4.29	20.41
安　徽	18.41	14.91	48.31	19.96	41.20
福　建	8.21	3.63	7.36	16.26	38.08
江　西	11.94	13.00	11.20	46.81	22.88
山　东	32.75	27.47	45.17	25.79	47.31
河　南	19.25	19.31	43.06	22.31	49.94
湖　北	8.23	15.44	21.08	42.98	25.90
湖　南	14.67	4.07	16.85	22.09	26.46
广　东	8.57	4.69	13.36	34.77	23.74
广　西	11.62	3.65	12.25	61.02	40.91
海　南	12.08	2.50	15.01	83.92	66.25
重　庆	5.75	0.61	7.22	24.76	43.72
四　川	10.82	0.93	25.20	33.62	49.37
贵　州	4.96	3.17	3.84	75.22	31.74
云　南	8.33	5.33	2.98	74.39	61.83
西　藏	19.79	13.75	1.88	270.83	480.63
陕　西	7.79	17.50	13.11	22.39	37.68
甘　肃	7.22	13.72	5.61	77.44	39.78
青　海	1.67	23.00	0.33	100.83	129.67
宁　夏	5.92	9.50	12.33	61.25	34.33
新　疆	3.16	54.39	3.55	99.74	432.52

5—6 各地区农村居民家庭年内新建(购)住房情况

地　区	新建(购)住房面积(平方米/人)	钢筋混凝土结构面积	砖木结构面　积	新建(购)楼房面积	新建(购)砖瓦平房面　积	新建(购)房屋价值(元/平方米)
全国合计	**0.86**	**0.51**	**0.30**	**0.48**	**0.33**	**295.61**
北　京	0.89	0.52	0.37	0.41	0.48	1622.44
天　津	0.42	0.10	0.38	0.10	0.37	481.65
河　北	0.77	0.34	0.44	0.14	0.63	342.37
山　西	0.25	0.09	0.16	0.03	0.21	315.36
内蒙古	0.52	0.02	0.48		0.50	266.62
辽　宁	0.51	0.17	0.36		0.53	335.39
吉　林	0.53	0.02	0.51		0.49	352.26
黑龙江	0.52	0.04	0.44		0.49	340.43
上　海	1.27	1.13	0.13	1.11	0.09	1171.18
江　苏	1.16	0.84	0.32	0.95	0.21	436.15
浙　江	1.11	0.98	0.12	1.05	0.06	493.20
安　徽	0.99	0.73	0.25	0.70	0.27	255.31
福　建	1.09	0.81	0.22	0.91	0.11	258.84
江　西	0.95	0.84	0.11	0.90	0.04	193.07
山　东	1.00	0.37	0.62	0.25	0.72	267.19
河　南	1.09	0.55	0.52	0.36	0.71	231.19
湖　北	1.14	0.89	0.21	0.89	0.28	205.32
湖　南	1.16	0.75	0.39	1.03	0.09	204.01
广　东	0.74	0.69	0.05	0.65	0.06	334.25
广　西	0.95	0.88	0.06	0.64	0.26	203.87
海　南	0.62	0.33	0.30	0.23	0.36	329.89
重　庆	0.58	0.30	0.21	0.47	0.07	222.50
四　川	0.74	0.55	0.16	0.56	0.15	229.75
贵　州	0.72	0.39	0.30	0.27	0.40	190.18
云　南	0.62	0.33	0.06	0.36	0.07	317.18
西　藏	0.68		0.00	0.34		183.17
陕　西	1.57	0.95	0.49	0.72	0.76	237.60
甘　肃	0.46	0.11	0.22	0.07	0.25	267.01
青　海	0.67	0.13	0.20	0.03	0.19	138.85
宁　夏	0.59		0.41		0.39	218.55
新　疆	0.67	0.10	0.35	0.10	0.35	202.12

5—7 各地区农村居民家庭年末住房情况

地区	住房面积（平方米/人）	租用住房面积	钢筋混凝土结构住房面积	砖木结构住房面积	楼房住房面积	砖瓦平房住房面积	住房价值（元/平方米）
全国合计	**26.53**	**0.06**	**7.69**	**13.88**	**9.52**	**12.24**	**202.78**
北京	31.64	0.19	5.08	26.15	3.11	28.03	589.19
天津	22.64	0.10	1.29	21.26	1.13	21.31	445.73
河北	24.90	0.01	3.44	20.10	1.75	21.28	240.12
山西	22.70	0.07	3.97	15.61	1.80	17.05	208.33
内蒙古	17.72	0.02	0.06	9.64	0.03	9.59	150.43
辽宁	23.02	0.04	2.03	20.64	0.38	21.79	273.26
吉林	17.57		0.19	12.90	0.07	13.76	256.63
黑龙江	19.28	0.08	0.48	12.06	0.05	12.67	245.69
上海	57.08	0.34	41.27	15.77	50.85	6.01	383.52
江苏	35.10	0.04	12.44	22.31	20.96	13.54	282.38
浙江	49.53	0.10	26.03	20.97	44.73	3.49	298.90
安徽	24.25	0.03	9.46	13.41	9.90	12.84	181.60
福建	35.68	0.30	15.92	10.64	22.75	6.69	280.22
江西	29.20	0.14	13.44	12.03	15.77	10.05	142.77
山东	25.59	0.07	4.25	19.03	2.10	20.78	214.20
河南	25.10	0.03	7.17	16.86	4.32	19.20	165.90
湖北	31.55	0.03	12.74	15.67	13.99	14.56	129.25
湖南	34.05	0.03	10.90	21.06	21.38	10.76	161.32
广东	24.07	0.12	15.20	6.92	14.84	7.03	291.41
广西	24.91	0.02	11.32	8.26	8.31	11.55	144.20
海南	19.17	0.12	3.61	14.74	3.07	15.34	211.67
重庆	31.02	0.08	6.09	16.62	15.59	7.70	135.74
四川	28.59	0.05	6.45	13.02	8.86	10.52	132.67
贵州	21.14	0.06	3.53	11.72	2.75	11.49	110.57
云南	23.72	0.07	3.44	4.40	8.82	2.88	138.18
西藏	20.53		0.00	0.01	4.12	0.03	74.61
陕西	25.13	0.03	8.05	10.88	6.76	12.17	177.76
甘肃	16.76		0.49	4.51	0.38	4.75	135.61
青海	16.34	0.03	0.42	1.62	0.22	1.54	100.17
宁夏	19.23		0.59	8.46	0.60	8.93	139.61
新疆	18.56	0.07	0.79	4.24	0.73	4.19	131.73

5—8 各地区农村居民家庭主要农、牧产品出售量

单位:公斤/人

地区	粮食	小麦	稻谷	玉米	薯类
全国合计	**281.15**	**45.65**	**86.49**	**107.27**	**6.89**
北京	208.07	33.18	1.89	156.75	10.04
天津	235.65	48.22	1.87	167.87	0.54
河北	297.54	86.96	4.50	191.48	6.49
山西	116.34	13.90	0.00	79.69	9.33
内蒙古	544.80	32.75	26.59	314.34	25.14
辽宁	780.08	0.42	198.56	516.39	6.28
吉林	1170.64	0.11	213.61	848.66	7.12
黑龙江	1412.60	12.63	268.12	565.40	17.50
上海	105.98	11.72	70.49	17.70	0.07
江苏	337.86	117.95	168.77	31.97	1.52
浙江	86.27	0.64	76.18	1.92	2.53
安徽	362.63	94.53	208.42	20.81	8.10
福建	70.90	0.00	60.55	0.74	6.12
江西	307.17	0.12	298.84	1.60	1.79
山东	406.04	151.43	5.67	229.31	13.31
河南	276.88	139.38	22.98	94.99	2.93
湖北	328.47	28.91	258.20	10.27	4.21
湖南	127.40	0.03	118.77	4.69	2.00
广东	84.41		74.13	3.34	5.23
广西	80.03	0.01	62.84	14.67	0.62
海南	74.99		46.32	0.53	21.14
重庆	60.56	1.64	47.04	6.82	3.09
四川	65.00	9.92	37.34	8.55	4.42
贵州	62.55	1.43	34.92	19.52	3.78
云南	100.80	6.69	46.10	27.12	12.53
西藏	53.21	18.15		0.00	17.72
陕西	150.35	59.45	5.85	68.26	7.68
甘肃	126.63	36.12	0.81	52.25	8.16
青海	50.98	16.03		0.07	6.73
宁夏	407.01	109.32	122.93	125.27	27.41
新疆	348.48	156.97	19.02	131.37	2.34

5—8续表1　　单位：公斤/人

地　区	棉花	油料	麻类	糖料
全国合计	**6.94**	**18.47**	**0.64**	**93.59**
北　京	0.32	1.85		
天　津	19.52	3.68		
河　北	14.83	12.01	0.25	1.82
山　西	6.36	6.61	0.04	12.88
内蒙古	0.00	79.38		84.53
辽　宁	0.08	22.21		2.74
吉　林	0.00	11.56	1.54	52.96
黑龙江	0.00	13.71	4.08	75.26
上　海	0.00	12.58		1.86
江　苏	7.75	20.00	0.02	0.61
浙　江	1.18	2.47		11.92
安　徽	10.13	43.40	0.33	5.41
福　建	0.00	1.65		111.82
江　西	1.92	10.27	0.08	40.15
山　东	14.39	26.40	0.05	0.01
河　南	11.60	35.09	1.91	3.88
湖　北	15.91	46.91	1.88	3.90
湖　南	3.98	8.75	1.62	5.68
广　东	0.00	3.43	0.00	84.33
广　西	0.00	1.91	0.72	1113.71
海　南	0.02	7.80		638.63
重　庆	0.03	3.70	0.14	0.50
四　川	0.04	15.43	0.15	21.18
贵　州	0.00	11.82		3.90
云　南	0.00	5.53	0.64	289.58
西　藏	0.00	5.55		0.00
陕　西	3.46	15.10		10.18
甘　肃	8.81	4.67		33.25
青　海	0.00	54.48		0.00
宁　夏	0.00	10.62		3.45
新　疆	67.95	30.48	3.28	403.07

5—8 续表 2

单位：公斤/人

地　区	蔬菜	烟叶	水果	茶叶	木材（立方米/人）
全国合计	**143.77**	**2.59**	**49.06**	**0.76**	**0.03**
北　京	171.23	0.05	243.29		0.02
天　津	556.01		12.88		
河　北	169.75	0.15	89.76		0.01
山　西	143.85	0.20	132.12		0.01
内蒙古	133.90	0.01	7.24		0.04
辽　宁	230.39	1.08	75.39		0.02
吉　林	157.57	0.65	4.17		0.01
黑龙江	220.26	2.49	3.50		
上　海	109.50		13.42		
江　苏	76.70		5.79	0.11	0.05
浙　江	246.83	0.01	79.77	3.43	0.02
安　徽	65.88	0.02	2.17	0.83	0.03
福　建	157.31	8.70	140.64	15.69	0.04
江　西	62.19	1.37	9.72	0.02	0.04
山　东	334.83	0.99	73.16		0.03
河　南	101.08	1.66	31.07		0.04
湖　北	129.35	1.91	40.05	0.63	0.02
湖　南	85.87	5.56	39.42	0.10	0.03
广　东	271.29	2.49	39.19	0.19	0.01
广　西	96.31	0.43	58.73	0.10	0.02
海　南	178.77		117.84		0.28
重　庆	57.90	2.70	20.78	0.31	
四　川	108.09	1.80	23.47	0.64	0.01
贵　州	50.95	12.91	5.16	0.04	0.01
云　南	118.16	21.09	28.27	2.54	0.02
西　藏	1.80	0.00	1.66		0.17
陕　西	100.45	1.26	163.86	0.03	0.01
甘　肃	127.38	0.67	27.32		0.01
青　海	68.04		5.10		0.02
宁　夏	183.09	0.08	19.22		
新　疆	145.79	0.59	86.45		0.07

5—8 续表 3 单位：公斤/人

地区	猪肉	牛肉	羊肉	家禽	蛋类
全国合计	**32.30**	**2.73**	**2.50**	**6.01**	**6.54**
北京	27.01	0.74	3.58	2.05	7.59
天津	67.67	6.56	0.73	14.69	53.83
河北	20.68	2.36	2.27	9.19	12.90
山西	15.51	1.52	3.22	0.89	13.82
内蒙古	15.00	8.87	23.34	0.67	1.00
辽宁	50.85	5.20	1.63	16.14	20.23
吉林	37.44	9.99	1.25	3.35	2.83
黑龙江	37.06	5.47	2.32	11.50	9.03
上海	13.63	0.00	0.92	0.38	2.12
江苏	36.64	0.47	0.95	12.03	10.00
浙江	23.98	0.13	0.55	4.88	5.46
安徽	26.85	3.69	1.17	4.85	3.02
福建	46.88	0.80	0.13	8.48	2.52
江西	38.38	0.71	0.06	2.06	5.39
山东	37.59	6.83	1.93	22.30	12.92
河南	32.81	3.06	2.20	3.69	8.82
湖北	31.79	0.71	0.47	1.87	6.51
湖南	59.32	0.53	0.64	3.84	1.15
广东	33.98	0.69	0.09	12.67	0.57
广西	51.78	1.80	0.48	4.07	0.09
海南	19.76	3.68	0.61	3.67	4.01
重庆	38.92	0.50	0.39	3.92	1.56
四川	52.40	0.44	0.69	5.25	4.35
贵州	29.11	1.82	0.54	2.03	0.78
云南	33.26	2.27	0.62	1.81	0.39
西藏	1.05	6.24	1.02	0.13	0.19
陕西	18.22	0.51	1.02	1.07	12.11
甘肃	7.31	2.48	2.38	0.70	3.32
青海	3.55	4.60	15.10	0.18	0.08
宁夏	15.29	5.65	9.28	6.30	21.12
新疆	1.50	8.93	17.37	2.17	6.73

5—8 续表 4　　　　单位：公斤/人

地　区	羊毛	牛羊奶	蚕茧	蜂蜜	水产品
全国合计	**0.19**	**4.87**	**0.77**	**0.04**	**8.04**
北　京	0.02	8.05			2.75
天　津		14.91			5.09
河　北	0.09	7.59		0.01	1.89
山　西	0.05	6.67	0.20	0.03	
内蒙古	3.48	30.09			
辽　宁	0.13	0.04	2.33	0.07	28.88
吉　林	0.11	1.30		0.19	0.27
黑龙江	0.29	21.61		0.08	0.24
上　海					3.79
江　苏		3.62	1.47		19.06
浙　江	0.01	2.93	5.23		9.70
安　徽			0.99		1.69
福　建		0.64		0.22	12.10
江　西		1.43	0.45		4.73
山　东		5.41	1.20		3.34
河　南			0.03	0.01	2.85
湖　北			0.16	0.08	21.59
湖　南				0.02	6.74
广　东		0.05	1.28	0.09	42.81
广　西			2.66	0.10	5.22
海　南				0.05	82.19
重　庆			2.11	0.03	3.83
四　川		0.05	1.23	0.01	2.08
贵　州	0.01		0.01	0.01	0.05
云　南		8.17	0.33	0.01	0.27
西　藏	0.14	0.14			
陕　西	0.01	9.34	0.53		0.06
甘　肃	0.17	1.13		0.06	
青　海	3.83	6.07			6.10
宁　夏	0.38	78.64		0.01	7.70
新　疆	0.38	10.78	0.27	0.10	

5—9 各地区农村居民家庭主要食品消费量

单位：公斤/人

地区	谷物和薯类	小麦	稻谷	玉米	薯类	豆类及豆类制品	大豆	蔬菜及蔬菜制品
全国合计	**235.29**	**76.31**	**123.11**	**17.79**	**8.43**	**5.76**	**2.20**	**110.55**
北京	142.52	83.10	34.39	16.20	3.61	7.48	0.69	104.16
天津	159.29	100.18	40.08	15.64	2.09	4.78	0.43	90.78
河北	209.38	156.31	12.60	24.95	3.20	3.23	1.80	58.78
山西	230.39	138.16	9.16	21.69	15.45	5.67	2.26	80.54
内蒙古	220.08	84.81	41.45	30.04	13.61	6.22	4.00	75.08
辽宁	211.19	29.09	102.60	42.63	9.53	9.45	5.53	199.40
吉林	208.00	22.54	120.35	46.00	17.03	13.19	7.78	116.56
黑龙江	222.46	51.49	88.25	62.53	17.02	13.17	11.13	103.59
上海	230.51	6.71	192.33	0.97	0.41	12.59	0.28	87.12
江苏	263.66	59.38	182.62	15.31	3.88	7.54	2.48	108.16
浙江	224.02	6.83	208.26	1.37	3.59	8.26	1.14	87.32
安徽	241.32	82.85	148.38	3.19	3.83	7.43	2.40	82.01
福建	229.71	6.73	198.12	0.43	18.68	6.31	0.88	112.88
江西	276.32	2.25	257.24	0.26	6.88	4.62	1.99	140.73
山东	234.82	183.81	4.38	35.03	5.02	5.75	2.61	108.00
河南	238.15	200.00	16.43	16.18	4.37	3.26	1.47	154.50
湖北	273.74	30.13	207.42	15.27	12.72	7.26	3.00	150.61
湖南	269.09	2.18	258.53	0.78	2.21	3.91	0.87	170.22
广东	235.38	1.95	216.91	1.32	13.36	4.78	1.46	120.62
广西	218.46	1.64	200.29	11.93	3.57	3.52	1.49	117.61
海南	335.04	1.17	318.32	0.14	14.37	1.56	0.27	67.54
重庆	228.79	17.91	189.66	7.04	10.50	3.61	0.83	157.28
四川	235.35	29.22	177.82	13.27	11.35	3.36	1.44	146.98
贵州	206.08	13.53	145.05	34.15	9.31	7.32	2.47	126.01
云南	220.63	15.01	147.13	40.93	14.43	8.33	1.67	102.49
西藏	275.75	78.38	51.83	0.08	15.71	17.40	0.35	24.01
陕西	200.53	146.37	20.99	15.27	6.19	5.23	2.29	53.65
甘肃	248.95	213.03	4.16	11.99	11.11	3.19	0.18	40.75
青海	228.61	191.40	3.01	0.27	19.88	1.54	0.02	42.56
宁夏	235.25	168.01	48.84	1.39	7.76	1.07	0.03	74.59
新疆	248.83	200.24	15.79	31.29	0.29	1.07	0.26	88.47

5—9 续表1 单位：公斤/人

地 区	1. 根茎块花类	2. 菜瓜类	3. 茄果类	4. 白菜类	5. 绿叶菜类	6. 其他鲜菜	7. 干菜类
全国合计	**24.83**	**9.60**	**14.36**	**32.31**	**20.89**	**7.83**	**0.31**
北 京	20.90	9.54	18.26	38.42	11.00	4.59	0.42
天 津	14.27	6.61	11.97	43.90	8.35	5.16	0.30
河 北	11.03	3.78	7.63	26.77	5.92	3.08	0.44
山 西	25.09	5.25	12.54	23.27	6.70	7.29	0.23
内蒙古	11.01	3.79	12.68	34.72	6.90	5.86	0.07
辽 宁	38.82	9.91	27.63	110.99	9.84	1.87	0.12
吉 林	19.95	11.09	21.93	47.98	10.75	4.31	0.40
黑龙江	10.88	11.02	29.98	42.18	7.22	2.01	0.14
上 海	15.49	9.51	13.30	5.23	29.35	10.20	0.42
江 苏	18.32	7.92	10.26	30.89	34.41	5.61	0.20
浙 江	20.32	7.50	8.24	13.90	25.79	8.30	0.60
安 徽	18.04	5.00	12.74	19.36	20.28	5.90	0.18
福 建	19.27	6.85	6.73	20.45	39.68	18.20	0.55
江 西	32.32	17.33	23.05	33.45	22.96	10.88	0.46
山 东	29.57	6.34	15.76	37.43	14.31	3.62	0.24
河 南	60.45	6.28	15.38	49.71	13.26	8.81	0.47
湖 北	52.92	17.15	20.26	32.00	15.60	11.62	0.56
湖 南	43.71	21.58	28.87	39.08	31.87	4.77	0.22
广 东	10.62	16.39	6.33	17.66	54.05	14.03	0.51
广 西	14.96	10.76	8.40	23.01	46.23	13.94	0.08
海 南	9.92	11.72	5.77	16.57	13.42	8.82	0.98
重 庆	27.43	17.99	14.93	36.39	43.88	16.47	0.13
四 川	35.49	14.71	16.27	28.32	35.67	16.38	0.09
贵 州	15.34	10.51	15.68	63.87	14.75	5.65	0.16
云 南	15.95	13.42	7.56	33.39	22.71	8.82	0.48
西 藏	8.29	0.34	0.96	7.81	0.75	5.63	0.27
陕 西	16.52	3.17	10.29	14.05	6.63	2.36	0.27
甘 肃	7.84	2.23	9.11	10.53	8.25	2.19	0.52
青 海	13.53	3.75	3.66	14.34	6.13	1.15	0.05
宁 夏	20.36	2.56	22.26	15.19	10.89	3.31	0.02
新 疆	19.48	1.03	14.64	35.33	8.79	9.11	0.05

5—9 续表2　　　　单位：公斤/人

地　区	8.菜制品	食用油	植物油	动物油	猪肉	牛肉	羊肉
全国合计	**0.41**	**7.53**	**5.77**	**1.76**	**13.70**	**0.52**	**0.65**
北　京	0.89	11.94	11.66	0.28	11.10	0.87	3.07
天　津	0.22	11.65	10.78	0.87	8.94	0.64	1.07
河　北	0.13	6.85	6.35	0.50	6.85	0.34	0.21
山　西	0.16	6.42	6.27	0.15	4.85	0.11	0.25
内蒙古	0.05	4.50	2.92	1.58	15.00	0.39	3.22
辽　宁	0.20	7.80	6.04	1.76	14.61	0.27	0.21
吉　林	0.16	7.11	5.97	1.14	10.70	1.28	0.07
黑龙江	0.16	7.69	7.38	0.31	7.26	0.33	0.11
上　海	3.61	8.66	8.37	0.29	15.88	0.35	0.56
江　苏	0.54	9.72	9.04	0.68	11.54	0.48	0.28
浙　江	2.64	5.93	4.50	1.43	15.34	0.49	0.30
安　徽	0.52	7.82	6.25	1.56	9.01	0.26	0.11
福　建	1.15	5.72	3.44	2.28	17.91	0.24	0.11
江　西	0.28	9.51	8.05	1.47	12.61	0.20	0.04
山　东	0.71	7.18	6.71	0.47	7.58	0.24	0.22
河　南	0.15	5.80	5.46	0.34	10.86	0.84	0.41
湖　北	0.51	10.75	8.21	2.54	18.12	0.24	0.11
湖　南	0.12	9.25	3.42	5.83	18.99	0.26	0.12
广　东	1.02	7.10	5.83	1.28	21.17	0.33	0.06
广　西	0.24	6.30	4.16	2.14	14.14	0.17	0.02
海　南	0.34	19.49	3.28	16.22	13.58	1.20	0.33
重　庆	0.06	6.67	2.66	4.01	25.67	0.08	0.06
四　川	0.04	6.79	4.29	2.50	25.00	0.25	0.08
贵　州	0.04	4.67	2.86	1.81	27.23	0.62	0.14
云　南	0.17	5.36	1.75	3.61	23.59	0.39	0.13
西　藏	0.00	8.37	7.31	1.06	2.42	4.89	4.74
陕　西	0.36	6.48	5.82	0.65	6.36	0.06	0.22
甘　肃	0.08	6.29	5.93	0.36	8.49	0.18	0.64
青　海	0.04	9.16	8.48	0.69	9.40	4.22	6.68
宁　夏	0.00	7.88	7.27	0.61	8.01	1.02	1.99
新　疆	0.04	10.38	10.19	0.19	1.29	2.43	7.32

5—9 续表 3　　单位：公斤/人

地　区	家禽	肉禽制品	蛋及蛋制品	奶及奶制品	水产品	鱼类
全国合计	**2.91**	**0.64**	**4.66**	**1.19**	**4.36**	**3.64**
北　京	3.57	6.37	9.74	10.51	4.24	3.67
天　津	0.73	0.89	9.98	1.28	7.09	6.19
河　北	0.40	0.70	5.63	0.43	2.18	2.00
山　西	0.24	0.50	6.11	1.34	0.55	0.47
内蒙古	1.20	0.15	3.48	3.05	1.52	1.42
辽　宁	1.67	0.72	8.84	0.66	4.64	3.56
吉　林	2.05	0.47	7.67	0.15	3.73	3.44
黑龙江	2.50	0.47	6.45	0.49	3.63	3.42
上　海	8.25	3.01	10.70	2.41	16.36	10.14
江　苏	4.16	0.95	6.18	0.96	8.54	7.14
浙　江	5.47	1.41	4.89	1.83	14.03	8.98
安　徽	3.86	0.53	4.74	0.20	4.63	4.37
福　建	5.34	1.22	3.54	1.08	12.58	7.94
江　西	2.47	0.27	2.90	0.23	4.42	3.95
山　东	2.64	1.77	11.47	1.55	3.88	2.99
河　南	1.77	0.24	9.30	0.33	1.09	0.97
湖　北	2.07	0.19	3.47	0.05	7.31	7.00
湖　南	3.85	0.13	3.39	0.11	5.95	5.52
广　东	8.97	1.95	2.70	0.13	12.04	10.40
广　西	7.02	0.47	1.12	0.03	3.55	3.12
海　南	8.32	0.01	0.60	0.23	16.30	15.47
重　庆	2.33	0.34	4.60	0.26	1.83	1.70
四　川	2.81	0.39	3.64	1.07	1.55	1.44
贵　州	1.14	0.04	1.22	0.05	0.32	0.25
云　南	2.35	0.19	1.73	0.25	1.25	1.10
西　藏	0.03	0.00	0.61	15.18	0.00	0.00
陕　西	0.34	0.23	2.06	1.13	0.27	0.22
甘　肃	0.96	0.07	2.26	0.69	0.22	0.21
青　海	0.45	0.07	0.68	16.90	0.45	0.20
宁　夏	2.74	0.06	2.69	1.40	0.77	0.72
新　疆	1.36	0.04	1.10	3.87	0.35	0.34

5—9 续表4

单位：公斤/人

地　区	食糖	酒类	糕点	水果及水果制品	坚果及坚果制品
全国合计	**1.64**	**7.50**	**1.04**	**18.77**	**0.78**
北　京	2.63	29.90	2.37	35.60	3.35
天　津	2.04	8.71	1.71	26.49	0.98
河　北	0.98	6.93	1.18	13.43	0.58
山　西	1.84	2.66	0.84	19.46	0.96
内蒙古	1.44	10.07	1.23	15.22	0.34
辽　宁	0.83	10.91	1.67	27.00	0.25
吉　林	1.19	13.29	1.16	20.55	0.83
黑龙江	0.95	15.95	0.80	22.75	0.71
上　海	3.36	10.37	3.40	30.39	1.80
江　苏	1.44	7.42	1.24	16.63	1.16
浙　江	2.36	14.13	2.14	31.46	2.23
安　徽	2.14	11.07	1.13	14.93	0.54
福　建	3.45	15.44	1.17	17.53	0.97
江　西	1.30	5.91	1.20	25.90	1.97
山　东	1.16	11.46	2.67	26.92	0.75
河　南	2.14	4.70	1.49	14.05	0.43
湖　北	2.10	11.36	0.58	14.94	0.31
湖　南	1.40	4.43	0.96	20.92	0.76
广　东	2.40	3.32	0.75	18.67	0.36
广　西	1.31	5.64	0.50	12.72	0.36
海　南	1.71	3.83	0.36	11.19	0.22
重　庆	4.44	7.92	0.40	11.37	0.54
四　川	1.54	6.24	0.22	11.56	0.89
贵　州	0.94	5.54	0.13	6.30	1.17
云　南	1.43	5.20	0.82	12.11	0.70
西　藏	3.16	1.35	0.93	1.58	0.18
陕　西	1.01	2.39	1.19	18.64	0.76
甘　肃	0.82	2.78	0.26	17.31	0.53
青　海	1.25	2.45	0.11	7.12	1.01
宁　夏	1.75	1.83	0.26	40.90	0.29
新　疆	0.36	1.24	0.19	54.00	0.37

5－10　各地区农村居民家庭主要耐用品年末拥有量

地　区	大型家具（件/百户）	洗衣机（台/百户）	电风扇（台/百户）	电冰箱（台/百户）	空调机（台/百户）	抽油烟机（台/百户）
全国合计	**292.34**	**31.80**	**134.26**	**14.83**	**2.29**	**3.58**
北　京	238.00	92.40	154.40	93.07	29.60	26.40
天　津	180.83	83.33	150.33	56.83	14.00	11.17
河　北	203.67	65.57	159.43	25.17	2.71	2.52
山　西	266.48	54.71	50.14	11.48	0.48	2.10
内蒙古	153.59	28.83	10.63	8.79		0.39
辽　宁	140.63	56.08	51.32	16.67	0.32	2.28
吉　林	121.63	56.88	18.50	6.81	0.13	0.56
黑龙江	73.39	52.90	15.71	9.87		2.32
上　海	350.83	70.83	342.00	78.83	23.50	42.33
江　苏	299.74	50.32	225.29	24.24	8.09	7.06
浙　江	398.81	40.15	289.67	48.59	13.00	25.63
安　徽	312.55	17.52	184.90	11.55	0.32	0.65
福　建	223.63	38.57	180.60	23.30	3.41	5.77
江　西	287.14	4.53	151.59	4.78	0.08	0.61
山　东	315.33	19.74	162.81	20.02	1.29	3.64
河　南	279.95	30.60	156.38	8.69	1.14	0.57
湖　北	251.91	20.42	166.15	8.09	0.42	1.03
湖　南	548.43	17.78	180.22	8.05	0.35	0.81
广　东	372.89	28.24	297.15	18.32	4.73	8.44
广　西	157.10	3.46	192.77	3.46	0.04	0.30
海　南	306.94	6.11	104.03	5.83		0.42
重　庆	439.11	11.28	131.94	8.39	0.22	0.39
四　川	473.98	20.15	137.10	6.58	0.30	0.55
贵　州	401.65	15.00	28.57	3.84		0.04
云　南	114.58	19.58	8.96	3.63		1.29
西　藏	428.75	0.83		1.04		
陕　西	247.97	38.56	78.74	5.50	0.32	0.54
甘　肃	316.83	30.89	20.39	4.78	0.17	1.06
青　海	345.50	19.50	2.00	3.50		0.17
宁　夏	430.50	42.33	26.83	9.50		1.17
新　疆	227.81	23.94	17.61	13.10	0.32	1.55

5—10 续表 1

地　区	吸尘器（台/百户）	微波炉（台/百户）	热水器（台/百户）	自行车（辆/百户）	摩托车（辆/百户）	汽车（辆/百户）
全国合计	**0.51**	**1.12**	**6.70**	**121.32**	**28.07**	**0.41**
北　京	5.20	12.67	23.07	208.13	41.33	4.00
天　津	3.83	4.50	12.17	204.17	43.67	1.17
河　北	0.40	0.43	5.81	192.57	43.62	0.79
山　西	0.10	0.05	2.05	128.76	30.76	0.19
内蒙古	0.00	0.05	0.49	80.24	32.48	1.60
辽　宁	0.58	0.11	1.75	127.99	29.68	0.16
吉　林	0.00	0.00	1.00	98.75	27.31	0.63
黑龙江	0.04	0.18	0.98	89.38	19.38	0.54
上　海	12.00	28.17	52.67	215.67	82.83	0.50
江　苏	1.88	3.94	16.15	181.47	34.15	0.50
浙　江	2.67	3.44	26.89	175.11	40.33	0.56
安　徽	0.00	0.26	1.94	137.13	12.65	0.06
福　建	0.33	2.69	20.99	91.26	57.58	0.77
江　西	0.00	0.16	1.18	121.55	22.98	0.29
山　东	0.33	1.07	6.90	182.62	47.36	0.52
河　南	0.02	0.17	1.64	156.62	18.79	0.07
湖　北	0.03	0.09	3.24	111.33	20.88	0.21
湖　南	0.08	0.08	1.43	81.38	14.19	0.20
广　东	0.51	1.60	26.80	152.97	64.49	0.51
广　西	0.00	0.09	3.12	121.26	27.14	0.04
海　南	0.00	1.53	6.94	52.50	64.03	0.42
重　庆	0.11	0.28	4.44	17.50	6.33	0.28
四　川	0.00	0.35	4.40	49.43	14.03	0.10
贵　州	0.04	0.13	0.89	6.61	8.66	
云　南	0.25	0.46	5.42	46.75	6.63	0.08
西　藏				60.42	1.67	
陕　西	0.05	0.09	2.66	134.14	19.37	0.32
甘　肃	0.06	0.22	3.39	129.00	18.33	0.50
青　海		0.00	0.17	58.67	22.50	0.50
宁　夏	0.17	0.50	2.67	166.33	36.50	
新　疆		0.39	1.48	121.48	23.29	0.06

5—10 续表 2

地　区	电话机（部/百户）	移动电话（部/百户）	寻呼机（台/百户）	彩色电视机（台/百户）	黑白电视机（台/百户）	录放像机（台/百户）
全国合计	**40.77**	**13.67**	**5.45**	**60.45**	**48.14**	**3.32**
北　京	95.60	50.40	17.73	110.00	14.53	13.07
天　津	66.33	27.00	8.83	106.83	16.83	8.67
河　北	50.67	11.45	3.67	77.38	44.64	2.79
山　西	28.71	3.05	1.81	70.29	38.52	2.48
内蒙古	16.50	7.67	1.65	56.65	44.03	0.92
辽　宁	57.99	12.28	9.52	81.22	31.64	5.29
吉　林	39.06	8.56	1.69	73.63	37.31	2.25
黑龙江	42.72	9.42	6.07	71.25	37.99	2.14
上　海	103.33	62.67	29.33	119.50	53.33	12.33
江　苏	67.18	25.09	3.24	65.74	59.35	6.26
浙　江	77.15	52.22	10.04	103.48	45.59	10.30
安　徽	44.16	12.42	2.39	52.19	64.77	2.29
福　建	74.34	27.75	7.47	79.18	37.80	4.67
江　西	35.67	9.63	1.96	41.55	70.73	3.43
山　东	67.05	14.62	4.14	64.33	49.24	3.29
河　南	37.24	6.33	2.90	48.86	58.81	1.10
湖　北	23.94	7.64	3.09	44.33	65.88	1.52
湖　南	33.59	7.70	6.14	41.00	63.41	2.41
广　东	59.22	38.79	17.15	84.57	21.84	5.27
广　西	20.56	4.59	9.57	39.91	59.13	1.08
海　南	28.47	13.61	35.00	57.22	13.47	7.78
重　庆	31.17	8.33	2.67	47.89	56.61	2.17
四　川	16.30	8.33	5.88	46.60	60.60	2.53
贵　州	10.80	3.71	0.85	33.88	34.33	1.16
云　南	15.54	7.25	2.63	49.04	28.54	2.63
西　藏	3.13	0.21		18.96	4.17	1.88
陕　西	35.90	7.25	4.37	58.60	45.68	1.13
甘　肃	28.33	4.56	2.44	60.83	36.94	2.11
青　海	12.17	1.17	0.83	45.67	38.67	1.00
宁　夏	29.50	8.83	7.50	78.17	30.67	0.67
新　疆	22.26	4.84	3.23	38.90	57.42	5.68

5—10续表3

地　　区	摄像机（台/百户）	影碟机（台/百户）	组合音响（台/百户）	收录机（台/百户）	照相机（台/百户）	家用计算机（台/百户）	中高档乐器（件/百户）
全国合计	**0.28**	**18.19**	**9.73**	**20.41**	**3.34**	**1.10**	**0.28**
北　京	2.00	31.07	37.20	28.67	26.67	14.80	1.07
天　津	1.33	19.67	22.33	19.33	8.83	2.67	0.33
河　北	0.29	16.48	10.76	18.64	4.14	0.43	0.12
山　西	0.14	9.29	6.62	24.52	2.95	0.29	0.38
内蒙古	0.05	6.50	4.37	34.22	3.01	0.15	0.19
辽　宁	0.32	20.11	13.33	19.95	4.97	0.42	0.16
吉　林	0.50	17.94	8.31	24.94	2.81	0.13	0.06
黑龙江	0.36	17.77	10.31	18.08	2.95	0.09	0.40
上　海	0.67	31.00	18.50	34.00	13.33	11.67	0.33
江　苏	0.18	15.68	11.03	19.32	4.47	1.03	0.85
浙　江	0.44	34.00	15.78	26.93	8.07	3.37	0.78
安　徽	0.13	15.13	9.84	21.06	2.19	0.06	
福　建	0.60	38.19	14.78	8.46	3.52	0.86	0.49
江　西	0.53	13.02	5.51	14.37	1.88	0.86	0.04
山　东	0.31	20.60	8.86	20.14	5.38	1.02	0.19
河　南	0.17	8.14	3.12	13.90	1.55	0.17	0.02
湖　北	0.33	16.42	7.88	10.52	1.30	1.42	0.15
湖　南	0.24	15.14	7.35	12.62	1.51	0.32	0.38
广　东	0.86	45.86	29.18	20.31	4.18	6.99	0.59
广　西	0.09	17.75	8.27	13.16	1.00	0.17	0.13
海　南	0.14	17.22	12.22	20.42	1.53	1.39	0.14
重　庆		20.22	9.94	7.61	1.33		0.83
四　川	0.05	20.80	8.63	13.58	1.38	0.20	0.08
贵　州	0.04	15.67	6.34	11.38	1.12		
云　南	0.21	20.79	9.88	21.00	3.08	0.46	0.13
西　藏			1.04	72.08	1.04		
陕　西	0.14	11.85	4.91	22.30	2.03	0.27	0.45
甘　肃	0.28	13.11	6.50	41.33	3.11	0.22	0.06
青　海	0.17	10.50	3.33	52.67	1.83		
宁　夏		16.17	6.50	39.00	3.50	0.50	
新　疆	0.06	8.13	3.16	56.06	2.84	0.13	0.45

5－11 各地区农村居民家庭主要食品购买量

单位：公斤/人

地　区	粮食	食用植物油	食用动物油	蔬菜	豆制品	猪肉
全国合计	**9.71**	**3.27**	**1.25**	**25.15**	**2.70**	**8.08**
北　京	16.30	10.56	0.28	93.69	6.18	11.09
天　津	6.40	10.78	0.87	59.21	3.98	8.94
河　北	3.62	4.29	0.49	35.94	1.10	5.69
山　西	8.16	4.09	0.15	39.70	2.02	4.52
内蒙古	11.13	1.21	0.30	39.66	0.94	2.91
辽　宁	14.22	4.70	0.62	32.20	3.20	6.78
吉　林	26.34	5.65	0.45	33.66	4.74	6.80
黑龙江	25.16	7.34	0.29	26.50	1.83	5.53
上　海	4.09	8.37	0.29	20.02	12.26	15.79
江　苏	5.78	3.45	0.49	14.77	4.16	9.45
浙　江	3.98	3.57	1.29	26.70	6.81	13.96
安　徽	4.77	2.71	1.33	15.24	4.62	6.96
福　建	4.56	2.60	2.27	21.84	4.80	17.21
江　西	4.18	3.01	1.43	11.12	2.46	9.71
山　东	11.35	4.58	0.39	44.82	2.75	7.39
河　南	6.32	2.88	0.33	33.67	1.69	5.83
湖　北	8.90	2.52	1.29	17.55	3.59	6.87
湖　南	7.47	1.28	5.01	9.95	2.63	11.61
广　东	34.36	3.05	1.00	34.50	2.82	20.17
广　西	2.91	1.33	2.07	7.17	1.79	11.65
海　南	1.93	1.19	16.19	30.31	1.07	12.32
重　庆	5.01	2.09	1.25	9.43	1.93	8.86
四　川	7.18	1.67	1.06	14.42	1.26	9.85
贵　州	13.70	1.31	1.65	6.31	2.42	5.35
云　南	8.50	1.07	1.35	16.04	3.23	6.02
西　藏	16.49	2.06	0.25	6.44	1.12	0.68
陕　西	6.93	4.70	0.23	26.44	2.27	3.62
甘　肃	15.59	1.90	0.04	26.46	2.14	3.08
青　海	14.42	1.80	0.21	21.42	1.08	1.79
宁　夏	7.09	3.41	0.12	45.55	0.77	2.38
新　疆	5.19	7.75	0.12	38.41	0.34	0.64

5—11 续表1

单位:公斤/人

地　　区	牛肉	羊肉	家禽	蛋类	鱼类	虾类
全国合计	**0.35**	**0.27**	**1.43**	**2.46**	**3.30**	**0.35**
北　　京	0.87	3.07	3.57	9.56	3.69	0.31
天　　津	0.64	1.07	0.73	9.68	6.21	0.80
河　　北	0.34	0.21	0.36	4.95	2.00	0.09
山　　西	0.10	0.17	0.23	4.10	0.47	
内 蒙 古	0.15	0.34	0.56	0.83	1.42	0.03
辽　　宁	0.27	0.19	0.67	4.03	3.49	0.59
吉　　林	0.37	0.07	1.32	1.96	3.45	0.10
黑 龙 江	0.33	0.09	1.04	2.60	3.42	0.04
上　　海	0.34	0.42	6.47	5.73	9.83	3.81
江　　苏	0.48	0.20	2.65	2.59	6.55	0.83
浙　　江	0.49	0.28	4.36	3.10	8.71	3.37
安　　徽	0.26	0.10	1.44	1.62	4.21	0.05
福　　建	0.24	0.10	2.58	2.70	7.69	2.89
江　　西	0.20	0.02	1.02	1.16	3.44	0.03
山　　东	0.20	0.16	2.29	8.54	2.98	0.36
河　　南	0.50	0.10	0.85	4.54	0.94	0.01
湖　　北	0.23	0.08	0.52	0.69	5.88	0.03
湖　　南	0.26	0.07	1.38	1.11	4.26	0.05
广　　东	0.32	0.04	4.91	1.91	9.33	0.43
广　　西	0.15	0.01	2.06	0.64	2.54	0.11
海　　南	1.08	0.21	3.86	0.57	12.84	0.69
重　　庆	0.02	0.02	1.14	0.75	1.46	0.02
四　　川	0.11	0.03	0.92	0.93	1.25	0.01
贵　　州	0.07	0.01	0.38	0.34	0.12	
云　　南	0.35	0.07	0.68	0.74	0.77	0.03
西　　藏	1.21	0.81		0.16		
陕　　西	0.06	0.16	0.24	1.48	0.22	
甘　　肃	0.18	0.21	0.23	0.95	0.20	
青　　海	1.70	1.64	0.24	0.28	0.20	
宁　　夏	0.89	1.05	0.70	0.76	0.50	0.01
新　　疆	1.66	3.08	0.39	0.41	0.34	

5—11 续表 2

单位:公斤/人

地区	食糖	糕点	糖果	卷烟(盒/人)	酒	啤酒
全国合计	**1.62**	**1.03**	**0.34**	**22.75**	**7.90**	**3.83**
北京	2.63	2.37	0.46	37.02	29.93	18.63
天津	2.04	1.71	0.35	26.90	8.72	5.33
河北	0.98	1.18	0.22	18.46	6.93	4.23
山西	1.83	0.84	0.21	30.01	2.65	0.90
内蒙古	1.44	1.23	0.38	24.48	10.06	3.91
辽宁	0.83	1.67	0.21	17.49	10.95	6.58
吉林	1.19	1.16	0.23	21.36	13.32	7.38
黑龙江	0.95	0.80	0.22	18.51	15.96	9.05
上海	3.36	3.40	2.05	41.15	21.35	8.14
江苏	1.44	1.24	0.32	22.94	8.97	3.83
浙江	2.36	2.14	0.52	33.02	21.16	12.40
安徽	2.14	1.12	0.28	24.42	11.09	7.54
福建	3.45	1.17	0.47	28.77	16.26	13.09
江西	1.30	1.20	0.33	23.40	6.18	4.57
山东	1.16	2.65	0.57	26.65	11.54	5.77
河南	2.14	1.49	0.17	21.02	4.72	2.76
湖北	2.09	0.58	0.15	28.01	11.30	3.54
湖南	1.40	0.96	0.63	23.34	3.76	1.18
广东	2.39	0.75	0.40	22.53	3.29	0.91
广西	1.31	0.50	0.20	10.33	5.66	0.91
海南	1.71	0.36	0.22	14.16	4.31	0.40
重庆	4.44	0.40	0.52	30.61	7.97	2.67
四川	1.54	0.22	0.33	24.15	6.31	1.83
贵州	0.94	0.13	0.18	24.52	5.29	0.54
云南	1.43	0.82	0.35	25.03	5.18	0.67
西藏	1.41	0.29	0.58	12.61	2.56	0.49
陕西	1.01	1.19	0.20	25.35	2.28	1.07
甘肃	0.82	0.26	0.19	19.27	2.81	1.22
青海	1.25	0.11	0.53	16.10	2.45	0.45
宁夏	1.74	0.26	0.17	15.42	1.84	0.84
新疆	0.36	0.19	0.46	2.55	1.28	0.55

5—11 续表3 单位:公斤/人

地　区	茶叶	水果	鲜奶	奶制品	罐头
全国合计	**0.36**	**7.52**	**0.33**	**0.27**	**0.06**
北　京	2.53	22.98	6.54	3.99	0.26
天　津	0.35	16.59	0.54	0.74	0.05
河　北	0.13	8.05	0.15	0.27	0.05
山　西	0.62	6.91	0.99	0.34	0.18
内蒙古	0.65	6.14	0.41	0.26	0.16
辽　宁	0.12	15.44	0.35	0.30	0.09
吉　林	0.07	14.88	0.02	0.13	0.05
黑龙江	0.30	12.02	0.25	0.18	0.04
上　海	0.15	10.46	1.77	0.64	0.19
江　苏	0.07	7.10	0.55	0.37	0.11
浙　江	0.09	14.89	0.74	1.09	0.11
安　徽	0.34	5.22	0.02	0.18	0.10
福　建	0.64	10.02	0.78	0.26	0.12
江　西	0.08	6.60	0.03	0.19	0.05
山　东	0.34	12.40	0.84	0.39	0.02
河　南	0.08	5.20	0.06	0.28	0.01
湖　北	1.25	4.44	0.00	0.05	0.05
湖　南	0.08	9.14	0.00	0.10	0.02
广　东	0.47	9.34	0.06	0.07	0.09
广　西	0.02	4.58	0.00	0.03	0.00
海　南	0.22	3.65	0.02	0.21	0.00
重　庆	0.13	5.31	0.04	0.22	0.02
四　川	0.21	5.51	0.07	0.09	0.01
贵　州	0.16	2.97	0.00	0.05	0.01
云　南	0.45	5.09	0.08	0.10	0.03
西　藏	0.66	0.66	0.00	0.48	0.01
陕　西	0.18	4.53	0.49	0.19	0.06
甘　肃	1.19	4.38	0.23	0.39	0.17
青　海	1.69	2.83	0.54	0.17	0.08
宁　夏	0.47	10.92	0.40	0.24	0.07
新　疆	0.36	3.02	0.68	0.07	0.02

5—12 各地区农村居民家庭衣着购买情况

地 区	棉布（米/人）	棉布服装（件/人）	化纤布（米/人）	化纤布服装（件/人）	毛料（米/人）	毛料服装（件/人）
全国合计	**0.17**	**0.14**	**0.21**	**1.21**	**0.01**	**0.03**
北 京	0.35	0.61	0.27	0.98	0.12	0.11
天 津	0.38	0.21	0.29	1.36	0.02	0.09
河 北	0.30	0.08	0.44	1.49	0.01	0.01
山 西	0.31	0.05	0.34	1.59	0.01	0.01
内 蒙 古	0.20	0.07	0.36	1.22	0.01	0.01
辽 宁	0.26	0.14	0.19	1.41	0.01	0.05
吉 林	0.22	0.08	0.12	1.14	…	0.02
黑 龙 江	0.22	0.08	0.16	1.03	…	0.03
上 海	0.13	0.41	0.12	0.79	0.01	0.10
江 苏	0.06	0.33	0.25	1.32	0.01	0.07
浙 江	0.06	0.29	0.14	1.24	0.02	0.12
安 徽	0.10	0.24	0.16	0.96	0.01	0.03
福 建	0.08	0.23	0.06	0.90	0.03	0.04
江 西	0.06	0.15	0.13	1.32	0.01	0.01
山 东	0.53	0.14	0.58	0.91	0.02	0.05
河 南	0.14	0.08	0.21	1.43	0.02	0.01
湖 北	0.03	0.13	0.07	1.57	0.02	0.01
湖 南	0.03	0.11	0.08	1.56	…	0.01
广 东	0.01	0.18	0.02	0.87	0.01	0.01
广 西	0.04	0.07	0.08	1.36	…	…
海 南	0.01	0.05	0.06	0.38	…	…
重 庆	0.13	0.14	0.04	1.04	0.01	0.02
四 川	0.09	0.06	0.07	1.16	0.01	0.01
贵 州	0.12	0.06	0.11	0.87	0.02	0.01
云 南	0.09	0.08	0.06	0.95	0.02	0.01
西 藏	0.70	0.87	0.07	0.35	0.02	0.01
陕 西	0.27	0.07	0.30	1.66	…	0.01
甘 肃	0.18	0.08	0.31	0.89	0.02	0.02
青 海	0.52	0.08	0.61	1.49	0.02	0.03
宁 夏	0.20	0.03	0.28	1.40	…	…
新 疆	0.52	0.24	0.73	1.25	0.03	0.06

5—13 各地区农村居民家庭主要建筑材料购买情况

地　区	水泥（公斤/户）	木材（立方米/户）	钢材（公斤/户）	水泥预制件（件/户）	玻璃（平方米/户）	砖瓦（块/户）	沙石（立方米/户）
全国合计	**335.99**	**0.19**	**26.45**	**1.67**	**0.27**	**929.88**	**3.69**
北　京	179.98	0.16	20.90	0.04	0.06	842.09	7.59
天　津	177.87	0.14	3.30	0.74	0.36	545.68	9.22
河　北	292.00	0.12	21.13	1.34	0.40	1361.07	4.46
山　西	211.09	0.15	14.44	0.17	0.48	648.02	0.83
内蒙古	156.91	0.10	4.82	0.86	0.51	801.68	0.85
辽　宁	298.27	0.09	13.25	0.78	0.13	539.50	1.25
吉　林	233.27	0.16	12.75	0.61	0.11	822.13	2.51
黑龙江	157.25	0.18	9.05	0.43	0.43	786.17	0.99
上　海	295.00	0.81	24.74	0.39	0.08	440.55	28.62
江　苏	423.49	0.14	35.24	2.37	0.13	1150.97	5.66
浙　江	371.57	0.37	40.99	1.79	0.33	744.59	2.11
安　徽	361.89	0.10	30.92	1.48	0.13	1045.09	5.65
福　建	332.05	0.05	40.13	0.72	0.30	630.19	2.83
江　西	358.45	0.04	45.08	0.72	0.12	962.61	1.73
山　东	421.43	0.13	18.44	3.81	0.52	1244.21	4.56
河　南	399.45	0.02	19.28	1.51	0.13	1487.75	1.41
湖　北	354.55	0.96	24.17	3.04	0.17	779.89	9.14
湖　南	382.83	0.09	41.30	2.18	0.35	1031.22	3.09
广　东	564.95	0.04	63.82	0.15	0.12	832.34	2.64
广　西	641.72	0.07	88.19	1.53	0.08	1008.22	3.28
海　南	139.91	0.18	7.18	0.15	0.00	336.44	16.51
重　庆	214.24	0.06	8.21	1.44	0.09	544.44	8.39
四　川	289.67	0.03	14.51	0.67	0.21	673.25	1.08
贵　州	286.62	0.05	16.56	4.05	0.18	305.57	1.67
云　南	385.07	0.89	27.48	6.68	0.27	604.31	6.21
西　藏	17.82	0.57			0.82		
陕　西	553.37	0.12	42.33	2.12	0.51	1834.32	2.46
甘　肃	107.01	0.11	3.81	0.63	0.12	704.26	0.91
青　海	137.61	0.35	5.63	0.07	1.19	570.78	0.15
宁　夏	245.66	0.10	11.82	0.04	0.50	1041.72	1.57
新　疆	212.33	0.12	10.57	0.67	0.49	1297.25	0.97

5—14 各地区农村居民家庭主要生产资料购买情况

单位:公斤/户

地区	化肥	饼肥	农药	农用薄膜	生产用燃料	生产用种籽	生产用饲料
全国合计	**552.39**	**8.81**	**10.02**	**3.60**	**90.38**	**29.67**	**404.06**
北京	270.87	7.07	21.95	1.48	60.12	10.39	249.63
天津	275.01	9.83	13.24	5.35	71.05	29.73	1257.08
河北	534.45	2.32	7.94	4.10	74.08	22.77	352.12
山西	372.46	2.68	5.82	3.25	68.93	28.23	218.75
内蒙古	610.02	1.05	5.15	5.89	129.70	35.17	356.61
辽宁	478.97	0.87	7.10	4.36	61.54	41.77	714.98
吉林	681.04	3.91	8.55	5.28	98.85	62.66	292.08
黑龙江	729.48	3.77	12.87	5.21	177.05	104.39	393.26
上海	381.32	4.30	23.04	4.74	44.80	17.13	219.37
江苏	539.78	10.21	10.21	1.75	52.53	26.02	559.24
浙江	364.01	1.09	13.59	1.46	45.22	9.39	535.66
安徽	714.99	6.34	8.33	1.71	44.93	29.44	261.38
福建	461.09	7.43	16.88	2.18	121.30	11.53	476.71
江西	488.07	4.44	15.52	1.31	43.45	12.81	297.37
山东	594.50	22.75	9.35	10.95	90.58	32.92	573.34
河南	657.61	13.59	6.10	1.79	76.56	31.68	330.90
湖北	783.21	6.40	19.57	1.73	29.43	35.30	443.02
湖南	473.81	1.79	11.84	0.82	128.17	13.53	383.22
广东	505.98	22.21	14.70	2.60	55.20	14.58	856.25
广西	795.96	6.63	14.67	1.24	85.67	41.99	487.04
海南	548.72	42.15	18.94	0.38	106.67	25.28	385.98
重庆	407.48	5.20	23.22	1.24	125.45	17.55	162.94
四川	545.30	9.74	4.75	1.53	89.50	16.47	340.91
贵州	363.09	2.08	1.93	0.74	265.97	12.49	166.72
云南	507.63	4.79	5.23	5.34	245.78	43.29	158.65
西藏	132.40	1.34	0.80	0.08	57.17	0.88	1.61
陕西	563.24	8.42	4.70	2.85	67.19	20.41	379.59
甘肃	524.18	5.28	5.17	6.53	40.30	21.12	153.26
青海	222.79	1.37	4.51	0.63	82.72	19.84	92.84
宁夏	695.01	0.01	3.48	2.23	67.31	50.81	939.75
新疆	779.52	60.88	4.00	23.64	57.62	92.41	600.40

5—15 各地区农村居民家庭粮食支出

单位:公斤/人

地　区	粮食支出	1. 主食用粮	2. 其他生活用粮	3. 出售粮食
全国合计	**680.03**	**236.50**	**1.58**	**281.15**
北　京	419.95	143.83		208.07
天　津	760.52	160.09		235.65
河　北	639.26	211.05	0.43	297.54
山　西	499.47	228.82	4.74	116.34
内蒙古	1130.89	223.54	1.21	544.80
辽　宁	1325.01	216.68	0.72	780.08
吉　林	1631.23	216.46		1170.64
黑龙江	2001.20	232.81	0.94	1412.60
上　海	398.76	230.85		105.98
江　苏	709.76	265.31	1.38	337.86
浙　江	408.46	222.58	2.86	86.27
安　徽	719.86	243.59	0.50	362.63
福　建	420.60	228.08	3.12	70.90
江　西	694.34	273.80	4.67	307.17
山　东	839.86	236.22	1.60	406.04
河　南	650.65	239.69		276.88
湖　北	743.15	274.56	2.73	328.47
湖　南	548.20	265.28	4.81	127.40
广　东	439.88	236.02	1.30	84.41
广　西	424.12	219.60	0.59	80.03
海　南	586.61	335.52		74.99
重　庆	459.15	227.78	2.69	60.56
四　川	502.14	235.67	1.73	65.00
贵　州	404.14	207.92	2.69	62.55
云　南	518.87	225.41	0.17	100.80
西　藏	403.65	276.15		53.21
陕　西	479.75	201.63	1.86	150.35
甘　肃	481.32	249.98		126.63
青　海	372.46	229.04		50.98
宁　夏	892.58	233.96	1.49	407.01
新　疆	773.62	249.56		348.48

5—15 续表　　　　　　　　　　　　　　　　　　　　　　　　单位:公斤/人

地　区	4. 种籽用粮	5. 饲料用粮	6. 借出粮食	7. 归还借粮	8. 其他粮食支出
全国合计	**13.16**	**136.39**	**4.28**	**2.89**	**4.08**
北　京	2.61	65.33			0.11
天　津	11.01	353.77			
河　北	14.79	114.01	0.01	0.01	1.41
山　西	14.29	73.03	49.52	9.63	3.11
内蒙古	33.06	323.69	1.61	2.63	0.34
辽　宁	11.24	308.82	0.30	4.23	2.94
吉　林	18.40	225.71	0.01		0.01
黑龙江	50.06	222.64	33.30	48.13	0.71
上　海	2.71	59.23			
江　苏	5.84	95.47	3.27	0.60	0.02
浙　江	2.13	91.77	0.52	0.04	2.31
安　徽	12.82	99.40		0.01	0.91
福　建	1.95	112.72	0.74		3.09
江　西	5.91	100.22	0.76	0.38	1.43
山　东	7.76	178.13	6.05	1.29	2.78
河　南	12.45	117.03	0.55	0.30	3.75
湖　北	11.32	110.17	4.72	6.73	4.46
湖　南	5.14	131.51	6.98	4.08	3.02
广　东	3.41	90.55	1.93	1.91	20.34
广　西	3.58	108.00	1.62	1.04	9.66
海　南	8.37	150.96			16.77
重　庆	8.58	157.77	0.76	0.48	0.54
四　川	9.09	184.38	1.10	1.50	3.67
贵　州	11.89	114.56	2.13	0.09	2.31
云　南	16.64	161.17	1.70	0.29	12.68
西　藏	30.64	42.87	0.17	0.14	0.47
陕　西	12.14	104.99	4.75	1.81	2.22
甘　肃	21.93	78.26	0.01	0.02	4.49
青　海	33.26	58.69			0.49
宁　夏	47.68	195.24	0.27	0.14	6.79
新　疆	34.35	134.91	0.05	0.16	6.10

5－16　各地区农村居民总收入

单位:元/人

地　区	总收入	一、工资性收入	二、家庭经营收入	三、财产性收入	四、转移性收入
全国合计	**3448.62**	**840.22**	**2380.51**	**50.68**	**177.21**
北　京	6429.85	3429.68	2264.48	341.27	394.42
天　津	5436.94	2060.23	3096.58	72.65	207.48
河　北	3631.13	1043.67	2404.61	77.51	105.35
山　西	2764.13	866.47	1768.89	15.23	113.55
内蒙古	3657.01	320.03	3197.54	20.57	118.87
辽　宁	4210.58	1020.62	2966.58	42.64	180.74
吉　林	3629.84	388.99	3098.77	0.39	141.69
黑龙江	4195.10	376.55	3606.49	95.56	116.50
上　海	7070.89	4920.43	1336.98	206.96	606.52
江　苏	4975.70	1993.74	2673.91	61.17	246.87
浙　江	6152.24	2437.42	3101.04	192.09	421.70
安　徽	2875.70	707.68	2001.85	31.16	135.01
福　建	4455.33	1246.01	2714.86	79.42	415.04
江　西	3023.86	927.35	1961.68	20.65	114.18
山　东	4324.09	1056.70	3018.33	46.09	202.98
河　南	3060.99	567.07	2353.84	32.45	107.63
湖　北	3239.81	662.19	2394.24	14.09	169.29
湖　南	3389.14	914.31	2178.84	29.02	266.97
广　东	4893.38	1714.11	2738.44	139.71	301.11
广　西	2864.58	686.57	2027.67	9.11	141.22
海　南	3272.51	304.81	2754.56	30.63	182.52
重　庆	2828.69	783.12	1812.91	17.17	215.49
四　川	3121.80	711.38	2245.31	27.02	138.09
贵　州	2072.08	386.86	1513.86	29.55	141.82
云　南	2491.42	286.17	2036.22	60.43	108.60
西　藏	1917.16	205.61	1501.58	60.97	149.00
陕　西	2261.57	550.51	1538.65	39.57	132.84
甘　肃	2173.74	447.41	1615.89	17.27	93.17
青　海	2258.21	401.51	1705.31	39.04	112.35
宁　夏	3110.86	526.68	2396.83	57.33	130.02
新　疆	3239.57	142.10	3010.18	31.73	55.56

5—17 各地区农村居民总收入构成

单位:%

地区	总收入	一、工资性收入	二、家庭经营收入	三、财产性收入	四、转移性收入
全国合计	**100.00**	**24.36**	**69.03**	**1.47**	**5.14**
北京	100.00	53.34	35.22	5.31	6.13
天津	100.00	37.89	56.95	1.34	3.82
河北	100.00	28.74	66.22	2.13	2.90
山西	100.00	31.35	63.99	0.55	4.11
内蒙古	100.00	8.75	87.44	0.56	3.25
辽宁	100.00	24.24	70.46	1.01	4.29
吉林	100.00	10.72	85.37	0.01	3.90
黑龙江	100.00	8.98	85.97	2.28	2.78
上海	100.00	69.59	18.91	2.93	8.58
江苏	100.00	40.07	53.74	1.23	4.96
浙江	100.00	39.62	50.40	3.12	6.85
安徽	100.00	24.61	69.61	1.08	4.69
福建	100.00	27.97	60.94	1.78	9.32
江西	100.00	30.67	64.87	0.68	3.78
山东	100.00	24.44	69.80	1.07	4.69
河南	100.00	18.53	76.90	1.06	3.52
湖北	100.00	20.44	73.90	0.43	5.23
湖南	100.00	26.98	64.29	0.86	7.88
广东	100.00	35.03	55.96	2.86	6.15
广西	100.00	23.97	70.78	0.32	4.93
海南	100.00	9.31	84.17	0.94	5.58
重庆	100.00	27.68	64.09	0.61	7.62
四川	100.00	22.79	71.92	0.87	4.42
贵州	100.00	18.67	73.06	1.43	6.84
云南	100.00	11.49	81.73	2.43	4.36
西藏	100.00	10.72	78.32	3.18	7.77
陕西	100.00	24.34	68.03	1.75	5.87
甘肃	100.00	20.58	74.34	0.79	4.29
青海	100.00	17.78	75.52	1.73	4.98
宁夏	100.00	16.93	77.05	1.84	4.18
新疆	100.00	4.39	92.92	0.98	1.72

5—18 各地区农村居民纯收入

单位:元/人

地区	纯收入	一、工资性收入	二、家庭经营收入	三、财产性收入	四、转移性收入
全国合计	**2475.63**	**840.22**	**1486.54**	**50.68**	**98.19**
北京	5398.48	3429.68	1371.27	341.27	256.25
天津	4278.71	2060.23	2000.18	72.65	145.65
河北	2685.16	1043.67	1506.11	77.51	57.87
山西	2149.82	866.47	1210.33	15.23	57.79
内蒙古	2086.02	320.03	1694.40	20.57	51.02
辽宁	2751.34	1020.62	1618.68	42.64	69.39
吉林	2300.99	388.99	1867.95	0.39	43.66
黑龙江	2405.24	376.55	1861.11	95.56	72.03
上海	6223.55	4920.43	764.52	206.96	331.64
江苏	3979.79	1993.74	1781.40	61.17	143.48
浙江	4940.36	2437.42	2075.34	192.09	235.51
安徽	2117.56	707.68	1304.80	31.16	73.91
福建	3538.83	1246.01	1926.18	79.42	287.22
江西	2306.45	927.35	1302.62	20.65	55.83
山东	2947.65	1056.70	1728.52	46.09	116.34
河南	2215.74	567.07	1548.79	32.45	67.43
湖北	2444.06	662.19	1694.40	14.09	73.38
湖南	2397.92	914.31	1376.71	29.02	77.88
广东	3911.90	1714.11	1869.56	139.71	188.52
广西	2012.60	686.57	1236.26	9.11	80.65
海南	2423.20	304.81	1952.16	30.63	135.61
重庆	2097.58	783.12	1164.79	17.17	132.50
四川	2107.64	711.38	1296.53	27.02	72.71
贵州	1489.91	386.86	988.92	29.55	84.58
云南	1608.64	286.17	1193.26	60.43	68.79
西藏	1462.27	205.61	1062.52	60.97	133.17
陕西	1596.25	550.51	915.31	39.57	90.85
甘肃	1590.30	447.41	1056.87	17.27	68.76
青海	1668.94	401.51	1161.88	39.04	66.52
宁夏	1917.36	526.68	1265.29	57.33	68.05
新疆	1863.26	142.10	1664.01	31.73	25.42

5－19 各地区农村居民纯收入构成

单位：%

地 区	纯收入	一、工资性收入	二、家庭经营收入	三、财产性收入	四、转移性收入
全国合计	**100.00**	**33.94**	**60.05**	**2.05**	**3.97**
北 京	100.00	63.53	25.40	6.32	4.75
天 津	100.00	48.15	46.75	1.70	3.40
河 北	100.00	38.87	56.09	2.89	2.16
山 西	100.00	40.30	56.30	0.71	2.69
内蒙古	100.00	15.34	81.23	0.99	2.45
辽 宁	100.00	37.10	58.83	1.55	2.52
吉 林	100.00	16.91	81.18	0.02	1.90
黑龙江	100.00	15.66	77.38	3.97	2.99
上 海	100.00	79.06	12.28	3.33	5.33
江 苏	100.00	50.10	44.76	1.54	3.61
浙 江	100.00	49.34	42.01	3.89	4.77
安 徽	100.00	33.42	61.62	1.47	3.49
福 建	100.00	35.21	54.43	2.24	8.12
江 西	100.00	40.21	56.48	0.90	2.42
山 东	100.00	35.85	58.64	1.56	3.95
河 南	100.00	25.59	69.90	1.46	3.04
湖 北	100.00	27.09	69.33	0.58	3.00
湖 南	100.00	38.13	57.41	1.21	3.25
广 东	100.00	43.82	47.79	3.57	4.82
广 西	100.00	34.11	61.43	0.45	4.01
海 南	100.00	12.58	80.56	1.26	5.60
重 庆	100.00	37.33	55.53	0.82	6.32
四 川	100.00	33.75	61.52	1.28	3.45
贵 州	100.00	25.97	66.37	1.98	5.68
云 南	100.00	17.79	74.18	3.76	4.28
西 藏	100.00	14.06	72.66	4.17	9.11
陕 西	100.00	34.49	57.34	2.48	5.69
甘 肃	100.00	28.13	66.46	1.09	4.32
青 海	100.00	24.06	69.62	2.34	3.99
宁 夏	100.00	27.47	65.99	2.99	3.55
新 疆	100.00	7.63	89.31	1.70	1.36

5—20 各地区农村居民工资性收入

单位:元/人

地区	工资性收入	一、在非企业组织中得到的收入	二、在本地企业中得到的收入	三、常住人口外出从业得到的收入	四、其他收入
全国合计	**840.22**	**161.76**	**240.23**	**298.19**	**140.03**
北京	3429.68	1132.50	1576.92	483.46	236.80
天津	2060.23	379.44	1132.52	395.91	152.36
河北	1043.67	220.11	354.42	267.20	201.94
山西	866.47	151.16	387.01	104.12	224.18
内蒙古	320.03	106.61	15.13	111.89	86.40
辽宁	1020.62	321.32	226.54	200.27	272.49
吉林	388.99	78.31	73.87	116.31	120.50
黑龙江	376.55	142.42	24.35	96.84	112.94
上海	4920.43	1154.65	2914.64	632.08	219.06
江苏	1993.74	302.91	892.60	627.05	171.19
浙江	2437.42	467.13	1302.06	341.96	326.26
安徽	707.68	99.93	102.96	430.23	74.57
福建	1246.01	267.35	364.16	314.73	299.78
江西	927.35	119.26	64.23	657.09	86.77
山东	1056.70	261.33	350.06	272.48	172.82
河南	567.07	98.07	95.63	288.52	84.84
湖北	662.19	119.70	48.84	384.63	109.02
湖南	914.31	87.72	175.22	503.52	147.85
广东	1714.11	221.66	361.81	996.56	134.08
广西	686.57	87.29	31.38	426.32	141.58
海南	304.81	92.47	31.66	114.43	66.25
重庆	783.12	89.80	118.36	439.98	134.98
四川	711.38	83.46	125.60	403.42	98.90
贵州	386.86	73.00	38.73	161.21	113.92
云南	286.17	90.39	42.58	42.97	110.23
西藏	205.61	95.72	10.63	16.68	82.58
陕西	550.51	81.66	85.27	243.14	140.43
甘肃	447.41	118.86	100.54	174.16	53.85
青海	401.51	94.52	32.82	239.04	35.12
宁夏	526.68	121.95	71.95	210.88	121.91
新疆	142.10	59.77	7.07	17.96	57.30

5—21 各地区农村居民工资性收入构成

单位：%

地区	工资性收入	一、在非企业组织中得到的收入	二、在本地企业中得到的收入	三、常住人口外出从业得到的收入	四、其他收入
全国合计	**100.00**	**19.25**	**28.59**	**35.49**	**16.67**
北京	100.00	33.02	45.98	14.10	6.90
天津	100.00	18.42	54.97	19.22	7.40
河北	100.00	21.09	33.96	25.60	19.35
山西	100.00	17.45	44.67	12.02	25.87
内蒙古	100.00	33.31	4.73	34.96	27.00
辽宁	100.00	31.48	22.20	19.62	26.70
吉林	100.00	20.13	18.99	29.90	30.98
黑龙江	100.00	37.82	6.47	25.72	29.99
上海	100.00	23.47	59.24	12.85	4.45
江苏	100.00	15.19	44.77	31.45	8.59
浙江	100.00	19.17	53.42	14.03	13.39
安徽	100.00	14.12	14.55	60.79	10.54
福建	100.00	21.46	29.23	25.26	24.06
江西	100.00	12.86	6.93	70.86	9.36
山东	100.00	24.73	33.13	25.79	16.36
河南	100.00	17.29	16.86	50.88	14.96
湖北	100.00	18.08	7.38	58.08	16.46
湖南	100.00	9.59	19.16	55.07	16.17
广东	100.00	12.93	21.11	58.14	7.82
广西	100.00	12.71	4.57	62.09	20.62
海南	100.00	30.34	10.39	37.54	21.73
重庆	100.00	11.47	15.11	56.18	17.24
四川	100.00	11.73	17.66	56.71	13.90
贵州	100.00	18.87	10.01	41.67	29.45
云南	100.00	31.58	14.88	15.02	38.52
西藏	100.00	46.55	5.17	8.11	40.16
陕西	100.00	14.83	15.49	44.17	25.51
甘肃	100.00	26.57	22.47	38.93	12.04
青海	100.00	23.54	8.17	59.54	8.75
宁夏	100.00	23.15	13.66	40.04	23.15
新疆	100.00	42.06	4.98	12.64	40.32

5—22 各地区农村居民家庭经营总收入

单位:元/人

地区	家庭经营总收入	1. 农业收入	种植业收入	2. 林业收入	3. 牧业收入	4. 渔业收入
全国合计	**2380.51**	**1279.81**	**1217.26**	**31.39**	**553.43**	**60.12**
北京	2264.48	745.21	720.26	55.56	278.86	15.90
天津	3096.58	1289.76	1246.36	1.98	940.50	95.72
河北	2404.61	1277.41	1270.16	8.45	395.32	16.14
山西	1768.89	953.02	942.32	17.62	280.82	0.00
内蒙古	3197.54	1893.75	1768.88	19.84	1154.70	0.00
辽宁	2966.58	1745.97	1675.46	16.59	781.56	83.00
吉林	3098.77	2371.83	2238.81	6.58	588.62	2.31
黑龙江	3606.49	2892.07	2770.08	4.38	561.44	1.62
上海	1336.98	792.08	760.60	0.89	204.53	23.09
江苏	2673.91	1157.21	1110.97	44.37	525.19	216.97
浙江	3101.04	1041.54	1017.64	43.24	463.75	96.44
安徽	2001.85	1243.51	1175.39	25.19	410.21	23.55
福建	2714.86	1086.53	1032.17	67.00	507.78	144.28
江西	1961.68	1095.26	1016.63	32.41	470.56	43.49
山东	3018.33	1687.24	1666.25	47.97	657.43	25.26
河南	2353.84	1434.34	1369.92	35.98	464.30	16.32
湖北	2394.24	1430.09	1360.29	34.71	500.70	128.40
湖南	2178.84	922.99	903.00	19.44	633.34	46.56
广东	2738.44	1195.87	1067.59	22.34	563.75	293.72
广西	2027.67	1028.56	962.99	46.46	667.52	55.97
海南	2754.56	1132.43	1077.28	279.26	457.22	536.15
重庆	1812.91	844.72	795.55	22.98	728.21	28.24
四川	2245.31	1031.26	946.97	20.58	837.30	16.31
贵州	1513.86	768.07	717.41	17.90	506.05	1.94
云南	2036.22	1132.78	1013.70	47.16	582.84	9.44
西藏	1501.58	589.72	511.93	30.44	473.87	0.00
陕西	1538.65	916.66	857.72	15.39	305.05	0.39
甘肃	1615.89	1013.52	990.05	15.59	261.06	0.02
青海	1705.31	668.08	505.98	8.02	695.88	11.25
宁夏	2396.83	1205.04	1120.04	20.74	695.59	45.18
新疆	3010.18	2082.76	2024.98	39.10	604.69	0.00

5—22 续表 1　　　　单位:元/人

地　区	5. 工业收入	6. 建筑业收入	7. 交通运输、邮电业收入	8. 批发和零售贸易、餐饮业收入	9. 社会服务业收入
全国合计	**90.58**	**53.97**	**102.54**	**102.98**	**36.36**
北　京	204.67	95.55	454.97	205.89	74.06
天　津	36.92	22.53	241.28	242.45	71.06
河　北	162.14	42.08	165.87	227.66	41.88
山　西	53.60	39.79	193.00	92.73	32.74
内蒙古	21.57	1.68	30.81	33.99	14.80
辽　宁	78.96	18.83	82.39	89.57	26.12
吉　林	21.02	9.11	29.57	13.65	8.12
黑龙江	14.95	5.44	46.00	16.16	7.01
上　海	87.98	27.77	76.20	40.70	43.91
江　苏	208.49	92.88	164.66	140.48	65.08
浙　江	501.65	185.43	240.08	293.99	124.44
安　徽	47.87	52.11	59.93	59.47	28.41
福　建	124.79	183.14	178.21	170.11	84.65
江　西	45.62	42.88	60.13	66.41	47.43
山　东	143.13	53.08	124.90	148.00	38.68
河　南	83.25	33.09	73.52	83.39	25.50
湖　北	65.06	35.98	59.10	66.80	21.57
湖　南	91.69	152.91	97.74	133.06	48.77
广　东	89.80	74.22	141.10	197.07	66.61
广　西	44.76	21.40	36.10	86.87	13.25
海　南	18.06	41.75	57.24	53.75	28.73
重　庆	21.41	9.91	71.60	34.41	25.69
四　川	49.22	42.91	93.96	78.40	35.69
贵　州	35.47	26.59	46.09	61.71	12.20
云　南	57.52	8.46	50.62	45.85	11.72
西　藏	41.25	187.21	81.79	25.05	17.13
陕　西	42.94	26.44	99.37	60.03	19.01
甘　肃	53.59	61.85	52.69	63.44	28.37
青　海	49.85	30.11	151.75	38.81	4.56
宁　夏	58.46	4.50	214.30	96.07	20.64
新　疆	28.04	12.90	58.77	37.54	23.98

5—22 续表 2

单位:元/人

地　　区	10. 文教卫生业收入	11. 其他家庭经营收入	第一产业收入	第二产业收入	第三产业收入
全国合计	**9.72**	**59.62**	**1924.74**	**144.55**	**311.23**
北　京	33.85	99.96	1095.52	300.23	868.73
天　津	21.84	132.55	2327.95	59.45	709.18
河　北	16.84	50.81	1697.32	204.23	503.06
山　西	9.61	95.94	1251.47	93.39	424.02
内蒙古	6.30	20.10	3068.29	23.26	105.99
辽　宁	11.44	32.16	2627.12	97.79	241.67
吉　林	2.21	45.73	2969.35	30.13	99.28
黑龙江	10.19	47.23	3459.52	20.38	126.59
上　海	6.45	33.39	1020.59	115.75	200.64
江　苏	5.85	52.74	1943.74	301.37	428.80
浙　江	14.81	95.65	1644.97	687.08	768.98
安　徽	7.29	44.30	1702.47	99.98	199.40
福　建	32.68	135.69	1805.60	307.92	601.34
江　西	13.45	44.04	1641.72	88.50	231.46
山　东	11.38	81.25	2417.91	196.21	404.22
河　南	10.77	93.38	1950.95	116.33	286.56
湖　北	4.33	47.51	2093.89	101.04	199.31
湖　南	4.50	27.83	1622.33	244.61	311.91
广　东	13.98	79.97	2075.69	164.02	498.74
广　西	8.10	18.68	1798.51	66.15	163.01
海　南	1.01	148.96	2405.06	59.81	289.69
重　庆	4.61	21.13	1624.15	31.31	157.45
四　川	10.01	29.68	1905.46	92.12	247.73
贵　州	6.55	31.30	1293.95	62.06	157.85
云　南	3.01	86.83	1772.22	65.98	198.03
西　藏	0.04	55.08	1094.03	228.46	179.08
陕　西	7.05	46.33	1237.48	69.38	231.78
甘　肃	15.25	50.50	1290.19	115.44	210.25
青　海	6.88	40.12	1383.23	79.97	242.12
宁　夏	6.88	29.44	1966.54	62.96	367.33
新　疆	1.41	120.99	2726.55	40.94	242.69

5—23 各地区农村居民家庭经营总收入构成

单位:%

地 区	家庭经营总收入	1. 农业收入	种植业收入	2. 林业收入	3. 牧业收入	4. 渔业收入
全国合计	**100.00**	**53.76**	**51.13**	**1.32**	**23.25**	**2.53**
北 京	100.00	32.91	31.81	2.45	12.31	0.70
天 津	100.00	41.65	40.25	0.06	30.37	3.09
河 北	100.00	53.12	52.82	0.35	16.44	0.67
山 西	100.00	53.88	53.27	1.00	15.88	0.00
内蒙古	100.00	59.23	55.32	0.62	36.11	0.00
辽 宁	100.00	58.85	56.48	0.56	26.35	2.80
吉 林	100.00	76.54	72.25	0.21	19.00	0.07
黑龙江	100.00	80.19	76.81	0.12	15.57	0.05
上 海	100.00	59.24	56.89	0.07	15.30	1.73
江 苏	100.00	43.28	41.55	1.66	19.64	8.11
浙 江	100.00	33.59	32.82	1.39	14.95	3.11
安 徽	100.00	62.12	58.72	1.26	20.49	1.18
福 建	100.00	40.02	38.02	2.47	18.70	5.31
江 西	100.00	55.83	51.82	1.65	23.99	2.22
山 东	100.00	55.90	55.20	1.59	21.78	0.84
河 南	100.00	60.94	58.20	1.53	19.73	0.69
湖 北	100.00	59.73	56.82	1.45	20.91	5.36
湖 南	100.00	42.36	41.44	0.89	29.07	2.14
广 东	100.00	43.67	38.99	0.82	20.59	10.73
广 西	100.00	50.73	47.49	2.29	32.92	2.76
海 南	100.00	41.11	39.11	10.14	16.60	19.46
重 庆	100.00	46.59	43.88	1.27	40.17	1.56
四 川	100.00	45.93	42.18	0.92	37.29	0.73
贵 州	100.00	50.74	47.39	1.18	33.43	0.13
云 南	100.00	55.63	49.78	2.32	28.62	0.46
西 藏	100.00	39.27	34.09	2.03	31.56	
陕 西	100.00	59.58	55.75	1.00	19.83	0.03
甘 肃	100.00	62.72	61.27	0.96	16.16	
青 海	100.00	39.18	29.67	0.47	40.81	0.66
宁 夏	100.00	50.28	46.73	0.87	29.02	1.88
新 疆	100.00	69.19	67.27	1.30	20.09	

5—23 续表 1 单位：%

地　　区	5. 工业收入	6. 建筑业收入	7. 交通运输、邮电业收入	8. 批发和零售贸易、餐饮业收入	9. 社会服务业收入
全国合计	**3.81**	**2.27**	**4.31**	**4.33**	**1.53**
北　　京	9.04	4.22	20.09	9.09	3.27
天　　津	1.19	0.73	7.79	7.83	2.29
河　　北	6.74	1.75	6.90	9.47	1.74
山　　西	3.03	2.25	10.91	5.24	1.85
内 蒙 古	0.67	0.05	0.96	1.06	0.46
辽　　宁	2.66	0.63	2.78	3.02	0.88
吉　　林	0.68	0.29	0.95	0.44	0.26
黑 龙 江	0.41	0.15	1.28	0.45	0.19
上　　海	6.58	2.08	5.70	3.04	3.28
江　　苏	7.80	3.47	6.16	5.25	2.43
浙　　江	16.18	5.98	7.74	9.48	4.01
安　　徽	2.39	2.60	2.99	2.97	1.42
福　　建	4.60	6.75	6.56	6.27	3.12
江　　西	2.33	2.19	3.07	3.39	2.42
山　　东	4.74	1.76	4.14	4.90	1.28
河　　南	3.54	1.41	3.12	3.54	1.08
湖　　北	2.72	1.50	2.47	2.79	0.90
湖　　南	4.21	7.02	4.49	6.11	2.24
广　　东	3.28	2.71	5.15	7.20	2.43
广　　西	2.21	1.06	1.78	4.28	0.65
海　　南	0.66	1.52	2.08	1.95	1.04
重　　庆	1.18	0.55	3.95	1.90	1.42
四　　川	2.19	1.91	4.18	3.49	1.59
贵　　州	2.34	1.76	3.04	4.08	0.81
云　　南	2.82	0.42	2.49	2.25	0.58
西　　藏	2.75	12.47	5.45	1.67	1.14
陕　　西	2.79	1.72	6.46	3.90	1.24
甘　　肃	3.32	3.83	3.26	3.93	1.76
青　　海	2.92	1.77	8.90	2.28	0.27
宁　　夏	2.44	0.19	8.94	4.01	0.86
新　　疆	0.93	0.43	1.95	1.25	0.80

5—23 续表 2

单位:%

地区	10. 文教卫生业收入	11. 其他家庭经营收入	第一产业收入	第二产业收入	第三产业收入
全国合计	**0.41**	**2.50**	**80.85**	**6.07**	**13.07**
北京	1.49	4.41	48.38	13.26	38.36
天津	0.71	4.28	75.18	1.92	22.90
河北	0.70	2.11	70.59	8.49	20.92
山西	0.54	5.42	70.75	5.28	23.97
内蒙古	0.20	0.63	95.96	0.73	3.31
辽宁	0.39	1.08	88.56	3.30	8.15
吉林	0.07	1.48	95.82	0.97	3.20
黑龙江	0.28	1.31	95.92	0.57	3.51
上海	0.48	2.50	76.34	8.66	15.01
江苏	0.22	1.97	72.69	11.27	16.04
浙江	0.48	3.08	53.05	22.16	24.80
安徽	0.36	2.21	85.04	4.99	9.96
福建	1.20	5.00	66.51	11.34	22.15
江西	0.69	2.24	83.69	4.51	11.80
山东	0.38	2.69	80.11	6.50	13.39
河南	0.46	3.97	82.88	4.94	12.17
湖北	0.18	1.98	87.46	4.22	8.32
湖南	0.21	1.28	74.46	11.23	14.32
广东	0.51	2.92	75.80	5.99	18.21
广西	0.40	0.92	88.70	3.26	8.04
海南	0.04	5.41	87.31	2.17	10.52
重庆	0.25	1.17	89.59	1.73	8.68
四川	0.45	1.32	84.86	4.10	11.03
贵州	0.43	2.07	85.47	4.10	10.43
云南	0.15	4.26	87.03	3.24	9.73
西藏	0.00	3.67	72.86	15.21	11.93
陕西	0.46	3.01	80.43	4.51	15.06
甘肃	0.94	3.13	79.84	7.14	13.01
青海	0.40	2.35	81.11	4.69	14.20
宁夏	0.29	1.23	82.05	2.63	15.33
新疆	0.05	4.02	90.58	1.36	8.06

5—24　各地区农村居民现金收入

单位:元/人

地　区	现金收入	一、工资性收入	二、家庭经营收入	三、财产性收入	四、转移性收入
全国合计	**2712.95**	**839.17**	**1653.65**	**47.65**	**172.48**
北　京	6225.80	3398.83	2114.34	333.64	378.99
天　津	5024.10	2060.08	2662.42	95.06	206.54
河　北	3041.33	1043.51	1821.80	72.58	103.44
山　西	2169.71	866.03	1178.75	13.79	111.15
内蒙古	2517.06	320.02	2067.49	15.22	114.33
辽　宁	3484.37	1020.62	2273.68	18.36	171.72
吉　林	2494.22	388.81	1933.03	31.71	140.67
黑龙江	3124.45	376.46	2587.35	44.56	116.07
上　海	6666.69	4918.81	942.90	206.84	598.14
江　苏	4287.99	1992.84	1990.25	60.87	244.04
浙　江	5704.72	2434.39	2667.68	190.06	412.58
安　徽	2218.32	705.97	1352.47	27.35	132.53
福　建	4055.75	1245.42	2322.03	79.42	408.88
江　西	2306.34	927.35	1247.06	19.76	112.16
山　东	3691.01	1054.21	2404.29	41.19	191.31
河　南	2119.74	566.10	1421.04	30.69	101.91
湖　北	2317.28	660.42	1477.16	11.99	167.71
湖　南	2731.68	914.23	1522.83	29.21	265.41
广　东	4146.60	1713.29	2004.56	139.56	289.19
广　西	2232.35	686.42	1397.04	9.11	139.78
海　南	2640.93	304.78	2123.18	30.58	182.38
重　庆	1858.50	783.12	843.33	17.16	214.89
四　川	2125.18	711.31	1254.60	26.96	132.30
贵　州	1371.63	386.59	818.10	29.25	137.68
云　南	1593.60	284.32	1145.18	60.39	103.72
西　藏	1242.82	205.47	855.83	37.57	143.95
陕　西	1796.07	550.48	1085.93	34.27	125.39
甘　肃	1498.69	446.97	947.02	17.27	87.43
青　海	1653.81	401.51	1109.67	39.04	103.60
宁　夏	2456.79	525.65	1760.06	54.22	116.85
新　疆	2500.97	140.90	2278.54	26.64	54.89

5—25 各地区农村居民现金收入构成

单位:%

地 区	现金收入	一、工资性收入	二、家庭经营收入	三、财产性收入	四、转移性收入
全国合计	**100.00**	**30.93**	**60.95**	**1.76**	**6.36**
北 京	100.00	54.59	33.96	5.36	6.09
天 津	100.00	41.00	52.99	1.89	4.11
河 北	100.00	34.31	59.90	2.39	3.40
山 西	100.00	39.91	54.33	0.64	5.12
内蒙古	100.00	12.71	82.14	0.60	4.54
辽 宁	100.00	29.29	65.25	0.53	4.93
吉 林	100.00	15.59	77.50	1.27	5.64
黑龙江	100.00	12.05	82.81	1.43	3.72
上 海	100.00	73.78	14.14	3.10	8.97
江 苏	100.00	46.47	46.41	1.42	5.69
浙 江	100.00	42.67	46.76	3.33	7.23
安 徽	100.00	31.82	60.97	1.23	5.97
福 建	100.00	30.71	57.25	1.96	10.08
江 西	100.00	40.21	54.07	0.86	4.86
山 东	100.00	28.56	65.14	1.12	5.18
河 南	100.00	26.71	67.04	1.45	4.81
湖 北	100.00	28.50	63.75	0.52	7.24
湖 南	100.00	33.47	55.75	1.07	9.72
广 东	100.00	41.32	48.34	3.37	6.97
广 西	100.00	30.75	62.58	0.41	6.26
海 南	100.00	11.54	80.40	1.16	6.91
重 庆	100.00	42.14	45.38	0.92	11.56
四 川	100.00	33.47	59.04	1.27	6.23
贵 州	100.00	28.19	59.64	2.13	10.04
云 南	100.00	17.84	71.86	3.79	6.51
西 藏	100.00	16.53	68.86	3.02	11.58
陕 西	100.00	30.65	60.46	1.91	6.98
甘 肃	100.00	29.82	63.19	1.15	5.83
青 海	100.00	24.28	67.10	2.36	6.26
宁 夏	100.00	21.40	71.64	2.21	4.76
新 疆	100.00	5.63	91.11	1.07	2.19

5—26 各地区农村居民工资性现金收入

单位:元/人

地区	工资性现金收入	一、在非企业组织中得到的收入	二、在本地企业中得到的收入	三、常住人口外出从业得到的收入	四、其他收入
全国合计	**839.17**	**161.37**	**239.97**	**298.03**	**139.80**
北京	3398.83	1114.31	1575.91	483.18	225.44
天津	2060.08	379.44	1132.50	395.78	152.36
河北	1043.51	220.05	354.33	267.20	201.94
山西	866.03	150.93	386.80	104.12	224.17
内蒙古	320.02	106.59	15.13	111.89	86.40
辽宁	1020.62	321.32	226.54	200.26	272.49
吉林	388.81	78.31	73.71	116.30	120.50
黑龙江	376.46	142.39	24.35	96.84	112.89
上海	4918.81	1154.59	2913.08	632.08	219.06
江苏	1992.84	302.66	891.95	627.04	171.19
浙江	2434.39	466.47	1300.44	341.29	326.19
安徽	705.97	99.80	102.96	429.76	73.45
福建	1245.42	266.81	364.14	314.70	299.78
江西	927.35	119.26	64.23	657.09	86.77
山东	1054.21	260.63	348.87	271.91	172.79
河南	566.10	97.87	95.40	288.39	84.44
湖北	660.42	118.29	48.51	384.61	109.02
湖南	914.23	87.67	175.22	503.49	147.85
广东	1713.29	221.61	361.40	996.21	134.08
广西	686.42	87.25	31.38	426.20	141.58
海南	304.78	92.44	31.66	114.43	66.25
重庆	783.12	89.80	118.36	439.98	134.98
四川	711.31	83.45	125.60	403.39	98.87
贵州	386.59	73.00	38.73	161.20	113.67
云南	284.32	89.90	42.02	42.95	109.45
西藏	205.47	95.72	10.63	16.68	82.44
陕西	550.48	81.64	85.27	243.14	140.43
甘肃	446.97	118.61	100.51	174.00	53.85
青海	401.51	94.52	32.82	239.04	35.12
宁夏	525.65	121.87	71.95	209.99	121.84
新疆	140.90	59.75	7.07	16.78	57.30

5—27 各地区农村居民工资性现金收入构成

单位:%

地　区	工资性现金收入	一、在非企业组织中得到的收入	二、在本地企业中得到的收入	三、常住人口外出从业得到的收入	四、其他收入
全国合计	**100.00**	**19.23**	**28.60**	**35.51**	**16.66**
北　京	100.00	32.79	46.37	14.22	6.63
天　津	100.00	18.42	54.97	19.21	7.40
河　北	100.00	21.09	33.96	25.61	19.35
山　西	100.00	17.43	44.66	12.02	25.88
内蒙古	100.00	33.31	4.73	34.96	27.00
辽　宁	100.00	31.48	22.20	19.62	26.70
吉　林	100.00	20.14	18.96	29.91	30.99
黑龙江	100.00	37.82	6.47	25.72	29.99
上　海	100.00	23.47	59.22	12.85	4.45
江　苏	100.00	15.19	44.76	31.46	8.59
浙　江	100.00	19.16	53.42	14.02	13.40
安　徽	100.00	14.14	14.58	60.88	10.40
福　建	100.00	21.42	29.24	25.27	24.07
江　西	100.00	12.86	6.93	70.86	9.36
山　东	100.00	24.72	33.09	25.79	16.39
河　南	100.00	17.29	16.85	50.94	14.92
湖　北	100.00	17.91	7.35	58.24	16.51
湖　南	100.00	9.59	19.17	55.07	16.17
广　东	100.00	12.93	21.09	58.15	7.83
广　西	100.00	12.71	4.57	62.09	20.63
海　南	100.00	30.33	10.39	37.55	21.74
重　庆	100.00	11.47	15.11	56.18	17.24
四　川	100.00	11.73	17.66	56.71	13.90
贵　州	100.00	18.88	10.02	41.70	29.40
云　南	100.00	31.62	14.78	15.11	38.50
西　藏	100.00	46.58	5.18	8.12	40.12
陕　西	100.00	14.83	15.49	44.17	25.51
甘　肃	100.00	26.54	22.49	38.93	12.05
青　海	100.00	23.54	8.17	59.54	8.75
宁　夏	100.00	23.19	13.69	39.95	23.18
新　疆	100.00	42.41	5.02	11.91	40.67

5—28 各地区农村居民家庭经营现金收入

单位:元/人

地　区	家庭经营现金收入	1.出售产品收入	农业产品	＃种植业产品	牧业产品
全国合计	**1653.65**	**1199.19**	**667.74**	**656.93**	**437.29**
北　京	2114.34	874.35	566.49	566.09	267.71
天　津	2662.42	1800.95	854.45	854.45	894.66
河　北	1821.80	1105.82	724.14	722.16	352.87
山　西	1178.75	661.31	403.64	397.42	240.28
内蒙古	2067.49	1932.39	983.78	969.98	925.97
辽　宁	2273.68	1899.31	1126.19	1113.07	667.43
吉　林	1933.03	1787.04	1321.01	1299.54	448.98
黑龙江	2587.35	2442.34	1962.90	1955.42	462.64
上　海	942.90	653.73	433.78	417.63	152.80
江　苏	1990.25	1285.58	572.08	569.14	435.13
浙　江	2667.68	1243.95	646.23	641.91	422.00
安　徽	1352.47	1057.20	664.23	658.19	334.82
福　建	2322.03	1334.09	730.97	722.46	449.91
江　西	1247.06	916.39	477.01	468.37	381.26
山　东	2404.29	1808.11	1100.81	1091.73	620.82
河　南	1421.04	1036.15	607.44	603.36	366.52
湖　北	1477.16	1182.91	739.77	729.84	316.17
湖　南	1522.83	1000.57	374.80	369.39	531.94
广　东	2004.56	1321.99	547.12	540.32	478.75
广　西	1397.04	1188.69	519.23	509.27	551.81
海　南	2123.18	1781.99	635.94	624.96	364.62
重　庆	843.33	653.94	167.75	156.93	452.48
四　川	1254.60	931.94	267.67	249.37	609.46
贵　州	818.10	614.43	259.50	252.00	324.44
云　南	1145.18	893.33	500.66	487.40	339.79
西　藏	855.83	458.17	259.98	205.86	147.00
陕　西	1085.93	774.32	506.86	488.85	244.78
甘　肃	947.02	616.07	443.22	438.50	149.92
青　海	1109.67	779.90	354.47	203.19	405.42
宁　夏	1760.06	1322.41	644.08	617.75	606.37
新　疆	2278.54	1977.80	1437.39	1429.81	503.10

5—28 续表 1

单位:元/人

地　区	2. 工业加工费收　入	3. 建筑业收　入	4. 交通运输、邮电业收入	5. 批发和零售贸易、餐饮业收入	6. 社会服务业收　入
全国合计	**75.03**	**53.97**	**102.54**	**102.98**	**36.36**
北　京	204.03	95.55	454.97	205.89	74.06
天　津	35.94	22.53	241.28	242.45	71.06
河　北	156.29	42.08	165.87	227.66	41.88
山　西	49.80	39.79	193.00	92.73	32.74
内蒙古	18.03	1.68	30.81	33.99	14.80
辽　宁	64.48	18.83	82.39	89.57	26.12
吉　林	16.86	9.11	29.57	13.65	8.12
黑龙江	14.30	5.44	46.00	16.16	7.01
上　海	42.00	27.77	76.20	40.70	43.91
江　苏	161.28	92.88	164.66	140.48	65.08
浙　江	458.83	185.43	240.08	293.99	124.44
安　徽	32.75	52.11	59.93	59.47	28.41
福　建	121.81	183.14	178.21	170.11	84.65
江　西	39.68	42.88	60.13	66.41	47.43
山　东	125.01	53.08	124.90	148.00	38.68
河　南	58.95	33.09	73.52	83.39	25.50
湖　北	44.68	35.98	59.10	66.80	21.57
湖　南	53.35	152.91	97.74	133.06	48.77
广　东	76.06	74.22	141.10	197.07	66.61
广　西	22.80	21.40	36.10	86.87	13.25
海　南	17.26	41.75	57.24	53.75	28.73
重　庆	20.99	9.91	71.60	34.41	25.69
四　川	26.53	42.91	93.96	78.40	35.69
贵　州	20.80	26.59	46.09	61.71	12.20
云　南	51.21	8.46	50.62	45.85	11.72
西　藏	41.25	187.21	81.79	25.05	17.13
陕　西	36.61	26.44	99.37	60.03	19.01
甘　肃	44.00	61.85	52.69	63.44	28.37
青　海	48.21	30.11	151.75	38.81	4.56
宁　夏	49.84	4.50	214.30	96.07	20.64
新　疆	28.02	12.90	58.77	37.54	23.98

5—28 续表 2

单位:元/人

地　　区	7.文教卫生收入	8.其他家庭经营收入	第一产业收入	第二产业收入	第三产业收入
全国合计	**9.72**	**73.87**	**1199.19**	**129.00**	**325.46**
北　京	33.85	171.63	874.35	299.58	940.40
天　津	21.84	226.37	1800.95	58.47	802.99
河　北	16.84	65.36	1105.82	198.37	517.61
山　西	9.61	99.77	661.31	89.59	427.85
内蒙古	6.30	29.50	1932.39	19.71	115.39
辽　宁	11.44	81.55	1899.31	83.32	291.06
吉　林	2.21	66.46	1787.04	25.97	120.02
黑龙江	10.19	45.92	2442.34	19.73	125.28
上　海	6.45	52.15	653.73	69.77	219.40
江　苏	5.85	74.44	1285.58	254.16	450.51
浙　江	14.81	106.14	1243.95	644.26	779.47
安　徽	7.29	55.32	1057.20	84.86	210.42
福　建	32.68	217.34	1334.09	304.95	682.99
江　西	13.45	60.70	916.39	82.56	248.12
山　东	11.38	95.12	1808.11	178.08	418.09
河　南	10.77	99.67	1036.15	92.04	292.85
湖　北	4.33	61.78	1182.91	80.66	213.58
湖　南	4.50	31.92	1000.57	206.26	315.99
广　东	13.98	113.52	1321.99	150.28	532.29
广　西	8.10	19.82	1188.69	44.20	164.15
海　南	1.01	141.46	1781.99	59.01	282.18
重　庆	4.61	22.18	653.94	30.89	158.50
四　川	10.01	35.18	931.94	69.43	253.23
贵　州	6.55	29.73	614.43	47.39	156.28
云　南	3.01	80.98	893.33	59.67	192.18
西　藏	0.04	45.19	458.17	228.46	169.20
陕　西	7.05	63.11	774.32	63.05	248.56
甘　肃	15.25	65.34	616.07	105.85	225.10
青　海	6.88	49.45	779.90	78.32	251.45
宁　夏	6.88	45.42	1322.41	54.34	383.31
新　疆	1.41	138.12	1977.80	40.92	259.82

5—29 各地区农村居民家庭经营现金收入构成

单位:%

地 区	家庭经营现金收入	1.出售产品收入	农业产品	#种植业产品	牧业产品
全国合计	**100.00**	**72.52**	**40.38**	**39.73**	**26.44**
北 京	100.00	41.35	26.79	26.77	12.66
天 津	100.00	67.64	32.09	32.09	33.60
河 北	100.00	60.70	39.75	39.64	19.37
山 西	100.00	56.10	34.24	33.72	20.38
内蒙古	100.00	93.47	47.58	46.92	44.79
辽 宁	100.00	83.53	49.53	48.95	29.35
吉 林	100.00	92.45	68.34	67.23	23.23
黑龙江	100.00	94.40	75.87	75.58	17.88
上 海	100.00	69.33	46.00	44.29	16.21
江 苏	100.00	64.59	28.74	28.60	21.86
浙 江	100.00	46.63	24.22	24.06	15.82
安 徽	100.00	78.17	49.11	48.67	24.76
福 建	100.00	57.45	31.48	31.11	19.38
江 西	100.00	73.48	38.25	37.56	30.57
山 东	100.00	75.20	45.79	45.41	25.82
河 南	100.00	72.92	42.75	42.46	25.79
湖 北	100.00	80.08	50.08	49.41	21.40
湖 南	100.00	65.70	24.61	24.26	34.93
广 东	100.00	65.95	27.29	26.95	23.88
广 西	100.00	85.09	37.17	36.45	39.50
海 南	100.00	83.93	29.95	29.43	17.17
重 庆	100.00	77.54	19.89	18.61	53.65
四 川	100.00	74.28	21.34	19.88	48.58
贵 州	100.00	75.10	31.72	30.80	39.66
云 南	100.00	78.01	43.72	42.56	29.67
西 藏	100.00	53.54	30.38	24.05	17.18
陕 西	100.00	71.30	46.68	45.02	22.54
甘 肃	100.00	65.05	46.80	46.30	15.83
青 海	100.00	70.28	31.94	18.31	36.54
宁 夏	100.00	75.13	36.59	35.10	34.45
新 疆	100.00	86.80	63.08	62.75	22.08

5—29 续表 1　　单位：%

地　区	2.工业加工费收　入	3.建 筑 业收　入	4.交通运输、邮电业收入	5.批发和零售贸易、餐饮业收入	6.社会服务业收　入
全国合计	**4.54**	**3.26**	**6.20**	**6.23**	**2.20**
北　京	9.65	4.52	21.52	9.74	3.50
天　津	1.35	0.85	9.06	9.11	2.67
河　北	8.58	2.31	9.10	12.50	2.30
山　西	4.22	3.38	16.37	7.87	2.78
内蒙古	0.87	0.08	1.49	1.64	0.72
辽　宁	2.84	0.83	3.62	3.94	1.15
吉　林	0.87	0.47	1.53	0.71	0.42
黑龙江	0.55	0.21	1.78	0.62	0.27
上　海	4.45	2.94	8.08	4.32	4.66
江　苏	8.10	4.67	8.27	7.06	3.27
浙　江	17.20	6.95	9.00	11.02	4.66
安　徽	2.42	3.85	4.43	4.40	2.10
福　建	5.25	7.89	7.67	7.33	3.65
江　西	3.18	3.44	4.82	5.33	3.80
山　东	5.20	2.21	5.19	6.16	1.61
河　南	4.15	2.33	5.17	5.87	1.79
湖　北	3.02	2.44	4.00	4.52	1.46
湖　南	3.50	10.04	6.42	8.74	3.20
广　东	3.79	3.70	7.04	9.83	3.32
广　西	1.63	1.53	2.58	6.22	0.95
海　南	0.81	1.97	2.70	2.53	1.35
重　庆	2.49	1.17	8.49	4.08	3.05
四　川	2.11	3.42	7.49	6.25	2.84
贵　州	2.54	3.25	5.63	7.54	1.49
云　南	4.47	0.74	4.42	4.00	1.02
西　藏	4.82	21.87	9.56	2.93	2.00
陕　西	3.37	2.43	9.15	5.53	1.75
甘　肃	4.65	6.53	5.56	6.70	3.00
青　海	4.34	2.71	13.68	3.50	0.41
宁　夏	2.83	0.26	12.18	5.46	1.17
新　疆	1.23	0.57	2.58	1.65	1.05

5—29 续表 2

单位:%

地　区	7. 文教卫生收入	8. 其他家庭经营收入	第一产业收入	第二产业收入	第三产业收入
全国合计	**0.59**	**4.47**	**72.52**	**7.80**	**19.68**
北　京	1.60	8.12	41.35	14.17	44.48
天　津	0.82	8.50	67.64	2.20	30.16
河　北	0.92	3.59	60.70	10.89	28.41
山　西	0.82	8.46	56.10	7.60	36.30
内蒙古	0.30	1.43	93.47	0.95	5.58
辽　宁	0.50	3.59	83.53	3.66	12.80
吉　林	0.11	3.44	92.45	1.34	6.21
黑龙江	0.39	1.77	94.40	0.76	4.84
上　海	0.68	5.53	69.33	7.40	23.27
江　苏	0.29	3.74	64.59	12.77	22.64
浙　江	0.56	3.98	46.63	24.15	29.22
安　徽	0.54	4.09	78.17	6.27	15.56
福　建	1.41	9.36	57.45	13.13	29.41
江　西	1.08	4.87	73.48	6.62	19.90
山　东	0.47	3.96	75.20	7.41	17.39
河　南	0.76	7.01	72.92	6.48	20.61
湖　北	0.29	4.18	80.08	5.46	14.46
湖　南	0.30	2.10	65.70	13.54	20.75
广　东	0.70	5.66	65.95	7.50	26.55
广　西	0.58	1.42	85.09	3.16	11.75
海　南	0.05	6.66	83.93	2.78	13.29
重　庆	0.55	2.63	77.54	3.66	18.79
四　川	0.80	2.80	74.28	5.53	20.18
贵　州	0.80	3.63	75.10	5.79	19.10
云　南	0.26	7.07	78.01	5.21	16.78
西　藏	0.00	5.28	53.54	26.69	19.77
陕　西	0.65	5.81	71.30	5.81	22.89
甘　肃	1.61	6.90	65.05	11.18	23.77
青　海	0.62	4.46	70.28	7.06	22.66
宁　夏	0.39	2.58	75.13	3.09	21.78
新　疆	0.06	6.06	86.80	1.80	11.40

5—30 各地区农村居民总支出

单位:元/人

地区	总支出	一、家庭经营费用支出	二、购置生产性固定资产支出	三、税费支出	四、生活消费支出	五、财产性支出	六、转移性支出
全国合计	**2923.60**	**731.01**	**85.50**	**78.70**	**1834.31**	**10.46**	**183.62**
北京	4996.56	746.80	14.73	27.93	3731.68	46.45	428.98
天津	3488.96	905.38	82.24	58.52	2163.55	6.47	272.80
河北	2479.61	705.13	105.43	82.56	1476.42	3.59	106.48
山西	2079.47	440.14	69.41	52.67	1354.64	5.86	156.74
内蒙古	3364.82	1215.97	208.76	104.72	1647.04	9.34	178.98
辽宁	3525.22	1137.90	100.26	115.12	1781.26	10.63	380.05
吉林	3277.20	977.69	176.96	139.79	1680.20	23.21	279.36
黑龙江	3857.07	1373.41	239.45	239.06	1674.20	73.99	256.97
上海	6979.57	461.40	5.82	58.53	5301.82	23.64	1128.36
江苏	3811.64	715.19	72.07	87.31	2620.29	8.01	308.77
浙江	5175.29	811.76	125.73	57.62	3692.89	13.57	473.72
安徽	2322.32	521.59	76.21	95.60	1475.80	3.06	150.06
福建	3634.56	674.55	11.71	38.44	2583.16	24.37	302.32
江西	2616.87	546.72	59.88	68.72	1784.88	7.57	149.09
山东	3438.78	1064.28	92.40	117.09	1997.83	10.91	156.27
河南	2361.67	629.59	93.37	88.33	1451.51	3.07	95.80
湖北	2711.49	537.70	33.42	113.73	1745.63	16.20	264.80
湖南	3114.74	663.16	47.83	84.89	2068.74	6.21	243.90
广东	3818.58	766.14	31.98	48.59	2825.01	7.74	139.12
广西	2598.71	709.33	59.78	39.49	1686.11	8.67	95.35
海南	2501.24	712.21	44.60	33.05	1602.85	7.77	100.76
重庆	2282.28	561.28	23.60	43.44	1497.72	5.60	150.63
四川	2654.04	811.59	47.24	75.92	1591.99	4.68	122.61
贵州	1777.14	449.50	52.57	26.14	1137.57	3.28	108.09
云南	2302.29	732.61	52.99	39.55	1381.54	4.60	91.00
西藏	1393.82	240.26	122.70	2.43	1000.29	13.56	14.58
陕西	2252.71	501.33	103.14	61.66	1490.76	8.90	86.92
甘肃	1795.49	446.67	81.18	44.18	1153.29	4.28	65.90
青海	2232.67	403.52	269.60	43.80	1386.08	15.48	114.19
宁夏	2777.58	918.48	190.17	42.08	1418.12	6.86	201.87
新疆	2900.12	1122.21	162.31	110.69	1411.73	8.96	84.23

5—31 各地区农村居民总支出构成

单位:%

地区	总支出	一、家庭经营费用支出	二、购置生产性固定资产支出	三、税费支出	四、生活消费支出	五、财产性支出	六、转移性支出
全国合计	**100.00**	**25.00**	**2.92**	**2.69**	**62.74**	**0.36**	**6.28**
北京	100.00	14.95	0.29	0.56	74.68	0.93	8.59
天津	100.00	25.95	2.36	1.68	62.01	0.19	7.82
河北	100.00	28.44	4.25	3.33	59.54	0.14	4.29
山西	100.00	21.17	3.34	2.53	65.14	0.28	7.54
内蒙古	100.00	36.14	6.20	3.11	48.95	0.28	5.32
辽宁	100.00	32.28	2.84	3.27	50.53	0.30	10.78
吉林	100.00	29.83	5.40	4.27	51.27	0.71	8.52
黑龙江	100.00	35.61	6.21	6.20	43.41	1.92	6.66
上海	100.00	6.61	0.08	0.84	75.96	0.34	16.17
江苏	100.00	18.76	1.89	2.29	68.74	0.21	8.10
浙江	100.00	15.69	2.43	1.11	71.36	0.26	9.15
安徽	100.00	22.46	3.28	4.12	63.55	0.13	6.46
福建	100.00	18.56	0.32	1.06	71.07	0.67	8.32
江西	100.00	20.89	2.29	2.63	68.21	0.29	5.70
山东	100.00	30.95	2.69	3.41	58.10	0.32	4.54
河南	100.00	26.66	3.95	3.74	61.46	0.13	4.06
湖北	100.00	19.83	1.23	4.19	64.38	0.60	9.77
湖南	100.00	21.29	1.54	2.73	66.42	0.20	7.83
广东	100.00	20.06	0.84	1.27	73.98	0.20	3.64
广西	100.00	27.30	2.30	1.52	64.88	0.33	3.67
海南	100.00	28.47	1.78	1.32	64.08	0.31	4.03
重庆	100.00	24.59	1.03	1.90	65.62	0.25	6.60
四川	100.00	30.58	1.78	2.86	59.98	0.18	4.62
贵州	100.00	25.29	2.96	1.47	64.01	0.18	6.08
云南	100.00	31.82	2.30	1.72	60.01	0.20	3.95
西藏	100.00	17.24	8.80	0.17	71.77	0.97	1.05
陕西	100.00	22.25	4.58	2.74	66.18	0.40	3.86
甘肃	100.00	24.88	4.52	2.46	64.23	0.24	3.67
青海	100.00	18.07	12.08	1.96	62.08	0.69	5.11
宁夏	100.00	33.07	6.85	1.52	51.06	0.25	7.27
新疆	100.00	38.70	5.60	3.82	48.68	0.31	2.90

5—32 各地区农村居民家庭经营费用支出

单位:元/人

地　区	家庭经营费用支出	1. 农业支出	种植业支出	2. 林业支出	3. 牧业支出	4. 渔业支出
全国合计	**731.01**	**336.61**	**333.40**	**4.77**	**279.31**	**22.77**
北　京	746.80	197.75	193.76	14.35	141.22	12.51
天　津	905.38	254.39	247.91	10.67	558.15	15.08
河　北	705.13	377.13	374.67	3.72	207.83	8.59
山　西	440.14	211.98	210.45	3.27	116.64	0.00
内蒙古	1215.97	586.47	584.73	6.01	589.59	0.06
辽　宁	1137.90	546.58	540.32	6.18	479.25	50.68
吉　林	977.69	639.56	634.16	7.64	298.72	1.06
黑龙江	1373.41	1004.76	998.82	3.82	321.86	2.73
上　海	461.40	221.13	219.22	4.74	92.43	17.11
江　苏	715.19	285.78	278.74	6.17	243.61	81.14
浙　江	811.76	262.01	256.36	13.13	253.09	36.55
安　徽	521.59	284.07	282.72	4.34	176.21	9.12
福　建	674.55	248.51	246.93	5.42	267.40	27.02
江　西	546.72	234.57	233.51	2.67	245.28	11.56
山　东	1064.28	532.30	526.05	9.05	390.26	5.35
河　南	629.59	324.62	323.90	1.64	201.88	7.70
湖　北	537.70	264.14	263.18	2.28	170.24	38.35
湖　南	663.16	205.95	203.80	2.35	345.38	15.12
广　东	766.14	238.00	236.36	4.08	293.67	129.78
广　西	709.33	294.89	291.26	5.33	343.21	16.21
海　南	712.21	253.41	251.54	12.87	179.64	228.71
重　庆	561.28	151.84	149.66	3.12	338.00	10.82
四　川	811.59	220.46	217.69	3.01	490.22	5.79
贵　州	449.50	153.60	151.92	2.57	252.24	0.28
云　南	732.61	290.83	288.18	4.54	333.55	2.12
西　藏	240.26	145.58	140.98	2.34	35.77	0.00
陕　西	501.33	261.57	251.33	5.51	176.90	0.05
甘　肃	446.67	277.63	275.39	3.34	107.37	0.04
青　海	403.52	177.39	176.89	2.40	132.61	3.99
宁　夏	918.48	400.50	390.91	3.28	401.04	34.49
新　疆	1122.21	781.24	779.48	5.18	244.81	0.00

5－32 续表 1

单位：元/人

地　　区	5. 工业支出	6. 建筑业支出	7. 交通运输、邮电业支出	8. 批发和零售贸易、餐饮业支出	9. 社会服务业支出
全国合计	**22.96**	**7.31**	**27.83**	**14.62**	**4.20**
北　京	88.19	59.32	113.30	91.40	13.48
天　津	1.56	1.97	37.63	12.51	4.03
河　北	29.68	9.71	41.68	17.02	6.12
山　西	15.21	9.27	50.32	19.29	5.48
内蒙古	7.86	0.62	8.74	6.72	1.94
辽　宁	9.89	0.85	21.29	11.12	2.66
吉　林	2.72	1.75	16.00	1.20	0.52
黑龙江	4.91	2.01	23.33	3.51	1.40
上　海	46.48	14.08	39.75	2.39	15.84
江　苏	29.35	9.70	33.09	13.48	6.64
浙　江	140.70	8.16	57.52	22.65	9.63
安　徽	11.53	4.54	13.53	9.13	4.02
福　建	8.95	40.92	30.92	7.41	3.88
江　西	9.62	3.57	15.92	7.89	4.86
山　东	40.77	9.27	23.13	37.37	5.09
河　南	27.03	8.94	23.06	19.70	4.22
湖　北	19.09	7.49	16.23	11.02	1.91
湖　南	27.95	4.08	25.72	23.19	4.52
广　东	20.48	10.74	27.12	20.38	4.82
广　西	18.68	2.11	15.01	6.67	2.69
海　南	2.54	0.64	10.94	2.36	0.36
重　庆	2.38	2.86	36.30	3.64	3.82
四　川	19.77	1.95	44.53	14.86	3.36
贵　州	11.44	2.07	14.02	6.76	2.73
云　南	17.96	6.30	28.69	22.07	4.04
西　藏	2.41	0.05	29.23	14.16	0.41
陕　西	14.77	3.07	22.48	5.13	2.26
甘　肃	10.99	13.75	13.82	4.52	3.53
青　海	6.51	9.86	42.41	9.67	2.10
宁　夏	20.08	0.20	40.85	3.97	0.92
新　疆	7.63	5.72	27.56	11.27	6.10

5—32 续表 2

单位:元/人

地　　区	10. 文教卫生业支出	11. 其他家庭经营支出	第一产业支出	第二产业支出	第三产业支出
全国合计	**1.45**	**9.19**	**643.46**	**30.26**	**57.29**
北　京	11.86	3.42	365.84	147.50	233.46
天　津	0.18	9.20	838.30	3.53	63.55
河　北	0.77	2.90	597.25	39.38	68.50
山　西	0.44	8.25	331.89	24.47	83.78
内蒙古	1.75	6.20	1182.13	8.49	25.35
辽　宁	1.55	7.85	1082.69	10.75	44.46
吉　林	0.26	8.27	946.98	4.47	26.25
黑龙江	1.28	3.80	1333.17	6.91	33.32
上　海	0.45	7.00	335.41	60.56	65.43
江　苏	1.50	4.73	616.70	39.05	59.44
浙　江	1.53	6.79	564.78	148.86	98.11
安　徽	0.88	4.22	473.74	16.07	31.77
福　建	1.00	33.12	548.35	49.87	76.33
江　西	4.72	6.07	494.08	13.19	39.45
山　东	2.72	8.98	936.96	50.04	77.28
河　南	1.71	9.08	535.84	35.97	57.78
湖　北	1.00	5.95	475.01	26.58	36.11
湖　南	0.39	8.51	568.80	32.03	62.33
广　东	0.46	16.63	665.52	31.22	69.40
广　西	1.34	3.16	659.65	20.80	28.88
海　南	0.15	20.58	674.63	3.18	34.40
重　庆	0.27	8.23	503.79	5.24	52.26
四　川	1.19	6.45	719.48	21.72	70.40
贵　州	0.40	3.39	408.69	13.51	27.30
云　南	1.43	21.07	631.05	24.26	77.30
西　藏		10.30	183.70	2.47	54.09
陕　西	1.40	8.19	444.03	17.84	39.46
甘　肃	5.64	6.03	388.39	24.74	33.54
青　海	1.19	15.39	316.39	16.38	70.76
宁　夏		13.15	839.31	20.28	58.88
新　疆	0.25	32.45	1031.23	13.35	77.62

5—33 各地区农村居民家庭经营费用支出构成

单位:%

地　　区	家庭经营费用支出	1. 农业支出	种植业支出	2. 林业支出	3. 牧业支出	4. 渔业支出
全国合计	**100.00**	**46.05**	**45.61**	**0.65**	**38.21**	**3.11**
北　　京	100.00	26.48	25.95	1.92	18.91	1.68
天　　津	100.00	28.10	27.38	1.18	61.65	1.67
河　　北	100.00	53.48	53.13	0.53	29.47	1.22
山　　西	100.00	48.16	47.81	0.74	26.50	0.00
内 蒙 古	100.00	48.23	48.09	0.49	48.49	0.00
辽　　宁	100.00	48.03	47.48	0.54	42.12	4.45
吉　　林	100.00	65.42	64.86	0.78	30.55	0.11
黑 龙 江	100.00	73.16	72.73	0.28	23.43	0.20
上　　海	100.00	47.93	47.51	1.03	20.03	3.71
江　　苏	100.00	39.96	38.97	0.86	34.06	11.35
浙　　江	100.00	32.28	31.58	1.62	31.18	4.50
安　　徽	100.00	54.46	54.20	0.83	33.78	1.75
福　　建	100.00	36.84	36.61	0.80	39.64	4.01
江　　西	100.00	42.90	42.71	0.49	44.86	2.11
山　　东	100.00	50.02	49.43	0.85	36.67	0.50
河　　南	100.00	51.56	51.45	0.26	32.07	1.22
湖　　北	100.00	49.12	48.95	0.42	31.66	7.13
湖　　南	100.00	31.06	30.73	0.35	52.08	2.28
广　　东	100.00	31.06	30.85	0.53	38.33	16.94
广　　西	100.00	41.57	41.06	0.75	48.39	2.29
海　　南	100.00	35.58	35.32	1.81	25.22	32.11
重　　庆	100.00	27.05	26.66	0.56	60.22	1.93
四　　川	100.00	27.16	26.82	0.37	60.40	0.71
贵　　州	100.00	34.17	33.80	0.57	56.12	0.06
云　　南	100.00	39.70	39.34	0.62	45.53	0.29
西　　藏	100.00	60.59	58.68	0.98	14.89	0.00
陕　　西	100.00	52.17	50.13	1.10	35.29	0.01
甘　　肃	100.00	62.16	61.65	0.75	24.04	0.01
青　　海	100.00	43.96	43.84	0.59	32.86	0.99
宁　　夏	100.00	43.60	42.56	0.36	43.66	3.75
新　　疆	100.00	69.62	69.46	0.46	21.82	

5—33 续表1 单位:%

地　　区	5. 工业支出	6. 建筑业支出	7. 交通运输、邮电业支出	8. 批发和零售贸易、餐饮业支出	9. 社会服务业支出
全国合计	**3.14**	**1.00**	**3.81**	**2.00**	**0.57**
北　京	11.81	7.94	15.17	12.24	1.80
天　津	0.17	0.22	4.16	1.38	0.45
河　北	4.21	1.38	5.91	2.41	0.87
山　西	3.45	2.11	11.43	4.38	1.24
内蒙古	0.65	0.05	0.72	0.55	0.16
辽　宁	0.87	0.08	1.87	0.98	0.23
吉　林	0.28	0.18	1.64	0.12	0.05
黑龙江	0.36	0.15	1.70	0.26	0.10
上　海	10.07	3.05	8.61	0.52	3.43
江　苏	4.10	1.36	4.63	1.89	0.93
浙　江	17.33	1.01	7.09	2.79	1.19
安　徽	2.21	0.87	2.59	1.75	0.77
福　建	1.33	6.07	4.58	1.10	0.58
江　西	1.76	0.65	2.91	1.44	0.89
山　东	3.83	0.87	2.17	3.51	0.48
河　南	4.29	1.42	3.66	3.13	0.67
湖　北	3.55	1.39	3.02	2.05	0.36
湖　南	4.21	0.61	3.88	3.50	0.68
广　东	2.67	1.40	3.54	2.66	0.63
广　西	2.63	0.30	2.12	0.94	0.38
海　南	0.36	0.09	1.54	0.33	0.05
重　庆	0.42	0.51	6.47	0.65	0.68
四　川	2.44	0.24	5.49	1.83	0.41
贵　州	2.55	0.46	3.12	1.50	0.61
云　南	2.45	0.86	3.92	3.01	0.55
西　藏	1.00	0.02	12.17	5.89	0.17
陕　西	2.95	0.61	4.48	1.02	0.45
甘　肃	2.46	3.08	3.09	1.01	0.79
青　海	1.61	2.44	10.51	2.40	0.52
宁　夏	2.19	0.02	4.45	0.43	0.10
新　疆	0.68	0.51	2.46	1.00	0.54

5—33 续表 2

单位:%

地　区	10. 文教卫生业支　出	11. 其他家庭经营支出	第一产业支出	第二产业支出	第三产业支出
全国合计	**0.20**	**1.26**	**88.02**	**4.14**	**7.84**
北　京	1.59	0.46	48.99	19.75	31.26
天　津	0.02	1.02	92.59	0.39	7.02
河　北	0.11	0.41	84.70	5.59	9.71
山　西	0.10	1.88	75.40	5.56	19.04
内蒙古	0.14	0.51	97.22	0.70	2.08
辽　宁	0.14	0.69	95.15	0.94	3.91
吉　林	0.03	0.85	96.86	0.46	2.68
黑龙江	0.09	0.28	97.07	0.50	2.43
上　海	0.10	1.52	72.69	13.13	14.18
江　苏	0.21	0.66	86.23	5.46	8.31
浙　江	0.19	0.84	69.58	18.34	12.09
安　徽	0.17	0.81	90.83	3.08	6.09
福　建	0.15	4.91	81.29	7.39	11.32
江　西	0.86	1.11	90.37	2.41	7.22
山　东	0.26	0.84	88.04	4.70	7.26
河　南	0.27	1.44	85.11	5.71	9.18
湖　北	0.19	1.11	88.34	4.94	6.72
湖　南	0.06	1.28	85.77	4.83	9.40
广　东	0.06	2.17	86.87	4.07	9.06
广　西	0.19	0.45	93.00	2.93	4.07
海　南	0.02	2.89	94.72	0.45	4.83
重　庆	0.05	1.47	89.76	0.93	9.31
四　川	0.15	0.80	88.65	2.68	8.67
贵　州	0.09	0.75	90.92	3.01	6.07
云　南	0.20	2.88	86.14	3.31	10.55
西　藏	0.00	4.29	76.46	1.03	22.52
陕　西	0.28	1.63	88.57	3.56	7.87
甘　肃	1.26	1.35	86.95	5.54	7.51
青　海	0.29	3.81	78.41	4.06	17.54
宁　夏	0.00	1.43	91.38	2.21	6.41
新　疆	0.02	2.89	91.89	1.19	6.92

5－34　各地区农村居民生活消费支出

单位:元/人

地　　区	生活消费支出	一、食品支出	主食支出	副食支出	二、衣着支出
全国合计	**1834.31**	**848.35**	**238.93**	**372.05**	**105.00**
北　京	3731.68	1273.26	193.13	523.97	269.62
天　津	2163.55	823.01	177.52	381.43	181.67
河　北	1476.42	574.59	216.58	205.89	109.18
山　西	1354.64	594.20	258.32	185.34	137.93
内蒙古	1647.04	714.96	262.41	266.94	115.48
辽　宁	1781.26	801.51	240.26	371.59	145.85
吉　林	1680.20	740.77	239.65	335.32	114.35
黑龙江	1674.20	696.51	250.24	271.57	114.06
上　海	5301.82	1870.86	230.84	847.36	226.22
江　苏	2620.29	1045.17	258.92	437.85	137.63
浙　江	3692.89	1507.85	246.50	674.24	206.98
安　徽	1475.80	700.45	216.63	293.29	75.60
福　建	2583.16	1184.59	252.53	543.59	132.36
江　西	1784.88	895.82	245.92	363.97	97.24
山　东	1997.83	838.26	231.01	335.05	130.34
河　南	1451.51	697.02	227.09	309.07	93.72
湖　北	1745.63	872.49	245.62	406.31	80.63
湖　南	2068.74	1086.11	245.08	456.23	97.85
广　东	2825.01	1345.00	302.89	736.67	107.94
广　西	1686.11	875.08	221.16	382.58	63.83
海　南	1602.85	947.78	323.85	476.07	51.83
重　庆	1497.72	835.52	209.92	435.73	63.56
四　川	1591.99	857.61	222.49	434.13	79.36
贵　州	1137.57	661.35	215.82	335.49	55.16
云　南	1381.54	772.61	254.98	375.10	57.54
西　藏	1000.29	637.69	212.31	239.19	104.67
陕　西	1490.76	564.19	203.05	165.39	86.95
甘　肃	1153.29	531.37	230.26	176.07	67.52
青　海	1386.08	664.69	230.83	299.49	113.94
宁　夏	1418.12	633.16	227.11	268.91	97.52
新　疆	1411.73	691.32	266.41	281.06	127.52

5—34 续表 1　　　　单位:元/人

地　区	三、居　住支　出	四、家庭设备用品及服务支出	五、医 疗 保健 支 出	六、交通和通讯 支 出	七、文教娱乐用品及服务支出	八、其他商品及服务支出
全国合计	**300.16**	**80.35**	**103.94**	**128.53**	**210.31**	**57.66**
北　京	558.10	224.92	337.94	289.03	624.97	153.84
天　津	391.84	73.64	188.66	159.77	269.16	75.79
河　北	318.99	68.58	99.14	110.42	156.91	38.60
山　西	171.22	64.64	64.44	103.23	176.64	42.34
内蒙古	245.54	64.82	116.82	117.51	229.63	42.29
辽　宁	247.20	69.44	115.80	144.35	208.36	48.75
吉　林	267.64	64.29	132.13	132.24	182.08	46.69
黑龙江	349.29	57.45	120.22	125.06	172.68	38.92
上　海	1383.98	280.60	280.20	461.54	661.48	136.95
江　苏	552.73	129.43	142.50	203.94	327.11	81.78
浙　江	576.95	170.43	266.52	359.39	439.58	165.19
安　徽	272.19	65.27	72.99	90.65	159.16	39.48
福　建	370.11	139.77	118.71	251.91	272.58	113.14
江　西	262.81	61.89	80.86	125.83	215.58	44.85
山　东	335.65	96.30	127.59	155.77	256.28	57.63
河　南	262.99	64.19	73.80	77.32	133.51	48.96
湖　北	235.61	71.54	90.51	98.92	232.84	63.10
湖　南	271.28	84.79	102.81	118.57	248.60	58.73
广　东	441.24	134.10	116.90	251.14	302.44	126.24
广　西	288.42	64.98	66.19	114.26	173.17	40.18
海　南	189.29	60.45	62.27	70.72	156.62	63.90
重　庆	183.11	66.22	75.92	80.76	162.58	30.04
四　川	214.47	63.20	78.30	84.62	174.70	39.74
贵　州	149.69	49.04	32.36	48.69	108.56	32.71
云　南	223.30	51.41	69.02	45.57	114.00	48.08
西　藏	92.64	65.62	33.02	21.21	28.46	16.98
陕　西	330.08	59.16	103.09	85.18	227.73	34.39
甘　肃	162.86	44.48	82.68	70.61	164.62	29.15
青　海	164.36	69.72	118.01	112.16	107.88	35.32
宁　夏	203.75	69.80	123.32	111.00	148.20	31.38
新　疆	220.25	48.10	99.81	73.06	105.85	45.81

5—35 各地区农村居民生活消费支出构成

单位：%

地　区	生活消费支出	一、食品支出	主食支出	副食支出	二、衣着支出
全国合计	**100.00**	**46.25**	**13.03**	**20.28**	**5.72**
北　京	100.00	34.12	5.18	14.04	7.23
天　津	100.00	38.04	8.20	17.63	8.40
河　北	100.00	38.92	14.67	13.95	7.40
山　西	100.00	43.86	19.07	13.68	10.18
内蒙古	100.00	43.41	15.93	16.21	7.01
辽　宁	100.00	45.00	13.49	20.86	8.19
吉　林	100.00	44.09	14.26	19.96	6.81
黑龙江	100.00	41.60	14.95	16.22	6.81
上　海	100.00	35.29	4.35	15.98	4.27
江　苏	100.00	39.89	9.88	16.71	5.25
浙　江	100.00	40.83	6.68	18.26	5.60
安　徽	100.00	47.46	14.68	19.87	5.12
福　建	100.00	45.86	9.78	21.04	5.12
江　西	100.00	50.19	13.78	20.39	5.45
山　东	100.00	41.96	11.56	16.77	6.52
河　南	100.00	48.02	15.65	21.29	6.46
湖　北	100.00	49.98	14.07	23.28	4.62
湖　南	100.00	52.50	11.85	22.05	4.73
广　东	100.00	47.61	10.72	26.08	3.82
广　西	100.00	51.90	13.12	22.69	3.79
海　南	100.00	59.13	20.20	29.70	3.23
重　庆	100.00	55.79	14.02	29.09	4.24
四　川	100.00	53.87	13.98	27.27	4.99
贵　州	100.00	58.14	18.97	29.49	4.85
云　南	100.00	55.92	18.46	27.15	4.16
西　藏	100.00	63.75	21.22	23.91	10.46
陕　西	100.00	37.85	13.62	11.09	5.83
甘　肃	100.00	46.07	19.97	15.27	5.85
青　海	100.00	47.95	16.65	21.61	8.22
宁　夏	100.00	44.65	16.02	18.96	6.88
新　疆	100.00	48.97	18.87	19.91	9.03

5－35 续表 1　　单位：%

地　区	三、居住支出	四、家庭设备用品及服务支出	五、医疗保健支出	六、交通和通讯支出	七、文教娱乐用品及服务支出	八、其他商品及服务支出
全国合计	**16.36**	**4.38**	**5.67**	**7.01**	**11.47**	**3.14**
北　京	14.96	6.03	9.06	7.75	16.75	4.12
天　津	18.11	3.40	8.72	7.38	12.44	3.50
河　北	21.61	4.65	6.72	7.48	10.63	2.61
山　西	12.64	4.77	4.76	7.62	13.04	3.13
内蒙古	14.91	3.94	7.09	7.13	13.94	2.57
辽　宁	13.88	3.90	6.50	8.10	11.70	2.74
吉　林	15.93	3.83	7.86	7.87	10.84	2.78
黑龙江	20.86	3.43	7.18	7.47	10.31	2.32
上　海	26.10	5.29	5.28	8.71	12.48	2.58
江　苏	21.09	4.94	5.44	7.78	12.48	3.12
浙　江	15.62	4.61	7.22	9.73	11.90	4.47
安　徽	18.44	4.42	4.95	6.14	10.78	2.68
福　建	14.33	5.41	4.60	9.75	10.55	4.38
江　西	14.72	3.47	4.53	7.05	12.08	2.51
山　东	16.80	4.82	6.39	7.80	12.83	2.88
河　南	18.12	4.42	5.08	5.33	9.20	3.37
湖　北	13.50	4.10	5.18	5.67	13.34	3.61
湖　南	13.11	4.10	4.97	5.73	12.02	2.84
广　东	15.62	4.75	4.14	8.89	10.71	4.47
广　西	17.11	3.85	3.93	6.78	10.27	2.38
海　南	11.81	3.77	3.88	4.41	9.77	3.99
重　庆	12.23	4.42	5.07	5.39	10.85	2.01
四　川	13.47	3.97	4.92	5.32	10.97	2.50
贵　州	13.16	4.31	2.84	4.28	9.54	2.88
云　南	16.16	3.72	5.00	3.30	8.25	3.48
西　藏	9.26	6.56	3.30	2.12	2.85	1.70
陕　西	22.14	3.97	6.92	5.71	15.28	2.31
甘　肃	14.12	3.86	7.17	6.12	14.27	2.53
青　海	11.86	5.03	8.51	8.09	7.78	2.55
宁　夏	14.37	4.92	8.70	7.83	10.45	2.21
新　疆	15.60	3.41	7.07	5.18	7.50	3.25

5—36 各地区农村居民现金支出

单位:元/人

地区	现金支出	一、家庭经营费用支出	二、购置生产性固定资产支出	三、税费支出	四、生活消费支出	五、财产性支出	六、转移性支出
全国合计	**2437.72**	**617.41**	**85.50**	**75.58**	**1467.62**	**10.29**	**181.34**
北京	4920.94	744.12	14.73	27.86	3678.17	28.02	428.04
天津	3350.25	886.70	82.24	58.52	2043.53	6.47	272.80
河北	2197.86	634.17	105.43	81.25	1267.03	3.59	106.39
山西	1807.03	400.06	69.41	50.04	1125.40	5.86	156.25
内蒙古	2627.97	868.15	208.76	104.72	1258.36	9.34	178.64
辽宁	2998.55	941.06	100.26	115.12	1451.43	10.63	380.05
吉林	2817.89	834.38	176.96	139.79	1364.21	23.21	279.34
黑龙江	3393.90	1214.32	239.45	238.84	1370.87	73.99	256.44
上海	6645.23	457.57	5.82	57.98	4971.87	23.64	1128.36
江苏	3390.85	685.68	72.07	87.31	2229.16	8.01	308.62
浙江	4854.19	787.79	125.73	55.56	3399.38	13.18	472.53
安徽	1897.59	450.30	76.21	94.68	1123.45	3.06	149.88
福建	3338.88	650.72	11.71	35.58	2315.25	24.37	301.25
江西	2068.51	445.79	59.88	67.35	1340.94	7.57	146.98
山东	3041.34	945.22	92.40	116.56	1723.37	10.91	152.89
河南	1840.53	533.99	93.37	84.70	1030.22	3.07	95.18
湖北	2115.46	472.03	33.42	108.12	1242.30	16.20	243.39
湖南	2543.87	547.80	47.83	83.32	1616.45	6.21	242.26
广东	3309.41	701.90	31.98	31.08	2403.47	7.74	133.24
广西	2068.92	604.59	59.78	31.23	1270.72	8.67	93.95
海南	1962.97	646.71	44.60	22.99	1140.14	7.77	100.75
重庆	1623.86	393.22	23.60	43.24	1007.88	5.60	150.33
四川	1911.14	549.82	47.24	73.04	1114.90	4.68	121.45
贵州	1183.98	290.41	52.57	25.50	705.78	3.28	106.44
云南	1527.49	445.04	52.99	28.00	909.42	4.60	87.43
西藏	925.65	142.48	122.70	2.43	644.90	0.00	13.14
陕西	1944.18	426.78	103.14	60.38	1259.67	8.90	85.31
甘肃	1421.52	376.37	81.18	39.90	854.49	4.28	65.31
青海	1752.55	311.53	269.60	43.77	1001.17	13.97	112.50
宁夏	2262.21	748.39	190.17	39.05	1079.43	6.86	198.31
新疆	2437.19	1037.48	162.31	110.35	1033.87	8.96	84.23

5—37 各地区农村居民现金支出构成

单位:%

地　区	现金支出	一、家庭经营费用支出	二、购置生产性固定资产支出	三、税费支出	四、生活消费支出	五、财产性支出	六、转移性支出
全国合计	**100.00**	**25.33**	**3.51**	**3.10**	**60.20**	**0.42**	**7.44**
北　京	100.00	15.12	0.30	0.57	74.75	0.57	8.70
天　津	100.00	26.47	2.45	1.75	61.00	0.19	8.14
河　北	100.00	28.85	4.80	3.70	57.65	0.16	4.84
山　西	100.00	22.14	3.84	2.77	62.28	0.32	8.65
内蒙古	100.00	33.03	7.94	3.98	47.88	0.36	6.80
辽　宁	100.00	31.38	3.34	3.84	48.40	0.35	12.67
吉　林	100.00	29.61	6.28	4.96	48.41	0.82	9.91
黑龙江	100.00	35.78	7.06	7.04	40.39	2.18	7.56
上　海	100.00	6.89	0.09	0.87	74.82	0.36	16.98
江　苏	100.00	20.22	2.13	2.57	65.74	0.24	9.10
浙　江	100.00	16.23	2.59	1.14	70.03	0.27	9.73
安　徽	100.00	23.73	4.02	4.99	59.20	0.16	7.90
福　建	100.00	19.49	0.35	1.07	69.34	0.73	9.02
江　西	100.00	21.55	2.89	3.26	64.83	0.37	7.11
山　东	100.00	31.08	3.04	3.83	56.66	0.36	5.03
河　南	100.00	29.01	5.07	4.60	55.97	0.17	5.17
湖　北	100.00	22.31	1.58	5.11	58.72	0.77	11.51
湖　南	100.00	21.53	1.88	3.28	63.54	0.24	9.52
广　东	100.00	21.21	0.97	0.94	72.63	0.23	4.03
广　西	100.00	29.22	2.89	1.51	61.42	0.42	4.54
海　南	100.00	32.95	2.27	1.17	58.08	0.40	5.13
重　庆	100.00	24.22	1.45	2.66	62.07	0.34	9.26
四　川	100.00	28.77	2.47	3.82	58.34	0.24	6.36
贵　州	100.00	24.53	4.44	2.15	59.61	0.28	8.99
云　南	100.00	29.14	3.47	1.83	59.54	0.30	5.72
西　藏	100.00	15.39	13.26	0.26	69.67	0.00	1.42
陕　西	100.00	21.95	5.31	3.11	64.79	0.46	4.39
甘　肃	100.00	26.48	5.71	2.81	60.11	0.30	4.59
青　海	100.00	17.78	15.38	2.50	57.13	0.80	6.42
宁　夏	100.00	33.08	8.41	1.73	47.72	0.30	8.77
新　疆	100.00	42.57	6.66	4.53	42.42	0.37	3.46

5—38 各地区农村居民家庭经营费用现金支出

单位:元/人

地区	家庭经营费用现金支出	1. 农业支出	种植业支出	2. 林业支出	3. 牧业支出	4. 渔业支出
全国合计	**617.41**	**309.69**	**306.48**	**4.57**	**194.18**	**22.24**
北京	744.12	197.61	193.62	14.35	138.69	12.51
天津	886.70	251.37	244.88	10.67	542.49	15.08
河北	634.17	356.51	354.05	3.71	157.49	8.59
山西	400.06	196.08	194.55	3.10	92.63	0.00
内蒙古	868.15	494.04	492.30	4.70	335.50	0.06
辽宁	941.06	495.29	489.06	6.18	336.33	50.31
吉林	834.38	607.81	602.41	7.64	187.18	1.04
黑龙江	1214.32	929.90	923.97	3.82	237.70	2.73
上海	457.57	220.73	218.82	4.74	89.00	17.10
江苏	685.68	278.12	271.08	6.17	222.25	80.66
浙江	787.79	261.26	255.61	13.13	230.15	36.28
安徽	450.30	270.24	268.89	3.94	119.21	9.09
福建	650.72	246.04	244.47	5.28	246.18	27.02
江西	445.79	224.11	223.05	2.40	155.92	11.33
山东	945.22	508.75	502.51	9.05	294.77	5.34
河南	533.99	294.55	293.83	1.64	140.79	7.63
湖北	472.03	246.00	245.04	2.17	124.58	36.61
湖南	547.80	201.35	199.20	2.35	234.87	14.93
广东	701.90	218.12	216.48	4.05	256.68	122.97
广西	604.59	291.00	287.37	5.33	242.47	16.11
海南	646.71	242.30	240.42	12.82	129.70	228.63
重庆	393.22	142.72	140.54	3.12	179.65	10.26
四川	549.82	173.48	170.82	2.88	276.78	5.26
贵州	290.41	129.88	128.20	2.57	116.97	0.19
云南	445.04	213.54	210.91	1.72	131.18	1.87
西藏	142.48	74.82	70.24	2.34	8.95	
陕西	426.78	240.08	229.84	5.43	123.95	0.05
甘肃	376.37	239.84	237.61	3.34	74.95	0.04
青海	311.53	130.23	129.73	2.40	87.89	3.99
宁夏	748.39	320.15	310.55	3.28	311.38	34.41
新疆	1037.48	750.93	749.18	5.18	195.67	

5—38 续表 1 单位:元/人

地　　区	5. 工业支出	6. 建筑业支出	7. 交通运输、邮电业支出	8. 批发和零售贸易、餐饮业支出	9. 社会服务业支出
全国合计	**22.92**	**7.28**	**27.80**	**14.54**	**4.18**
北　京	88.19	59.32	113.30	91.40	13.48
天　津	1.56	1.97	37.63	12.51	4.03
河　北	29.68	9.71	41.68	17.01	6.12
山　西	15.21	9.27	50.32	19.29	5.48
内蒙古	7.86	0.62	8.74	6.72	1.94
辽　宁	9.89	0.85	21.29	11.12	2.66
吉　林	2.72	1.75	16.00	1.20	0.52
黑龙江	4.91	2.01	23.33	3.51	1.40
上　海	46.48	14.08	39.75	2.39	15.84
江　苏	29.35	9.70	33.09	13.48	6.64
浙　江	140.70	8.16	57.52	22.65	9.63
安　徽	11.53	4.53	13.53	9.13	4.02
福　建	8.95	40.92	30.92	7.41	3.88
江　西	9.50	3.57	15.75	7.75	4.71
山　东	40.77	9.27	23.12	37.37	5.09
河　南	26.76	8.55	23.02	19.15	4.22
湖　北	19.09	7.47	16.23	11.02	1.91
湖　南	27.89	4.08	25.72	23.19	4.52
广　东	20.30	10.72	27.11	20.11	4.77
广　西	18.68	2.11	15.01	6.67	2.69
海　南	2.54	0.64	10.94	2.36	0.36
重　庆	2.38	2.86	36.30	3.64	3.78
四　川	19.77	1.95	44.45	14.45	3.32
贵　州	11.44	2.07	14.01	6.76	2.72
云　南	17.89	6.30	28.32	21.91	4.04
西　藏	2.41	0.05	29.03	14.16	0.41
陕　西	14.77	3.07	22.48	5.13	2.26
甘　肃	10.99	13.75	13.82	4.44	3.53
青　海	6.51	9.86	42.41	9.67	1.99
宁　夏	20.08	0.20	40.85	3.97	0.92
新　疆	7.63	5.72	27.56	11.15	6.10

5—38 续表 2

单位:元/人

地区	10. 文教卫生业支出	11. 其他家庭经营支出	第一产业支出	第二产业支出	第三产业支出
全国合计	**1.45**	**8.56**	**530.67**	**30.20**	**56.53**
北京	11.86	3.42	363.16	147.50	233.46
天津	0.18	9.20	819.61	3.53	63.55
河北	0.77	2.90	526.30	39.38	68.49
山西	0.44	8.25	291.81	24.47	83.78
内蒙古	1.75	6.20	834.31	8.49	25.35
辽宁	1.55	5.59	888.11	10.75	42.21
吉林	0.26	8.27	803.67	4.47	26.24
黑龙江	1.28	3.73	1174.15	6.91	33.26
上海	0.45	7.00	331.58	60.56	65.43
江苏	1.50	4.73	587.19	39.05	59.44
浙江	1.53	6.78	540.81	148.86	98.11
安徽	0.88	4.22	402.47	16.06	31.77
福建	1.00	33.12	524.52	49.87	76.33
江西	4.72	6.05	393.75	13.07	38.97
山东	2.72	8.98	817.91	50.03	77.28
河南	1.71	5.97	444.60	35.31	54.08
湖北	1.00	5.95	409.36	26.55	36.11
湖南	0.39	8.51	453.50	31.97	62.33
广东	0.46	16.60	601.82	31.02	69.06
广西	1.34	3.16	554.92	20.80	28.88
海南	0.15	16.27	613.45	3.18	30.09
重庆	0.27	8.23	335.76	5.24	52.22
四川	1.19	6.29	458.39	21.72	69.71
贵州	0.40	3.39	249.61	13.51	27.29
云南	1.43	16.85	348.31	24.19	72.54
西藏		10.30	86.12	2.47	53.89
陕西	1.40	8.15	369.51	17.84	39.42
甘肃	5.64	6.03	318.18	24.74	33.45
青海	1.19	15.39	224.51	16.38	70.64
宁夏		13.15	669.22	20.28	58.88
新疆	0.25	27.28	951.79	13.35	72.34

5—39 各地区农村居民家庭经营费用现金支出构成

单位:%

地　区	家庭经营费用现金支出	1. 农业支出	种植业支出	2. 林业支出	3. 牧业支出	4. 渔业支出
全国合计	**100.00**	**50.16**	**49.64**	**0.74**	**31.45**	**3.60**
北　京	100.00	26.56	26.02	1.93	18.64	1.68
天　津	100.00	28.35	27.62	1.20	61.18	1.70
河　北	100.00	56.22	55.83	0.58	24.83	1.35
山　西	100.00	49.01	48.63	0.77	23.15	0.00
内蒙古	100.00	56.91	56.71	0.54	38.65	0.01
辽　宁	100.00	52.63	51.97	0.66	35.74	5.35
吉　林	100.00	72.85	72.20	0.92	22.43	0.13
黑龙江	100.00	76.58	76.09	0.31	19.57	0.22
上　海	100.00	48.24	47.82	1.04	19.45	3.74
江　苏	100.00	40.56	39.53	0.90	32.41	11.76
浙　江	100.00	33.16	32.45	1.67	29.21	4.60
安　徽	100.00	60.01	59.71	0.87	26.47	2.02
福　建	100.00	37.81	37.57	0.81	37.83	4.15
江　西	100.00	50.27	50.03	0.54	34.98	2.54
山　东	100.00	53.82	53.16	0.96	31.19	0.57
河　南	100.00	55.16	55.03	0.31	26.37	1.43
湖　北	100.00	52.12	51.91	0.46	26.39	7.76
湖　南	100.00	36.76	36.36	0.43	42.88	2.72
广　东	100.00	31.08	30.84	0.58	36.57	17.52
广　西	100.00	48.13	47.53	0.88	40.10	2.67
海　南	100.00	37.47	37.18	1.98	20.05	35.35
重　庆	100.00	36.30	35.74	0.79	45.69	2.61
四　川	100.00	31.55	31.07	0.52	50.34	0.96
贵　州	100.00	44.72	44.14	0.88	40.28	0.07
云　南	100.00	47.98	47.39	0.39	29.48	0.42
西　藏	100.00	52.52	49.30	1.64	6.28	0.00
陕　西	100.00	56.25	53.85	1.27	29.04	0.01
甘　肃	100.00	63.73	63.13	0.89	19.92	0.01
青　海	100.00	41.80	41.64	0.77	28.21	1.28
宁　夏	100.00	42.78	41.50	0.44	41.61	4.60
新　疆	100.00	72.38	72.21	0.50	18.86	0.00

5—39 续表 1

单位：%

地　　区	5. 工业支出	6. 建筑业支出	7. 交通运输、邮电业支出	8. 批发和零售贸易、餐饮业支出	9. 社会服务业支出
全国合计	**3.71**	**1.18**	**4.50**	**2.35**	**0.68**
北　　京	11.85	7.97	15.23	12.28	1.81
天　　津	0.18	0.22	4.24	1.41	0.45
河　　北	4.68	1.53	6.57	2.68	0.97
山　　西	3.80	2.32	12.58	4.82	1.37
内 蒙 古	0.91	0.07	1.01	0.77	0.22
辽　　宁	1.05	0.09	2.26	1.18	0.28
吉　　林	0.33	0.21	1.92	0.14	0.06
黑 龙 江	0.40	0.17	1.92	0.29	0.12
上　　海	10.16	3.08	8.69	0.52	3.46
江　　苏	4.28	1.41	4.83	1.97	0.97
浙　　江	17.86	1.04	7.30	2.88	1.22
安　　徽	2.56	1.01	3.00	2.03	0.89
福　　建	1.38	6.29	4.75	1.14	0.60
江　　西	2.13	0.80	3.53	1.74	1.06
山　　东	4.31	0.98	2.45	3.95	0.54
河　　南	5.01	1.60	4.31	3.59	0.79
湖　　北	4.04	1.58	3.44	2.33	0.41
湖　　南	5.09	0.74	4.70	4.23	0.83
广　　东	2.89	1.53	3.86	2.86	0.68
广　　西	3.09	0.35	2.48	1.10	0.45
海　　南	0.39	0.10	1.69	0.37	0.06
重　　庆	0.60	0.73	9.23	0.93	0.96
四　　川	3.60	0.35	8.08	2.63	0.60
贵　　州	3.94	0.71	4.82	2.33	0.94
云　　南	4.02	1.42	6.36	4.92	0.91
西　　藏	1.69	0.04	20.37	9.94	0.28
陕　　西	3.46	0.72	5.27	1.20	0.53
甘　　肃	2.92	3.65	3.67	1.18	0.94
青　　海	2.09	3.17	13.61	3.10	0.64
宁　　夏	2.68	0.03	5.46	0.53	0.12
新　　疆	0.74	0.55	2.66	1.07	0.59

5—39 续表 2

单位:%

地　区	10. 文教卫生业支　出	11. 其他家庭经营支出	第一产业支出	第二产业支出	第三产业支出
全国合计	**0.24**	**1.39**	**85.95**	**4.89**	**9.16**
北　京	1.59	0.46	48.80	19.82	31.37
天　津	0.02	1.04	92.43	0.40	7.17
河　北	0.12	0.46	82.99	6.21	10.80
山　西	0.11	2.06	72.94	6.12	20.94
内蒙古	0.20	0.71	96.10	0.98	2.92
辽　宁	0.16	0.59	94.37	1.14	4.48
吉　林	0.03	0.99	96.32	0.54	3.14
黑龙江	0.11	0.31	96.69	0.57	2.74
上　海	0.10	1.53	72.47	13.24	14.30
江　苏	0.22	0.69	85.64	5.69	8.67
浙　江	0.19	0.86	68.65	18.90	12.45
安　徽	0.19	0.94	89.38	3.57	7.06
福　建	0.15	5.09	80.61	7.66	11.73
江　西	1.06	1.36	88.33	2.93	8.74
山　东	0.29	0.95	86.53	5.29	8.18
河　南	0.32	1.12	83.26	6.61	10.13
湖　北	0.21	1.26	86.72	5.62	7.65
湖　南	0.07	1.55	82.79	5.84	11.38
广　东	0.07	2.37	85.74	4.42	9.84
广　西	0.22	0.52	91.78	3.44	4.78
海　南	0.02	2.52	94.86	0.49	4.65
重　庆	0.07	2.09	85.39	1.33	13.28
四　川	0.22	1.14	83.37	3.95	12.68
贵　州	0.14	1.17	85.95	4.65	9.40
云　南	0.32	3.79	78.26	5.44	16.30
西　藏	0.00	7.23	60.44	1.73	37.83
陕　西	0.33	1.91	86.58	4.18	9.24
甘　肃	1.50	1.60	84.54	6.57	8.89
青　海	0.38	4.94	72.07	5.26	22.68
宁　夏	0.00	1.76	89.42	2.71	7.87
新　疆	0.02	2.63	91.74	1.29	6.97

5—40 各地区农村居民生活消费现金支出

单位:元/人

地　　区	生活消费现金支出	一、食品支出	主食	副食	二、衣着支出
全国合计	**1467.62**	**510.96**	**48.38**	**234.18**	**104.54**
北　　京	3678.17	1219.78	156.22	512.10	269.61
天　　津	2043.53	715.48	82.26	370.65	181.67
河　　北	1267.03	365.44	40.35	174.36	108.94
山　　西	1125.40	366.82	79.96	140.56	137.89
内 蒙 古	1258.36	383.35	92.60	110.58	115.16
辽　　宁	1451.43	490.78	89.83	221.46	145.63
吉　　林	1364.21	503.30	113.72	224.25	114.35
黑 龙 江	1370.87	489.49	121.80	195.26	114.06
上　　海	4971.87	1540.98	29.90	727.17	226.22
江　　苏	2229.16	687.13	31.93	308.81	137.51
浙　　江	3399.38	1225.73	53.67	594.29	206.56
安　　徽	1123.45	393.89	20.35	185.51	75.42
福　　建	2315.25	937.95	72.02	485.11	132.33
江　　西	1340.94	502.65	19.62	206.99	96.99
山　　东	1723.37	571.10	34.00	271.85	128.45
河　　南	1030.22	326.17	22.30	147.01	92.67
湖　　北	1242.30	409.29	34.76	160.84	79.07
湖　　南	1616.45	641.58	28.29	239.64	97.79
广　　东	2403.47	975.48	94.46	589.72	106.73
广　　西	1270.72	511.30	23.00	226.69	63.72
海　　南	1140.14	529.08	25.60	360.90	51.83
重　　庆	1007.88	367.73	19.21	165.97	63.56
四　　川	1114.90	407.40	26.68	189.14	79.29
贵　　州	705.78	239.57	38.74	98.93	55.09
云　　南	909.42	321.07	47.15	141.52	57.54
西　　藏	644.90	297.09	126.01	87.28	104.67
陕　　西	1259.67	356.62	47.24	120.91	86.79
甘　　肃	854.49	242.88	26.61	95.07	67.52
青　　海	1001.17	284.96	60.11	118.07	113.47
宁　　夏	1079.43	304.48	25.91	149.80	97.52
新　　疆	1033.87	332.46	59.65	173.46	125.20

5—40 续表 1

单位:元/人

地区	购买服装支出	三、居住支出	住房支出	购买燃料支出	四、家庭设备用品及服务支出	购买耐用消费品支出
全国合计	**61.00**	**271.50**	**197.31**	**33.36**	**80.17**	**28.79**
北京	130.15	558.08	287.91	169.68	224.92	117.46
天津	114.79	379.35	212.98	100.13	73.64	30.70
河北	63.14	318.99	205.99	63.45	68.58	28.18
山西	85.81	169.78	100.44	36.55	64.27	24.31
内蒙古	62.72	188.78	120.48	26.90	64.82	19.78
辽宁	75.77	229.41	150.67	31.22	68.35	17.00
吉林	57.88	189.13	136.33	14.80	64.29	14.00
黑龙江	64.88	253.03	188.40	27.58	57.40	17.22
上海	127.48	1383.90	1199.52	65.57	280.60	155.56
江苏	85.05	519.76	434.43	24.29	129.43	67.92
浙江	128.41	566.22	440.81	49.29	170.17	81.74
安徽	42.35	226.59	176.94	16.73	65.27	18.40
福建	85.50	351.03	216.18	66.10	137.60	51.84
江西	66.47	212.29	159.27	21.48	61.89	12.48
山东	62.82	330.52	233.64	50.86	96.03	43.38
河南	57.40	213.73	161.01	21.81	64.06	26.40
湖北	47.70	197.19	146.64	19.50	71.39	17.20
湖南	58.71	263.58	189.55	39.66	84.79	21.95
广东	67.08	391.19	273.98	45.46	133.34	38.28
广西	38.70	237.02	202.22	11.26	64.88	12.92
海南	34.85	145.27	94.24	12.72	60.45	6.38
重庆	35.73	161.07	106.49	21.88	66.22	22.57
四川	46.33	187.77	135.31	17.91	63.08	20.51
贵州	28.99	139.76	84.39	27.70	49.03	15.23
云南	33.84	202.75	159.24	15.84	51.39	13.98
西藏	32.58	77.85	64.91	3.07	65.62	14.14
陕西	54.22	306.75	255.87	21.51	59.12	22.00
甘肃	38.44	152.55	92.82	34.10	44.48	17.58
青海	66.09	159.82	109.15	35.09	69.55	29.21
宁夏	58.54	193.74	122.36	41.65	69.80	28.02
新疆	70.76	203.57	126.05	45.88	48.10	16.00

5—40续表2　　单位：元/人

地　区	五、医疗保健支出	医疗卫生保健用品	六、交通和通讯支出	交通费	七、文教娱乐用品及服务支出
全国合计	**103.94**	**58.37**	**128.53**	**31.84**	**210.31**
北　京	337.94	156.50	289.03	34.20	624.97
天　津	188.66	117.35	159.77	23.42	269.16
河　北	99.14	61.59	110.42	9.95	156.91
山　西	64.44	40.94	103.23	13.97	176.64
内蒙古	116.82	78.46	117.51	29.67	229.63
辽　宁	115.80	76.44	144.35	32.56	208.36
吉　林	132.13	84.87	132.24	41.73	182.08
黑龙江	120.22	78.74	125.06	41.47	172.68
上　海	280.20	161.72	461.54	43.27	661.48
江　苏	142.50	76.10	203.94	35.49	327.11
浙　江	266.52	154.92	359.39	48.15	439.58
安　徽	72.99	29.25	90.65	31.02	159.16
福　建	118.71	47.78	251.91	44.03	272.58
江　西	80.86	44.96	125.83	59.17	215.58
山　东	127.59	62.68	155.77	20.73	256.28
河　南	73.80	40.11	77.32	20.40	133.51
湖　北	90.51	38.92	98.92	40.44	232.84
湖　南	102.81	64.86	118.57	46.21	248.60
广　东	116.90	56.24	251.14	54.92	302.44
广　西	66.19	44.19	114.26	45.13	173.17
海　南	62.27	10.95	70.72	22.15	156.62
重　庆	75.92	49.59	80.76	34.75	162.58
四　川	78.30	53.32	84.62	34.44	174.70
贵　州	32.36	14.78	48.69	23.22	108.56
云　南	69.02	39.96	45.57	15.50	114.00
西　藏	33.02	12.92	21.21	13.24	28.46
陕　西	103.09	67.53	85.18	21.82	227.73
甘　肃	82.68	47.90	70.61	16.38	164.62
青　海	118.01	64.95	112.16	34.13	107.88
宁　夏	123.32	80.47	111.00	20.87	148.20
新　疆	99.81	47.46	73.06	25.49	105.85

5—40 续表 3

单位:元/人

地区	购买文教娱乐用品	文教娱乐服务	八、其他商品及服务支出	商品性支出	服务性支出
全国合计	**39.37**	**170.94**	**57.66**	**13.69**	**43.97**
北京	124.95	500.02	153.84	28.83	125.02
天津	32.54	236.62	75.79	23.45	52.33
河北	33.38	123.53	38.60	8.98	29.62
山西	39.40	137.24	42.34	9.07	33.27
内蒙古	36.51	193.12	42.29	10.91	31.38
辽宁	52.75	155.61	48.75	19.94	28.81
吉林	45.09	136.99	46.69	12.79	33.90
黑龙江	39.01	133.67	38.92	12.45	26.47
上海	139.72	521.76	136.95	46.11	90.85
江苏	55.82	271.29	81.78	20.95	60.83
浙江	69.41	370.17	165.19	37.31	127.88
安徽	24.53	134.64	39.48	12.85	26.64
福建	43.31	229.26	113.14	27.89	85.26
江西	26.54	189.04	44.85	11.27	33.58
山东	45.35	210.93	57.63	11.97	45.66
河南	23.62	109.89	48.96	6.71	42.25
湖北	35.46	197.38	63.10	11.66	51.44
湖南	58.07	190.53	58.73	15.50	43.23
广东	42.97	259.47	126.24	24.61	101.63
广西	33.12	140.05	40.18	14.83	25.35
海南	12.12	144.50	63.90	16.19	47.71
重庆	32.07	130.51	30.04	7.84	22.20
四川	34.30	140.41	39.74	8.42	31.32
贵州	29.24	79.32	32.71	8.41	24.31
云南	34.95	79.05	48.08	4.16	43.92
西藏	14.74	13.72	16.98	7.08	9.90
陕西	51.81	175.92	34.39	10.55	23.84
甘肃	25.00	139.63	29.15	4.85	24.30
青海	29.71	78.17	35.32	11.26	24.07
宁夏	47.05	101.15	31.38	11.19	20.19
新疆	18.18	87.67	45.81	13.84	31.97

5—41 各地区农村居民生活消费现金支出构成

单位:%

地区	生活消费现金支出	一、食品支出	主食	副食	二、衣着支出
全国合计	**100.00**	**34.82**	**3.30**	**15.96**	**7.12**
北京	100.00	33.16	4.25	13.92	7.33
天津	100.00	35.01	4.03	18.14	8.89
河北	100.00	28.84	3.18	13.76	8.60
山西	100.00	32.59	7.11	12.49	12.25
内蒙古	100.00	30.46	7.36	8.79	9.15
辽宁	100.00	33.81	6.19	15.26	10.03
吉林	100.00	36.89	8.34	16.44	8.38
黑龙江	100.00	35.71	8.88	14.24	8.32
上海	100.00	30.99	0.60	14.63	4.55
江苏	100.00	30.82	1.43	13.85	6.17
浙江	100.00	36.06	1.58	17.48	6.08
安徽	100.00	35.06	1.81	16.51	6.71
福建	100.00	40.51	3.11	20.95	5.72
江西	100.00	37.48	1.46	15.44	7.23
山东	100.00	33.14	1.97	15.77	7.45
河南	100.00	31.66	2.16	14.27	9.00
湖北	100.00	32.95	2.80	12.95	6.36
湖南	100.00	39.69	1.75	14.83	6.05
广东	100.00	40.59	3.93	24.54	4.44
广西	100.00	40.24	1.81	17.84	5.01
海南	100.00	46.41	2.25	31.65	4.55
重庆	100.00	36.48	1.91	16.47	6.31
四川	100.00	36.54	2.39	16.96	7.11
贵州	100.00	33.94	5.49	14.02	7.81
云南	100.00	35.30	5.18	15.56	6.33
西藏	100.00	46.07	19.54	13.53	16.23
陕西	100.00	28.31	3.75	9.60	6.89
甘肃	100.00	28.42	3.11	11.13	7.90
青海	100.00	28.46	6.00	11.79	11.33
宁夏	100.00	28.21	2.40	13.88	9.03
新疆	100.00	32.16	5.77	16.78	12.11

5—41 续表 1

单位:%

地　区	购买服装支出	三、居住支出	住房支出	购买燃料支出	四、家庭设备用品及服务支出	购买耐用消费品支出
全国合计	**4.16**	**18.50**	**13.44**	**2.27**	**5.46**	**1.96**
北　京	3.54	15.17	7.83	4.61	6.12	3.19
天　津	5.62	18.56	10.42	4.90	3.60	1.50
河　北	4.98	25.18	16.26	5.01	5.41	2.22
山　西	7.62	15.09	8.93	3.25	5.71	2.16
内蒙古	4.98	15.00	9.57	2.14	5.15	1.57
辽　宁	5.22	15.81	10.38	2.15	4.71	1.17
吉　林	4.24	13.86	9.99	1.09	4.71	1.03
黑龙江	4.73	18.46	13.74	2.01	4.19	1.26
上　海	2.56	27.83	24.13	1.32	5.64	3.13
江　苏	3.82	23.32	19.49	1.09	5.81	3.05
浙　江	3.78	16.66	12.97	1.45	5.01	2.40
安　徽	3.77	20.17	15.75	1.49	5.81	1.64
福　建	3.69	15.16	9.34	2.86	5.94	2.24
江　西	4.96	15.83	11.88	1.60	4.62	0.93
山　东	3.64	19.18	13.56	2.95	5.57	2.52
河　南	5.57	20.75	15.63	2.12	6.22	2.56
湖　北	3.84	15.87	11.80	1.57	5.75	1.38
湖　南	3.63	16.31	11.73	2.45	5.25	1.36
广　东	2.79	16.28	11.40	1.89	5.55	1.59
广　西	3.05	18.65	15.91	0.89	5.11	1.02
海　南	3.06	12.74	8.27	1.12	5.30	0.56
重　庆	3.55	15.98	10.57	2.17	6.57	2.24
四　川	4.16	16.84	12.14	1.61	5.66	1.84
贵　州	4.11	19.80	11.96	3.92	6.95	2.16
云　南	3.72	22.29	17.51	1.74	5.65	1.54
西　藏	5.05	12.07	10.07	0.48	10.17	2.19
陕　西	4.30	24.35	20.31	1.71	4.69	1.75
甘　肃	4.50	17.85	10.86	3.99	5.21	2.06
青　海	6.60	15.96	10.90	3.50	6.95	2.92
宁　夏	5.42	17.95	11.34	3.86	6.47	2.60
新　疆	6.84	19.69	12.19	4.44	4.65	1.55

5—41 续表2　　单位:%

地　区	五、医疗保健支出	医疗卫生保健用品	六、交通和通讯支出	交通费	七、文教娱乐用品及服务支出
全国合计	**7.08**	**3.98**	**8.76**	**2.17**	**14.33**
北　京	9.19	4.25	7.86	0.93	16.99
天　津	9.23	5.74	7.82	1.15	13.17
河　北	7.82	4.86	8.71	0.79	12.38
山　西	5.73	3.64	9.17	1.24	15.70
内蒙古	9.28	6.23	9.34	2.36	18.25
辽　宁	7.98	5.27	9.95	2.24	14.36
吉　林	9.69	6.22	9.69	3.06	13.35
黑龙江	8.77	5.74	9.12	3.03	12.60
上　海	5.64	3.25	9.28	0.87	13.30
江　苏	6.39	3.41	9.15	1.59	14.67
浙　江	7.84	4.56	10.57	1.42	12.93
安　徽	6.50	2.60	8.07	2.76	14.17
福　建	5.13	2.06	10.88	1.90	11.77
江　西	6.03	3.35	9.38	4.41	16.08
山　东	7.40	3.64	9.04	1.20	14.87
河　南	7.16	3.89	7.51	1.98	12.96
湖　北	7.29	3.13	7.96	3.26	18.74
湖　南	6.36	4.01	7.34	2.86	15.38
广　东	4.86	2.34	10.45	2.28	12.58
广　西	5.21	3.48	8.99	3.55	13.63
海　南	5.46	0.96	6.20	1.94	13.74
重　庆	7.53	4.92	8.01	3.45	16.13
四　川	7.02	4.78	7.59	3.09	15.67
贵　州	4.59	2.09	6.90	3.29	15.38
云　南	7.59	4.39	5.01	1.70	12.54
西　藏	5.12	2.00	3.29	2.05	4.41
陕　西	8.18	5.36	6.76	1.73	18.08
甘　肃	9.68	5.61	8.26	1.92	19.27
青　海	11.79	6.49	11.20	3.41	10.78
宁　夏	11.42	7.45	10.28	1.93	13.73
新　疆	9.65	4.59	7.07	2.47	10.24

5—41 续表 3

单位:%

地 区	购买文教娱乐用品	文教娱乐服务	八、其他商品及服务支出	商品性支出	服务性支出
全国合计	**2.68**	**11.65**	**3.93**	**0.93**	**3.00**
北 京	3.40	13.59	4.18	0.78	3.40
天 津	1.59	11.58	3.71	1.15	2.56
河 北	2.63	9.75	3.05	0.71	2.34
山 西	3.50	12.19	3.76	0.81	2.96
内蒙古	2.90	15.35	3.36	0.87	2.49
辽 宁	3.63	10.72	3.36	1.37	1.99
吉 林	3.31	10.04	3.42	0.94	2.49
黑龙江	2.85	9.75	2.84	0.91	1.93
上 海	2.81	10.49	2.75	0.93	1.83
江 苏	2.50	12.17	3.67	0.94	2.73
浙 江	2.04	10.89	4.86	1.10	3.76
安 徽	2.18	11.98	3.51	1.14	2.37
福 建	1.87	9.90	4.89	1.20	3.68
江 西	1.98	14.10	3.34	0.84	2.50
山 东	2.63	12.24	3.34	0.69	2.65
河 南	2.29	10.67	4.75	0.65	4.10
湖 北	2.85	15.89	5.08	0.94	4.14
湖 南	3.59	11.79	3.63	0.96	2.67
广 东	1.79	10.80	5.25	1.02	4.23
广 西	2.61	11.02	3.16	1.17	1.99
海 南	1.06	12.67	5.60	1.42	4.18
重 庆	3.18	12.95	2.98	0.78	2.20
四 川	3.08	12.59	3.56	0.76	2.81
贵 州	4.14	11.24	4.64	1.19	3.44
云 南	3.84	8.69	5.29	0.46	4.83
西 藏	2.29	2.13	2.63	1.10	1.53
陕 西	4.11	13.97	2.73	0.84	1.89
甘 肃	2.93	16.34	3.41	0.57	2.84
青 海	2.97	7.81	3.53	1.12	2.40
宁 夏	4.36	9.37	2.91	1.04	1.87
新 疆	1.76	8.48	4.43	1.34	3.09

6

农村住户调查简介

农村住户调查简介

“农村住户调查”是国家的重要统计调查项目之一，是通过对农村居民家庭的经济和社会活动调查，反映农村居民的生产、收入、消费、积累和社会活动情况的统计调查项目。开展农村住户调查的目的是监测农村居民收入和生活质量的变化，监测农村居民建设小康生活和摆脱贫困的进程，为各级人民政府和国家宏观决策部门研究制定农村经济政策和决策提供依据；为国民经济核算和价格调查提供基础数据，以及满足社会各界的信息需求。

一、我国农村住户调查发展的历史沿革

我国开展农村住户调查始于1954年，农村经济体制改革以前，调查内容主要是农民家庭收支情况，因此，该调查曾被称为“农民家庭收支调查”，或“农民家计调查”。该调查1954－1977年期间曾两次中断，第一次是在1958－1961年，由于“人民公社化”运动而中止；第二次是在1966－1976年，由于“文化大革命”运动而被迫中断。1977年，在党和政府的关怀下该调查再次恢复。1979年开始，随着我国的对外开放和国际交往的增加，该调查开始吸收国际上通行的抽样调查方案，改革原来的调查方案和方法，调查名称也由“农民家庭收支调查”改为“农村住户调查”。

1984年国家统计局农村社会经济调查队成立以后，农村住户调查获得长足发展，调查方法、调查内容逐渐与国际接轨，走上了科学化、规范化和现代化的道路。经过多年的实践，“农村住户调查”已形成一套完整、科学的方法体系和严格的管理制度。

二、现行农村住户调查基本情况

(一)调查组织

“农村住户调查”项目由国家统计局农村社会经济调查总队负责组织实施，国家统计局农村社会经济调查总队在全国31个省和857个县建立了农村社会经济调查队。农村住户调查是农村社会经济调查总队的重要调查项目之一，为保证国家农村住户调查项目的顺利开展，全国约有8000名专职调查员和10000名辅助调查员参与这项调查工作。

(二)调查内容

调查的主要内容包括：农村居民所在社区发展情况、家庭基本情况、居住情况、人口与劳动力就业基本情况、农业生产结构调整与技术应用情况和农村居民收入、支出情况等。

(三)数据采集

数据采集采取农户记帐和访问调查相结合的方法。根据调查内容的特点，不同的调查内容采取不同的方法，反映农户现金收入与支出、实物收入与支出数据通过农户记帐获得，家庭基本情况、居住情况、人口与劳动力就业基本情况等采取访问调查的方式获得。调查户记帐按照国家统计局统一编制的帐本和要求记帐，现金收支帐每日一记，实物收支发生一笔记一笔。县级农调队每月收取调查户的帐本，将帐页数据录入到计算机中，按季度上报国家。访问调查由县级农调队的调查员完成，按季度采集和上报数据。

调查报告期分为年报和季报，农村居民现金收入与支出、农村住户劳动力就业情况为季报，其余调查内容为年报。

(四)数据审核

为确保调查数据的质量，对调查数据的审核有一套严格的制度规定。在现场调查结束后，要求采取三种方法对调查资料进行审核：一是人工审核。在调查数据录入计算机之前，辅助调查员和县农调队必须对农户所记的帐和一次性调查表进行核查。二是计算机审核。在人工审核完成后，由县农调队将数据录入计算机中，应用统一的程序对数据进行审核。三是数据评估。县农调队将调查数据录入审核完成后将调查数据上报省农调队，省农调队再次对数据进行审核，并重点地对调查数据评估。

(五)数据汇总

对调查资料的汇总实行国家级超级汇总。全国统一使用由农调总队专门开发的计算机数据处

理程序，各地将审核后调查原始数据上报农调总队，由农调总队负责对各地上报的调查数据进行汇总，并将汇总结果反馈给各省，同时各地也对本地区的调查数据进行汇总，以便相互监督。

（六）调查结果发布

目前，农村住户调查已建立起规范的信息发布制度，季度、年度调查信息定时发布。对调查结果发布的管理实行国家统一管理，国家级统计结果由国家统计局发布，各省统计结果由各省统计局发布。但是，各省发布统计结果之前，必须经国家统计局审批认定后才能发布，以确保各省发布的统计结果与超级汇总的结果一致。

三、网点抽选

“农村住户调查”在全国共抽取了6.8万个样本农户，分布在全国31个省（区、市）的857个县中。目前所使用的样本是利用最新的农业普查资料，在1999年更新后的样本，对全国和分省的农民收入水平具有很高的代表性。

样本抽选实行国家统一管理。网点抽选方案和实施细则由国家统计局统一制发，农调总队负责组织实施，各级农调队必须严格按照统一方案的要求进行样本抽选，抽选的样本必须经国家统计局审批，样本的变动和更新也必须经国家统计局审批。

1. 样本抽选原则

（1）以全省（区、市）农村抽样调查县所辖村（居委会）为总体，抽选满足多主题调查需要的调查村，对调查村（居委会）、调查户、调查地块实行轮换，提高抽样效率，更好地反映农村社会经济中出现的新情况、新问题，增强样本对全国、省一级的代表性。

（2）采取首先抽选大样本网点，然后在大样本网点中抽选小样本网点的原则，以便满足多主题调查和样本轮换的需要。

2. 样本容量的确定

搜集与调查主题相关的资料，如农民人均纯收入，农村人口和从业人员；小麦、玉米、稻谷等粮食每亩产量及其播种面积；棉花每亩产量及其播种面积；平均每户猪的存栏数及农村住户户数等资料，按照逼近法的原理，根据多变量与规模成比例概率抽样的样本容量计算办法，用MPPS抽样程序计算出所需的大样本容量和各单项调查所需要的样本容量。在确定样本容量时，一是要将农民人均纯收入和从业人员两调查主题结合在一起考虑，二是分别要求粮食亩产、棉花亩产等与其相应的播种面积两调查主题结合在一起考虑。具体操作方法见MPPS抽样程序使用说明。

3. 抽样方法

（1）大样本村的抽选方法：搜集整理全省（区、市）国家调查县所辖行政村（居委会）的农业普查地址码资料，将搜集整理的行政村（居委会）的农业普查地址码顺序排队，并编写顺序号，从1开始到N（N表示国家调查县所辖行政村的总数），建立大样本抽样框。利用随机起点、等距抽样方法抽选大样本。

（2）农民收入调查村的抽选，将大样本的所有村按人均收入排队，相对应的农村人口作为辅助资料累计编制成抽样框，根据确定的样本量，采用对称等距抽样方法抽选出满足收入调查的小样本。

（3）调查户的抽选：村抽选调查户，可采用农业普查农户地址码排队，计算抽样距离，采用随机起点，等距抽样方法，按每村10户抽选确定调查户。也可以按农户构成分类排队等办法，计算抽样距离，采用随机起点，等距抽样方法，按每村10户抽选确定调查户。如行政村较大，为方便调查工作，可先选择一个中间水平的村民小组或自然村，然后在村民小组或自然村中根据上述抽户办法抽选调查户。

抽选出的样本必须充分满足代表性要求，在95%的概率把握程度下要求抽样误差系数不得超过±3%。

4. 县级样本的确定

为了在完成国家任务的同时，为地方政府服务，在抽出满足国家、省（区、市）一级需要的样本后，可采用以下三种办法解决县一级的代表性问题：

（1）扩充法：根据中心对称的原则进行扩点。即根据省抽村抽中点的位置，找出对称点的办法进行。如某县在省抽村时抽中了4个村，要满足县一级的代表性，需要8个村，如下图所示，可根据中心对称原理，在4个村基础上扩大为8村。图中A1、A2、A3、A4为原抽中村，B1、B2、B3、B4为对应扩充的村。

（2）拟合法：即在抽出满足国家、省一级需要的样本后，以县为总体编制抽样框，抽选出多套满足县一级的样本，选出一套和国家点重复较多的样本作为县级样本。

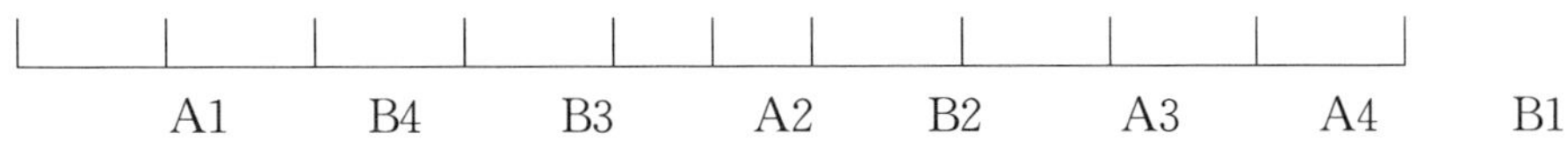

(3)**包容法**:即首先以每个调查县所辖村为总体,测算符合多主题需要的大样本容量,抽选出一个大样本,然后又以每个调查县抽中的村作为一个总体,采用二相抽样的方法,抽取满足国家、省一级需要的样本。根据抽样原理,这种办法原则上只适用于全省总县数超100个的省份。

5.样本轮换

为了解决调查户的厌烦情绪及样本老化问题,增强抽样调查网点的代表性,更加准确、及时地反映农村社会经济情况,国家统计局农村社会经济调查总队对农村住户调查网点实行样本轮换制度,五年为一个周期,每年轮换20%的调查户。

四、主要指标解释

(一)农村住户基本情况

农村住户:是指长期(一年以上)居住在乡镇(不包括城关镇)行政管理区域内的住户,还包括长期居住在城关镇所辖行政村范围内的农村住户。户口不在本地而在本地居住一年及以上的住户也包括在本地农村常住户范围内;有本地户口,但举家外出谋生一年以上的住户,无论是否保留承包耕地都不包括在本地农村住户范围内。

常住人口:是指全年经常在家或在家居住6个月以上,而且经济和生活与本户连成一体的人口。外出从业人员在外居住时间虽然在6个月以上,但收入主要带回家中,经济与本户连为一体,仍视为家庭常住人口;在家居住,生活和本户连成一体的国家职工、退休人员也为家庭常住人口。但是现役军人、中专及以上(走读生除外)的在校学生、以及常年在外(不包括探亲、看病等)且已有稳定的职业与居住场所的外出从业人员,不应当作家庭常住人口。家庭常住人口主要作为计算农村住户平均每人收入、消费和积累水平及分析家庭人口状况的依据。

劳动力:整劳动力是指男子18周岁到50周岁,女子18周岁到45周岁;半劳动力是指男子16周岁到17周岁,51周岁到60周岁;女子16周岁到17周岁,46周岁到55周岁,同时具有劳动能力的人。虽然在劳动年龄之内,但已丧失劳动能力的人,不应算为劳动力;超过劳动年龄,但能经常参加劳动,计入半劳动力数内。常住人口中的职工,若这些职工为劳动力,就包括在本户的整半劳动力中。

在校学生人数:指年内常住人口中所有正在学校就读的学生。不包括利用业余时间学习的夜校、电大、函授学校的学生。

劳动力文化程度:是指家庭成员接受国内外教育所取得的最高学历或现有文化水平所相当的学历,不包括正在读书的在校学生。

不识字或识字很少:指不识字或识字不足1500个,不能阅读通俗书报,不能写便条的人。

小学:指接受最高一级教育为小学程度的毕业、肄业及在校学生,也包括未上过小学但识字在1500个以上,能阅读通俗书报、能写便条、达到扫盲标准的人员。

初中:指接受最高一级教育为初中程度的毕业、肄业及在校学生。也包括相当于初中学历的技工学校的毕业、肄业及在校学生。

高中:指接受最高一级教育为高中毕业、肄业或相当于高中文化程度。包括在校的高中生。

中专:是指指接受最高一级教育为中等专业学校毕业、肄业和农业中学毕业、肄业或相当于中专、农中文化程度。包括在校的中专、农中学生。

大专及大专以上:是指接受最高一级教育为大专及大专以上的毕业生、肄业生及在校学生。或相当于大专以上文化程度,包括在校的学生。电视大学、函授大学等形式的大学,凡按照大专院校的教育计划和教育大纲(全科)进行教育的毕业生应包括在内,但只学完单科课程的,则不应计算在内。

耕地面积:耕地是指能够种植农作物、经常进行耕锄的田地。包括熟地、当年新开荒地、连续撂荒未满三年的耕地和当年的休闲地(轮歇地)。以种植农作物为主并附带种植桑树、茶树、果树和其它林木的土地及沿海、沿湖地区已围垦利用的"海涂"、"湖田"等也包括在内。但不包括专业性的桑园、茶园、果木苗圃、林地、芦苇地、天然草原等。南方小于一米、北方小于两米宽的渠、路、田埂,包括在耕地中。耕地面积是指调查期末的所有耕地的面积。

经营耕地面积:是指农村住户年末经营的全部耕地面积,包括承包集体生产的耕地面积和家庭自营地面积(自留地、饲料地和零星开荒地),经营耕地面积中,应包括因各种原因休闲和抛荒的耕地面积、改种植为养殖的耕地面积。还包括经营他人的转包耕地面积，但不包括代为他人临时耕种的承包地面积。

园地面积：园地是指种植以采果、叶、根、茎等为目的的多年生木本或草本作物，覆盖率大于50%，或每亩株数达到合理株数70%的土地，包括专业性果园、果木苗圃等。园地面积是指调查期末所有园地的面积。

林地面积：林地是指生长乔木、竹类（郁闭度在0.2及以上）的土地。不包括居民绿化地以及铁路、公路、河流、沟渠的护路、护岸林。林地按用途可分为用材林、经济林、薪碳林、防护林、特种用途林面积。林地面积是指调查期末所有林地的面积。

牧草地面积：牧草地是指生长草木植物为主，专门用于放牧、饲养牲畜和收割牧草的土地，包括天然草地、改良草地和人工草地。牧草地面积是指调查期末所牧草地的面积。

养殖水面面积：养殖水面是指经常进行经营活动的水产品养殖的水面。养殖水面面积是指调查期末所有养殖水面的面积。包括海水养殖面积（利用滩涂、浅海、港弯，放养各种水产品的人工养殖水面面积）和内陆水面养殖面积（已放养鱼苗、鱼种等水产品苗种并进行人工饲养和管理的池塘、湖泊、水库、河沟及其他养殖水面面积）。

生产性固定资产：是指农村居民家庭在生产过程中多次使用并保持原有物质形态、单位价值在50元以上、重复使用在两年以上的生产资料。但作为企业形式的经营，其固定资产规定单位价值在200元以上、使用年限在一年以上，如果企业的主要设备虽低于200元，但使用年限在一年以上，也划为固定资产。

生产性固定资产原值：是指固定资产当初的购进价、新建价或开始转为固定资产的价值。购置的固定资产按购买时实际支付的费用计价，包括买价、运杂费、安装费用等在内。村（村民小组）将集体的固定资产折价卖给农民，按实际折价的价值计算。自制自建的固定资产原则上按同类资产的国家牌价计价。如无牌价，应按耗用的原材料和支付的劳动报酬及聘请技术人员工资合理计价。自繁自养的幼畜成龄转作役畜、产品畜、种畜，按市场同类牲畜的平均价格计价。国家奖励和外单位赠送的固定资产按购置同类固定资产的价格参照其新旧程度酌情计价。

房屋及建筑物：指直接用于生产的房屋及建筑物，如车库、仓库、沼气室、温室、牲畜用房等。

役畜及产品畜：役畜指以使役为主要用途的大牲畜。产品畜指生产各种畜产品为主要目的的牲畜，如母猪、种公猪等种畜，乳牛、羊等取乳品的牲畜，产毛、鬃等畜产品的牲畜等。

大中型铁木农具：是指大中型铁木制作的农具，如犁、耙、耧、耖、水车、拌桶等铁木农具。

农林牧渔业机械：是指用于农、林、牧、渔业的机械，如大中型和小型拖拉机（包括手扶拖拉机）、机引农具（犁、把等）、机动船、机动插秧机、机动收割机、机动拖拉机、机动扬场机、挖坑机、植树机、饲料粉碎机、机动剪毛机、机动挤奶器、渔用机动船、抽水机、农用泵等。

生产设备：是指生产中的各种机械和技术设备，包括机械和非机械设备。

新建房屋：是指全年从无到有“平地起家”的新建筑房屋。包括新址上新建和旧址上新建的房屋。在原来的房屋基础上按原有规模对房屋进行翻修或一般维修的不包括在内。新建房屋仅包括年内建成的新建房屋，未完工的在建房屋不要统计在内。新建（购）住房的类型、结构、占地面积、住房价值等解释同于“年末住房情况”。

新购住房：指当年新购置的商品房屋。

年末住房面积：是指农村住户自有或租用的实际住人或可以用来住人的房屋面积。与住房连成一体的起居室或放置灶具的地方、专用厨房，均应包括在内。但不包括专用仓库等生产用房面积。

住房价值：购买房屋按购买价格计算。新建房屋价值，可按实际消耗的建筑材料和人工的报酬计算，有的地方，人工不要报酬，只管吃喝，可将吃喝的费用，当作报酬，计入房价内。原有房屋，按房屋质量和新旧程度，根据当地实际情况进行估价。对原有房屋进行大翻修的，也应考虑在内。

楼房面积：是指二层和二层以上的多层建筑的房屋面积，楼房面积按各层面积总和计算。

砖瓦平房面积：是为了更好地考察农村居民居住质量情况，相对于那些拥有楼房的住户而言所统计的农户居住面积，按实际面积总和计算。其中，砖砌窑洞也包括在内。

住房结构：按房屋主要的承重结构（如梁、柱、承重墙等）所用建筑材料来划分。

钢筋混泥土结构：是指房屋的梁、柱、承重墙等主要部分是用钢筋混泥土建造的。

砖木结构：是指房屋的梁、柱、承重墙等主要部分是用砖、石、木料建造的，如木房架、砖、石墙、木柱、砖柱建造的房屋。包括石窑洞。

(二)农村居民食物消费

粮食:是指农村住户年内消费的小麦、玉米、稻谷、薯类、大豆、其他各种杂粮和粮食制品的消费量折价。粮食制品是指利用原粮加工而成的食品,如挂面、年糕等,不包括用粮食加工成豆油、豆腐、粉条、酒。粮食消费量按原粮计算。

蔬菜及蔬菜制品:包括鲜菜和干菜及其制品。鲜菜包括根茎块花类、菜瓜类、茄果类、白菜类、绿叶菜类和其他鲜菜类。干菜包括黄花菜、黑木耳、蘑菇、腌干菜、萝卜干、笋干、白木耳等。菜制品包括蔬菜罐头等。

食用油:指各种食用油脂,包括植物油和动物油。植物油包括花生油、芝麻油、菜籽油、豆油、茶油、棉籽油等。动物油包括猪油、牛油、羊油等。

肉、禽及其制品:是指家畜、野畜、家禽、野禽等各种肉食品,包括活的、鲜的、冻的以及各类再制品、熟食品等,包括罐头。其中:猪肉、牛肉、羊肉、及肉制品消费量:按鲜肉重量计算。如消费咸肉、腊肉、肉干等,均应折成鲜肉重量计算。用肥肉炼油,不应计算肉的消费量。家禽消费量:按屠宰去毛和内脏重量计算。

蛋类及蛋制品:是指各种禽蛋、禽蛋制品及罐头。

奶和奶制品:是指鲜乳品、奶粉、酸奶以及其他奶制品。包括炼乳、活性乳、可可奶、麦乳精等。

水产品:是指鱼、虾、蟹、贝、藻等各类海水和淡水产品及其制品,包括水产品罐头。

食糖:包括白糖、红糖、冰糖、方糖及糖果等,不包括糖精。

酒:包括各种白酒、黄酒、啤酒、果酒等。

水果及水果制品:是指各类干鲜水果及其制品,包括各种水果、果用瓜、干果、蜜饯及水果罐头等。

坚果及果仁制品:是指各类坚果、果仁及其制品的消费量,包括核桃、板栗、开心果等。

(三)农村居民年末拥有耐用消费品

大型家俱:指各种不同类型的大型家俱,包括大衣柜、书柜、装饰柜等。

洗衣机:指各种规格、型号的自动、半自动、单缸、双缸家用洗衣机。

电风扇:指各种规格、型号的台扇、壁扇、落地扇以及吊扇,不包括排风扇。

电冰箱:指单门、双门、三门电冰箱,包括冰柜。

空调机:指具有空气的加热、冷却、增湿、减湿等功能的家用空气调节器,不包括冷暖风机。

抽油烟机:指家庭炊事用抽油烟机,不包括排风扇。

吸尘器:指家庭除尘用的电动吸尘器,也包括多用途吸尘器,不包括使用电池的微型电刷吸尘器。

微波炉:指各种牌号、型号、尺寸的微波炉。

热水器:指家用热水器,包括电热水器和燃气热水器,不包括太阳能热水器。

自行车:也称单车、脚踏车。指各种牌号、型号、尺寸的男女自行车。包括普通标定车、加重车、轻便车、小轮车(包括折叠式)、赛车以及电动自行车。不包括儿童玩具车、手推车、小三轮车等。

摩托车:包括各种型号的摩托车、轻骑摩托车。

汽车:指主要用于农村住户生活的各种类型的汽车。

电话机:指各种类型的台式电话机。

移动电话:也称手机,包括模拟和数字移动电话,不包括对讲机。

寻呼机:也称 BB 机。包括字符显示和数字显示的寻呼机。

彩色电视机:也称彩色电视接收机。包括各种牌号、尺寸的彩色电视机。

黑白电视机:也称黑白电视接收机。包括各种牌号、尺寸的黑白电视机。

录放像机:指各种牌号、规格的录放像机,包括单放像机和录放像机。

摄像机:指各种牌号、规格的摄像机。

影碟机:利用各种影碟(光盘),并通过电视放映图像的设备(不包括对媒体计算机)。

组合音响:指收录、扩音、放音等两件和两件以上的多功能组合音响。不包括普通音箱以及自制的音箱。

收录机:指各种型号的收录机,一般具有收听、录音、扩音、重放、转录的功能。包括便携式、座式和落地式

照相机:指各种牌号、型号的照像机。包括折合式、双镜头反光式和单镜头反光式。

家用计算机:也称电脑,指家庭购买的各种型号电子计算机。包括台式和便携式。

中高档乐器:指价格在 500 元以上的各种中高档乐器。包括钢琴、手风琴、提琴以及各种电子乐器。

(四)农村居民总收入与总支出

总收入：是指农村住户年内从各种来源得到的全部实际收入（包括现金收入和实物收入）。由工资性收入，家庭经营收入，财产性收入和转移性收入四部分组成。

工资性收入：指受雇于单位或个人，出卖劳动而得到的收入。包括在乡村组织中等非企业组织中劳动得到的收入、在企业劳动得到的收入、常住人口外出务工收入和其他单位劳动得到的收入。

在非企业组织中劳动得到的收入：指农村住户成员在当地县、乡、村等非企业组织中劳动得到的报酬收入。包括乡村干部和民办教师的工资、奖金、各种补贴，基本建设用工报酬，乡以上行政、事业单位工作人员的工资、奖金、补贴等收入。

在本地企业中劳动得到的收入：指农村住户成员在本乡（镇）地域之内的国有企业、集体企业、私营企业、个体企业等各种企业劳动，企业直接发给的工资、奖金和各种补贴收入。

常住人口外出从业得到的收入：是指外出打工者年内在本乡以外从业得到的现金收入和实物折价收入合计，包括外出从业者的收入中寄回带回的现金及用于在外生活消费的开支。其产业分类详见上述"在本地乡镇企业中劳动得到的收入"。

其他：指除上述情况外的劳动所得及各种报酬收入。

家庭经营收入：主要用来反映以家庭为生产单位的收入水平、生产规模和经济效益情况。它是农村住户从事各项生产的收入，包括种植业收入、林业收入、牧业收入、渔业收入、工业收入、建筑业收入、交通运输业收入、批零和零售贸易、餐饮业、社会服务业、文教卫生业、转让无形资产净收入、租赁收入和其他家庭经营收入。

家庭经营产品的计价：凡是出售部分，按实际出售价格计算；非出售部分（包括自用的和结存的）按出售该产品综合平均价计算。

农业收入：指包括谷物种植业，豆类和薯类作物种植业，棉、麻等植物性纺织原料种植业，油料、糖料作物种植业，烟草种植业，药材种植业，蔬菜、瓜类作物种植业，饲料作物种植业，茶、桑、果树种植业及野生植物的采集和家庭兼营商品性手工业。

种植业收入：是指农村住户当年从承包地和自营地上收获的粮食、经济作物、蔬菜、茶叶、水果、水生植物（如菱、藕等）等的主产品和副产品的全部收入。但生产用的绿肥和青饲料不作为收入，用来沤肥的副产品以及野生植物的采集和家庭兼营商品性手工业不作为种植业收入。

林业收入：是指农村住户当年采伐竹木收入、出售树苗和从人工栽培的竹林上不经砍伐而取得的各种林产品收入，如生漆、棕片、五培子、松脂、紫胶、竹笋、油桐籽、油茶籽、乌桕子、核桃、各种林木子实，以及修剪竹木枝叶（荆条、柳条、蒲葵叶）等等；包括野生林木的采集产品收入；但不包括桑叶、茶叶、水果、花卉，它们算在种植业收入中。

畜牧业收入：是指农村住户当年出售、屠宰的畜禽、小动物和畜禽产品收入。包括家畜（仔畜、架子猪也包括在内）、家禽（包括幼禽）及其他小动物收入；也包括出售鹌鹑、鸽子等收入，按出售和屠宰的产品计算。畜禽的繁殖和增重，不计算收入；活的家畜、家禽及其他小动物的产品（如蛋类、羊毛、蜂蜜、蜂蜡等）收入，按全部产品计算；动物屠宰和死后的畜产品（如猪鬃、羊皮、蚕茧等）收入，按全部产品计算。牧区和半牧区农民出卖大牲畜的收入，应作为畜牧业收入；农户出售肉牛的收入和专门饲养大牲畜出售的收入应作为畜牧业收入，但变卖属于固定资产的役畜的现金收入，不能作为牧业收入，而应计算在出售财物收入中；包括野生动物的狩猎及其产品的采集收入。

渔业收入：是指农村住户当年捕捞天然水生的和人工养殖的鱼、虾、蟹、贝、藻类等淡水水产品和海水水产品的全部收入。包括养殖观赏鱼类的收入。

工业收入：是指农村住户的个体企业（有固定场所和生产设备、有专业生产劳动力，年内生产三个月以上）利用手工和机械进行自然资源开采\农副产品，工业品加工和修理以及从事手工业（手工业指依靠手工劳动，使用简单工具从事的工业性生产活动，包括各种制作、刺绣、编织、雕刻、加工等手工业。）所得全部产品收入，来料加工的产品，按加工费计算收入。自制自用的产品不计收入。

建筑业收入：是指农村住户成员当年从事房屋或建筑物的新建和维修以及设备安装所得到的劳动报酬，参加国家举办的基本建设工程所得到的收入。

交通运输业、邮电业收入：是指农村住户成员当年从事对本户以外的单位或个人进行货物运送、旅客运送及从事邮电行业活动的收入。

批零和零售贸易、餐饮业收入：是指从事批发贸易、零售商业和餐饮业活动的收入。

社会服务业：是指从事于日常生活及社会公共服务等服务活动的收入。包括从事社会服务业、金融保险业、房地产管理、旅馆、车店、理发、照相、洗染、缝纫、修理、导游等收入。

文教卫生业：指在文教卫生等单位从事有关活动的收入。如在教育、文化艺术事业、广播电视业从事有关活动的收入；在体育事业单位、体育设施管理单位、体育队、体育训练机构等从事体育活动的收入；在医疗、防治、检疫及其他卫生事业的收入等。

财产性收入：指金融资产或有形非生产性资产的所有者向其他机构单位提供资金或将有形非生产性资产供其支配，作为回报而从中获得的收入。

转移性收入：指农村住户和住户成员无须付出任何对应物而获得的货物、服务、资金或资产所有权等，不包括无偿提供的用于固定资本形成的资金。一般情况下，是指农村住户在二次分配中的所有收入。包括在外人口寄回和带回、农村外部亲友赠送、救济金、保险赔偿收入、退休金、土地征用补偿收入等。

总支出：是指农村住户全年用于生产、生活和再分配等方面的全部实际支出。包括家庭经营费用支出、购置生产性固定资产支出、税费支出、生活消费支出、财产性支出和转移性支出。

家庭经营费用支出：是指农村住户经营生产所支出的费用，包括承包集体生产的费用支出和家庭自营生产的费用支出两部分。它对于研究降低生产成本、节约开支、提高经济效益有重要意义。凡是未计算收入的产品，在利用它作为原材料支出时，就不应该计算生产费用支出。库存的化肥、农药也不应该计算生产费用支出。包产户经营集体生产，仍由集体统一开支的费用，如种籽、化肥、农药等，也不应该包括在内。

农业生产支出：指用于农业生产活动费用。如种籽、肥料、农药、小农具购置和修理、油料费、耕畜的饲料、饲草费、机耕费、排灌费、电费等，此外还包括家庭兼营商品性手工业等所支付的有关费用。

种植业生产支出：是指种植各种农作物所支付的生产费用。如种籽、肥料、农药、小农具购置和修理、油料费、耕畜的饲料、饲草费、机耕费、排灌费、电费等。

林业生产支出：是指经营林业生产而支付的费用。如树种、树苗、肥料、农药、电费及小型工具的购置维修等开支，但不包括林业的基本建设投资。

牧业生产支出：是指经营牧业生产所支付的费用。如购买仔畜（包括架子猪）、幼禽支出；肉用牛、羊的饲料、饲草支出；生猪、家禽等的饲料、燃料、防疫医疗费；电费和小型用具购置、维修等支出。但耕畜的饲料费应列为“种植业生产费用支”。

渔业生产支出：是指养殖水生动物、培养海藻和捕捞生产过程中的开支。包括鱼苗、饵料、电费以及小型渔具和用具的购置、维修及油料费等支出。但不包括添置的固定资产支出。

工业支出：是指进行工业生产所支付的生产费用。包括工业生产耗用的原料、燃料、电费及小型工具的购置、维修等开支，还包括来料加工产品所耗用的燃料、电费，但不包括自产自用和来料加工产品所耗用的原材料。

建筑业支出：是指为了从事本户以外的房屋或建筑物的新建与维修以及设备安装而耗用的建筑材料、电器设备、燃料、电费以及小型工具的购置、维修等开支。

交通运输业生产支出：是指为从事对本户以外单位或个人进行货物运送和旅客运送所耗用燃料和小型工具的购置、维修等开支。

批零和零售贸易、餐饮业支出：是指从事批发贸易、零售商业、和餐饮业活动时所购买的生产用具支出、租用铺面支出、帮工工资支出、燃料支出、电费支出及其他费用开支。

社会服务业支出：指用于包括金融保险业、房地产管理、旅馆、车店、理发、照相、洗染、缝纫、修理、导游等日常生活及社会公共服务等服务活动的费用支出。

文教卫生业支出：指在文教卫生等单位从事有关活动的支出。如在教育、文化艺术事业、广播电视业从事有关活动的支出；在体育事业单位、体育设施管理单位、体育队、体育训练机构等从事体育活动的支出；在医疗、防治、检疫及其他卫生事业的支出等。

其他家庭经营支出：是指上述各项家庭经营费用支出以外的其他支出，包括各项劳务所支出的费用。

购置生产性固定资产支出：是指农民家庭用于购置生产性固定资产的开支，用来反映当年已实现的扩大再生产能力。固定资产是指单位价值50元以上，使用两年以上的生产资料，如役畜、产品畜、价值50元以上的铁木农具、农、林、牧、渔业生产机械、工业机械等。

税费支出：是指农村住户从事家庭经营生产向国家缴纳的各种税款、提留统筹以及各项集资和费用。

生活消费支出：是指农村住户年内用于物质生

活和精神生活方面的实际支出,直接反映农民的生活水平、研究农民消费结构变化的基本指标。生活消费支出包括食品,衣着,居住,家庭设备、用品及服务,医疗保健,交通和通讯,文化教育娱乐用品及服务,其他商品和服务等消费支出。

食品消费支出:是指农村居民年内消费各类食品支出。包括主食、副食、其他食品、在外饮食和食品加工费支出。

主食消费支出:指各种粮食和粮食复制品的消费量折价。其中粮食复制品:是指利用原粮加工而成的食品,如挂面、年糕等。但不包括用粮食加工成豆油、豆腐、粉条、酒。

副食消费支出:包括蔬菜、豆制品、油脂类、食糖、肉、禽及其制品、蛋类、水产品、调味品等。

衣着消费支出:是指农村住户各种穿着用品及加工穿用品的各种材料。包括棉花、丝棉、化纤棉、驼毛、棉布、各种化纤布、绸、缎、呢绒、各类成衣、棉、毛、丝、麻纺织品,背心、汗衫、棉毛衫裤、卫生衫裤、袜子等针织品,毛线、毛线织品、各种鞋、帽等消费品及衣着的加工修理费(是指农村住户为加工或修补服装、鞋帽等衣着所支付的服务费)。但不包括用各种布料做的床上用品,室内装饰品。

居住消费支出:是指农村住户与居住有关的支出,包括农户用于新建房屋和维修房屋用的各种建筑材料;居住劳务支出;用于购买居住用商品房的支出;租赁生活用房所付的租金,但不包括外出住旅店和招待所所支付的住宿费;农户生活用水所支付的费用;用于照明和使用家用电器所支付的电费;以及用于做饭、做菜、烧水和取暖用的燃料等方面的支出。

家庭设备、用品及服务消费支出:是指农村住户消费的各种耐用消费品、其他家庭用品及用品的加工修理费用。

医疗保健消费支出:是指农村住户用于医疗和保健的药品、医疗器械和服务费用。包括医药卫生保健用品、医疗保健服务费和医疗卫生设备、用品加工修理费等。

交通通讯消费支出:是指农村住户用于交通和通讯的工具、各种服务费、维修费用支出。

文教娱乐用品及服务消费支出:是指农村住户用于文化、教育、娱乐方面的支出。包括文化教育娱乐用品支出和文化教育娱乐服务支出。

其他商品和服务消费支出:是指上述各类支出以外的商品和服务支出。

财产性支出:为获得其他住户财产(包括无形资产)的使用权而支付的各种费用。

转移性支出:指农村住户和住户成员没有获得任何对应物而支出的货物、服务、资金或资产所有权等,不包括无偿提供的用于固定资本形成的资金。一般情况下,是指农村住户在二次分配中的所有支出。

(五)农村居民现金收入与支出

现金收入:是指农村住户季(年)内所有家庭成员的全部现金收入。包括工资性收入、家庭经营现金收入、财产性现金收入和转移性现金收入。

现金支出:是指农村住户季(年)内全部现金支出。包括用于家庭经营费用支出的各项现金,向国家缴纳的各种税金,按承包合同上交的集体提留或承包任务的现金,购买生产用固定资产支付的现金,用于生活消费的现金支出,财产性现金支出,转移性现金支出。

(六)农村居民纯收入

纯收入:是农村常住居民家庭总收入中,扣除从事生产和非生产经营费用支出,即扣除家庭经营费用支出、税费支出、生产性固定资产折旧以后剩余的、可直接用于进行农村居民进行生产性、非生产性建设投资、生活消费和积蓄的那一部分收入。它是反映农村居民家庭实际收入水平的综合性的主要指标。农村居民家庭纯收入包括农村居民全年从事生产性和非生产性的经营收入,在外人口寄回、带回和国家财政救济、各种补贴等非经营性收入;既包括货币收入,又包括自产自用的实物收入。但不包括向银行、信用社以及向亲友借款等属于储蓄、借贷性的收入。计算方法为:

纯收入=总收入-家庭经营费用支出-生产性固定资产折旧-税费支出-赠送农村外部亲友的支出。

(七)地带划分

东部地区:包括北京、天津、河北、辽宁、上海、江苏、浙江、福建、山东、广东、广西、海南 12 个省(区、市)。

中部地区:包括山西、内蒙古、吉林、黑龙江、安徽、江西、河南、湖北、湖南 9 个省(区、市)。

西部地区:包括重庆、四川、贵州、云南、西藏、陕西、甘肃、青海、宁夏、新疆 10 个省(区、市)。

西部开发 12 省(区、市):包括内蒙古、广西、重庆、四川、贵州、云南、西藏、陕西、甘肃、青海、宁夏和新疆。